Großenbrode

Ouessant

Azoren

Porto

Madeira
Kanaren

ATLANTISCHER

Kapverden

OZEAN

Galápagos

Fernando
de Noronha

· Ascension

Recife
Salvador

St. Helena

Rio de Janeiro
Santos

Trindade

Valparaiso

Montevideo

Juan Fernandez
Talcahuano

Buenos Aires

Falkland Ins.
Kap Virgenes
Le-Maire-Straße
Kap Hoorn

Die Reisen der VAGANT
von 1982–1988

Ursel und Friedel Klee

Die Welt ist noch weit

Ursel und Friedel Klee

Die Welt ist noch weit

neue Reisen mit der VAGANT

Delius Klasing Verlag

ISBN 3-7688-0656-1
© Verlag Delius Klasing & Co., Bielefeld
Alle Rechte vorbehalten
Fotos: Ursel und Friedel Klee
Satz: Ludwig Auer GmbH, Donauwörth
Druck: Clausen & Bosse, Leck
Printed in Germany 1989

Wir grüßen alle, die mit uns träumen.
Wir warnen alle, die mit nichts als ihren Träumen hin-
aus wollen.
Die ewige See ist, was sie immer war. Nur das Land im
Wege, Freunde, das wird immer kälter und enger für
unser bißchen Freiheit.

Inhalt

Das Leben ist eine mißliche Sache. Ich habe beschlossen, es damit zuzubringen, über dasselbe nachzudenken.

(Arthur Schopenhauer)

Das Leben ist eine herrliche Sache. Wir haben beschlossen, es damit zuzubringen, uns desselben segelnd zu freuen.

(Wir)

Vorwort

Nun sind wir noch einmal um die halbe Welt gesegelt, zurück in unsere Erinnerungen, neugierig bummelnd, vogelfrei schweifend zu neuen Zielen, bis uns der größte aller Ozeane mit einem Klaps in eine seiner wilden Ecken scheuchte.

Nach herrlicher Seefahrt, weiter und länger als unsere erste Reise um die ganze Welt, segelten wir wieder einmal dem Sommer hinterher, diesmal nach Süden. Auf dem Weg von Alaska nach Seattle packte uns der erste schwere Herbststurm. Ein Kaventsmann aus zwei übereinander getürmten Brechern überrollte VAGANT auf Position 53° 55′ Nord, 133° 50′ West. Sie blieb lange – viel zu lange – kieloben liegen und kam mit gebrochenem Mast wieder hoch.

Glücklich und dankbar, daß uns der Deckel von Davy Jones' Locker noch einen Spalt zum Hinausschlüpfen gelassen hatte, setzten wir unser Notrigg und humpelten zur Küste. Nun überwintern wir in dem kleinen Fischerhafen Masset, an einem herrlichen Fjord im Norden der großen Insel Graham, eben 30 Meilen südlich Alaskas. Ringsum lockt Wildnis ohne Landwirtschaft und Zäune. Hier leben wir mit einem kernigen Haufen uriger Typen dieser rauhen Landschaft. Wir richten VAGANT wieder her, wir planen und erinnern uns...

„Einmal reicht nicht"

...schrieben wir nach unserer ersten Reise um die Welt und machten neue Pläne. Wir wußten ja, daß wir nicht einfach da weitermachen konnten, wo wir aufgehört hatten. Die Reise hatte uns verändert, die wenigen Jahre auf See waren schneller dahingegangen, bewußter, voller als all die Jahrzehnte des Kreislaufs von Alltag und Freizeit, des Müssens und Dürfens, des Habens und Seins, der Verbote und Genehmigungen, des berechneten Preises in Zeit und Geld für alles und jedes. Übervoll von all dem Erlebten kehrten wir heim. Einige Jahre wollten wir noch arbeiten und dann auf unsere nächste große Reise gehen, unsere letzte wahrscheinlich, in den nicht allzu späten Ruhestand.

Es kam anders. Zunächst erlebten wir die Heimat so, wie wir uns ihrer unterwegs immer wieder erinnert hatten: als Zuhause. Mit neuen Begegnungen und den alten Freunden, den Schönheiten, Möglichkeiten und Genüssen. Aber auch mit ihrer Eile, ihrer Ungeduld und Hektik, mit dem rastlosen Streben nach mehr und immer mehr. Auch das war wie gewohnt, nun aber überschattet von grauem Griesgram, weil ja alles so ernst, so schlimm, so negativ sein sollte. Neu ist solcher Zeitgeist ja nicht. Über die Jahrhunderte wurde unsere schöne Erde immer mal wieder zum Jammertal erklärt. Doch nun gab es in der Tat einen wirtschaftlichen Abschwung, der so manches auf den Glauben an ewigen Zuwachs Gebaute zum Wanken brachte. Was bisher *sehr* gut lief, ging nur noch gut, und wehe dem, der die Zeichen der Zeit nicht rechtzeitig erkannte. Wie wir. Unsere unbefangene, ausgeruhte, aber dennoch wohltrainierte Einsatzfreude lief sich bald tot in hektischer Rationalisierungsakrobatik und verwirrend aalglatter, eiskalter Unverbindlichkeit im harten Kampf um geschäftliches Überleben. Wir begannen zu staunen.

Ursel füllte mit vollem Einsatz ihre gute und nun sogar noch bessere Stellung als Fremdsprachenkorrespondentin bei einem großen Aluminiumwerk aus, eine Nische, deren freundliches Arbeitsklima der scharf computergesteuerten Arbeitsdisziplin so schnell noch nicht erliegen konnte. Friedel aber blieb draußen. Er war alt, zu unabhängig und weder arm noch schlau genug für öffentliche Wohltaten. So verschwand er in der nebulösen Nicht-Zahl der Abgeschriebenen, die bei Zahlenspielen mit den Arbeitslosen so gern vergessen werden: resignierend, aber ohne Bitterkeit. Wir hatten ja nicht vergessen, daß hier unsere Wurzeln waren, daß wir hier die Chance bekamen, unsere neugewählte Lebensform finanziell und technisch solide vorzubereiten. Hier hatten wir jahrzehntelang hart gearbeitet und gespart, hier lebten unsere Freunde. Trotzdem – wenn wir den Strich unter unser gemeinsames Leben zogen, kam für uns beide kaum mehr als eine recht mäßige Existenz heraus. Sollten wir da noch jahrelang mühsam strampeln? Den nachdrängenden Jüngeren im Wege sitzen?

Wofür?

Ursel litt vor Jahren an einer furchtbaren Krankheit. Wir sind glücklich und dankbar, daß sie vorüberging und uns Schlimmeres erspart blieb. Dafür mußten wir auf Kinder verzichten. Wer will uns verwehren, den Rest unseres aktiven Lebens sinnvoll zu nutzen? Unsere Zeit ist begrenzt, da machen wir uns nichts vor. Noch dürfen wir uns gesund, belastbar und leistungsfähig fühlen. Aber wie lange noch?

Dennoch: Ist das nicht vermessen? Fühlen wir uns zu Hause nicht wohl? Sind wir heimatlose Vagabunden, leistungsverweigernde Aussteiger? Träumer, die sich vor der harten Realität des Lebens drücken wollen, womöglich auf Kosten anderer? Und können wir uns solch ein vogelfreies Leben überhaupt leisten? „Wer fragt, was Segeln kostet, kann es sich nicht leisten", behauptet ein alter, arroganter Schnack in ungebrochener Tradition, bis hin zu modernen Ratgebern für Blauwassersegler, wie versteckt auch immer. Nun ja, wir können, obwohl wir zum vergessenen Rest der Generation gehören, die noch Leib und Seele verbrauchen mußte, wenn sie zu etwas kommen wollte. Viele der Späteren, der Heutigen, schaffen das wesentlich leichter und früher. Für sie ist deshalb vieles selbstverständlich und unverzichtbar, wovon wir und die vor uns

12

nicht einmal träumen konnten. Wir verstehen deshalb die Fragen. Wir haben kein nennenswertes Einkommen mehr, uns fördern und scheuchen keine Sponsoren. Uns reicht, was bescheidene Lebensführung, Finanzamt und Segeln von Jahrzehnten Arbeit übrigließ. Wir haben es gehütet und vorsichtig vermehrt. Es müßte für ein paar Jahrzehnte reichen, wenn wir gesund bleiben und weiter so sparsam leben wie bisher, gesünder auf See und sparsamer, als es zu Hause je möglich wäre. Wir brauchen ja vieles nicht, was für ein gutes Leben an Land unerläßlich scheint; wir können leicht verzichten, ohne zu entbehren. Das haben wir auf See gelernt, weit weg von unserem tüchtigen, ordentlichen, reichen und hektischen Deutschland. Gerade deshalb verstehen wir die Zweifel an der Realisierung solcher Träume. Hatten doch auch wir damals, vor unserem Aufbruch, manchmal ratlose Gefühle, wenn wir von solchen Unternehmungen hörten: Wie machten die Leute das nur?

Das wissen wir nun. Und wir wissen, daß diese Lebensform nicht immer leicht und schön ist. Segeln als Reisen zu bestimmten Zielen ist unzuverlässig, langsam, mühsam und manchmal sogar gefährlich, also völlig überholt und unwirtschaftlich; für manche moderne Blauwasserexperten sogar langweilig. Und Paradiese, die man damit erreichen könnte, gibt es nirgendwo auf der Welt. Wer fliehen will, weil er daheim nicht zurechtkommt, weil er kaum weiß, was er nicht will, und nur verschwommen träumt, was er möchte, der wird es draußen noch viel schwerer haben. Die Pionierzeit ist vorüber, das einfache, vogelfreie Segeln geht weltweit zu Ende. Weltenbummler sind längst nicht mehr überall willkommene, interessante Gäste, sondern oft nur lästige Eindringlinge oder dumme reiche Fremde, die man schröpfen kann.

Selbst als verlängerter Traumurlaub mit allem Blauwasserkomfort, mit regelmäßigen Heimflügen und täglichem Funkkontakt zu Gleichgesinnten und der Heimat ist das Segeln auf den Ozeanen nicht ganz ohne Probleme, auch nicht eine gemütliche Reise auf der Passat- oder „Barfuß"-Route, die ja so leicht und einfach sein soll. Volltechnisiertes und jetzt auch organisiertes Blauwassersegeln ist ja immer noch in der Entwicklung. Noch fehlen überall Marinas, die gehobenen Ansprüchen genügen, Technik und Elektronik können noch viele Marktlücken schaffen und füllen, Sicherheitsvorschriften und Bürokratie haben manche Freiräume noch nicht voll im Griff, und auch die See, der schöne Rahmen solch vortrefflicher Zukunft, spielt nicht immer mit. Neptun sei Dank.

Und das Schiff? War unsere alte Vagant, nur 9,20 m lang und 3 m breit, nicht viel zu klein, zu leicht, allzu primitiv ausgerüstet und mit uns zwei alternden Leutchen auch noch unterbemannt für modernes Blauwassersegeln oder gar „sportliches Hochseesegeln unter Leistungsaspekten"? Na klar war sie das und dazu ein längst „überholtes Produkt", das nicht mehr „hergestellt" wurde. Die Reise um die Welt und unnötige Landtransporte hatten ihr hart zugesetzt. Also schnell verscheuern oder wegschmeißen, meinten Kenner der neuesten Trends.

Aber was dann? Na, eben ein neues Traumschiff bauen lassen oder besser noch fertig kaufen, die neueste Konstruktion aus modernstem Material, in rationellster Produktion hergestellt, das Größte, Schnellste, Beste, Geräumigste, Zweckmäßigste, Schönste, Sicherste, -ste, -ste, -ste… Vor allem das Optimalste, das je auf Bootsausstellungen und in Hochglanzprospekten funkelte. Mit doppelt starker Maschine und all der Perfektion, die der echte, moderne, fortschrittliche Hochsee- oder gar Blauwassersegler für nautisch-seemännisch richtige Reisen unbedingt braucht, mit allem Sonderzubehör und einer Ausrüstung, die absolute Sicherheit garantiert. So rieten uns die Weisen.

Aber mußten wir das? Ein neues Boot kaufen? Mit Ach und Krach wäre es gegangen. Doch damit hätten sich zunächst mal neue Probleme ergeben, und von dem Geld konnten wir andererseits lange gut leben. Ein größeres Boot? Auch das wäre möglich gewesen. Aber Yachten sind ja nicht nur innen größer, sondern mehr noch draußen, wo gesegelt, motort, geankert, verholt, festgemacht, aufgeslippt, geschliffen, gemalt und erneuert werden muß, und am größten, wenn's ans Bezahlen geht. Gewiß, mancher braucht wirklich ein 12, 14 oder gar 16 m großes Schiff und findet selbst das so knapp und schwach, daß er es wie einen Eisbrecher bauen läßt. Wir aber kommen besser mit kleinen Yachten zurecht, mit handigen „Ozeanjollen", die sehr gut segeln und wie Vagant in all die kleinen Ritzen passen. Als Serientyp sollte sie bis zu sechs mutige Segler beherbergen, doch nach ein paar vernünftigen, ungenutzten Raum erschließenden Änderungen reichte sie gut für uns beide.

Mußten wir da neu bauen? Oder noch einmal aus einem Serienprodukt eine seetüchtige Yacht für Langfahrten machen? Das war uns jetzt noch zu teuer und zuviel Arbeit; vielleicht kam das später mal. Unserem Schiff fühlten wir uns verbunden. Wir kannten seine Unzulänglichkeiten, aber auch seine noch sehr starke Bauweise. Für diese Reise wollten wir uns viel Zeit nehmen, all die kostbare Zeit, die wir noch haben durften. Und wir wußten, wie wenig Ausrüstung wir für sicheres Segeln wirklich brauchten. Natürlich waren auch wir Kinder dieses Jahrhunderts, brave Käufer, geduldige und zufriedene Benutzer vieler seiner Wunder. Wir sahen – und sehen – aber Stärke darin, alles wegzulassen, was uns durch Versagen in Verlegenheit bringen könnte.

Also überholten wir VAGANT und machten sie wieder seetüchtig. Die meisten der vielen kleinen und großen Änderungen hatten sich auf unserer ersten Weltumsegelung schon bewährt, und was nun noch zu ergänzen, zu erneuern und zu reparieren war, wußten wir ziemlich genau. Und so begannen wir, alten Gammel herauszureißen und zu erneuern, auf die einfache, einfachste Weise. Kleinigkeiten waren das größte Problem, unzählige Kleinigkeiten, ein Höllenspielplatz verrückter Detailteufel. Freunde halfen uns. Ohne viel zu fragen, ohne aufzurechnen. Sie träumten mit uns, machten manches möglich, was eigentlich gar nicht ging. Wir arbeiteten wie besessen und wußten bald nicht mehr, warum. Ferne Länder? Tropische Inseln? Nach Großenbrode rasten wir, immer wieder. Fünfhundert Kilometer hin und fünfhundert zurück. Rauschendes Segeln im mächtigen Passat, unter funkelnden Sternen? Wir erkannten, daß wir längst nicht alles schaffen konnten, was wir uns vorgenommen hatten. Wir taten das Unumgängliche, beschafften das nötige Material für den Rest und schrieben eine lange Liste der Dinge, die wir unterwegs erledigen wollten. Denn einmal mußte einfach Schluß sein, sonst kamen wir in diesem Jahr nicht mehr weg.

Eines Tages war VAGANT wieder seetüchtig, für die Tropen weiß statt rot gemalt, und zum wehmütigen Abschied segelten wir sogar noch ein bißchen, zur rechten Zeit auf einer fast leeren Ostsee, gemütlich bummelnd zwischen zahllosen Ankerbuchten, ohne Marinas und Päckchenliegen „hoch" bis Finnland. Dann kämpften wir uns durch die letzten Vorbereitungen, denn bald wollten wir auslaufen.

Wie wohl immer wurde der Aufbruch zur ersten Bewährungsprobe. Die Jahreszeit war fortgeschritten, und schlimme Erinnerungen an die allzu herbstliche Biskaya von 1976 mahnten. VAGANT war seetüchtig, wenn auch in vielen Kleinigkeiten kaum mehr als das. Wir mußten die Wohnung auflösen, Krankenkasse, Versicherungen und Finanzen ordnen, Arzt besuchen, Pässe erneuern, Vollmachten geben, überall und immer wieder Abschied nehmen, letzte Einkäufe machen und alles, alles an Bord verstauen. Wir preßten alle Hohlräume voll, bis sie sich wehrten, der Fußraum der Kajüte und die Kojen verschwanden unter Säcken, Kästen und Kartons, vom Vorschiff her drohte Lawinengefahr, der hoch und noch höher gesetzte Wasserpaß versank...

Doch am 24. Juli 1982 um 16.00 Uhr liefen wir ganz unzeremoniell von Großenbrode aus.

Aufbruch: auf ein Neues!

Guernsey – „Zustand" in Porto – Madeira – Knotenpunkt
Kanaren – Kapverden: bitter armes Inselafrika

Unsere Boxenfestmacher lassen wir am Steg zurück, wir brauchen sie nicht mehr. Unser erstes Etmal ist kurz: zehn Meilen zum gewohnten Wochenend-Ankerplatz in der weiten Orther Bucht hinter dem Leuchtturm Flügge. Abschied. Nach einer letzten ruhigen Nacht kreuzen wir gegen frischen West nach Kiel. Auf dem Nord-Ostsee-Kanal immer wieder Segler, die uns freundlich winkend überholen. Wir fahren nämlich langsam. Der PS-starke, launische Motor unserer Weltumsegelung versagte so oft, daß wir ihn rausgeschmissen und durch einen kleineren von 10 PS ersetzt haben. Einen *kleineren!* Jetzt ist das Schiffchen auch noch untermotorisiert, schüttelten die Weisen ihre Köpfe. Doch auch hierbei wußten wir, was wir wollten. Einfach sollte das Ding sein, geizig im Verbrauch und leicht von Hand anzukurbeln, leicht zu warten und zu reparieren und auch nicht zu schwer in der Kasse wiegen, wenn er später vielleicht ausgetauscht werden mußte. Wenig Platz sollte er wegnehmen und die Batterie mit geringem Aufwand laden. Und schieben sollte er natürlich auch noch.

Genau das tut er nun, sogar mit Faltpropeller, unserem Rückfall ins nicht ganz vergessene Rennseglerdenken. Fünf Knoten bei Vollgas, vier beim Bummeln und zwei bis drei Knoten hart gegenan. Das reicht uns für die Ozeane und das gelegentliche Land am Wege.

Dann der sterile Beton des Cuxhavener Yachthafens. Helmut Bellmer verabschiedet uns herzlich im Namen von Trans-Ocean, gelassen staunend über den „Zustand" auf VAGANT. Wir lassen vor lauter Eile eines unserer beiden Klappfahrräder in den Hafen fallen. Mit Mühe, kleinen Ankern und schadenfröhlicher Hilfe der Nachbarn bekommen wir es zurück. Wir sind entschlossen, Nordsee, Kanal und Biskaya schnell hinter uns zu bringen und jeden Tag weiter am Boot zu arbeiten. So segeln wir, wie die Tide es fordert, in Tagestörns ohne verlängernde Hafentage.

Günstiger Nordost schiebt uns mit wenigen Stopps in dichtem Nebel die holländisch-belgische Küste entlang. Mit laufendem Echolot, das Glas vor den Augen, mit antiquarischen Karten in der Hand und Kloß im Hals motoren wir über Wandersände nach Dünkirchen und wieder in pottdichtem Nebel durch die Enge zwischen Dover und Calais. Verschreckt von Boulognes berstender Überfülle kreuzen wir gleich weiter, am verrotteten Pontonhafen der Invasion von 1944 vorbei, ankern zwischen den romantischen Iles de St. Marcouf mit ihren zerfallenden Festungen und holen in Cherbourg einige Tage versäumter Bordarbeit nach. Ein paar Meilen weiter spülen uns die Alderney Races*) mit kanalüblichem Schwung um die Ecke nach Guernsey, und in St. Peter Port's durchleiden wir Päckchengedränge, das Erinnerungen an Helgoländer Pfingstbetrieb weckt.

„Wer Ouessant sieht (die berüchtigte Schiffsfriedhofsinsel vor der Ecke bei Brest), sieht sein Blut", knurrt ein bretonisches Sprichwort. Selbst moderne Segelanweisungen empfehlen kühl, da wegzubleiben und lieber noch hundert Meilen weit West zu machen, bevor Kurs auf Spaniens Nordwestecke genommen wird. Also kreuzen wir hart gegenan zum klassischen Ausgangshafen Falmouth, holen in Erinnerung an spätherbstliches Ungemach von 1976 tief Luft und segeln einen weiten Schlag nach draußen. Einen allzu weiten vielleicht, aber das Wetter verleiht den Drohungen der Segelanweisung kräftigen Nachdruck. Nach vier Tagen harter Kreuz laufen wir in dichtem Schiffsverkehr an der spanischen Küste entlang nach Süden und verschnaufen im hintersten Ende des tiefen Fjords Ria Arosa; Material und Werkzeug der täglichen Arbeit fegt der steife Wind beinahe vom Deck.

Danach beginnt gemächliches Fahrtensegeln nach Portugal. Radebrechendes Einklarieren mit Händen und Füßen im urigen Viana do Castelo, mit richtiger Tide über die bösen Sände der Douro-Mündung und den Fluß hoch bis Porto. An einer bröckeligen Pier mitten in dieser

---

*) Gezeitenschnelle bei der gleichnamigen britischen Kanalinsel

quirligen, schmuddeligen, malerischen alten Stadt erreicht unser Arbeitsdrang den Höhepunkt. Wir bauen endlich umschaltbare Leitungssysteme für Trink- und Seewasser ein, bessere Fußpumpen, einen neuen Wassertank. Solche Arbeiten brauchen Platz. Das bedeutet Räumen, und Räumen bedeutet „Zustand". Eine elegante, Lokalkolorit schnuppernde Dame auf der Pier sieht ihre stolze Nationalflagge hinter diesem Chaos und zischt mit empörtem Kopfschütteln: *Exotisch!* Unglaublich!" Recht hat sie. Zu Hause wird sie erzählen, diese Seestreicher seien doch hoffnungslos verkommene Asoziale.

Nach arbeitsreichen Tagen bunkern wir reichlich Port- und andere Weine, schlüpfen mit richtiger Tide wieder über die Sände nach draußen und segeln weiter im Nebel nach Süden. Nach kurzem Besuch der romantischen Felseninsel Berlenga geht's hinaus auf den Atlantik.

Der Törn beginnt so flau, daß wir bald sorgenvoll unseren Treibstoff-Vorrat nachrechnen. Doch dann kommt ein müder Hauch auf, wird zu handigem Reisewind, zur steifen Brise. Abruptes Umspringen, heulender Starkwind. Eine halbe Nacht bei neun Windstärken treibend, gedenken wir sorgenvoll des Fahrplans, danach geht es weiter gegenan, Fock wie Großsegel dicht gerefft. Am 21. September fällt unser Anker im dümpeligen, lauten Hafen von Funchal auf Madeira, früh genug für die Erfüllung von Touristenpflichten und eine weite Rundfahrt über diese herrliche Insel.

Südwestlich Madeiras segeln wir die Desertas entlang, eine Kette sehr schmaler, langgestreckter Inseln. Nichts als wilde, unnahbare, schroffe Felswände sind sie, scharfe Grate fast ohne Hochflächen; unbewohnbar. Die untergehende Sonne läßt düsteres Vulkangestein rotviolett glühen, bizarre Schatten wandern, hoch oben kreisen Raubvögel, hohe Brandung rollt in ewigem Gleichmaß dumpf grollend auf, weicht zischend und hell kieselrasselnd zurück.

Ein Etmal weiter kommen wir zur Gruppe der winzigen Ilhas Selvagem, der „wilden Inseln". Natürlich treffen wir nachts vor Selvagem Grande ein, und der Mond scheint auch nicht. Immerhin zeigt das Inselchen ein schwaches automatisches Feuerchen, mit dem wir uns zwischen Felsen und Unterwasserklippen herantasten. 25 Meter unter uns, so wissen wir, liegt das Wrack eines Tankers, dem eine stockfinstere Weihnachtsnacht zum Verhängnis wurde. Auf dem einzigen Ankerplatz im Süden, keine 50 m von brausender, weißfletschender Brandung entfernt, setzen wir zwei Anker und legen das Schiff mit Springs auf den

Leinen in mäßig erträgliche Stampfposition zu den Dünungen, die um beide Seiten der Insel herumrollen und sich gerade hier treffen. Ein einsamer, abweisender Platz, denken wir – bis am nächsten Morgen plötzlich eine überaus blonde Dame aus der Dünung auftaucht und sich als deutsche Biologin vorstellt, Fachgebiet Flechten und Moose. Hier zählt und beringt sie mit ein paar Kollegen bissige Seevögel. Im übrigen sei dies ein gesperrtes, streng bewachtes Naturschutzgebiet, *klar?* Wohin uns doch unsere Ordnung verfolgt!

Selvagem Pequena, ein noch kleinerer Fetzen Land wenige Stunden weiter, zeigt sich uns dann wirklich als etwas ganz Wildes. Wir segeln in den mäßigen Schutz langsam trockenfallender Riffe, bis das Echolot nervös warnt, ankern wild rollend und machen mühsam unser Dingi klar. Wir meinen, in der Brandung eine kleine, scheinbar ruhige Stelle zu sehen, und paddeln drauflos; wenige Meter davor wuchtet die Brandung unser leichtes Schlauchboot mit souveräner Gewalt über Kopf und spült uns in einer riesigen Schaumwolke auf feucht schimmerndes, braun-schwarzes Lavagestein. Nur gut, daß wir unsere wenige Ausrüstung wasserdicht verpackt und fest verzurrt haben.

Das Land erweist sich als öde, von düsteren Klippen umgebene Sand-wüste, keine Meile lang und nur wenige hundert Meter breit, mit einem bizarr hingespuckten Vulkan-Aschenhaufen als Gipfel. Schaurige Ein-samkeit, ein furchtbar zerschmettertes Dampferwrack, zerfaserte Reste eines hölzernen Fischkutters. Wrackfetzen überall, ein Grab unter einem Kreuz aus Eisenrohren, lautlos drohend kreisen Vögel. Bedrückt stol-pern wir zwischen stacheligem Gestrüpp über Rattenlöcher: Behausung einstiger, wahrscheinlich schiffbrüchiger Bewohner der Insel. Selbst diese zähen Nager konnten sich hier nicht halten. Zurück zum Lande-platz. Ob wir hier wohl heil wieder wegkommen? – Die Brandung läßt uns in einer gnädigen Pause hinaus, dann packt scharfer Wind unseren federleichten Untersatz und bläst uns beinahe an VAGANT vorbei. Warum machen wir so was nur?

Einen Tagestörn weiter steigen die hohen Berge Teneriffas über die Kimm. Vor der Rückkehr in die Zivilisation ankern wir ein paar Tage im Norden, in einer stillen Bucht am Fuß einer gewaltigen Bergkulisse. Dann legen wir uns als brave Gäste des Landes zu den vierzig bis fünfzig Yachten im Fischereihafen Darsena Pasquera von Santa-Cruz de Tene-rife und staunen besorgt über Neues.

Hier wie in all den Häfen, die wir bisher besuchten, treffen wir Yachten aller Größen und Wohlstandsgrade unter den Flaggen vieler Länder, die aber doch nur eine Minderheit sind gegen die Überzahl von Franzosen. Deren Ziele liegen auf dieser Route meist an der afrikanischen Westküste, in den Kapverdischen Inseln, auf Martinique und in Südamerika – in Ländern, wo sie hoffen können, daß Französisch wenigstens als Fremdsprache verstanden wird, denn andere Sprachen sind ihre Stärke nicht. Ihre Zahl ist auffallend groß, und allerhand Negatives macht die Runde. Von allzu vielen ist die Rede, die kaum die Mittel für ein altes Schiff und ein paar Monate Unterhalt zusammengekratzt haben und dann unbekümmert losgesegelt sind in der vagen Hoffnung, mit Verchartern, Fischen, wunderbaren Zufällen, Jobben und ein bißchen Mogeln weiterzukommen. Wir hören von Ausrüstungs-Notverkäufen, unbezahlten Rechnungen, Diebstählen und sogar Rauschgiftschmuggel. Also Vorsicht, wo die Trikolore weht?

Vorsicht gewiß, doch nach Nationalitäten zu unterscheiden, widerspricht allen Grundsätzen und Erfahrungen der Fahrtensegelei. Dies können nicht *die* französischen Segler sein, wie wir sie kennen: hilfsbereite Kumpel wie alle anderen, Todfeinde von Traurigkeit und phantasielosem Essen. Begeistert, wenn jemand Französisch mit ihnen spricht, mit lustigem Akzent, wenn's denn schon Englisch sein muß, auf Schiffen von pfiffiger Zweckmäßigkeit. Aber wie immer, wenn Nationalitäten in größeren Gruppen fern der Heimat auftreten, prägt die kleine Zahl schwarzer Schafe das Bild. Solch böse Geschichten sind alles andere als typisch für die Segler bestimmter Nationen, sondern Zeichen einer gefährlichen Entwicklung, mit der alle Fahrtensegler in Zukunft zu rechnen haben. Es wird immer schwerer, unser bißchen kostbare Vogelfreiheit zu hüten. Alle werden es büßen müssen, wenn uns die Menschen, Klubs, Geschäftsleute und Behörden draußen nach ein paar schwarzen Schafen beurteilen.

Weiter geht die Arbeit, unterbrochen von internationalen Klönschnacks, kulinarischen Streifzügen durch die Überfülle des bunten Marktes und gestenreichen, phantasie- und wörterbuchzerfetzenden Verhandlungen über Anschaffungen und Reparaturen. Oft ist Heinz die letzte Rettung, der sprach- und landeskundige TO-Obmann, guter Engel aller Yachtleute.

Wir streifen durch die quirlige Stadt und reisen durch das herrliche Land. Wir besichtigen die Touristen in ihren Reservaten und die ausgerotteten Guanchen im Museum. Wir streifen durch die vulkanische Urlandschaft um den 3700 m hohen Teide, der von weitem scheinbar so unnahbar aufragt, aber dennoch vom Zahn der neuen Zeit angenagt ist. Ein herrliches Segelrevier sind diese Inseln. Überall bieten kleine, ruhige Häfen und stille Buchten guten Schutz. Nur nach Wetterlage freilich, mit der sich alles sehr plötzlich ändern kann. Überall treffen wir freundliche, einfache Leute, Fischer zumeist, urige Seglertypen und manchmal sogar Touristen, die eigene Wege gehen.

Ist dies überhaupt noch Europa? Wir halten die Inseln dafür, weil sie zu Spanien gehören und von Spaniern bewohnt sind. Und dann treffen wir in Teneriffa die erste brasilianische Yacht und bitten den Skipper um Auskünfte über sein Land. Irgendwann fragen wir ihn, ob er schon mal in Europa gewesen sei. „Noch nie", antwortet er überzeugt. „Hier ist ja Afrika."

Nach überaus ruhiger Seefahrt fällt unser Anker in der weiten Hafenbucht von Porto Grande vor dem Städtchen Mindelo auf der Ilha de São Vicente, die zur Westgruppe der Kapverdischen Inseln gehört. Steifer Passat zerrt an den hohen kahlen Bergen ringsum, feiner brauner Staub weht bis in die Kajüte. Die freundliche Hafenpolizei warnt uns vor Dieben, denn die Menschen hier sind bitter arm. Dreimal schon führten unsere Kurse an diesen Inseln vorbei. Kapverden, so hieß es lange, kann man denn da überhaupt hinsegeln?

1975 wurde der Archipel unabhängig von der Kolonialmacht Portugal. Die Politik der neuen Regierung begann in Opposition gegen frühere koloniale Bevormundung mit idealistischem Linksdrall. Niemand wußte mehr, was dort los war, also blieb man weg. Erst französische Segler auf ihren häufigen Reisen zur afrikanischen Westküste entdeckten die Inseln als eigene, besuchenswerte Gegend. Gewiß, wer auch hier Übliches tut und nur die Einklarierungshäfen Mindelo, Sal und Praia kennenlernt, wird alles so finden wie früher beschrieben und nach spätestens drei Tagen die Nase voll haben. Wer aber aufmerksam eigene Wege geht, wird eine neue, ganz fremde, wilde und manchmal sogar unheimliche Welt entdecken.

Die beginnt gleich hinter Mindelo, dieser so rührend reizlosen Stadt, mit 20 000 bis 30 000 nicht zählbaren Einwohnern die größte des Archipels. Wir stürzen uns gemeinsam mit George aus Brüssel in das Abenteuer eines Landausflugs mit einem der drei Leihwagen der Stadt und erleben eine geraffte Sahara-Durchquerung mit kochendem Kühlwasser, Steckenbleiben im Treibsand, mit Staub und Durst. Dann etwas Mondfahrt über rauhe, dunkle Vulkanasche, durch düstere, unwirkliche Kraterlandschaften. Badeleben an langen, unberührten Stränden zwischen hohen Dünen und rollender Brandung. In abgelegenen Buchten finden wir stille Fischersiedlungen von bescheidenem Wohlstand, im Land nur Streusiedlungen, deren geduckte Steinhütten sich kaum von ihrer Landschaft abheben. Tiefe Ziehbrunnen mit wenig schlammigem Wasser, kümmerliche Gärten, magere Ziegen und ernste, dunkle Menschen, die sich unter der Last der Hitze und des Mangels nur langsam bewegen. Verlassene Höfe portugiesischer Siedler zerfallen unter dem malerisch hungernden Gewimmel ihrer neuen Besitzer. Ein paar üppige Oasen quellen über ihre weißgekalkten Mauern hinaus, und hoch über allem kreisen lauernde Greifvögel.

Auf dem kühn gewundenen steilen Weg hinauf zum Plateau des höchsten Berges streikt die Schaltung eben oberhalb der Wolkengrenze. „Sie haben den Wagen kaputtgefahren!" kontert der Verleiher ohne nähere Prüfung später unseren zaghaften Versuch, preismindernd zu verhandeln, und macht eine hohe Gegenrechnung auf, die wir am Ende nur noch zähneknirschend bezahlen können; als ach so reiche Fremde haben wir hier keine Chance. Keine Chance auch in den staubigen Läden, wo die Nothilfespenden reicher Länder verkauft werden: Zucker aus den USA, Milchpulver von der EG, Mehl aus Kanada, Öl aus Saudiarabien; keine Chance im schmuddeligen Gewühl des Marktes, nicht einmal bei der Bank. Beim Dollarwechseln fehlen Restbeträge, beim Einkaufen ist kein Wechselgeld da, oder es wird in hastiger Geschäftigkeit „vergessen". Die freundliche Dame auf der Post kassiert unser Porto und schickt die Briefe nie ab, wie wir später erfahren. Bettler ahnen jede Münze, die in tiefen Taschen schlummert, Scharen Beschäftigungsloser lungern in jedem Schatten und entwickeln pfiffige Phantasie, wenn sie leichten Verdienst wittern. Auf der gefährlich zerbröckelnden, dreckigen und stinkenden Pier fallen Horden aufdringlicher dunkler Knaben über uns her. Sie betteln und wollen alles Mögliche verkaufen, einschließlich offenbar geklauter Yachtausrüstung.

All dies tut uns bitter leid, und wir schämen uns der Ohnmacht, hier nicht helfen zu können. Die Kapverden gehören zu den ärmsten Ländern der Welt. Die Bevölkerungszahl explodiert, und nichts wird dagegen getan. Der frühere Weg des Auswanderns ist versperrt, und Voraussetzungen für einen Wandel, wie wir ihn verstehen, sind kaum erkennbar. Gewiß, der Hafen wird erweitert, eine staatliche Firma betreibt Kühlhäuser und will leistungsfähige Reparaturwerften errichten. So könnte hier vielleicht ein Stützpunkt für die Hochseefischerei entstehen. Sogar von einer kleinen Yacht-Marina ist die Rede. Ob diese Entwicklung aber mit der ungehemmt überquellenden Menschenzahl Schritt halten kann?

Wir segeln weiter, kreuzen in Lee an das unbewohnte Santa Luzia heran. Heulender Wind reißt Pferdemähnen und wabernden Wasserstaub von riesiger Brandung; endloser Strand, dahinter einsames, ausgedörrtes Land ohne tröstendes Grün, dazu die Ruinen eines verlassenen Dorfes. Wir segeln in ruhiges Wasser, und der Motor springt an, zuverlässig wie immer. Plötzlich ein kreischendes, metallisch-scharrendes Geräusch. Gashebel zurück, schwerfälliges Rucken – aus. Wir ankern im Schutz drohender Klippen. Das Wasser ist klar wie Luft, Fische spielen, graubraune Gipfel werfen harte Schlagschatten. Wir lesen dem Motor die Betriebsanleitung vor und werkeln drohend mit allem Werkzeug, das wir an Bod haben – vergeblich. Er dreht sich nicht einmal. Auch die spätere Reparatur in Mindelo erweist sich als umsonst, die Rechnung bleibt fairerweise niedrig, und wir entschließen uns, ohne Motor weiterzusegeln, die Inselkette der Nordwestgruppe entlang.

Hinter dem steilen, unnahbaren Branco jagen wilde Böen in konvulsivischen Schauern daher, reißen Sprühwolken und kleine Wasserhosen hoch, kanten VAGANT aus völliger Flaute so heftig um, daß wir um unser Rigg fürchten. Das winzige Razo lädt zu abenteuerlichem Landgang ein und zeigt sich doch raffiniert unzugänglich. Unter der steilen Südküste des wilden São Nicolau ankern wir vor dunklen Felsenhöhlen hinter unberührten Dünen und staunen, daß darin einsame Fischerfamilien hausen, als müßten sie sich verstecken.

Ein ruppiges Etmal weiter streifen wir durch romantische Grottenbuchten der winzigen Ilhas do Rombo und segeln dann nach Brava, der letzten Insel im Südwesten, ohne auch nur einen Schatten der über 2800 m hohen Vulkaninsel Fago zu sehen, die zehn Meilen nebenan liegt: typisch für diese Gegend. Wir ankern in Porto dos Ferreiros, einer engen Bucht im Südwesten, vor einem schmalen Kiesstrand mit ein paar Booten. Lombatont heiße ihr Dorf hoch über der steilen Schlucht, erklärt uns ein freundlicher Fischer mit verwittertem Charakterkopf, und heute sei *Natal,* Weihnachten.

24

Warme Nacht, Sterne funkeln, leichte Brandung rauscht, von Lomba-tonts Adlerhorst herunter klingen *Mornas*, Lieder dieses wilden Landes. Sie erinnern an Afrika und portugiesische *Fados*, unbestimmbar wie die Vielzahl der Rassen, aus deren Mischung dieses Volk entstand. Wir ahnen leise Verwandtschaft mit den Liedern der Beguines von Martini-que und den Segas der Maskarenen.

Brava leide am wenigsten unter Wassermangel, sagt das Handbuch, Kaffee werde angebaut und Zuckerrohr. Ob das noch stimmt? Im sanft ansteigenden Tal nebenan zerfallen verlassene Ruinen, auf den Terras-senfeldern verdorrt unbestimmbares Gestrüpp, der versprochenc Was-serlauf ist verschwunden. Hart und einfach leben die Menschen hier. Unsere großartige Zivilisation zeigt sich nur in buntscheckigen Textilien aus Kleidersammlungen, in sorgfältig aus Kanisterblech gehämmertem Geschirr und ein paar alten Bronzebeschlägen an den fein gebauten Booten. Nur der junge Bürgermeister läßt beiläufig seinen auswärts erworbenen Wohlstand sehen, einen Koffer voll sorgfältig gefalteter Kleidungsstücke, und seine aristokratisch schöne Frau lächelt stolz dazu. Eine Gruppe strammer, dunkler Damen begleitet uns leichtfüßig den steilen Berg hinunter, munter schwatzend, weite Blechtröge mühelos auf den kraushaarigen Köpfen balancierend, die Hüften ausgleichend wie-gend.

Rechts ab ins bunte Brasilien

Fernando de Noronha – Recife – Karneval in Salvador:
Die große alte Dame tanzt – Die Bucht in der Bucht in
der Bucht – Rio de Janeiro, Traum und Alptraum – Erholung
im Ländlichen

Kurs auf Brasilien. Nach wenigen Meilen verblaßt Brava im Dunst, lange bevor See und Wind die Trägheit überwinden, die soviel Land in der Nähe erzeugt. Mehrere Tage und Nächte schlagen wir uns mit Böen und Flauten herum. Dann segeln wir wieder mal über den Äquator, immer noch nicht „richtig" getauft. Die See atmet schläfrig, die Rosen der Kompasse beginnen sich zu neigen. Inklination.

Eines Nachts liegt endlich die kleine Insel Fernando de Noronha voraus. Nachts. Wann sonst? Wir drehen bei, segeln im ersten Licht des Morgens heran und ankern bald in einer weiten Bucht türkisfarbenen Wassers unter dem hoch aufragenden Zuckerhut des Morro do Pico. Kaum haben wir unser Logbuch abgeschlossen, schiebt sich der weiße Bug eines Kreuzfahrtschiffes um die Ecke. Stolzes, dumpf dröhnendes Tuten, eine Ankerkette rasselt, am schläfrig daliegenden Strand bricht Aktivität aus. Dunkle Muskelmänner mit verwegenen Basthüten schieben die zwei Landungsboote ins Wasser, der offenbar einzige Fischkutter tuckert schnaufend hin und her. Ob wir mit unserem Schlauchboot beim Ausbooten helfen können? Gemeinsam mit der Inselflotte gehen wir längsseits und übernehmen als kleinstes Schiff die Kühnsten. Zwei, vier, dann sechs mutige Landgänger, richtig feine Damen und Herren in eleganter Abenteurerkleidung wagen sich in unseren aufgeblasenen Pantoffel. Funkelnder Schmuck klirrt leise, Kameras baumeln, kunstvolle

Frisuren zittern im Wind, Parfümduft wallt, lockere Konversation spiegelt Gelassenheit vor, und wir paddeln los. Die Dünung duckt sich flach, fühlt den Grund, steigt ganz plötzlich mit Wucht hoch, greift uns, schiebt uns rasend schnell auf den Strand zu, bricht mit schaumigem Getöse und wirft uns auf den Sand. Wir lernen richtiges Brandungsfahren und verdienen auch noch einen gewaltigen Cruzeiro-Betrag in nagelneu knisternden Banknoten.

Was sie wert sind, erfahren wir nicht, denn hier gibt es nichts zu kaufen. Die Insel ist Militärgebiet, wird von der Marine versorgt und von der Luftwaffe verwaltet, die sie gerade von der Armee übernommen hat. Die hat nichts getan, so heißt es, aber jetzt soll's losgehen: Erschließung, Tourismus, Hotels – Pläne wie so viele in Brasilien. Die Insel ist dürr und wenig fruchtbar, denn Wasser liefert nur der Regen. Die wenigen Einwohner fischen kaum. Staubige, stille Apathie liegt über allem.

Früher war hier mehr los. Nachdem der portugiesische Kapitän Conçalo Coelho 1503 die Insel entdeckt hatte, versuchten Holländer und Franzosen mehrmals, hier Fuß zu fassen. Die Insel wurde besetzt, zurückerobert, vergeblich angegriffen und später so befestigt, daß der übliche Leerlauf alles Militärischen die Langeweile ins Unerträgliche steigerte – gerade das Richtige für Brasiliens wenig zimperliche Justiz, die einen Verbannungsort daraus machte.

Wir streifen durch die staubigen Ruinen dieses vergessenen Winkels vergessener Geschichte und verträumen ein paar Tage in versteckten Buchten voll unberührter Märchentropen. Dann gehen wir auf die Reise hinüber zum brasilianischen Festland. Drei flaue Seetage später und 300 Meilen weiter meint unsere Navigation, wir ständen kaum zehn Meilen vor der Küste. Nanu! Echolot an: fünfzehn Meter Wassertiefe, aber kein Land, sondern Dunst, nichts zu sehen, und dabei auflandiger Wind. Ei der Daus! Wir betrachten die vielen Wrackzeichen auf der Seekarte mit steigendem Respekt, segeln weiter hinaus, folgen der Peilung eines Flugfunkfeuers und finden tatsächlich Recife. Abends natürlich, wann sonst. Beidrehen. Früh morgens auf die undeutliche Einfahrt los. Die atmet gerade die Tide ein, saugt uns zwischen ihre langen Mauern und spült VAGANT bis ins hinterste, dreckigste Ende, in die schlammige Flußmündung.

Kaum an Land, noch müde von der Seefahrt und ergriffen von den ersten

Schritten auf südamerikanischem Boden, rennen wir schon im dröhnenden Verkehr um unser armseliges Fußgängerleben, gnadenlos gejagt von rasendem, gellend hupendem Blech. Wir flüchten ins Marktviertel. Enges Geschiebe, Bettler, ohrenzerfetzendes Lautsprechergeschepper, schrilles Geschrei. Anreißerisches Zupfen an unserer Kleidung, begleitet von wort- und gestenreichem Portugiesisch, dieser so schön und einfach klingenden romanischen Sprache mit den meisten unregelmäßigen Verben, nuancenreichen Kehl-, Zisch- und Lispellauten und mit Vokalen, die über ganze Oktaven schwingen. Wir waren zu faul zum Lernen und stehen nun da mit großen Kulleraugen und wundern uns. Schlimme Warnungen fallen uns ein. Wir werden uns vorsichtig einleben und die nun schon sehr einfach gewordene Bordverpflegung nur langsam aufbessern. Unser erpaddeltes Cruzeiro-Vermögen reicht weiter, als wir zu hoffen wagten. So können wir in Ruhe erforschen, wie es hierzulande mit dem Geld zugeht. Es herrscht Inflation, galoppierend wie in Deutschland nach dem Ersten Weltkrieg. Andererseits sind Wechselkurse genau festgelegt. Fachleute mögen das verstehen und vielleicht sogar einhalten, was die noch regierenden Militärs befehlen, privat kennt jeder seinen Weg drumherum. Niemand tut Ungesetzliches, man handelt nur lateinamerikanischer Mentalität entsprechend. Wir lernen verhandlungsfördernde Gesten samt Mienenspiel und künstlicher Aufregung, fachsimpeln wie die Börsenmakler und wechseln Geld im Segelklub, am Kiosk, beim Grundstücksmakler, im Reisebüro, auf der Straße, im Möbelgeschäft, in Hotels, in der Apotheke – aber nie bei der Bank, denn der Unterschied ist erheblich. Wir wechseln nie beim ersten Mal und immer nur kleine Beträge, denn die Kurse ändern sich schnell. Wer wohl am Ende die Zeche bezahlt? Das arme Volk, so könnte die Antwort ernsthaft entrüsteter Europäer lauten. Aber die große Masse der wirklich Armen berührt dies gar nicht, und die übrigen sind mindestens so pfiffig wie wir. Also werden ganz einfach die reichen Gringo-Länder zahlen dürfen. Wie bisher. Und wenn sie zögern, wenn sie zu viele Fragen und Bedingungen stellen, dann werden sie eben für die Folgen verantwortlich gemacht. Ganz einfach.

In Recife, dieser Millionen-Hauptstadt des Bundesstaates Pernambuco, verbringen wir eine wertvolle Lehrzeit für unser Leben mit südamerikanischen Verhältnissen, bis wir endlich unsere Anker aus stinkendem Modder bergen können, samt Tauwerk und Ketten umwickelt und behangen mit Plastiktüten, faulendem Gedärm und Glitschig-Undefi-

28

nierbarem. Gurgelnder Ebbstrom spült VAGANT mit einer weiten Fläche treibenden Unrats nach draußen. Es dauert Stunden, bis mögliche Folgen für Gesundheit und Bordleben einigermaßen beseitigt sind.

Gleichbleibend unbeständiges Wetter, die Nähe der Küste, die Kürze der Strecke und das Fehlen des Motors machen die 380 Meilen zur Bahia de Todos os Santos zur Nervenprobe. Wir sind müde, kaputt und überdreht, als nach aufreibender Kreuz gegen Flaute „umlaufend von oben und unten" endlich unser Anker hinter der kahlen Rundmauer des Forte de São Marcelo fällt, vor der Cidade Salvador da Bahia de Todos os Santos und ihrer prächtigen Kulisse aus Brasiliens reicheren Zeiten. Rund um uns ankern über 50 Yachten, französische zumeist, aber auch ein paar Australier, Südafrikaner, Schweizer, Engländer und Deutsche, denn der *Carnaval* beginnt, der weltberühmte Karneval von Bahia.

Auf ins Gewühl! Überwältigende Massen rhythmisch zuckender, überaus nackter, wohlgerundeter, schweißnasser Haut, schwarz, braun, gelb und weiß, ein wogendes Meer schwarzer Wollköpfe, grellbunter Kostüme, funkelnden Talmischmucks, wehender Federn. Wir schwingen ohne eigenen Halt in der Masse mit. Haarige Männerbrüste streifen uns, knisternde Stoffe, glatte Rücken, spitze Busen, stramme Wackelpopos, borstige Tagesbärte. Trommler dröhnen dunkle Rhythmen, die ungeklärt in Arme und Beine gehen, direkt ins Blut. Kleine Gruppen schlängeln in wilden Paarungstänzen auf-, über- und durcheinander, ein Sänger singt über scheppernde Lautsprecher immer die gleiche Melodie, erzählt monoton ein Lied mit 200 Strophen, nur ab und zu durch falsche Töne variiert. Füllige Mamas in weiten Brokat- und Spitzenkleidern über Wolken von Unterröcken schwingen besinnlich ihre breiten Hüften, umtanzt von schlanken Töchtern und Enkeln, ohne Pause, stundenlang, ekstatisch...

Wer mal muß, verschwindet halb hinter einer löchrigen Decke auf den Stufen einer Kirchentreppe. Hier und da lungern kleine, irgendwie traurige Gruppen markiger Militärpolizisten herum, überlange Schlagknüppel in Händen, ein bißchen zuviel überlegene Geringschätzigkeit in den leeren Heldengesichtern unter funkelnd polierten Stahlhelmen. Könnten die nicht wenigstens ab und zu mal lächeln?

Ein kleiner zierlicher Mann in altvornehmer Kleidung, ein Gnom, ein unheimlicher Irrwisch, Kind oder Greis und alles dazwischen, tanzt sich voll Hingabe mit ständig wechselnden Partnerinnen durch alle Stufen menschlicher Liebe: unschuldige, kindliche Balgerei, unmerklich in unbeholfene Neugier übergehend. kurze, keusche Jugendhascherei, lange, heiße, engverschlungen wiegende Erfüllung. Dann Enttäuschung und neue Leidenschaft, mit heißer Inbrunst gespielt – gespielt? –, schließlich tägliche Routine, schmachtender Blick zur Nachbarin, wöchentliche Pflicht. Zuletzt monatliche Last und am Ende friedliche, abgeklärte Greisenfreundschaft... Saftiges, erdiges, pralles Leben, immer mit einem Hauch dunkler Candomblé-Riten, Schweiß, Blut, bitterer Resignation, Schmerz und Tod. Was wohl die heilige Kirche dazu sagt? Ihre vielen prächtigen Tempel sind geschlossen und kaum erkennbar im wilden Gewühl. Die Hausherren bereiten ihren Aschermittwochsdonner vor.

Die Menge schließt uns in die Arme und bringt uns mit ihrem begeisterten Toben in Schwung, bis wir nur noch ausgelassen mithüpfen können. Weich streifende Kurven, lockende Blicke aus geheimnisvoll funkelnden Katzenaugen, flinke Krabbelfinger, die uns von europäischer Einfalt und dem vorsichtshalber knappen Inhalt aller Taschen befreien, ohne einen Knopf abzureißen. „Behandelt die Touristen gut" entziffern wir auf einem Spruchband, und ein netter junger Mann überreicht uns artig den versehentlich mitgeklauten Hafenpaß; dann tanzt er graziös davon, noch ehe wir alles ganz mitbekommen haben. 710 Cruzeiros sind weg, wohl eine Art Eintrittsgeld für den *Carnaval* oder gerechte Strafe für unsere zaghafte Frechheit, beim Bezahlen eines lauwarmen Stehbiers auch noch Wechselgeld zu erwarten.

Am letzten Abend trinken wir auf dem Heimweg in einem der vielen Tanz- und Saufschuppen noch ein Bier. Eine der knusprigen Schokoladedamen dort sieht plötzlich Blond, sprüht Funken, unterbricht ihr Wiegen, geht zielbewußt und handgreiflich auf Skip los, bohrt den bloßen Busen, hoch und spitz getrimmt, voll in sein Gesicht, das winzige Sturmsegel unten bis auf den Wasserpaß gefiert, und weicht erst erschrocken zurück, als Ursel sie verständnisvoll angrinst. Sie habe keinen Ehering gesehen, entschuldigt sie sich verlegen und hüpft mit bedauerndem Abschiedslächeln davon. Die möcht' ich zum Geburtstag haben, seufzt unser Bordgast trocken.

Voll, satt und verwirrt von soviel hautnaher Menschlichkeit kommen wir spät zurück, viel zu spät für unsere militärischen Hafenherren. Der Posten eskortiert die ganze Seglerbande energisch zur Wache, Maschinenpistole rasselnd durchgeladen, Hand am Griff. Das Lachen vergeht uns schnell, denn der freundlich-bestimmte Offizier der Wache nimmt unser Vergehen ernst. Wir müssen uns tatsächlich als festgenommen betrachten. Doch Jutta aus Kapstadt spricht fließend portugiesisch und weiß von zu Hause, wie enge, befehlsprogrammierte Gehirne ticken. Mit ruhiger, gekonnt gespielter Unterwürfigkeit diktiert sie dem schneeweißen Helden eine plausible Geschichte für sein Wachbuch in den Kopf, die auch wir sofort glauben, obwohl wir kein Wort verstehen. Wir staunen bestürzt, wie einfach es doch ist, dressierte Befehlsempfänger zu manipulieren.

Mit dem glücklich überstandenen Karneval erleben wir *den* jährlichen Höhepunkt im Leben dieses bunten Volkes. Unbezahlbare Auslandsschulden? Inflation? Alles nur Machenschaften der *Yenqui,* die alle Naselang willkürlich ihren Dollar auf- und abwerten. Außerdem stehlen sie nicht nur wertvolles Holz aus dem Urwald, sondern nehmen auch noch unersetzlichen Mutterboden mit, um in Kalifornien neues Land aufzuschütten, das sie dann teuer verkaufen – so hören wir. Dazu all die anderen *Capitalistas,* die den Hals nicht vollkriegen können – Brasilien schuldet denen gar nichts! Also freies Spiel der Kräfte, daß die Fetzen fliegen, durch die aufgeblähte, umständliche, volksfremde, unfähige Bürokratie kaum gestört. Kundige beachten sie einfach nicht oder halten sie sich mit *Jeito* vom Leibe.

Jeito, das Zaubermittelchen, die richtige Gefälligkeit, das angemessene Scheinchen im rechten Augenblick, ist die Lösung aller Probleme. Etwa so: Polizist stoppt Autofahrer, der legt einen angemessenen Schein in seine Papiere, Polizist ermahnt und sieht von Anzeige ab. Korruption? Welch häßliches Wort! Der Sinn des Gesetzes ist doch durch die Verwarnung erfüllt. Der Autofahrer hat für seine Übertretung gebüßt, und der Polizist bessert sein mageres Einkommen auf, lernt, daß Diensteifer lohnt, hilft seinem Vorgesetzten durch Abliefern eines festen Anteils, erhält sich dessen Wohlwollen, spart den Gerichten Arbeit und dem Staat Gehaltserhöhungen. So funktioniert das System von unten bis oben, elastisch einer Wirklichkeit angepaßt, die wir nur bestaunen können.

So geht alles seinen normalen chaotischen Gang. Schon früh am Aschermittwoch sind Salvadors Straßen fast sauber, der gewaltige Dreck ist entfernt oder zu Bergen aufgetürmt. Nur hier und da liegen vergessene Schnapsleichen oder ständige Bewohner der Straße schlafend herum. Das Alltagsleben erwacht. Wir staunen. Nicht daß soviel Ordnung und Sauberkeit den leichtherzigen Bahianos etwa besonders liegt. Hier hat das Militär organisiert und kommandiert, die allein respektierte Macht im Lande.

Früher war das die Kirche, was noch heute unübersehbar ist. Fast jede der steilen und engen Straßen hat ihre eigene *Igreja,* ihre Kirche, das altvornehme Zentrum vergangener Kolonialherrlichkeit besitzt sogar Kathedralen und Konvente an jeder Ecke; 165 sind es in der ganzen verwinkelten Altstadt. Salvador fletscht heute zwar wie alle größeren Städte Brasiliens eine imposante Skyline wie ein schadhaftes Gebiß mit Spekulationslücken und Pleiteruinen, doch es hat seinen Charme bewahrt, den Charme einer Diva, die im Alter von ihrer glorreichen Vergangenheit träumt.

Baia heißt „Bucht" auf portugiesisch. *Bahia* ist zwar auch eine solche, aber eine besondere. Mit dem Land ringsum, dem *Recôncavo,* bildet sie eine Wasserlandschaft, wie wir sie in der scheinbar geraden Küste unseres Atlanten nie vermuten. Buchten und Flußmündungen, Halbinseln und Inseln, soviel Natur, verschlafene Dorfidylle und immer noch sauberes Wasser, daß der müde Fortschritt in einigen Ecken kaum stört. Noch. Monatelang könnte ein Segler hier genußvoll bummeln. Uns jedoch setzen VAGANTs zunehmender Bewuchs und der schlafende Motor Grenzen. Aber da wir nun mal hier sind, segeln wir an Bohrinseln, Tankern und Ölpiers vorbei weit ins Land, schleppen VAGANT mit dem Dingi mühsam durch Flauten, ankern vor urwüchsigen Fischerdörfern und machen abenteuerliche Streifzüge in enge, gewundene Wasserarme zwischen dichtem Mangrovengestrüpp. Weißgemalte Kirchen im Einheitsstil stehen überall, wo sich auch nur ein paar Hütten zu kleinen bunten Siedlungen versammelt haben. Die Menschen hier lieben Farbe. Orange, hellblau, rosa, lila, hellgrün, gelb leuchten ihre einfachen Lehmhäuser zwischen Palmen und Bananenstauden.

Vermessen segeln wir den Rio Paraguaçu hoch, ohne Karte, nach Hörensagen, vorsichtshalber bei steigender Tide. Das Lot zeigt drohend kaum einmal mehr als null, mehrfach schlurft VAGANTs Kiel blasentreibend durch grauwirbelnden Modder. Wir segeln durch vergessenes Land. Kleine Inseln im trägen Strom, tiefgrüner Urwald zu beiden Seiten, fremdartige Vogelstimmen, ab und zu ein einsamer Fischer in seinem Einbaum. Zerfallene *Engenhos,* altertümliche Zuckerfabriken, verlassen seit die Natur allzu einseitige Nutzung übel nahm. Eine Rin-

32

derherde, getrieben von *Vaqueiros*, wilden Reitern in Leder wie im Westernfilm. Eine grüne Biegung folgt der anderen, und dann ist plötzlich Schluß: zu flach für uns. Am Ufer liegt ein Städtchen. Wir ankern vor der vergammelten Häuserfront, packen unsere Fahrräder aus und radeln über holpriges Kopfsteinpflaster durch enge, gewundene Straßen in die brasilianische Vergangenheit.

Dies ist Cachoeira, einst Dorf im 16. Jahrhundert, bald blühendes Zentrum der Zuckerindustrie, später *Cidade Heróica*, Heldenstadt des Kampfes um die Unabhängigkeit von Portugal. Heute verschlafen, bunt und dreckig, malerisch und von langweiliger Lebhaftigkeit. Reichlich Kirchen, ein schattiger Platz mit Kanone, stolzem Befreierdenkmal und Bänken voller Greise und Mütter mit Kindern unter riesigen alten Bäumen. Alte Bürgerhäuser und zerfallene *Solares*, die Herrenhäuser aus vergangenen süßen Zuckertagen: galant geschwungene schmiedeeiserne Balkons vor blauem Himmel, auch vor vernagelten Fensterhöhlen manch ein zierlich geschmiedetes Gitterkunstwerk zum Schutz der heiligen Jungfräulichkeit besserer Töchter. Gelber Putz blättert, aus den Ritzen wachsen kleine grüne Büsche mit weißen Blüten, ein leiser, langsamer, aber sicherer Sprengstoff der geduldigen Natur.

Hoch am Fluß hockt der stolze Bahnhof in klotzigem Jugendstil aus rosa Klinkern: leer, vernagelt, aufgerissen, verdreckt, verlassen, überflüssig. Er mündet in die alte Eisenbahnbrücke zur anderen Flußseite. Verrostet und wackelig dient sie noch als Karren- und Fußweg mit lose klappernden und rutschenden Brettern, die den kühnen Passanten Schreckensblicke auf den braunen Fluß tief unten freigeben. Selbst die sonst so unerschrockenen Angler ziehen das sichere Ufer vor.

Der bunte Markt ist voll grauschwarzer, hilflos tastender Flußkrebse, voll gackernder Hühner, zappelnder Fische, herrlicher Holzschnitzereien, gerösteter Cashewnüsse, wehender Textilien, freundlicher Bäuerinnen und schwangerer Frauen im Kreise ihres wimmelnden Glücks. Ländlicher Friede, vergessen vom Fortschritt, der in der Ferne als gewaltige Staumauer das Idyll drohend überragt.

Nach stillen Tagen und mühsamer Rückkehr nach Salvador nutzen wir den knappen Tidenhub dazu, VAGANTS Unterwasserschiff vom Gröbsten zu reinigen. Es wird eine schlimme Arbeit in stinkendem Kloakenschlamm. Dann laufen wir aus.

Allzuviel Land macht Segeln an dieser Küste nicht immer zum Vergnügen. Dazu kommen Flauten, Böen, Strom, Dunst und schlechte Sicht. Berge landeinwärts sind oft nichts als drohende Gewittermassen, weit weg, reserviert für den Abend. Tagelang treiben wir nur noch, die Kimm vergeht, der weiche Himmel verschmilzt mit der matten See – alle Grenzen zwischen oben und unten lösen sich auf. Wir schweben. Steil über uns droht die Sonne durch dünne Schleier und preßt 40° C Hitze in VAGANTS Kajüte. Die Luft steht still. Der Barograph malt zittrige Kurven, streckt sein friedliches Auf und Ab flach wie eine angreifende Schlange und fällt und fällt...

Im löblichen Streben nach ordentlichem Landfall segeln wir auf das Funkfeuer des Kaps São Tomé zu, hoffen nachts auf das versprochene Leuchtfeuer mit 19 Meilen Reichweite, jagen mit Braßfahrt auf ein paar undefinierbare, weit entfernte Lichter zu, erkennen spät, daß die Blinke und Blitze keine Leuchtfeuer sind, sondern irgendwelche Lampen hinter himmelhoch rollender, finsterer Dünung und loten plötzlich acht bis zehn Meter Wassertiefe, mit der Dünung schwankend – *großer Schreck!*

Wir reißen VAGANT herum und brausen zurück in die sichere Finsternis draußen, mit schwitzenden Händen, bis es langsam tiefer wird. Die Barographenschlange sinkt zitternd weiter. Im Morgengrauen glänzt das Wasser um uns hellgrau. Es ist kalt. Hohes Land steigt über die Kimm, eine kleine Insel teilt sich ab und wächst. Abends ist ihr Leuchtfeuer querab: Cabo Frio, das kalte Kap. Kaum gepeilt, ertrinkt es in brausendem Regen. Die nächtliche See glüht hellgrün, scharfer Nord heult los, kreischt böse. Wir bergen alle Segel. VAGANT treibt ruhig und zieht bis tief unter Wasser lange, fahlgrün leuchtende Wirbel hinter sich her. Wir warten. Gegen Morgen, kurz bevor sich alles in diesem Grau auflöst, sehen wir das Feuer noch einmal, naß verhangen wie hinter Tränenschleiern.

Wir segeln weiter, nun nach Westen, der neuen Richtung der unsichtbaren Küste folgend. Nur noch 60 Meilen, freuen wir uns und nehmen den frischen Ostwind als selbstverständlich hin. Doch der bleibt stehen, ganz plötzlich, einfach so. Flaute. VAGANT tanzt irre klappernd, rasselnd und mit den Segeln knallend im grauen, nieselnden Nichts. Dann Wind aus West, genau gegenan, ebenso plötzlich. Wir holen die Schoten dicht und segeln eine Stunde lang. Dann wieder Flaute, wirre Dünung, erste blaue Flecke, erste zerrissene Fock, erste Flüche. Schließlich Jubel: leichter Nord, raumschots! Langsam, viel zu langsam torkelt VAGANT voran, wild mit den Segeln killend, zu wenig Winddruck gegen allzu wirres

Durcheinander. Hohe Dünung von nirgendwoher, frische kurze See dazu, von unbekanntem Strom schäumend hochgepeitscht. Das Boot bockt, Segel schlagen, wir schuften schimpfend. Alles tobt wild durcheinander, nur das Log dreht sich kaum. So geht es weiter, Stunde um Stunde, den ganzen Tag, die ganze Nacht, noch einen Tag, noch eine Nacht. Wir werden still, leben von Keksen und Schokolade. Wir koppeln, loten und hoffen.

Eines Morgens graue See, müde Dünung, tief ziehende Wolken, düstere Regenwände. Helgoland kann eigentlich nicht weit sein. Doch dann dunkle Konturen im Dunst, hohe Berge, Gipfel in Wolken. Wattelawinen hängen über schroffen Wänden, Wolkenbäche fließen in steile Täler – sind wir nun in Norwegen? Irgendwo voraus, weit weg, bleiben die rollenden Rücken der See ab und zu stehen, kleine Inseln steigen auf und versinken. Die düstere Ecke Punta Negra schaffen wir im dritten Anlauf, die drohenden Felsklötze der Ilhas Maricás mit gewagtem Segeln im vierten. Zuletzt fegen wir an der kaum zweihundert Meter entfernt donnernden Küstenbrandung entlang, wild entschlossen, sofort auf 20 bis 30 m Tiefe in hoher Kreuzsee zu ankern, falls die nächste Flaute wagen sollte, uns noch mehr mühsam erschuftete Meilen zu stehlen.

Wir haben Glück und tanzen nur ein paarmal auf der Stelle, denn schwacher, aber gnädiger Neerstrom hilft schieben. Ein vergammelter Kutter nähert sich, stoppt wild rollend: dunkelweiß, zerkratzt, grüngelb, wo Farbe abblättert, aber kein Name. Ein Fischer vielleicht? Aber was will er? Vier wüste Typen starren uns an. Ratlos, neugierig, begehrlich? Langsam setzt der Captain Blackbeard drüben seinen Kutter hinter VAGANT. Klar zum Entern? Wir laden unsere schöne, antiquarische Signalpistole aus altdunklem Messing und legen den Revolver bereit. Röhrend überholt uns der Unheimliche, dreht knapp vor unserem Bug und stoppt wieder. Wir ducken uns in der Plicht, vor Angst zum Äußersten entschlossen. Erneut beginnt er zu drehen, die Typen starren. Nun reicht's uns! Krachend geht die Signalpistole los, der weiße Stern zischt knapp über das riesige Ruderhaus.

Wie ein getroffenes Riesentier röhrt drüben der alte Motor auf, das Heck verschwindet in öligem Dieselqualm. Weg ist er. Ein Gelegenheitspirat? Oder nur ein neugieriger Fischer, der uns Schlepphilfe anbieten wollte? Wahrscheinlich eine eher harmlose Mischung von allem, angeheizt durch reichlich Pitú. Immerhin unheimlich. Was hätten wir da in unserer Angst anrichten können!

Nach vier nassen, mühevollen Tagen und finsteren Nächten schleichen wir unter blendendem Wetterleuchten in die Baia Guanabara. Lange nach Mitternacht fällt unser Anker in der Enseada de Botafogo. An Steuerbord strahlt grelle Straßenbeleuchtung durch Nieselregen und Dunst, späte Lichter zwinkern von kantigen Hochhausfassaden herunter, ruheloser Verkehr lärmt die Uferstraße entlang. Der naßglänzende Felsen an Backbord soll hoch ins Neblige reichen und „Zuckerhut" heißen, die Stadt um uns Rio de Janeiro...

Die Baia de Guanabara anzusteuern sei nicht schwierig, meint das Seehandbuch, es gebe weithin sichtbare Landmarken, und der Lichtschein Rios reiche bei Nacht bis hundert Meilen weit hinaus. Aber wann war das? 79 Stunden haben wir für diese letzten irren 66 Meilen gebraucht, die vergeblichen nicht gerechnet: Durchschnittsfahrt 0,835 Knoten. Vier Vorsegel sind zerrissen, Beschläge verbogen, einiges Tauwerk und unsere Nerven durchgescheuert. VAGANT ist außen blitzblank gespült und innen von klammer Feuchte durchdrungen – wir brauchen einen sssteifen Grog zur Feier der endlich erreichten Sonnenstadt Rio, denn es ist kalt.

Rios Ruf, eine der schönsten Städte der Welt zu sein, macht es auch zu einem Traumziel vieler Blauwassersegler. Zuckerhut, Copacabana, faszinierende Großstadt, exotische Menschen, aufregend schöne Mädchen, Karneval, Samba, Macumba... Kein Problem, diese paar tausend Meilen Ozean bis Rio, so meint der Segler voller Erwartung, bis er hört, was ihn da sonst noch erwartet. Die Klubs wollen dich nicht, so heißt es, da geben reiche Snobs den Ton an, die unter sich bleiben wollen. Sie schicken dich in eine Marina, eine stinkende Kloake ungeklärter Großstadtabwässer, und nirgendwo kannst du dein Dingi sicher liegen lassen. Und die *Cariocas*, wie sich die Einwohner Rios so wohlklingend nennen, klauen wie die Raben. So ist dann auch der erste Eindruck, als wir an Land gehen. Zwei Tage Landgang genehmigt uns der Zuständige, so gnädig freilich, daß wir beschließen, sie nur im Notfall in Anspruch zu nehmen. „Wir wollen keine Fremden", sagt er offen, zufrieden und arrogant.

Warum nicht?

Einzelne Segler waren hier früher willkommen, und ein paar mehr wurden auch später noch wohlwollend geduldet. Dann aber kamen viele, zu viele für die tonangebenden Kreise der Klubs, die es nicht dulden, daß all ihre selbstgeschaffenen und geschickt finanzierten Einrichtungen allzu selbstverständlich von Fremden in Anspruch genommen werden. Die konnten sich oft genug nicht mal richtig benehmen! Die störten die erholsame Ruhe des Klublebens! Da warfen Rennsegler, die sich als *die* Elite des Segelsports verstanden, den Kommodore ins Schwimmbecken, ein paar Damen in Abendkleidern und Kellner mit vollen Tabletts hinterher; von frecher Unbotmäßigkeit gegenüber dem Hafenmeister ist zu hören, von überall herumliegenden Dingis, allzu lässiger Kleidung, beschädigtem Klubeigentum, wilden Bordparties, Schmuggel und sogar Rauschgift... *Schlimm!*

Sehr schlimm. Da konnte nur ein einmütiger Vorstandsbeschluß – „keine Fremden mehr" –, strikt durchgeführt, Abhilfe schaffen. Mochten diese Seestreicher doch hingehen, wo sie wollten, am besten in die Marina. Daran verdient man wenigstens. Sehr einfach.

Zu einfach, meinen wir. Doch das bedeutet wohl schon, fremde Mentalität anmaßend zu verkennen. Wer sind wir denn hier? Hergelaufene Gringos. Und ein Gringo geht zwar aufrecht wie ein richtiger Mensch, doch niemand wird ihn mit einem solchen verwechseln. Und wo kommen wir denn her, was bedeutet hier noch Europa? Überall ist den Menschen ihre kleine Welt Mittelpunkt, das fühlen wir hier besonders. Uns bleibt nur, zu lernen und das Beste daraus zu machen.

Also doch Marina? Wenn wir auf unseren Fahrten Häfen brauchten, fanden wir in all den Jahren immer Platz bei Seglern und Fischern, dankbar für ihre Gastfreundschaft, zufrieden mit dem, was sie boten, gern bereit, unseren angemessenen Beitrag zu leisten. Aber das überquellende Boating von heute können wohl nur noch Marinas bewältigen, gemütlich wie Supermärkte, mit perfektem, genormtem Service, den man zähneknirschend bezahlt. Das mögen wir nicht, und vom schlimmen Ruf der dreckigen Marina hier hörten wir schon auf den Kanarischen Inseln.

Also bleiben wir einfach draußen liegen, eben am Rande des Feinen, aufgenommen in die Familie der Franzosen. Etwa zehn wechselnde Yachten unter kaum noch erkennbarer Trikolore liegen hier dicht nebeneinander, betreut von Popoff. Seit fünfzehn Jahren lebt dieses Original in Rio, spricht über barbarische Schimpfworte hinaus kaum ein Wort Portugiesisch und kennt in seiner treuherzigen Schlitzohrigkeit trotzdem alle Schliche.

Hier ankert wirklich so etwas wie eine Familie; wir feiern gemeinsam alle Geburtstage, jedes Ein- und Auslaufen, gelungene Ausflüge in die

Nachbarländer, schmerzfreie Rückkehr vom Zahnarzt, eine frische Schwangerschaft, alles, wofür nach alter deutscher Etikette über die Toppen zu flaggen war. Unsere staatlich verordneten Finanzprobleme fördern den Zusammenhalt, werden bewundernswert gelassen ertragen. Jeder kennt seinen eigenen eleganten Weg daran vorbei. Komplizierte Überweisungen über Benelux nach Deutschland, Konten in der Schweiz, Bargeld in Briefen. *Bargeld?* Wir sind entsetzt. Wie soll denn das hier gutgehen? Nun ja, lächelt Claude, nicht immer, aber meistens. Ein dünner, unauffälliger Brief mit vorgedruckter Anschrift wie eine Reklamesendung, darin ein, zwei Dollarscheinchen in Kohlepapier, damit niemand durchgucken kann. Das geht. Kohlepapier hat er jetzt reichlich. Ob wir das gebrauchen können?

Claude, dieser lustige, zähe und struppige Naturbursche aus Straßburg, segelt allein oder mit Freunden, wie es sich ergibt. In unserer Familie ist er akzeptiert. Aber sie hat auch ihre Grundsätze. Da trifft eines Tages eine deutsche Yacht ein. „Die nicht", sagt Jean. Und Paul: „Wir würden es bedauern, wenn ihr euch mit denen abgebt." Der Skipper hatte nämlich in Dakar aus einem Sturm ein Geschäft gemacht. Alle waren in Not. Alle halfen einander mit Ankern, Ketten, Leinen und Beibooten und hinterher mit Bergen und Tauchen. „Nur der da hat für jedes geborgene Stück Geld verlangt", erzählt Paul. – Wenige Tage später sind die Neuen weg. Popoff hat wohl wieder mal mit den richtigen Leuten gesprochen.

Und noch eine deutsche Yacht läuft ein, nennen wir sie mal ORION II, eine stolze alte Ketsch aus Holz, mit drei netten jungen Leuten als Crew. Sorgen? Keine. Zurück nach Deutschland? Nie, solange die Kasse so gut stimmt. Ein dickes altes Auto haben sie gekauft, im Kampf mit der Bürokratie um den brasilianischen Führerschein gesiegt, und bald soll es nun in die Nachbarländer gehen, nach Paraguay und Bolivien. „Raucht ihr?" fragt Geraldine. „Nehmt keine Zigaretten von denen an", warnt sie. Nanu? Marihuana. Und vielleicht auch mehr. „Habt ihr das nicht gerochen?" Keine Ahnung.

Keine Ahnung hat auch die friedliche Crew einer anderen Yacht, nennen wir sie mal ORION IV, ein gesetztes Paar in kaum noch verdächtigem Alter. Die beiden wundern sich nur, daß viele Segler sie beim Nennen ihres Schiffsnamens so merkwürdig kühl auf Abstand halten, seit sie diese Route segeln. Ob man hier etwa keine Deutschen mag?

So leben wir, ganz klein und unauffällig, den Zuckerhut auf der einen Seite, den steilen Corcovado mit seinem mächtigen Beton-Christus hochragend auf der anderen, umtost vom Wellenschlag rasender Motorboote. Unter uns das dreckigste Wasser seit langem, über uns nur manchmal kein Flugzeug, und immer auf der Hut vor äußerst aktiven und geschickten Besitzveränderern.

Und die Stadt? Das einzigartige, einmalige, wunderbare Rio? Eine Mammutstadt, ein wucherndes Chaos. Erdrückende Hochhäuser, nüchtern, funktionell, arrogant, manch ein zu Beton und Glas geronnener Alptraum neurotischer Architekten darunter; brutaler Verkehr in den Schluchten dazwischen. Dick wie Lärm und Abgas hängt Rücksichtslosigkeit in der stickig warmen Luft. Hastende Menschen aller Hautschattierungen, gleichgültig verschlossene Gesichter. Kühle Arroganz in makelloser Unauffälligkeit mit Attaché Case, Frauen, die mißtrauisch ihre Taschen an sich pressen, fordernd bettelnde Jammergestalten, atemberaubend schöne Mädchen und stinkende Schlampen, laute Straßenhändler – Menschen, Menschen, Menschen; im rempelnden Gewimmel zu gehen ist ein ermüdender Tanz. Überall, wo Werte zu ahnen sind – in den Eingängen von Banken, Hochhäusern und größeren Geschäften –, lungern kriegerisch uniformierte Wächter, gegürtet mit Knüppeln, den Revolver handlich an der Hüfte. Verloren träumen hier und da schüchterne Kirchen und alte Herrenhäuser, in den Brunnen und Zierteichen waschen wilde Typen ihre Lumpen.

Rio mag ein herrliches Ziel für gut organisierte Besuche wohlbehüteter Touristen sein – wer aber wie wir in dieser Stadt Reparaturen zu erledigen hat, muß auf allerhand gefaßt sein. Wir laufen uns die Hacken ab, warten oft endlos und vergebens, leben mit dem Wörterbuch in der Hand, lernen Busfahren, freche Rücksichtslosigkeit und ewig waches Mißtrauen, denn daß Ungesichertes verschwindet, ist hier nicht nur möglich sondern sicher. Jedes Verlassen des Bootes, jeder Weg in die Stadt wird zum sorgsam vorbereiteten Vorstoß: Deck leerräumen, Wertvolles verstecken, Kajüte und Luken verrammeln, Geld und Papiere am Körper verstauen, Dingi mit doppelten Drahtseilen und Schlössern sichern.

Gewiß, auch in Rio überwiegen bestimmt die freundlichen oder gleichgültigen Leute, denen unser Argwohn Unrecht tut. Doch wie erkennt man die? Als wir eines Tages endlich Touristenpflichten erfüllen wollen, verschwindet im Gedränge vor der Hauptpost unsere beste

Filmkamera aus einer geschlossenen Umhängetasche. Und beim zweiten Versuch ein paar Tage später eine handliche Taschenkamera im fast leeren Bus. An grimmiger Wachsamkeit haben wir es nicht fehlen lassen, doch die stört Könner kaum. Wolf aus Hamburg, der schon seit zwanzig Jahren hier lebt und arbeitet, winkt bei unserem Jammer ab. Gerade hat man ihm beim Auszahlen eines größeren Betrags geschickt Scheine von zu niedrigem Wert dazwischengeblättert, und seine Teilhaberin mußte allzuviel Vorsicht mal wieder mit einer aufgeschlitzten Handtasche bezahlen. Warum steckt sie ihr bißchen Geld auch so tief weg?

Ständige Begegnung mit schrecklicher Armut dämpft unsere Wut ein wenig. Die Ärmsten hausen in den *Favelas*, jenen wuchernden Bruchbudenvierteln, die in keinem Bericht über Rio fehlen dürfen. Und doch leben dort noch nicht die Allerärmsten. Wir ahnen, daß es noch Ärgeres gibt. Zwischen den groben Steinklötzen der Uferbefestigung, gleich dem feinen Late Club gegenüber, haben vielköpfige Familien in Pappkartons unter löcherigen Plastikplanen ihr Zuhause. Jeden Abend flackern ihre Lagerfeuer.

Am Strand, an Straßen, in Anlagen leuchten allnächtlich andere Lichter zu wilden Gesängen und monotonem Trommeln: die Kerzen der *Macumba,* einer naiven Mischung afrikanischer Riten mit Christlichem, banaler Reklame und Sektenglauben, ähnlich dem Voodoo; allem Weißen feindliche, inbrünstige Beschwörung des Glücks durch die Armen, die Macht- und Erfolglosen. Dem allzu nahe zu kommen, wäre taktlos und gefährlich. Doch die Überreste sind bei Tag nicht zu übersehen: Schüsseln mit Reis, ein paar Früchte und Zigaretten, billige Gläser mit Resten von Zuckerrohrschnaps. Alles im Kranz ausgebrannter Kerzen, manchmal ein paar bunte Tücher dazu und die leergetrunkenen Flaschen daneben. Sehr fremd und unheimlich. Freunde warnen uns vor zuviel Neugier.

Wochen vergehen, jede eine Woche in Rio zuviel. Doch langsam gewinnen wir die Oberhand über den Klabautermann und seine Teufelchen. Sogar die Bordelektrik gelingt, ein Bastelmeisterstück unserer technischen Einfalt. Eines frohen Tages kehrt endlich unser Motor aus den unerforschlichen Weiten der Mercedes do Brasil zurück und läuft wieder. Mit unserem freundlichen, unauffälligen Hintertreppendasein haben wir den feinen Klub inzwischen so an uns gewöhnt, daß wir bei ihm VAGANTS Unterwasserschiff überholen dürfen, gegen eine Flasche importierten Whisky für den Verwalter, sehr knapp eingeplant in die lange Reihe der Motoryachten. Dann laufen wir aus, glücklich, dem einmaligen Rio entrinnen zu können. Ein paar Tage zwischen den Inseln im weiten Norden der Baia Guanabara, stilles Segeln vor den blauschimmernden Bergketten des Inlandes und Radtouren auf der dörflichen Ilha Paqueta versöhnen uns mit dem erlittenen Kulturschock. So fremd wie in Rio haben wir uns noch nirgendwo gefühlt.

Einen müden Tagestörn weiter, den nur der wiedererweckte Motor erträglich macht, tasten wir uns nachts – wann sonst? – in die erste Bucht des weiten Inselgebiets Ilha Grande/Angra dos Reis: Buchten, Inseln, unzugänglicher Dschungel, einsame Traumstrände ohne Zugang von Land, ein paar Fischerhütten und Ruinen. Dann wieder offene Weiten, kleine Archipele, lauernde Steine, vor denen nur der Schaum darüber warnt. Verschlafene Dörfchen mit putzigen, weiß-gelb gekalkten Kirchlein. Wenig Wind, Stille, sommerwarmes klares Wasser – und winzige, mörderisch blutsaugende Fliegen. Wir wischen sie weg im Augenblick der Landung, doch ihr Stich sitzt schon. In der ersten Bucht fressen sie uns fast auf, dann schlagen wir zurück. Wir tragen „züchtig" und verderben ihnen den Rest freier Haut durch Einreiben mit einer Mischung aus Desinfektionsmittel und Brennspiritus. Enttäuscht meiden sie uns, manchmal jedenfalls, und wir genießen fast unbeschwerte Wochen des Bummelns, Träumens und Staunens in so viel unberührter Natur.

Mittelpunkt dieser Wasserlandschaft ist Angra dos Reis, ein uriges, quirliges Landstädtchen voll schmuddeliger Gemütlichkeit, heiles Brasilien abseits wuchernder Mammutstädte. Auf den holprigen, staubigen Straßen wimmeln freundliche, kaffeebraune Menschen in knallbunter Kleidung, sture Esel trotten nickend vor knarrenden Karren mit leuchtenden Früchten und erdigen Feldprodukten. Autos hupen, Kinder kreischen, Männer zanken sich freundlich. Runde, pralle Hausfrauen versperren schwatzend die schmalen Eingänge dämmriger Kaufläden. Zweige, schwer von leuchtenden Blüten, wiegen sich über weißen Gartenmauern und schmiedeeisernen Zäunen. Kirchenglocken bimmeln, zuckrige Schokolademädchen schlecken mit rosa Zungen lila Eis, Hunde und Katzen streunen, Schwärme düsterer Geier genießen gierig alles Faulende. Nichts ist hier leise, geruchlos oder grau. Hier quirlt lautes, pralles, buntes, heiles Leben. Und über allem liegt die bräunlich gelbe, manchmal fast goldene Patina des Staubs.

Ein paar Meilen neben dem Hafen stinkt ein Tankerterminal, und nur wenig weiter schläft Brasiliens Atomruine *Angra 1,* eine umstrittene Gabe der Bundesrepublik. Noch reicht dies nicht, um die Gegend zu verschandeln. Das schaffen eher die Ferienhausghettos wohlhabender Cariocas. Die Reicheren haben sich ganze Inseln gesichert. Der mäßigere Wohlstand aber breitet sich über die Küste aus wie Flechte, durch Planung und Gesetze kaum am Wuchern gehindert, aufwendig geschützt gegen die Armut durch endlosen Stacheldraht, bewaffnete Wärter und Hunde: die grausame, immer notwendigere Grenze zwischen Arm und Reich in diesem Land.

Lärm in der stillsten Bucht der Ilha Grande. Ein Hubschrauber schnattert, Polizei am Ufer, Rufe, bellende Hunde. Aus dem Gefängnis auf der Atlantikseite dieses Paradieses sind sechzehn schwere Jungs durch einen Tunnel ausgebrochen, den sie unter der Mauer gebuddelt haben. Nur zwei wurden bisher erwischt, die übrigen verschwanden im Dschungel. „Nun fangen sie an, Kleinvieh zu stehlen", erklärt uns ein pechschwarzer, schwerbewaffneter Hüne in Khaki. „Bald sind Boote dran. Ihr würdet denen gerade so passen!" Oh! Wir segeln sofort zwanzig Meilen weit weg, und fortan liegt unser Revolver geladen bereit. Ob wir ihn wirklich benutzen würden, wenn solch ein armer Teufel in unsere Nähe käme? Aber sind das wirklich arme Teufel? Oder brutale, zum Äußersten entschlossene Verbrecher? Egal, wir müssen uns schützen, so gut es geht. Doch dabei könnten wir leicht zum Henker werden. Wer weiß die Antwort? Ein unlösbares Problem. Es macht den Schutz durch eine Waffe im Grunde sinnlos.

Wir segeln weiter nach Süden, dicht unter der hohen, steilen und zerklüfteten Felsenküste. Die See läuft auf, wäscht hoch, prallt zurück, schüttelt uns zornig. Weiß schäumende Zungen lecken an braunem Urgestein. Die Vegetation hält respektvoll lauernden Abstand an einer Grenze, über die die schäumende Wut nicht hinauskann.

In einer Bucht der hügeligen Ilha Anchieta fällt unser Anker vor palmengesäumtem Strand. Nicht weit davon zerbröckelt ein großer, schäbiger Gebäudekomplex. Sackende Ziegeldächer, Trümmer, hier und da rauchgeschwärzte Wände, Wachhäuschen mit schmalen Schießscharten... Durch das nüchterne Portal betreten wir ein junges Stück Dschungel, das einst ein weiter, rechteckiger Innenhof ohne anderen Ausgang war, umschlossen von tristen Gebäuden mit großen Nummern. Überall rosten schwere eiserne Gitter: ein verlassenes Gefängnis!

Düstere Käfige im Halbdunkel eines versteckten Korridors, Reihen kahler Zellen anderswo, vergitterte Arbeitshallen. Die Küche, das Magazin, die Bäckerei, die Schlachterei mit einem riesigen, grün schimmelnden Hauklotz, rottende Trümmer kleiner Holzkarren, die von Menschen gezogen wurden. Unheimliche Stille. In den Resten des kümmerlichen Gartens wühlt ein rotbrauner Ameisenbär mit seiner spitzen langen Schnauze nach Beute.

Fischer erzählen uns später gestenreich die makabre Geschichte: Anfang der 40er Jahre wurde diese menschenfeindliche Einrichtung errichtet. Jahrzehntelang diente sie ungestört ihrem harschen Zweck, bis irgendwann in den 70er Jahren die Häftlinge meuterten. Sie steckten ein paar Gebäude in Brand und brachten ihre Wärter um. Eine sinnlose Verzweiflungstat, denn fliehen konnten sie nicht. Bald kam dann auch die Armee und machte alle Überlebenden nieder. Alle. Leichen, Trümmer und zerschlagene Einrichtung wurden auf einen Haufen geschmissen und verbrannt, so gut es ging; die Reste wurden mit geduldiger Erde zu einem Hügel in der Mitte des Hofes aufgeschüttet. Ganz einfach.

Ein paar Tagestörns weiter tuckert VAGANT durch dichten Schiffsverkehr in den langen Hafen von Santos, den größten und dreckigsten des Landes. Nachts natürlich, wann sonst? Der nächste Tag zeigt uns einen endlosen Stadtbrei ohne Gesicht, voll hastig lärmender Geschäftigkeit. Und dies ist erst eine Art Vorstadt der Industriemetropole São Paulo! Nichts für uns, nicht *noch* eine brasilianische Großstadt. Wir verlassen ein paar Tage später den Riesenhafen durch seine Hintertür, unter einer großen Hebebrücke hindurch, die sogar funktioniert, und drücken uns mit dem Masttopp knapp am tiefsten Durchhang eines Kabels vorbei. Dann verlieren wir uns im verschlungenen, weltvergessenen Bertiogakanal und kürzen mitten durch Dschungel und Sumpf über flachsten Schlamm ohne Seezeichen ein gutes Stück nach Nordosten ab: zurück, denn für den Süden ist es noch zu früh. Noch einmal Ilha Grande und letzte Einkäufe, dann verlassen wir Brasilien. Haben wir es satt? Nein, aber wir brauchen Abstand, den Frieden des Ozeans. Dieser ungeheuerliche Kontinent hat uns überwältigt. Dieberei, Dreck und lebensgefährliche Unsicherheit haben wir erlebt, dazu schlimmes Elend. Unfähigkeit, blasierte Borniertheit und Arroganz, mitleidige Behandlung als dumme Gringos und aufgeblasene, dämliche Bürokratie. Ein Chaos. Doch was bedeutet das schon gegen die einfache Herzlichkeit der Menschen, die

Gemütlichkeit ihrer bunten alten Städtchen? Gegen die Hilfsbereitschaft vieler Freunde, die wilde Freiheit, das ungestörte Leben in weiter, herrlicher Natur? Brasilien ist ein wildes, rücksichtsloses, junges Land. Und es ist eine alte, leuchtende, stille Welt. Wir kommen wieder!

Urlaub von Südamerika

Abweisendes Trindade – Zurück in die Erinnerung:
St. Helena – Britisches Inselidyll – 4800 sm Atlantik

Steifer West schiebt uns an Landmarken vorbei, die wir nun schon gut kennen, manche allzu gut. Nachts strahlt Rio, wie es das Seehandbuch verspricht, und die damals so mühsam erkreuzte Strecke liegt morgens schon hinter uns. Über eine niederträchtige, stromgequälte Kreuzsee hüpfen, bolzen und springen wir am wolkenverhangenen Cabo Frio vorbei, endlich hinaus auf den weiten, leeren, ruhigen Südatlantik.

So hoffen wir. Aber ein rauhes, finsteres Etmal weiter flackert eine Flamme an der Kimm. Bald zwei, mehrere, viele: Bohrinseln eines großen Ölfeldes am Rande des Kontinentalsockels, fast 100 Meilen vor der Küste und in unserer alten Karte natürlich nicht verzeichnet. Nachts jagen wir an futuristischen, insektenhaften Gitterkonstruktionen vorbei. Das gelb-rote Flackern ihrer Abgasfackeln über der rollenden, düster rotglühenden See verleiht ihnen gespenstisches Leben. Dann sind wir allein, doch die See bleibt nicht friedlich. Befreit vom störenden Land, dreht der Wind auf seine gewohnte Richtung um Ost. Südost sollte es sein, doch nun heult Ost und Nordost und legt zu. Wir reffen Fock und Großsegel wie für richtig schlimme Zeiten. Herr Baron Gustave von Schwing, der unermüdlich Selbststeuernde, wedelt fleißig mit Windfahne und Flosse. VAGANT schnaubt los, sprühende Gischtwolken über sich werfend, wir verziehen uns unter Deck, alle Luken geschlossen. Bald leben wir in feuchtem Mief. Nässe tropft und rinnt aus neuen, unerwarteten Quellen. Viel ist es nicht, aber uns stört jeder Tropfen.

600 Meilen weit draußen suchen wir unser erstes Ziel, die Ilha da

Trindade auf 20°30′ Süd, 29°19′ West, einen 3 × 1,5 Meilen winzigen Stecknadelkopf im grauverhangenen Südatlantik. Eines Abends zeigt sich die Insel kurz als blasser Umriß in Luv. Dann deckt die Nacht alles zu. Wir kreuzen blind durch mondlose Finsternis, bis ein trockener, fremdartig würziger Hauch im kaltfeuchten Wind uns warnt. Wir drehen bei. – Im trüben Morgendämmern ringsum nichts als grau rollende, gleichgültige See. Wir koppeln, stampfen hoch am Wind in die geratene Richtung und saugen dunstige Ferne in unsere tränenden Augen. Nichts. Stundenlang. Doch dann stiehlt sich die Sonne durch jagende Wolkenfetzen. Ein hastiger Schuß mit dem Sextanten, und bald liegt die Insel da, ein graublauer Schatten, der sich langsam mit Formen und Farben füllt.

Trindade ist der höchste Gipfel einer schmalen Unterwasser-Gebirgskette, die sich von Brasiliens Küste seewärts erstreckt. Sie steigt aus Tiefen von 5000 m auf, steiler und schroffer als das Matterhorn. Fast 6000 m ragt ihre höchste Spitze, der Pico Desejado, über den Meeresboden. Andere Gipfel reichen bis zwanzig Meter, ja sogar nur bis zehn Meter unter den rauhen Spiegel des Ozeans.

So erleben wir die Insel als Gipfelregion eines gewaltigen, geheimnisvollen Berges unter der See. Felsen steigen und sinken, steigen und sinken im ewigen Auf und Ab hoher, schaumgekrönter Roller. Das erste messerscharfe Kap sprüht Gischtwolken nach beiden Seiten wie eine Bugwelle. Wir schweben, schwingen, tanzen im unsicheren Schutz der Leeseite: steile Wände, grauer Fels, von Urkräften wie Teig mit rotvioletter Lava gemischt. Schroffe Schründe, nie betretene Felskanzeln, scharfe Grate, gekrönt von Zacken wie Sägezähne. Aus wilder Schräge ragt senkrecht der glatte graue Turm des Pico Monumento empor. Wolkenschatten ziehen Wellen über schwefelgelbe Vulkanhänge. Hoch im Dunst, 600 m über dem Meer und fast 6000 m über der unbekannten Hügellandschaft seines Grundes, steht die Kuppel des Gipfels, rund und breit, ein ruhender Höhepunkt im wilden Durcheinander. Niedriges, windgebeugtes Gestrüpp klammert sich in geschützte Mulden, dazu wenige kleine zerzauste Palmen; sonst gibt es nur wildes, karges Urland. Vögel kreisen, wütende Böen heulen die wüsten Schluchten herunter.

Wir bergen die Segel und fahren unter Motor dicht heran. Ruhige alte Dünung rollt sonnenglitzernd gegen dunklen Fels, birst donnernd zu hohen Gischttürmen, die lange wirbelnd stehenbleiben, prallt zurück und schüttelt uns zornig. Neue Wände. Aus Löchern und Spalten sickert rotbrauner Rost, auf steilen Schotterhalden liegen sauber gepreßte Platten wie geborstenes Mauerwerk. Ein Wasserfall springt sprudelnd über glattgeschliffene Stufen, auf dem kleinen, graublauen Kiesstrand darunter leuchtet fremd ein roter Rettungsring. Doch nirgendwo finden wir Schutz für sicheres Ankern. Am Fuß einer hohen, schwarz-roten Lavawand gähnt hinter wirbelnden Gischtfontänen ein dunkler Höhleneingang. 200 m lang, 12 m breit und 15 m hoch soll der Naturtunnel dort sein, 12 m Wassertiefe wurden gelotet: groß genug für VAGANT. – Auch wenn uns die Neugier mächtig plagt, für diesen gurgelnden Schlund reicht unsere Frechheit nicht.

Auf der anderen Inselseite hockt eine Reihe kleiner Häuser am Hang. Nichts rührt sich. Eine zeitweise besetzte Marinebasis, sagt das Handbuch. Sollten wir uns nicht mal die Beine vertreten, ein bißchen herumstöbern? Verlassenes zieht uns immer an. Doch die See schluckt die kleine Sliprampe, den offenbar einzigen Zugang zum Land, immer von neuem gleichgültig atmend und spuckt sie wieder aus: zu gefährlich.

Nacht, steifer Ost. Mit einem weiten Schlag nach Nordost gehen wir auf die Kreuz zu unserem nächsten Ziel, St. Helena. Irgendwann müßte der Passat doch endlich aus seiner üblichen Südostecke wehen! Aber das ist eine vergebliche Hoffnung. Wir segeln weiter gegenan, hoch am Wind, jeder Winddrehung folgend wie bei einer Regatta. Mit richtig bemessenen Segeln und fein getrimmten Schoten läuft VAGANT überraschend glatt gegen die lange hohe See, nur ab und zu ihre spitze Nase in einen brechenden Kamm steckend. Nur ganz selten kracht sie in ein „Schlagloch", und das nur als Mahnung, daß wir ihr zuviel Segel und damit zuviel Lage zumuten. Dann schüttelt sie sich erschrocken, zittert in allen Drähten und Beschlägen, stampft beleidigt auf der Stelle, hüllt sich in peitschenden Gischt und läßt die Segel knattern. Wir haben unser braves altes Mädchen geärgert und wetzen nach draußen, um es ganz schnell wieder gutzumachen. Ein Reff mehr oder das Großsegel ganz geborgen, eine kleinere Fock, und schon schlurft sie weiter zufrieden vor sich hin. Und wenn sie dann wieder mehr Segel will, richtet sie sich im Seegang heftig ruckend auf: Los, ihr Lahmärsche! Nach Luv will sie. Stur nach Luv, wohin wir sie schicken.

Wir staunen immer wieder. Gewiß, eine Yacht ist im Grunde nichts als ein mehr oder weniger gut miteinander verbundener Haufen Material. Und doch ist sie mehr. Immer wieder fühlen wir, wieviel uralte Erfahrung der Menschen darin steckt, wieviel Können des Konstrukteurs, dieses Meisterjongleurs mit Kompromissen, wieviel handwerkliche Sorgfalt beim Bau, wieviel von unseren Ideen und ständiger Verfeinerung. Die Summe all dessen, genutzt oder vernachlässigt von der Crew, macht am Ende den Charakter einer Yacht aus, unverkennbar selbst bei Dutzendware aus der Fabrik. Die meisten Pferde sind dümmer.

Auch nachts sind wir nicht faul. Wir sehen gut im Dunkeln. VAGANT hat keine Decksbeleuchtung, denn der finstere Abgrund rings um ein hellbeleuchtetes Deck wäre uns unheimlich. Wir beherrschen alle Manöver „mit links hinterm Rücken" und benutzen nur ausnahmsweise schwache Taschenlampen. Unser Leben unter Deck hat dagegen nur wenige sportliche Akzente. Im kleinen „Salon" um die Maststütze herum ist der ruhigste Bereich, hier ruhen und schlafen wir, hinter breiten Leesegeln bequem in die Kojen gekuschelt. Wir kochen einfach und essen „kardanisch". Zwei vollkardanisch aufgehängte Becher schweben über dem Tisch, ein halbkardanisches Tablett hängt an der Maststütze. Wir lesen viel, schreiben und hören Musik. Wir faulenzen und freuen uns auf unser Ziel. Das kommt näher, mit jedem Schlag, mit jeder Winddrehung, mit jedem nassen Manöver.

Und dann, im herrlichen Farben- und Formenspiel eines subtropischen Sonnenaufgangs, steigt St. Helena genau voraus über die Kimm. Mit frischem Ost können wir die Insel knapp anliegen. Doch je näher wir kommen, um so besser wird der Kurs, und zuletzt stürmt VAGANT auf das enge, steile Tal zu, in dem sich das verschlafene Jamestown von der See her hochquetscht. Es ist, als erinnere sie sich unseres Besuches im April 1979. Wir rechnen die wilde Kreuz zusammen und staunen: 2270 Meilen sind es von Sacco de Cénan an der Nordküste der Ilha Grande über Trindade bis hierher. Wir sind hart gegenan gesegelt, und das Zickzack der Kurslinie auf der Karte zeigt manch mühevollen Schlag, aber nur 124 „vergebliche" Meilen mehr.

Am frühen Nachmittag legen wir VAGANT zu den Fischerbooten und einer Yacht aus Kapstadt auf die enge Reede. Hohe Dünung zerdonnert schäumend an den grauen Ufermauern, unruhiger Rückprall schüttelt uns nervös, und wir setzen drei Anker, denn zwischen dem Wrack der PAPANUI und dem Leinengewirr der Muring ist wenig Platz; wir wissen das ja. Nichts hat sich verändert in der kurzen Zeit, die wir nicht hier waren.

Wie damals paddeln wir an die Landgangsrampe heran, greifen die herabhängenden Taue, springen mit der nächsten See hoch auf nasse Quadern, die Schwelle der Insel. Wie im Traum schlendern wir die Pier entlang und durch das enge Stadttor mit dem bunten Wappen der Ostindischen Kompanie auf die Grand Parade, *den* Platz der Hauptstadt Jamestown. Links, über dem weißgekalkten Tor des „Castle", blühen feurig rote Bougainvillea. Die kleinen Messingmörser zu beiden Seiten funkeln wie immer frisch poliert. Mächtige Bäume spenden rauschend Schatten vor dem alten Amtsgebäude und im kleinen wohlgepflegten Park daneben; die Goldfische im Brunnen unter der schwarzgrauen Gußeisenfontäne schlafen. Gegenüber, auf dem schattigen Balkon Ihrer Majestät Gefängnis, flattert bunte Wäsche. Ein Auto rollt langsam die stille Main Street herunter, links natürlich. Ein paar Kinder spielen, einkaufende Hausfrauen schwatzen, alle grüßen freundlich.

Auf der Terrasse des *Consulate Hotel* lösen Herren aller Schattierungen wichtige Probleme beim Bier. Unberührt vom Gang der Welt thront die rüstige Mrs. Benjamin hinter der Kasse ihres dämmrigen Kaufladens: „You are back, my dear? Nice to see you again!" Alles ist wie damals, wie immer. Selbst die Turmuhr von St. James steht noch immer still. Muß sie überhaupt gehen?

Mit Rucksack und derben Stiefeln wandern wir in die Berge, mit dem Dingi streifen wir die Küste entlang. St. Helena, Heimat von 5500 Menschen, ist 122 km² groß und 10 × 17 km klein, aber dennoch ein ganzer winziger Kontinent für sich, voll gegensätzlicher Landschaften, wie kraß verschiedene Klimazonen sie formten. Je nach Höhenlage, Luv- oder Leeseite im mächtigen Südostpassat, bestimmt durch den weiten Ozean ringsum, gestört durch Ausläufer des kalten Benguelastroms, der an der Westküste Afrikas nach Norden fließt. Schroffe Gebirge und sanfte Hügel, steinige Einöden und saftige Wiesen, hohe schattige Wälder, bunte Gärten, Bananenpflanzungen, wild wuchernder, fahlgrüner Flachs als lästiges Erbe vergangenen Anbaus, dorniges Buschland, staubige Wüste, kleine Farmen, einfache Häuschen, vornehme alte Herrenhäuser und abgelegene Ruinen in verwilderten Parks wechseln in bunter Folge miteinander ab. Die See gibt es in der abgeschlossenen Welt des Inneren von St. Helena einfach nicht, die Menschen leben hier geruhsam wie anderswo auf dem Lande. Das „große" Jamestown mit seinen 2000 Einwohnern liegt irgendwo weit weg. Die schmalen Straßen verlaufen kaum einmal eben oder geradeaus, und der Verkehr ist so ländlich ruhig, daß warnendes Hupen an jeder Ecke eher belebt als stört. Hier und da trottet ein Esel, und manchmal kommen zielbewußte Marschierer des Weges, denn Busse fahren hier nicht. Zeitlose Stille liegt über allem.

Aber nicht für uns. Jede Rückkehr an Bord ist nicht nur ein nasses Abenteuer, sondern mehr als anderswo Rückkehr in unsere Welt der See. Ewige Dünung rollt, nur nach Richtung und Stärke schwankend, staubige Böen fauchen aus Jamestowns engem Tal. VAGANT schlingert oft heftiger als auf See, denn die Küste schützt hier nur vor dem Gröbsten. Wir erleben sie mit dem Dingi als zerklüftete Felslandschaft, als rauhe Schale dieses kleinen vergessenen Paradieses, das so lange Stützpunkt, Verbannungsort und Festung war. Wo nicht steile Wände jedes Eindringen verhindern, sicherten kanonenstarrende Forts die wenigen von See her zugänglichen Täler. Wir stöbern bedrückt staunend durch graubraune Ruinen einstiger militärischer Fruchtbarkeit.

Die Frontmauer der unteren Batterie hat die See geholt. Wuchtige Steinwälle sind eingesackt. Grobes Mauerwerk steht wackelig hinterspült. Schwere Vorderladerkanonen mit dem Pfeilzeichen der Royal Navy rosten im groben grauen Kies. Große, gelbfleckige Kakteenbüsche mit mageren roten Blüten fristen ihr trockenes Dasein in den Ruinen niedriger Bauten. Kleine freche Disteln zerren an unseren Hosen. Zäh kriechendes, graues Dornengestrüpp sperrt den Weg wie Stacheldraht, nur hoch oben im Hinterland lebt etwas karges Grün. Ewige Dürre hängt über allem. Unvorstellbar, daß hier Menschen – Soldaten – leben mußten, Wache schieben, exerzieren, arbeiten, jahrzehntelang, weit über Napoleons Exil hinaus.

2784 Offiziere und Soldaten waren damals hier eingesetzt und über 500 Kanonen aufgestellt. Vor Jamestown ankerten stets fünf Kriegsschiffe, weitere sechs dienten zur Seebeobachtung. Zwei davon umkreisten ständig die Insel, eines in jeder Richtung – all dies, um „das größte Genie des Handelns" an weiteren Taten zu hindern.

Napoleon diktierte derweil hoch oben in Longwood schwermütig seine Memoiren, aß mit seinen etwa dreißig hoffnungslos zerstrittenen Begleitern und geduldigen Dienern täglich 75 Pfund Fleisch samt sieben Hühnern. Mehr als 300 Flaschen Wein und Champagner trank der Kaiserliche Hof im Monat. Majestät beklagten sich bitterlich über das kühle, feuchte Klima der Hochebene und den Ärger mit seinem obersten Bewacher Sir Hudson Lowe, dessen Sekretär übrigens ein Herr H. Jaenisch aus Hamburg war. Doch dieser Kerkermeister war ein angenehmer, hochgebildeter Mann, so heißt es, bei Einheimischen und Unterge benen beliebt, und die Inselgeschichte bewahrt seiner weisen Verwaltung ein gutes Andenken. Nur das Format, den großen Napoleon ohne kleinliche Schikanen in Schach zu halten, fehlte ihm ganz. Der ungeeignete Mann. Mit Absicht gewählt? Die Potentaten Europas hatten schreckliche Angst vor dem allzu frischen Wind, mit dem dieser korsische Parvenu, Kaiser von eigenen Gnaden, ihre hohle, reaktionäre Mittelmäßigkeit bedroht hatte.

Unruhe in Jamestown: Die Ankunft des nächsten Schiffes steht bevor, schon lange ungeduldig erwartet. Erst verzögerte sich das Auslaufen der RMS St. Helena (RMS = Royal Mail Ship) in England, und nun dümpelt sie vor der Nachbarinsel Ascension in so schwerer Dünung, daß keine Verbindung mit dem Land möglich ist. Aber dann, um zehn Uhr vormittags, fällt ihr Anker draußen eben jenseits der Stelle, wo das Wrack des Hilfstankers Darkdale liegt, den Kapitänleutnant Karl F. Merten am 20. 1. 1941 mit seinem U 68 versenkte.

Auf der Pier drängen sich Menschen in altmodischem Sonntagsstaat vor dem alten Tor, das als Zollgrenze nun plötzlich amtliche Bedeutung bekommt. Aller Augen sind sehnsüchtig auf die kommenden Herrlichkeiten gerichtet. Die See ist gnädig, und bald springen erste Passagiere mutig auf die nassen Steinplatten der Rampe, Lastwagen rollen in die Stadt. Hektik herrscht in den Geschäften. Niemand löst im *Consulate* Probleme beim Bier, und die Schlange vor der Post wird lang und länger.

Abends, nachdem um „eight o'clock Greenwich Meantime", zur echten britischen Zeit also, die World News der BBC erklungen sind, leicht stumpf, wie abgewetzt vom Rauschen und Prasseln unendlicher Ferne, zieht der Sprecher von Radio St. Helena Bilanz. Über die Verzögerung des Schiffes wird Seine Exzellenz der Herr Gouverneur eine Regierungserklärung abgeben. Übrigens hat er gerade eine neue, moderne Bäckerei eröffnet. Mrs. Mable Hoyce ist leider verstorben und wird morgen um 15 Uhr beigesetzt, Mrs. Henry will ein tadellos erhaltenes Motorrad verkaufen, Mr. Peak muß zehn Pfund Strafe für Fahren unter Alkoholeinfluß und mit einem glatten Reifen bezahlen, Mr. Cyril Essex fünfzehn Pfund für obszöne Ausdrucksweise, Seine Exzellenz der Herr Gouverneur hat den Tag der Landwirtschaftsschau zum öffentlichen Feiertag erklärt, und Radio St. Helena wünscht allen Hörern einen guten Abend.

Im Zentrum Jamestowns, wo unter dem Riesenbaum der vielarmige

Wegweiser nach London, Paris, Longwood, Frankfurt, Sandy Bay, Ascension, Bahia, Kapstadt und ein paar anderen Orten zeigt, wo die Geschäfte sind und die Polizei das regelt, was sich hier Verkehr nennt, da steht wie immer und ewig die gußeiserne öffentliche Uhr, an der offenbar ebenso ewig eine Leiter lehnt. Da klettert jeden Mittag ein Polizist hinauf und verhilft der Zeit St. Helenas zu neuem Schwung für die nächsten 24 Stunden. Daneben ragt die ehrwürdige Markthalle auf, ein geradezu antikes Bauwerk aus gußeisernen Fertigteilen. Der Markt will nicht mehr so recht. Jeder hat für sich selbst genug, und für den Überschuß reicht eine kleine Bude dahinter. Was macht man aus antiken Bauwerken, die niemand so recht gebrauchen kann? Ein Museum oder ein Restaurant. Ein kleines Museum gibt es schon.

Also fand hier Dotty ihre Chance, eine pralle, kaffeebraune Tochter der Insel mit überaus munterem, geschäftsförderndem Mundwerk. Ihre kleinen schnellen Hausgerichte, besonders ihre feuerscharfen Fischfrikadellen, sind schon jetzt berühmt. Kühn wagt sie Neues und nimmt sich besonders der Segler an. Kaffee, Tee und Limonade gibt's zu trinken, schon mal mit 'nem scharfen Schuß drin. Aus Versehen sozusagen, denn eine Schanklizenz hat sie natürlich nicht. „Ihr kommt aus Brasilien", raunt sie, „und habt mir keinen Kaffee und nicht mal ein paar Pullen Feuerwasser mitgebracht?" Aber, Dotty, wir schmuggeln doch nicht! „Ach was, schmuggeln, wer spricht denn von Schmuggeln? Mein Mann ist doch Polizeichef, na ja, Vize. Diese Insel muß ein bißchen aufgeweckt werden!"

In der Tat. Eine englische Yacht hat schon Dauerhafenrecht und segelt regelmäßig Dreiecke zwischen Südamerika, Südafrika und St. Helena. Nur aus Sport natürlich. Na ja, ein paar belanglose Geschenke bringt sie ab und zu schon mit, klar. Aber schmuggeln? Nicht doch! Ein Deutscher, der Ähnliches vorhat, ist auch gerade auf einer solchen sportlichen Reise. Auch er bringt schon mal ein paar Sachen mit. Die werden natürlich verzollt. Klar. Bestimmt. Vielleicht. Was sonst?

Dotty kümmert sich auch sonst um das Wohl der Segler, besonders der einsamen strammen Männercrews. Das heißt, nicht sie selbst, o nein, das wäre ja noch schöner! Aber sie läßt kümmern. Das heißt, auch nicht so direkt, o nein, was wäre das denn wohl! „Raus", flüstert sie freundlich. „Ihr habt euch beide, aber Wolf und Peter, die Jungs da draußen aus Südafrika..."

Nach drei reichen Wochen zwischen holprigem Arbeiten auf Reede, Dingifahrten an der Küste und idyllischem Kleinstadtleben rupfen wir unsere vier Anker aus dem historischen Meeresgrund. Dann fahren wir ein Stück die Küste entlang nach Süden und machen in der stillen Bucht hinter Egg Island ein paar Tage Urlaub. Dort ist der ruhigste Ankerplatz St. Helenas, durch kleine Inseln und Landvorsprünge vor fast jeder Dünung geschützt. Nur wegen der allzu steilen und engen Schluchten an Land taugt er nicht als Hafen.

Wir klettern auf den Bergen herum und dringen mit dem Dingi in tiefe Höhlen vor, bis schmatzende Dünung und fauchende Blaslöcher uns zurücktreiben. Wir machen Pause und sinnieren über das Erlebte. Tut es nicht gut, solch eine heile Welt kennenzulernen? Oder sehen wir sie als Besucher allzu romantisch? Die Fundamente des Idylls bröckeln: Großbritannien trägt noch immer mehr als die Hälfte des Haushalts der Insel, will aber mit aller Gewalt sparen. Die Bewohner Tristan da Cunhas, der Nachbarinsel 1200 Meilen weit weg im rauhen Südsüdwesten, haben mit moderner Krebsfischerei den rentablen Anschluß an die Neuzeit schon geschafft. Ähnliches wird nun auch in St. Helena mit Erfolg versucht. Moderne Boote, Geräte und Methoden lösen langsam die alte gefährliche Handfischerei ab, und eine kleine Gefrieranlage nimmt schon jetzt alle Fänge auf. Doch auf St. Helena sind allzu viele arbeitslos oder werden an drei Tagen wöchentlich von der Verwaltung irgendwie beschäftigt. Die nur 330 Bewohner des kaum kleineren Tristan kennen solche Probleme nicht. St. Helena ist eben überbevölkert, und mehr als eine unbestimmte Hoffnung bleibt der Insel kaum.

Wir laufen aus mit Kurs auf Brasilien und genießen ruhiges Segeln im Passat. Die Bugwelle murmelt, schäumt, sprudelt, spritzt; im luftklaren Wasser davor, ganz dicht am Bug, halten zwei winzige, schwarz-weiß gestreifte Pilotfische eifrig Wache. Die lange See läuft gleichmäßig von achtern auf, nach vorn durch, VAGANT ruhig der Länge nach wiegend. Am blauen Himmel ziehen endlose Reihen friedlicher Passatwolken dahin.

Riesig, blutrot, breit setzt sich die Sonne abends auf die Kimm. Die Silhouetten ferner Wolken verschmelzen zu stolzen Gebirgen und Inseln. Eine größere See rollt, mit leisem Rauschen brechend, vor uns her, wächst zum wabernden, von innen heraus grüngolden leuchtenden, gläsernen Berg: ein Geschenk, ein Augenzwinkern des Ozeans. Die Wolken ergrauen, ihre rundlichen Federbäuche glühen rosa mit den letzten Strahlen der Sonne. Ist dies wirklich derselbe Ozean, über den wir hergekommen sind?

Irgendwann liegt Martin Vaz voraus, die äußere Gipfelgruppe des schon erwähnten Unterwassergebirges. Gegen die Morgensonne im Rücken steigen ein paar verlorene, blaßblaue Punkte aus der See, die einsamen höchsten Gipfel dieses geheimnisvollen Massivs. Das Handbuch warnt, die Gegend sei fast unvermessen. Unser Echolot zeigt beim Näherkommen lange Zeit nichts, flackert plötzlich bei 30 bis 40 m, dann wieder nichts. Erneut 30 m, 60 m, 20 m – nichts, 10 m – nichts. So geht es weiter, bis wir um die paar vergessenen Felsen segeln, einsame, schroffe, bizarre Klippen, von der Seefahrt gemieden, wild, nur von zähem, magerem Gras bewachsen, Heimat unzähliger Seevögel.

Eben in der Kimm zeigt sich Trindade. Kurz vor Sonnenuntergang segeln wir um seine stolzen Formen. Die See ist ruhig, heute könnten wir in Lee ankern. Ankern? An einer Steilwand festmachen – vielleicht. Wir drehen VAGANT auf unseren Kurs zurück.

Ein paar Tage später meldet sich die Küste. Wieder flackert feuriger Widerschein der Bohrinseln von weither über die Kimm. Cabo Frio zeigt sich kurz im Dunst, der Südost schiebt VAGANT in einem Schwung an unserer Schreckensküste entlang, und schon früh in der Nacht zwinkert uns die rot-weiße Kennung des Leuchtfeuers Rasa zu. Dahinter strahlt der Nachthimmel Rios; er lockt uns nicht. Zur Nacht fällt unser Anker im stillen, dunklen Wasser der geschützten Bucht Sacco de Céu. Hier sind wir vor elf Wochen ausgelaufen, um Urlaub von Südamerika zu machen. 4800 Seemeilen sind wir gesegelt, die Hälfte davon gegenan, eine wichtige Probe für Zukünftiges. Rückkehr in vertraute Erinnerungen haben wir erlebt und herrliche, unbeschwerte Seefahrt. Es hat sich gelohnt.

Noch einmal bummeln wir durch das nun schon so vertraute Inselgebiet und weiter die Küste entlang. Nach einer letzten ruhigen Nacht vor den Gefängnisruinen in Anchietas geschützter Bucht verlassen wir sie, bevor ihr langweiliger Teil beginnt. Das deutsche Blumenau, die Ilha Catarina und Florianopolis weiter südlich wären noch einen Besuch wert. Doch der Schatten Kap Hoorns wächst. Noch 2962 Meilen.

Der lange Schatten des Horns

Weltoffenes Montevideo – Buenos Aires und der neueste Versuch in Demokratie – Von Pamperos gescheucht nach Süden – Stürmische Le-Maire-Straße – Am Prüfstein Kap Hoorn

Williger Wind um Nord schiebt VAGANT in einem Schwung nach Süden bis vor die Mündung des Rio de la Plata, Zwischenziel und Wendemarke der alten Segelschiffahrt auf der Weizenroute. Denn hier beginnt das Reich der „braven" Westwinde für die Reise nach Osten, um das Kap der Guten Hoffnung nach Australien.

Wir aber wollen hinein, und steifer Ost hilft. So stürmisch hilft er, daß wir bald nicht mehr wissen, wohin mit all den vielen schönen Meilen, denn nach mehreren grauen Tagen und finsteren Nächten müssen wir mit ungenauer Navigation rechnen. Und plötzlich zeigt das Echolot Grund: 40 m, 30 m – aber kein Land voraus. Zur Nacht drehen wir bei, und beim neuen Anlauf am Morgen stiehlt sich bald der Hauch eines senkrechten Striches in die leere Kimm: der Leuchtturm auf der Isla de Lobos, der rechte Torpfosten zum Plata. Wir sind da, doch nicht ohne Sorge, denn mehr zeigt unser Übersegler im Maßstab 1 : 7 500 000 nicht. Immerhin reicht er von Venezuela bis Kap Hoorn. Freunde und führerscheingeprüfte Segler zu Hause, senkt die erhobenen Zeigefinger: Mehr haben wir einfach nicht. In Brasilien gab's Karten nur in Alptraum-Rio.

Wir erinnern uns pazifischer Erfahrung, folgen den präzisen Angaben des Seehandbuchs, fahren wie ein dicker Dampfer lotend in die breiteste Einfahrt, ankern bald in der geschützten Bucht des mondänen Badeortes Punta del Este, und die Obrigkeit ist entsetzt. Hat sie doch unser

Einlaufen nicht bemerkt, obwohl sie den Schiffsverkehr an der Küste Uruguays mit Radar, Bürokratie und Funk gern so lückenlos überwachen möchte wie Fluglotsen den Frankfurter Luftraum. Und obendrein haben wir uns nicht mal von draußen gemeldet, na so was!

Brauchen wir Funk? Irgendwann bestimmt. Wir begrüßen sinnvollen Fortschritt, klar. Schließlich nutzen wir schon seit langem soviel Modernes, daß uns auch Funk vielleicht so selbstverständlich sein sollte, wie er der großen Seefahrt schon lange ist. Doch Ozeansegeln mit kleinen Yachten ist anders. Da sehen wir noch zu große Lücken zwischen unseren Anforderungen, den Geräten, die es gibt, und den Vorschriften, die dafür gelten. Warum sollen wir VAGANTS Stromhaushalt und Bordkasse mit problematischer Technik belasten, die unseren Frieden auf See stören könnte?

Der bedeutet uns soviel, daß wir bisher noch ganz gelassen mit der oft mahnend beschworenen Schreckensvision leben, im Notfall nicht um Hilfe rufen zu können. „Dangers of the sea accepted – Gefahren der See akzeptiert", pflegte einst Joshua Slocum zu sagen, der vor hundert Jahren als erster allein um die Welt segelte. Heute wird einfache, nur der Natur verpflichtete Seefahrt immer verdächtiger.

Doch die Bürokapitäne verzeihen uns noch einmal, mitleidig die erfahrenen Häupter schüttelnd. Aber Papiere möchten sie schon sehen, alle, und die Listen dreifach, bitte. Nur zu unserer Sicherheit natürlich. Aber Seekarten? Doch nicht hier! In Montevideo, wo sonst?

Wir genießen vor einer gewaltigen Skyline von Feriensilos und Hotels ein paar Tage ruhiger Vorsaison. Nur müssen wir immer wieder verholen, weil eifrige Männer in rostigen Blechkästen uns beim Bojenlegen für die zu Weihnachten erwartete argentinische Yachtinvasion zu nahe kommen. Dann rücken die südlichen Nachbarn in ganzen Heerscharen von den steinigen Ufern ihrer Mammutmetropole Buenos Aires an, um den Hochsommer an Uruguays herrlichen Badestränden zu genießen. Also segeln wir weiter, die Küste entlang nach Montevideo, beraten, ab-, vor- und angemeldet, radarüberwacht und mit reichlich Papieren versehen. Ist ja nur 60 Meilen weit, an einer fast geraden Küste entlang. Doch dann erleben wir die Tücken dieser Gegend. Grandiose Wolken jagen von Norden heran, stoppen plötzlich über der Küste, fliehen zurück, machen einem Gewitter aus Südost Platz, und der Wind dreht sich vor Schreck ein paarmal um sich selbst, heftig heulend und nässend, bis wir kaum noch vorn und achtern unterscheiden können.

Abends blinkt querab das Leuchtfeuer der kleinen, düsteren Felseninsel Flores, der alten Quarantänestation von Montevideo. Hier lieferte Joshua Slocum 1887 seine pockenkranke Crew zum Sterben oder knappen Überleben ab, als er noch Kapitän seiner stolzen Bark war. Nachts laufen wir nach vagen Angaben im Yachthafen Montevideos ein und stehen sofort sanft im Modder. Der Meeresboden ist hier nur dicker Schlamm, weicher Schlamm, trübes Wasser, ohne Schichtung ineinander übergehend. Kein Anker hält.

Montevideo erleben wir als weltoffene, ruhige Großstadt mit stark europäischem Einschlag, die einfach und sympathisch nur sich selbst bietet; der dichte Verkehr läßt Fußgänger gelassen gelten, und immer wieder helfen freundliche Leute mit Sprachkenntnissen weiter, wenn unser Küchenspanisch trotz Wörterbuch nicht reicht. Wir fühlen uns wohl und willkommen, und im Yachtklub Uruguayo finden wir sofort Freunde. Uruguay ist mit seinen halbwegs überschaubaren Problemen so etwas wie eine Schweiz Südamerikas. Vieles funktioniert hier besser als nebenan in Argentinien. Doch wir müssen hinüber. Unsere Post ist nach Argentinien gerichtet, und das riesengroße Buenos Aires scheint uns voller Möglichkeiten, die wir nutzen wollen.

Wir jagen, kriechen, stampfen, motoren über die endlose hellbraune Weite des Rio de la Plata, des „Silberflusses". Glühende Sonne, peitschender Regen, dumpfe Flaute, strahlender Himmel, drohende Wolken, Blitz und Donner, Wind aus allen Richtungen und unter uns 5 m Wassertiefe, dann 8 m, 4 m und quälend lange nur 2 m. Undefinierbare Tonnen überall, hier und da ein schiefer Mast, rostrot und algengrün drohende Fetzen: Wracks, Wracks und noch mehr Wracks. Wir segeln ohne Landsicht über eine Höllenfläche mit dem sinnigen Namen Playa Honda, „Tiefer Sand". Dunst voraus, Rauchsäulen, Schemen einer Hochhaus-Skyline, erste Seezeichen: Buenos Aires.

Dicht unter der grauen Küste finden wir einzelne Tonnen des Nebenfahrwassers wirklich an den Stellen, die unsere neu erworbene, von der Marineleitung in Montevideo auf den allerneuesten Stand berichtigte Karte verspricht. Wir loten uns über immer knapper werdendes Wasser zwischen attackierenden Surfern und kreuzenden Jollen voran. Feine Herren und Damen auf einer ankernden Superyacht winken uns heftig heran. Kaltes Bier, Staunen über unser niedliches Schiffchen, Anker auf, lotsende Begleitung in den nächsten Superklub. Lautstark untermaltes, heftiges Winken zu einem Steg. VAGANT folgt, verbeugt sich erstaunt und steht. Verwunderte Pause. Hilflos rührt der Propeller im Schlamm, bis mit südamerikanischem Caramba Leinen fliegen, schwere Motoren röhren und VAGANT aufs etwas Feuchtere zerren. Soviel Tiefgang wie wir hat man hier eben nicht.

Auf der Pier erscheint ein Empfangspräsident. Wir können kostenlos im Club Nautico San Isidro liegen oder stehen, kostenlos aufslippen und alle Klubanlagen benutzen – wir sind überwältigt.

Sofort steht da auch ein drahtiger Mann. Talo, stellt er sich kurz vor, um uns seinen vollen Namen zu ersparen, der einen ganzen stolzen Satz lang ist. Er habe Zeit, denn seine Arbeit sei durch lange Pausen gesegnet, in denen er uns gerne helfen würde, besonders beim Einklarieren. Da er nicht nur spanisch, sondern auch militärisch reden kann, ist in der *Prefectura*, einem wichtigtuerisch wimmelnden Ameisenhaufen abgewetzte Akten hin und her tragender Bewaffneter in Schneeweiß, natürlich sofort alles klar. Nur noch diesen kleinen Zettel bei *Aduana*, dem Zoll, abzeichnen lassen und zurückbringen, bitte. Wo das ist? Na, in der Vorstadt Tigre natürlich, irgendwo, wer weiß das schon. Zehn Kilometer weiter kreisen wir eine Stunde lang durch unbezeichnete Straßen und Gassen, bis blau-weiß-blaue Fahne und ovales Amtsschild über einem schäbigen Hauseingang anzeigen, daß hier Argentiniens Wirtschaft vor Fremdem geschützt wird. *No Problemas*, verkündet drinnen ein distinguierter Herr, nur noch eine kleine Bescheinigung vom Klub bringen, *por favor*, daß wir dort liegen, und auch nicht vergessen, die Pässe bei der *Dirección Nacional de Migraciones* abstempeln zu lassen, der Einreisebehörde. *Claro*, doch wo ist das? Na, irgendwo da und da, wer weiß das schon…

So geht es weiter, hin und her und wieder hin, prasselndes Spanisch fegt über Tresen und durch Amtsstuben, Formulare rascheln, Stempel knallen, Unterschriften kratzen schwungvoll, alles ist ganz einfach, *claro*, nur noch… Weil gerade ein bißchen gestreikt wird, braucht Talo zu unserem Glück dann doch kein Flugzeug nach Rom zu fliegen, wie es sein Beruf ist, und schon am Abend des zweiten Tages tritt er mühsam lächelnd aus dem letzten Behördentempel: willkommen in Argentinien! *So was* hatte er in seinem Land doch nicht erwartet.

In Südamerika herrscht eben· noch echte, unverfälschte, klassische Bürokratie, unberührt von Vernunft, Wirtschaftlichkeit oder gar Kontrolle, um so großartiger gedeihend, je weniger wirkliche Arbeit ihr

Wuchern stört. Jede staatliche Einrichtung dreht sich souverän um sich selbst, undurchsichtigen, ständig wechselnden Regeln folgend, von keiner Revolution zu erschüttern. Wer diesen Säulen nationaler Größe naht, braucht Geduld, Zeit, Nerven, Pfiffigkeit, Geld, die Gabe, Unverständliches zu begreifen, und Schauspielertalent. Oder die teure Hilfe eines *Despachante*, der all dies hat. Ähnliche Agenten gibt es bei uns wohl auch, doch hier ist es ratsam und üblich, sie für fast alles einzusetzen, was über das Lösen einer Fahrkarte hinausgeht. Denn Bürokratie hat Macht. Und die kann, gepaart mit bornierter Einfalt, sehr gefährlich werden. Seefahrer tun gut daran, sie als Risiko so ernst zu nehmen wie Nebel, Stürme, Eis, Riffe und unbekannte Strömungen zusammen.

Doch mit Freundeshilfe gelingt vieles besser als erwartet. Helma und Walter zeigen uns, wo's langgeht, dolmetschend, beratend, transportierend, geschickt für uns handelnd. Wir können VAGANTS Unterwasserschiff reinigen, stauen allerletzte freie Ecken voll mit günstig gekauftem Proviant, und ein geschickter *Plastiquero* laminiert zu weniger als zwanzig Prozent des Angebots einer deutschen Marina endlich die Fenster im Rumpf dicht. Inflation, dieses Schreckgespenst mehrerer deutscher Generationen, bedeutet hier kaum mehr als das Wetter. 1%, was ist das schon? Pro Tag natürlich. Wir lernen schnell, haben wie jedermann nur das allernötigste Bargeld in der Tasche und als zuverlässige Deutsche auch überall Kredit.

Unter diesen Umständen muß unser Besuch kurz bleiben. Wir erleben das echte, weite Argentinien kaum und bekommen nur einen allzu kurzen einseitigen Eindruck von der sehr europäischen, an der Oberfläche heilen Wohlstandswelt seines Zwölf-Millionen-Wasserkopfes Buenos Aires. Bei jeder Einladung kämpfen wir mit den berühmten tellergroßen Steaks, genießen endlich wieder guten Wein und gehen eines Sonntags sogar Lustsegeln mit Helma und Walter auf ihrer flotten ULYSSES im „Delta". Das ist eine weite herrliche Wasserlandschaft im Norden von Buenos Aires, ein Gewirr sich schlängelnder Kanäle, großer „Wasserlichtungen" im Schilf, ein Paradies für unbeschwertes Wasserwandern. Flotten hausgroßer Motoryachten dröhnen daher. Schier unzählige Segelyachten aller Größen und Prachtstufen schaffen an Engstellen ein Gedränge wie auf dem Berliner Wannsee, andere stehen weit draußen im Flachen, und ihre Familiencrews genießen ringsum Badefreuden. „Seht, Freunde", spöttelt Walter, „unser armes, armes Entwicklungsland!"

Unser Club Nautico de San Isidro ist mit seinen 7000 Mitgliedern, seinem prächtigen Klubhaus, Golfplatz, den Swimmingpools und Tennisplätzen, mit Segelschule und Werkstätten, eigenem Busdienst, 350 Beschäftigten und eigener Wasserversorgung auf seinen zwei großen Inseln beileibe nicht der größte Klub. Soviel Wohlstand auf einem Haufen haben wir noch nie erlebt. Wir kommen uns richtig mickrig vor.

Hier war das Revier des großen argentinischen Seglers Vito Dumas. Einhand und ohne Selbststeueranlage segelte er mitten im Zweiten Weltkrieg um die Welt, mit den Westwinden am Rand der brüllenden Vierziger von Osten nach Westen: eine der großen, einzigartigen Erstleistungen des Segelsports. Die Segler Argentiniens sind stolz auf ihn und erinnern sich seiner mit dem typisch argentinischen, ehrfürchtigen Spott gegenüber allem Großartigen. Es ist verpönt, den Namen des Idols an Bord einer Yacht offen und laut auszusprechen, damit nicht ähnlich Dramatisches passiert.

Zum Abschied werden wir Zeugen des neuesten Ausbruchs von Demokratie. Blau-weiß-blaue Leidenschaft schäumt über, als endlich wieder mal ein gewählter Präsident die Amtsinsignien übernimmt – von einem grimmig dreinschauenden Zivilisten überreicht, dem abtretenden General, der sich wie der Rest der Junta wohl nicht mehr traut, in Uniform aufzutreten. „Aufhängen! An die Wand mit denen!" knurrt neben uns ein Parteigänger des neuen Präsidenten, der sich nicht scheut, seit Falkland verpöntes Englisch zu können, fährt aber sogleich schluchzend fort: „Nein, nein, niemals, sie haben doch nur als Patrioten gehandelt!" Polizisten schleppen einen allzu wilden Jüngling ab. Präsident Alfonsin grüßt huldvoll die jubelnden Massen. Ein paar versprengte Peronisten schwenken mutig ihre Plakate. Und eine flinke Hand verschwindet enttäuscht aus Skips leerer Hosentasche.

Dann wieder einmal Abschied, wir müssen zurück nach Montevideo. Auf Wiedersehen, Helma, Walter, Talo, auf Wiedersehen! Das ist der härteste Teil jeden Auslaufens. Doch unsere weite Welt ist ja so klein, wir müssen einfach zurückkommen und Argentinien neu erleben, das freundliche, großzügige, gastfreundliche Riesenland abseits seines Wasserkopfes Buenos Aires. Für die Dschungel großer Städte sind wir endgültig verdorben.

Wir bereiten uns gründlich für die nächste Etappe vor, die vielleicht härteste all unserer Reisen. Noch einmal sehen wir mit mißtrauischer Phantasie das ganze Schiff durch, besonders das Rigg. Vor der Reise haben wir Großbaum und Mast erneuert und nach eigenen Erfahrungen ausgerüstet. Doppeltes Spinnakerbaumgeschirr für Passatsegel haben wir montiert, die Reihe der griffigen Tritte für den leichten Weg nach oben bis zum Topp verlängert, und Freund Karl, der in seinem Beruf eigentlich nur mit hundertstel Millimetern arbeitet, baute ein Meisterstück von Toppbeschlag dazu. Die Wanten sind doppelt, die Püttings verstärkt, Backstagen verhindern gefährliches Vibrieren und unerwünschtes Arbeiten auf Kursen gegenan. Alle Fallen und die Holeleinen des Reffs laufen außen, damit wir sie leicht kontrollieren und notfalls erneuern können, durch Augen geführt, damit sie nicht schlagen. Sie sind aus Tauwerk, Groß- und Fockfall sogar aus Kevlar, denn flexiblem Nirostadraht trauen wir solche Dauerbelastung nicht mehr zu. Alles hat sich bisher bewährt, nichts ist zu reparieren oder zu verbessern. Das beruhigt.

Unser Probereffen erregt die Neugier der Nachbarn. Warum, so hat uns schon mancher erstaunt gefragt, warum in aller Welt nutzt ihr nicht die moderne Technik der Rollreffanlagen für Groß- und Vorsegel? Freunde, wir haben es versucht. Wunderschön! Und dann gerieten wir auf der Adria in eine harte Bora. Was damals klemmte, brach und Segel zerfetzte, tut das heute sicher nicht mehr, denn die Konstrukteure lernen ja immer dazu. Doch gerade deshalb sitzt der Schock fest. Jedes Mal, wenn wir irgendwo verbogene und zerbrochene Teile solcher Anlagen sehen und die zerfetzten Segel dazu, erinnern wir uns gern daran, daß Segeln auch Sport ist. Das bißchen Arbeit und Bewegung bei altmodischen Decksmanövern tut uns ganz gut.

Allerletzte Vorbereitungen. Wir brauchen Eier, Brot, Trinkwasser, wichtige einfache Dinge, die doch zu Problemen werden können. Eier werden wie anderes Frischzeug fast nur noch gekühlt gelagert. Das verdirbt sie für unsere ungekühlte Aufbewahrung. Also jagen wir überall und immer wieder nach frischen vom Huhn, oft ohne Erfolg. Endlich sind wir seeklar. Wir klarieren aus, nehmen Abschied, werfen den Motor an und die Leine zur Boje los. Vorwärtsgang rein, der Motor dreht leer hoch, die Wellenkupplung ist gerissen, Ersatz besitzen wir nicht, und der Kalender zeigt den 24. Dezember. Doch hier in Montevideo haben wir Freunde, und es gibt die Findigkeit der Uruguayos, deren kleine Industrie noch handwerkliche Wunder vollbringt. Wir erleben rührend familiäre Weihnachten bei Freunden zu Hause und können schon am zweiten Weihnachtstag das Teil wieder einbauen, noch warm vom Vulkanisieren. Nun ist alles klar; doch wartet ab, Freunde, wartet ab...

Wir klarieren noch einmal aus, denn die erste Ausklarierung ist verfallen. Inzwischen wird der Hafen wieder geschlossen. Damit verfällt auch die neue Ausklarierung, und die nächste gibt's erst, wenn der Hafen wieder *abierto* ist. Das bedeutet jedes Mal eine Reise in die Stadt, warten, immer wieder dieselben und neue unbegreifliche Fragen beantworten, warten, zurückfahren, drei bis vier Stunden vertan. „Die sind hoffnungslos dämlich", knurrt Pablo verächtlich, als er beim letzten Mal für uns dolmetscht. Als Sohn eines argentinischen Diplomaten kann er sich das ungestraft leisten. Skip kriegt einen germanischen Anfall, will einfach abhauen oder die Amtshöhlen samt den Wichten darin zerschmettern. Die heilige Gastlandsflagge Uruguays reißt er von der Steuerbordsaling und setzt sie kopfüber halbstocks an Backbord. Aufruhr im Hafen. Der freundliche Marinepistolero kommt hilflos gerannt, um die ungeheuerliche Beleidigung zu rächen. Doch: *paciencia, manana,* und ein Goldbetreßter oberhalb des Zuständigen gibt bei friedensstiftendem *Maté* huldvoll den Befehl, das wichtige Papierchen auszustellen. *Excepcionalmente,* ausnahmsweise, *Señor Capitán!*

Wir laufen sofort aus. Sofort!

Ein eiskalter Pampero jagt uns wütend aus dem Rio de la Plata. Doch dann rauscht VAGANT vor ungewöhnlichem Nordost mit Vollbraß nach Südwest. Zwei Tage lang versteigen wir uns sogar zum Spinnaker. Tags scheint die Sonne noch warm, nur die Nächte werden allmählich kühler. Bald segeln wir in den Roaring Forties, den Brüllenden Vierzigern. Noch brüllen sie nur leise. Und am Wege locken interessante Häfen. Doch der gewaltige Tidenhub schreckt uns ab, und Kap Hoorn wartet.

Die weichen Wattebäusche der Passatwolken verschmelzen zu harten Konturen. Düstere Flagen, ein Fisch, Schwerter, grau wallende Gespenster, lange, eisige Faserbündel mit Krallen ziehen oben dahin. Das Wetter wird rauh und bleibt es. Unter dem niedrigen grauen Himmel steigt recht voraus flaches Land über die Kimm. Nanu? So sehr können wir uns doch gar nicht geirrt haben. Es wächst höher und immer weiter nach Osten, quer vor unseren Kurs. Vorsichtig drehen wir VAGANT weiter nach draußen. Da hebt sich plötzlich die geisterhafte Küste, löst sich von der See, schwebt schließlich als lange schmale Spitze, die nach Osten zeigt, immer höher und vergeht in tiefziehenden Wolken voller Geheul. Reffen.

Wir segeln in einem Schwung durch, auf den wilden Süden des Kontinents zu. Wie ein gewaltiges Ungeheuer liegt er da, atmet Stürme und schlürft die See in reißenden Strömen. Sein Ende krümmt sich wie ein schuppiger Schweif, bereit zu peitschen. Irgendwann passieren wir 50° Südbreite. Es geht los.

Eine abweisend kahle, eckige Landkante kommt in Sicht: Cabo Virgenes, Eckpfeiler der Magellanstraße. Gleich zwei Leuchtfeuer blinken hier mit wenigen Meilen Abstand um die Wette, ein chilenisches und ein argentinisches. Die beiden Länder lassen sich ihren Zank um fragwürdige Souveränität einiges kosten.

Als Hernando Magallanes am 21. Oktober 1520 seine Schiffe in die weite Bucht hinter dem Kap segeln ließ, half Glück seiner Entdeckung nach. Zufälliger Nordoststurm blies die SAN ANTONIO und die CONCEPCION im Verein mit heftig nach Westen setzendem Strom durch die beiden folgenden Meerengen in ruhiges Wasser. Doch solche Bedingungen sind selten. 12 m Gezeitenunterschied pressen bei steigender Tide gewaltige Wassermassen nach Westen hinein und bei fallender Tide wieder heraus. Bis zu acht Knoten erreicht der Strom. Dagegen kann kein Segler aufkreuzen. *Ocean Passages for the World*, die Bibel der Langfahrtsegler, empfiehlt die Durchfahrt deshalb nur Schiffen mit starker Maschine. Dennoch schaffen es manche mit schwacher, dank sehr viel Sturheit, Geduld und Aufmerksamkeit.

Wir peilen, wie uns starker Strom und steifer West ruhig, aber bestimmt weiter nach draußen schieben. Das nimmt uns eine wichtige Entscheidung ab. Wir bleiben draußen und segeln weiter, denn hineinsaugender Strom muß gegen diesen Wind eine ganz üble See aufwerfen.

Fische mögen das. Sie genießen solch unruhiges Wasser und die reichhaltige, wechselnde Nahrung, die es ihnen bietet. Und die Seevögel, die sonst so still und elegant über die Wellen segeln, sammeln sich in großen, gierigen Schwärmen aufgeregt kreischend über Wolken winziger Fische, werfen sich in vollem Flug herum, kurz ihre hellen Unterseiten zeigend, und stoßen senkrecht hinunter. Ganze Vogelschwärme prasseln in die See, daß sie spritzend schäumt, verschwinden tauchend, kommen wieder hoch, hier, da, überall, und fliegen mühsam auf, schwer von Beute, die sich noch in ihren Hälsen windet. Delphine holen sich von unten ihren Teil, Nachzügler schießen von oben und von unten zielbewußt und pfeilschnell in die glitzernde Nahrungswolke und ziehen langsam mit ihr davon. Überall treiben satte Genießer und weichen VAGANT nur widerwillig aus.

Hier beginnt das Reich der schwingend schwebenden Albatrosse, der *Stinkpots* und *Mollymauks* – Namen, für die uns das Bewußtsein alter Tradition fehlt. Groß, fett und weiß hockt bei ruhigem Wasser immer mal wieder einer auf dem Wasser, sieht VAGANT voll Unruhe näherkommen und paddelt watschelnd aus dem Weg, bis er sich widerwillig zum Start entschließt. Heftiges, unelegantes Flügelschlagen und trippelndes Wassertreten, ehe er sich hebt – mit schnellen, weiten Sätzen der gelben Flossenfüße – und die Spur auf dem Wasser immer dünner wird. Dann schwebt er mit harmonischer Eleganz in seinem Element auf Schwingen, die vollkommener sind als jede Tragfläche. Schwarzbraun oben, spitz, weiß, dunkel gesäumt unten, gerade oder leicht gebogen, oft nach unten gekrümmt, als wolle er die Luft festhalten und umarmen.

Wir nähern uns dem Ende der 180 Meilen weiten, leicht geschwungenen Bucht zwischen Magellan- und Le-Maire-Straße. Feuerland, Tierra del Fuego, steigt sehr langsam über die Kimm: endloses, welliges Hügelland, in der klaren Ferne blauviolett schimmernd, Haufenwolken darüber, unten platt, als zögen sie die Bäuche ein, um nicht anzustoßen. Tiefsüdliches Sommerwetter – eine ununterbrochene Folge nasser, kalter Überraschungen – zwingt uns in warme Kleider und Ölzeug.

Eines grauen Morgens segeln wir dicht vor der kargen Küste: steinige, braune Öde, Felsen, dunkelgrünes Buschwerk, gekämmt und geduckt von Stürmen. Auf einem sandigen Vorsprung steht verloren das verwitterte Leuchtfeuer des Cabo San Diego. 20 Meilen im Osten tauchen die schroffen Gipfel der Isla de los Estados aus dem Dunst, der Stateninsel, und dazwischen glänzt friedlich die gefürchtete Le-Maire-Straße.

Vorwitzig steckt VAGANT ihre Nase um die Ecke. Wieder entscheidet das Wetter für uns: mit handigem Nord segeln wir in die stille Wasserstraße, Landschutz und mitsetzender Strom lassen keinen Seegang aufkommen. Wir schaffen es! Der mehr als hundert Meilen längere Weg um die Stateninsel herum, diese stachelige Schwanzspitze des Ungeheuers, zur Hälfte harte Kreuz gegen Strom und Wind, bleibt uns erspart! VAGANT fliegt selig nach Süden, die rauhen Hügel Feuerlands gleiten vorbei, voraus kräuselt sich das Wasser ein wenig dunkler, an Backbord verschwindet die Insel im Dunst, gleich darauf an Steuerbord auch das Land. Eine wilde, nasse Wolke hüllt uns heulend ein. Wir reißen die Segel runter, setzen kleinstes Tuch und kreuzen, kreuzen, kreuzen...

Die winzige Sturmfock zieht prächtig, was sie unter 8 Bft nie tut, das

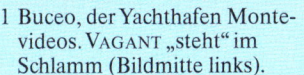

1

1 Buceo, der Yachthafen Montevideos. VAGANT „steht" im
Schlamm (Bildmitte links).

2 Ein eiskalter Pampero jagt uns
wütend aus dem Rio de la Plata.
Der Weg nach Süden führt uns
ins Kalte, Harte.

3 Lange Dünung, scharfe Windsee, irgendeine Insel im Dunst.
Nicht irgendeine: Isla Hornos!

2

3

4 Unvergeßlich: Der düstere Felsen Kap Hoorns schaut genau aus Norden auf uns herab.

5 Weiter geht es durch die patagonischen Kanäle nach Norden. Oft erleben wir alle vier Jahreszeiten an einem Tag.

5

6

6 Die kelpverseuchten Ankerplätze sind tief und gefährlich bei Fallwind.

7 Vom Gletscher stürzt ein Bach aus eisiger Höhe über glattgespülte Felsen in die See.

8 Die Kanäle Patagoniens werden auch großen Schiffen gefährlich: Das Wrack der amerikanischen SANTA ELEONORA, die der Sturm wie ein Spielzeug auf die Felsen warf.

7

4

8

9 Seitenarme des Messierkanals
schlängeln sich zu den Gletscherzungen
und schicken uns ihre Eisberge entgegen.

10 Im bodenlos tiefen Seno Iceberg
müssen wir kleinen Eisbrocken ausweichen. Noch sind es scheinbar zarte,
gläserne Gebilde, weiß, blau, türkis über
ihren verdoppelnden Spiegelbildern.

Großsegel steht doppelt gerefft ganz tadellos, ruppiger Seegang kommt auf – und wieder wenden wir vor einem kahlen Hügel, an fast der gleichen Stelle wie beim letzten Schlag. Häßliches Reißen – das Großsegel! Runter damit. Die Sturmfock zieht noch immer. Wir kreuzen, kreuzen, kreuzen, bis wir endlich siebeneinhalb Stunden später und zehn Meilen weiter in einer offenen Bucht mühsam etwas Schutz finden. Alle sechs Anker sind nötig, um unsere aufgebrachte VAGANT gegen Dünung und heulende Schauerböen auf der Stelle zu halten. Nachts hört das Toben so unvermittelt auf, wie es begann. Wir erschrecken vor der unheimlichen Stille. Nur weg hier! Im Morgengrauen fahren wir unter Motor hinaus in ölige Flaute. Strom schiebt, ruhige Brise aus Südwest kommt auf, nimmt zu. Wir schaffen es! Wirklich? Im langen Schatten des Felsens da unten geistert mehr, als wir bisher kennen.

Der Wind nimmt weiter zu. Wir reffen, wechseln Vorsegel, reffen mehr, bis nur noch die gereffte Fock steht. Aus Südwest kommt heulend eine mächtige blaugraue Wand und hüllt alles in eiskalten, nassen Staub. Das Schothorn der Fock reißt fetzend, der Rest wehrt sich heftig schlagend, bis wir ihn unten haben. Wir lassen uns treiben. Tiefziehende Wolken und Dunst geben undeutlich Felsen frei und verhüllen sie wieder. Mit der Sturmfock allein, die kaum größer ist als ein Surfersegel, versuchen wir, VAGANT wieder an den Wind zu bringen. Es reicht nicht. Böse fauchender Süd und nach Nord setzender Strom schieben und saugen uns zurück in die Le-Maire-Straße. Zweimal fällt VAGANT vom Kamm brechender Seen und legt sich weit über, gönnt uns viel zu lange Blicke durch die Plexiglasluken direkt in die See. Wir haben alles verzurrt, versteckt und verstopft, doch nun hagelt es trotzdem loses Kleinzeug, vermischt mit eiskalten Fontänen. Grobe Windsee tobt über unschätzbarer Dünung. Schäumende Wellenkämme glühen grüngolden in der nun schon sinkenden Sonne. Gischt weht in fliegenden Mähnen davon. Pralle, matt schwarz-weiß glänzende Delphine spielen übermütig in dem wilden Durcheinander, schnellen aus steilen Wasserbergen hoch, den Schwung der Brecher nutzend. Einer überschlägt sich neben uns in den glasklaren Wellen, ein anderer macht Purzelbäume im Sturm, läßt sich behaglich klatschend auf den Rücken fallen und zeigt seinen weißen Bauch. Große, grauschwarze Vögel mit gelben Schnäbeln schweben neugierig immer wieder ganz dicht heran und betrachten uns mit großen kalten Augen. Riesige Albatrosse schwingen geschäftig in weiten Bögen vorbei. Faszination dämpft unsere Sorge über dieses Wetter.

Geschlagen geben wir auf und segeln raumschots zurück zum alten Ankerplatz. Durch das öde Tal jagt eine fahlweiße Wand heran, Hagel prasselt waagrecht auf uns ein, weiße eisige Kugeln von der Größe groben Schrots bis zum Wildwestkaliber und so hart, daß wir uns ducken müssen. Es dauert lange, bis alle Anker wieder draußen liegen und VAGANT ihren Tanz in die kurze Nacht beginnt.

Haben wir uns zuviel vorgenommen? Wir kennen die See gut genug, um zu wissen, daß wir sie nie gut genug kennen werden. Sie „bezwingen" zu wollen, wäre schon als Gedanke vermessen. Hier wie anderswo sind wir nichts als bescheidene Gäste der allmächtigen Natur, nur geduldet, wenn wir ihren Regeln folgen. Wir vertrauen unserem Schiff und unserer Erfahrung, doch nun hat uns der lange, düstere Schatten Kap Hoorns wirklich gestreift. Nur gestreift hat er uns, aber schon fühlen wir, wie alte, fast vergessene Angst uns in unserem ruhigen Selbstvertrauen zu stören beginnt. Diese Gegend fordert mehr als den gewohnten wachsamen Respekt vor der See.

Die zittrige Linie des Barographen schnellt derweil steil nach oben. Wir warten auf abflachenden hohen Stand und stehlen uns dann wieder hinaus. Schnee bedeckt die Hügel ringsum, von fern grüßen eisig die schroffen Spitzen der Staateninsel. Gnädiger Nordwest schiebt VAGANT nach Südsüdwest, bis in den Süden der wilden Inselgruppe Wollaston. Ursel nutzt ruhige Stunden und kocht einen gewaltigen Kübel deftiger Erbsensuppe für kommende schlimme Zeiten. Dann tanzen die Gespenster dieser Breiten wieder ein wenig und fauchen bitterkalt aus Westsüdwest, hart gegen uns. Wir flüchten hinter ein paar Steine, wie es die stolzen Windjammer nur selten konnten, und durchwachen ergeben rollend die kurze kalte Sommernacht. Im ersten fahlen Dämmerlicht segeln wir um die scharfen Klippen der Rocas Deceit in die Drakestraße, hoch am Wind gegen das, was da ungehindert aus Westen heranrollt. Lange Dünung, scharfe Windsee darüber, irgendeine Insel im Dunst.

Nicht irgendeine: Isla Hornos, deren 405 m hohe Südkante als Prüf- und Eckstein aller Seefahrt gilt, seit Willem Cornelis Schouten aus Hoorn mit seiner EENDRACHT am 29. Januar 1616 hier vorbeisegelte, als erster auf der neuen Route, die keine Großmachtarroganz sperren konnte.

Steifer Südwest, zunehmend. Das geflickte, dicht gereffte Großsegel reißt wieder. Es ist sowieso zuviel. Die Fock allein schafft es, unsere letzte heile Fock. Die Kap-Hoorn-Insel wandert ganz langsam aus. Regen- und Graupelschauer verhüllen sie, geben ihre Form immer wieder anders frei. Himmel, Fels und See sind hier einander ganz nah, so nah wie nirgendwo sonst, da müssen eben manchmal die Fetzen fliegen.

Gegen starken Strom kreuzen wir dicht heran. Und dann, um 1305 UT1 = 0905 Uhr Bordzeit, schaut der düstere Felsen Kap Hoorns an Steuerbord genau aus Norden auf uns herab. Wolken jagen um seinen Gipfel, der eigentlich gar nicht so hoch ist, und bringen seltsame Bewegung in sein uraltes, grimmig zerfurchtes Gesicht: graubrauner Fels mit Flecken zähen Grüns. Brandung tobt auf den Klippen davor. Letztes Land an Backbord ist nun Diego Ramirez, eine Gruppe winziger Felseninseln im Südwesten. 250 Meilen weiter beginnt die Antarktis. Wir wenden.

Bald wirken die Seen aus unserer niedrigen Sicht höher als der Felsen. Wir bringen VAGANT auf Nordwestkurs und können anliegen. Das Land öffnet sich zu einer kleinen Bucht mit schroffer Küste. An der Ecke ragen zwei Felstürme auf. Dahinter schimmern die dunklen Umrisse der kleinen Isla Hall und der großen, zerklüfteten Isla Hermite. Weit voraus wächst langsam die Spitze des Falso Cabo de Hornos aus dem Dunst, des falschen Kap Hoorn, das mancher Seefahrer tragisch mit dem richtigen verwechselte.

Wir haben es geschafft!

Noch lange nicht. Hier geht's erst richtig los.

Wir drehen ab nach Norden und reiten auf himmelhoher See in die Kanäle Feuerlands hinein.

Feuerland und Patagonien

Puerto Williams „für Order" – Segeln wie im Hochgebirge –
Magellanstraße – „Aber schööön ist es da!" – Im Golf der
Leiden – Packeis und Gletscher – Bei der Armada de Chile

Wir segeln dicht unter den hohen, steilen Bergen der Halbinsel Hardy nach Norden und finden einen geschützten Ankerplatz auf 20 m Tiefe zwischen steilen Felswänden: eine neue Erfahrung. Wir müssen uns erst daran gewöhnen, daß es nun vorbei ist mit den Tiefen um zehn Meter, die wir in all den Jahren immer gefunden haben.

Und dann der Kelp, Seetang in seiner aggressivsten Form. Überall wo es flacher wird, vor Ufern und auf Felsen, wuchern wahre Dschungel dieses lästigen Unterwassergemüses: lange Stränge knorpelig verzweigter, zäh elastischer, schlaffer brauner Stauden, schleimig und glitschig wie nasse Seife. Vor Hindernissen warnend, aber jede Messung verhindernd, schlingt es sich um alles, vor allem um Propeller, die sich drehen, und um Anker, die halten sollen. Sie halten im Kelp wie eingemauert – oder gar nicht. Theoretisch kannten wir diesen Überfluß der Natur, doch bald lernen wir ihn als Gefahr fürchten.

Ein Brummen: hoch über den Bergen zieht ein Flugzeug dahin, kehrt zurück und verschwindet. So verlassen ist diese Gegend also doch nicht. Wir machen Pause wie das Wetter und überlegen, wie es weitergehen soll. Draußen? Drinnen? Wir erinnern uns der alten Großsegler, deren Kämpfe hier den schrecklichen Mythos des Kaps begründeten. Harte, großartige Vergangenheit, die heute romantisch verklärt wird. Doch diese stolzen Schiffe hatten es mit ihren mäßigen Kreuzeigenschaften und umständlichen Segelmanövern soviel schwerer als moderne Yachten, daß kein Vergleich möglich ist. Außerdem sind die Wind- und

Wetterverhältnisse, sind Seegang und Strom seit damals gründlich erforscht, von der Auswertung alter Logbücher bis zur ständigen Satellitenbeobachtung. Nüchternes Abwägen kann der Route das meiste ihrer traditionellen Dramatik nehmen, und vergleichende Berichte über schwierige Seegebiete anderswo besorgen in eitler Wertung gern den Rest. Doch diese Reise geht immer noch von 50° Südbreite im Atlantik bis 50° Süd im Pazifik oder andersrum. Da ist Kap Hoorn zwar der südlichste, aber auch nur einer der unzähligen Felsen dieser wilden Gegend. Ihre grausame Südwestküste kann man mit weiten Schlägen nach draußen meiden – oder aber mitten durch sie hindurch segeln, was der alten Segelschiffahrt so gut wie unmöglich war. Beides hat seine Vorteile, beides aber auch seine Härten und Gefahren. Auf der traditionell schwierigeren Route von Ost nach West, wo die Großen auf Biegen und Brechen kreuzen mußten, können wir mit unseren winzigen Schiffen in irgendeiner Bucht ankern und das Schlimmste abwarten, sprungbereit lauern, bis das Wetter gnädig ist, und dann laufen, laufen, laufen...

Die „leichtere" Route *mit* dem Wind von West nach Ost ist gewiß auch für Yachten vergleichsweise einfacher, aber auch hart und gefährlich, denn der Kurs muß weit nach Süden führen, um die Westwinde zu fassen. Und die sind voller Stürme, die den Windjammern Rekordetmale bescherten, vorwitzigen Yachten aber manch böse Havarie und Schlimmeres.

Klassisch ist der Bericht der Smeetons. Deren Versuche, Cape Stiff von Westen her zu runden, endeten zweimal mit Kenterungen, bevor sie es später von Osten her schafften. So hartnäckig war noch keiner.

Ein anderer Segler geriet beim Fotografieren so dicht heran, daß starker Strom seine Yacht polternd durch eine knapp 20 m breite Lücke zwischen dem Kap und den Steinen davor spülte. Gnädiges Wetter ließ das mit wenigen Beulen abgehen, denn das Schiff war aus Stahl.

Wilfried Erdmann wollte auf seiner kühnen, klassischen Einhand-Weltumsegelung von Ost nach West nichts mit soviel Land zu tun haben. Als seine Wendemarke wählte er Diego Ramirez, den letzten kleinen Felsen vor der Antarktis. Eis wollte er ahnen und riechen, vielleicht sogar sehen und als äußerste Herausforderung bestehen, gebannt von der wilden Faszination dieser Gegend. Niemand entgeht ihr, der auf eigenem Kiel hier vorbeikommt.

Auch nicht Theo Biesemann, den wir in Rio trafen, böse von Kap

Hoorn zerknautscht. Er sah unsere Entschlossenheit und dämpfte sie. „Kinners, riskiert nicht zuviel, das lohnt sich nicht", sagte er damals ganz leise, und wir wurden sehr nachdenklich.

Lohnt es sich wirklich nicht?

Doch.

Aber wagen wir nicht manchmal zuviel? Bewußt sicher nicht. Wir sind so vorsichtig, wie wir nur sein können, sonst wären wir vielleicht nicht mehr hier. Trotzdem wird es auch uns manchmal mulmig. Bisher haben wir Glück gehabt.

Lautes Tuten. Nanu? Noch einmal, näher. Hundert Meter hinter VAGANT stoppt drohend ein Kriegsschiff, graugrün gesprenkelt, an Deck Torpedorohre, Kanonen, Scheinwerfer, Maschinengewehre und Gestalten in graugrünen Steppanzügen, auf der Brücke schwere Ferngläser unter weißen Offiziersmützen. Radar kreist, Antennen wippen, an der Gaffel weht die chilenische Flagge. Au weia! Wir setzen sofort Gastflagge und Nationale und warten besorgt, was dieses stählerne Ungeheuer wohl mit uns anstellen wird. Aber dann kommt alles ganz anders.

Ein Schlauchboot rauscht längsseits, und zwei Bewaffnete in Kälteschutzanzügen beginnen ein freundliches Gespräch: „Was fehlt euch, habt ihr Probleme?" Nein. „Aber was macht ihr dann hier, und warum habt ihr auf unsere Funkanrufe nicht geantwortet? Hier ist nämlich ganz viel verboten!" Eigens von Puerto Williams wurden sie hierher beordert, um das Vaterland gegen uns zu verteidigen.

Großes Erstaunen auf beiden Seiten. Wie kann hier, am wildesten Ende der Welt, überhaupt etwas verboten sein? meinen wir. Und wie, so meinen *sie*, kann hier, mitten in chilenischem Militärgebiet, jemand einfach herumfahren, ohne sich zu melden? *Unerhört!*

Funk quäkt Unverständliches hin und her, dann breites Lachen, Einladung auf die schwimmende Festung. „Was können wir für euch tun? Können wir euch helfen? Was braucht ihr?" begrüßt uns Korvettenkapitän Mardones gleich nach der förmlichen Vorstellung, und neben ihm steht schon eine Ordonnanz mit dampfenden Kaffeetassen. Ob dies wohl der neue chilenische Umgangsstil mit Seglern im rauhen Süden ist? Bedauernd staunt er, daß es uns an nichts fehlt, und verspricht, alles Nötige für uns per Funk mit seinem Stützpunkt Puerto Williams zu regeln. Aber hier können wir leider nicht bleiben.

Am angewiesenen Ankerplatz ein paar Buchten weiter empfängt uns eine wilde Regenbö. Und mitten im Getöse taucht unser eiserner Freund wieder auf. Die Antwort vom hohen Boß ist da und wird uns per Handlautsprecher verkündet. Einen bestimmten Kurs müssen wir segeln und uns in einigen Tagen in Puerto Williams melden. Klar? *Klar!* Militär und Behörden sind eben überall gleich. Aber so nett wie hier haben wir sie noch nie erlebt.

Nach unruhiger Nacht zerren wir dicke Bündel Kelp nach oben, pulen unsere Anker heraus und kurbeln die Maschine an. Vorwärtsgang rein, Gas, der Motor dreht leer hoch: Die Wellenkupplung ist wieder gerissen! Eigentlich kein Problem, denn Kap Hoorn, eben 50 Meilen achteraus, wird für Wind schon sorgen. Und 70 Meilen weiter, um ein paar Ecken, liegt Puerto Williams. Davor aber droht der Murraykanal mit starken Gezeitenströmen, Stromkabbelungen und unberechenbaren Fallböen. Ohne Motor müssen wir unser Wort brechen und außen rum nach Norden segeln. Oder wir segeln zurück und andersrum in den Beaglekanal. Aber dort könnten wir den Argies in die Hände fallen, denn das ist die Gegend, in der sich die beiden Länder aus alter Gewohnheit um ein paar Inseln zanken, weil die hochwürdigen Schlichter im Vatikan noch immer nicht ganz die richtige Erleuchtung hatten.

Nachdem wir bei der chilenischen Armada so gewaltig angegeben haben, wie unabhängig und problemlos wir reisen, müssen wir dieses Problem wohl selber lösen. Und es gelingt mit Schrauben, Plastikschläuchen, Phantasie, Klebeband, Takelgarn und Flüchen! Wir klopfen uns vor Bewunderung gegenseitig auf die Schultern. Dann segeln und motoren wir lässig durch den friedlichen Murraykanal. Das argentinische Ushuaia an Backbord dahinter würdigen wir unserem Versprechen gemäß nur eines Blickes durchs Fernglas, kratzen mit Glück die weite Untiefe vor Puerto Williams, machen am Steg einen stolzen Aufschießer und bleiben mit Propeller, Kiel, Ruder und Selbststeueranlage im Kelp davor hängen wie eine Fliege im Spinnennetz.

Kaum haben wir uns freigestrampelt, erkennt die Armada, daß sich endlich Gelegenheit zu tätiger Hilfe bietet. Die wuchtige Barkasse des Stützpunkts geht zum Angriff über. An Deck stehen zwei Helden, dick wie Teddybären in ihrem winterlichen Sommerzeug, die weißen Marinekappen durch steifgesetzte Kinnriemen fest mit rosigen, freundlich strahlenden Gesichtern verzurrt, die klobigen Bootshaken eingelegt zur Attacke. Unbedingt längsseits gehen wollen sie, hacken mit ihren Bratspießen auf VAGANT ein und versuchen, ihr ein rostiges Stück Scheuerleiste in den Rumpf zu bohren. Unser Gegengefuchtel mit niedlichen Bootshäcken steigert die Sache zu einem ritterlichen Lanzenkampf. Dann krachen die Rümpfe gegeneinander, kaum gedämpft vom hastig dazwischengesteckten Fender, der seufzend Luft und Geist aufgibt. *Hilfe, wir sind gerettet!* Die Helden ziehen mit freundlicher Ratlosigkeit die Schultern hoch. Befehl ist eben Befehl.

An Land erfahren wir, daß Puerto Williams keineswegs nur eine Barakkensiedlung am äußersten Rand der Zivilisation ist, sondern Hauptstadt der Provincia Antartica Chilena – raffinierter oder treuherziger Vorgriff auf antarktische Souveränitätsansprüche. So friert der Ort mit seinen dreihundert halbindianischen Fischern und über tausend Marineangehörigen, mit Flugplatz, Funkstationen, drohenden Kanönchen, Beobachtungsständen, Supermarkt, Bank, Bäckerei, Kirche, Krankenhaus und Friedhof – fast alles im Fertigbau wie aus der Schachtel – optimistisch seiner großen Zukunft entgegen.

Unsere Wellenkupplung kann hier nicht besser repariert werden. Dafür gibt es in der Militärbäckerei Brot umsonst, der Postbeamte knallt freigiebig die Poststempel aller unbewohnten Inseln ringsum auf unsere Briefe, und der Verkäufer im winzigen *Supermercado* versichert begeistert, daß es vielleicht schon in vierzehn Tagen wieder Kartoffeln und Zwiebeln geben wird. „Öl und Margarine natürlich noch nicht, Señora." Die Ein-Zimmer-Niederlassung der Banco de Chile kann trotz ihres funkelnden Messingschilds unsere Reiseschecks nicht einlösen, unser Wunsch, ein Telegramm oder gar ein Telex aufzugeben, löst ratloses Entsetzen aus, und Fotografieren ist streng verboten.

Natürlich nicht ganz, schließlich sind wir in Südamerika. Der Vizechef des Stützpunkts führt uns höchstpersönlich durch Vergangenheit und Gegenwart seiner Metropole. Noch gibt es hier ein paar Beinahe-Indianer vom Stamm der Alacaluf, sonst aber nur mehr ihre Spuren auf dem kleinen Friedhof und im Museum. Etwa 5000 Menschen sollen vor 150 Jahren im südlichen Feuerland gelebt haben, so viele, wie die Natur duldete; ihre Haut, so heißt es, vertrug Kälte und Nässe am ganzen Körper so gut wie wir nur im Gesicht; aber die Folgen züchtiger Kleidung waren für sie tödlich.

Was scherte das die alleinigen Inhaber von Wahrheit und Recht aus Europa? Sie nahmen ja nur in Besitz, was ihnen nach Aufteilung der Welt rechtmäßig zustand, und hatten nichts gegen reuige Heiden, die brave Christen und fleißige Arbeiter wurden. Doch diese Wilden wagten es, nicht nur weiterhin ihr primitives Unwesen zu treiben, sondern ihre rechtmäßigen Herren auch noch anzubetteln, zu bestehlen oder gar zu berauben. *Skandal!* Dabei waren sie doch friedliche Menschen, geschickte Jäger und Fischer, die nur wußten, daß sie zugreifen mußten, wenn mögliche Beute daherkam; also bedienten sie sich von dem fremdartigen, wundervollen Überfluß, der da plötzlich ihre Heimat beglückte. In ihrer Heimat, gehörte ihnen da nicht alles? Irrtum. – Wenigstens die Seelöwen überlebten.

Nun liegen die letzten halbwegs reinblütigen Indianer auf dem Friedhof, und die Überbleibsel ihres wilden, freien Lebens verstauben im kleinen Museum, zusammen mit den spärlichen Belegstücken für die Grausamkeit Kap Hoorns, allzu spärlichen. Nur ein paar zerfetzte Planken liegen da, dazu Reste einer verwitterten Galionsfigur; sie behalten ihre Geschichte für sich.

Neuere Geschichten sind ergiebiger. Solange der Panamakanal noch funktioniert und die meisten Schiffe dort hindurchpassen, bleibt der Schiffsverkehr hier gering. Nur Yachten kommen häufiger und sorgen auf ihre Art für Aufregung.

Da segelte eines Tages Klaus aus Kiel vorbei, entschlossen, Kap Hoorn seine Aufwartung zu machen. Wie wir ankerte er mit seiner kleinen FREYDIA in irgendeiner Bucht, wie wir kam er nicht klar mit der chilenischen Souveränität. Mangels Funkkontakt schwammen zwei Froschmänner zu ihm hinaus, um ihn zu kontrollieren. Kaum waren sie an Bord, fiel eine schwere Bö ein, und die geschützte Bucht wurde zur Falle. Nichts wie Anker auf und weg, keine Zeit für radebrechende Bürokratie. Mehrere Tage lang scheuchten wilde Williwaws die FREYDIA mit Klaus und seiner seekranken Beutebesatzung hin und her, bevor er sie wieder am Ausgangsort abliefern konnte. Immerhin brachte dieses Fangenspiel mit den Riesen des Südens unserem Klaus je eine Kap-Hoorn-Umrundung von Ost nach West und von West nach Ost ein.

Solch lockere Kap Hoorniers sind gar nicht mehr so selten, denn offenbar reizt es wohl manchen, den Teufel ein bißchen am Bart zu zupfen. Kühne Kanuten und Surfer haben die Isla Hornos bei gutem Wetter mit passendem Strom umkreist, auf dem Hang im Rücken des Kaps wurden Gottesdienste für Schiffsbesatzungen und die Abenteuer-Touristen von Kreuzfahrtschiffen gehalten – und dann dieser Neuseeländer…

Ja, also dieser Kiwi, ein kundiger, eifriger Erforscher und Beobachter aller Vögel, segelte seine Yacht mit ungewöhnlich ansehnlicher Crew hierher, nämlich mit zwei jungen Damen aus Chile. Sie wollten die fliegenden Tierchen dieser kleinen kahlen Insel studieren. Sie ankerten in Lee, und die See rollte wie hier meistens. Keine Aussicht, mit dem Dingi heil oder gar trocken an Land zu gelangen. Also packten die drei Forschungsgerät und Kleidung in wasserdichte Säcke und schwammen nackt an Land. *Splitternackt!* Die uniformierten Verteidiger der Souveränität Chiles ließen vor Schreck ihre Maschinenpistolen fallen. Und die wehrhafte Elite der Nation kicherte von der Isla de Hornos bis zum heißen Arica an der peruanischen Grenze. Ganz leise natürlich, denn Chile ist sehr katholisch.

Die Marine hilft – und überwacht: freundlich, neugierig und umständlich. Wir bekommen eine Erläuterung unserer weiteren Route, wie wir sie uns besser und genauer nicht wünschen können. Nach diesen Informationen müssen wir ein PMI ausstellen, ein *Planned Movement Itinerary*, die genaue Aufzählung aller Routen, die wir segeln, und aller *puertos*, die wir anlaufen wollen. Die Seekarten wimmeln von solchen „Häfen", die in Wirklichkeit nur halbwegs geschützte Buchten sind, einsam und weit ab von jeder menschlichen Aktivität.

Wir schreiben etwas ganz Schönes auf, übersichtlich und so gründlich deutsch, wie wir nur können – sind aber entschlossen zu segeln, wann, wo und wie es sich ergibt. Die *Gobernación Maritima* weiht unser Papierchen durch ihren Stempel und überreicht feierlich die *Zarpe*, das wichtigste Dokument aller Schiffe in chilenischen Gewässern. Der Kommandant des Stützpunkts empfängt uns noch zu einer kurzen Abschiedsaudienz, und wir laufen aus.

Der notwendige Bogen um die Banco Herradura führt uns weit auf die argentinische Seite des Beaglekanals. Während wir noch scharf nach Süden zurück ins Chilenische steuern, wächst ein Schiff aus dem Dunst, rast heran und stoppt knapp 100 m neben uns. Graugrün gesprenkelt, an Deck Kanonen, Scheinwerfer, Maschinengewehre und Gestalten in graugrünen Steppanzügen, auf der Brücke schwere Ferngläser unter weißen Offiziersmützen. Radar kreist, Antennen wippen, an der Gaffel weht die argentinische Flagge -- Señora Argentina persönlich! Wir winken. Kein Gegengruß. Langsam fahren sie neben uns her. Wir fühlen geradezu, wie die Luft vor Funkwellen vibriert. Was wollen die denn? Noch mehr Bürokratie? Wir stellen uns taubstumm und drücken

VAGANT weiter auf die chilenische Seite, bis der drohende Blechkasten von uns abläßt.

Unser Kurs führt nun durch kaum vermessene Wildnis. Wir segeln deshalb nur noch tagsüber. Das reicht, denn es ist lange hell – einziges Zugeständnis dieser Breiten an die Jahreszeit. Und es ist kalt. So empfinden wir jedenfalls die Sommertemperaturen von 8 bis 12° C, die nur mittäglicher Überschwang manchmal mal bis kurz unter 20° C hochdrückt. Kondenswasser tropft und rinnt von allen nicht isolierten Stellen, nichts trocknet, grüner Schimmel ersetzt die braunen Kakerlaken der Tropen. Wir kleiden uns mollig und gewöhnen uns dran.

Besonders abends finden wir es oft so klamm und feucht in der Kajüte, daß wir einfach heizen müssen. Wir trimmen beide Flammen unseres Petroleumkochers auf Vollgas und bringen den Mief in der Kajüte nach sorgsamer Erforschung seiner Aerodynamik mit einem kleinen Autolüfter in wärmenden Umlauf, sparsam ergänzt durch kalte Frischluft aus den Windhutzen an Deck. Vor dem Abstellen des Kochers heizen wir abends einen dicken Stein als Wärmespeicher auf und kriechen zur Nacht unter unser molligstes Bettzeug.

Als wir zu Hause den Törn durch diese Gegend planten, fragten wir Segler, die schon da waren, und gerieten auch an Burghard Pieske.

„Ist es nicht kalt da unten?"

„Och nöö, eigentlich nicht. Nur ein bißchen. Daran gewöhnt ihr euch. Nur den Schimmel werdet ihr nachher noch lange nicht los. Aber *schöön* ist es da!"

„Starkwind? Stürme? See? Strom? Kann das nicht sehr hart werden?"

„Och nöö, nur ab und zu. Daran gewöhnt ihr euch. Aber *schööön* ist es da!"

„Und die Kanäle, sind die nicht gefährlich mit all ihren Strömen, den Böen und vielleicht mit Treibeis?"

„Och nöö, eigentlich nicht. Nur ab und zu. Daran gewöhnt ihr euch. Aber *schööön* ist es da!"

So ging es noch lange weiter, und wir hörten genau zu, denn wir fühlten, daß da jemand mit unseren Augen sah.

Bald liegt der Beaglekanal hinter uns. Wir segeln über ruppige Stromschnellen in den Seno Darwin, schlängeln uns durch die Schären der Timbalgruppe in den Kanal O'Brien und segeln zwischen treibenden

Eisbrocken an gewaltigen Gletschern vorbei, erstarrten Flüssen aus dunstigen Höhen. Wild zerklüftetes Eis schimmert geheimnisvoll grünblau, türkis. In der bitterkalten Luft hängt drohendes Knistern. Wasserfälle rauschen. Vom Gletscher Ventisquero Romanche stürzt ein breiter Bach aus eisiger Höhe, springt über glattgespülte Felsen, zersprüht in leuchtenden Regenbögen und donnert dampfend durch eine enge, eisgefüllte Schlucht in die See. Albatrosse kreisen. Hoch auf einem runden Felsen mitten im Getöse schläft ein Seelöwe.

Unser Kurs führt am äußeren Rand dieser bösen Leeküste entlang, zwischen Inseln und offenen Seestrecken: Kanal Ballenero, über Paso Occidental auf See hinaus, dann durch den Kanal Brecknock, wieder hinaus, entlang an einem friedlichen Stück offener See voll verstreuter Klippen und kleiner Inseln.

Milky Way – Milchstraße – nannte Captain Fitz Roy diese Gegend im Jahr 1830, weil „ihre Karte mit all den Sternen zur Bezeichnung der Felsen eher wie eine Himmelskarte aussieht als wie ein Teil der Erde". Er ankerte damals mit seiner BEAGLE in der Caleta Norte, einer Bucht im Nordosten von Fury Island, der „Wut-Insel". Die Vermessungsarbeit seiner Expedition bescherte der Seefahrt Karten, die noch immer gelten, und der Gegend englische Namen, die bis heute spanische Zungen strapazieren.

Hier fand Joshua Slocum im März 1896 mit meisterlicher Seemannschaft, Verwegenheit und Glück nach seiner unfreiwilligen Höllenreise die Einfahrt zum Cockburnkanal, der nach Nordosten zur Magellanstraße führt. „Dies war das größte See-Abenteuer meines Lebens", schrieb er. „Gott allein weiß, wie mein Schiff davonkam." Dann zitiert er den großen Naturforscher Darwin, der nach einem Blick über die Gegend notierte: „Jeder Landmensch, der den Milky Way sieht, hat eine Woche lang Alpträume."

Uns ist das Wetter gnädiger. Abends suchen wir uns Ankerplätze im Gewirr der Steine, empfangen von spielenden Delphinen. Jedesmal, wenn sie unter uns durchtauchen, sprüht die Anzeige des Echolots wilde Funken. Vielleicht mögen sie die für uns unhörbaren Schallwellen. Als wir einmal bewußt auf eine Untiefe zusteuern, biegen sie plötzlich alle nach einer Seite ab. Keiner spielt mehr, zielbewußt schießen sie vor, unter und hinter uns durch – weg. Das heißt: „Nach Backbord! Folgt uns, dann seid ihr sicher! Backbord!" Dann warten sie etwas abseits in langsamen Bögen und zeigen uns ihre Rückenflossen. 10 m meldet das

Lot mit elektronischer Gleichgültigkeit. Bei 7 m wird die Anzeige drohend breiter, 5 m... 4 m... Wir drehen ab. Sofort flimmert die Tiefenanzeige hoch und dann wieder wirr – unsere Freunde tanzen ein fröhliches: „Siehste wohl!" um unser Boot.

Wissenschaftliche Forschung mag eine Erklärung dafür haben. Wir können nur ehrfürchtig staunen.

Bis in die ringsum fast geschlossene Bucht Puerto Tom geleiten sie uns, an drohend waberndem Kelp vorbei, ziehen langsam ihre letzten Bögen und entlassen uns. 20 m loten wir. Flacher wird's nirgendwo. Die Ufer steigen steil an, Wolken wälzen sich träge um hohe graue Gipfel. Wir setzen zwei Anker mit je 30 m Kette und 20 m Leine und warten, bis sich der schwache Wind einpendelt. VAGANT schläft ruhig auf diesem stillen Teich.

Im Morgengrauen summt eine kleine Brise im Rigg. Sprühregen. Über Nacht ist der Barograph steil gefallen. Während wir noch sorgenvoll seine dünne, krakelige Linie betrachten, schüttet das stille Felsental vor uns unversehens einen Eimer Wind aus. Dünnes Winseln hoch oben, unbestimmtes Rauschen, Katzenpfötchen auf dem glatten, dunkel glänzenden Wasser, Heulen im Rigg. VAGANT bockt, legt sich leicht über und schwingt mit dem Heck nach Südosten, genau auf den einzigen Felsen zu, der unseren Frieden hier stören könnte. Wir müssen einen Anker umlegen und mehr Kette stecken. Maschine an. Kreischen im Rigg, Wasserstaubwolke. Die vorher so stille Fläche kocht weißschäumend. VAGANT springt hoch, ruckt in die Ankergeschirre – die Wolke rast wirbelnd davon, vorbei: ein Williwaw, der wilde Sprößling eines Sturmes. Die hohen Berge teilen dessen mächtigen Luftstrom, hemmen ihn, bis er überbricht, und lenken wüste Düsenströme in die steilen Schluchten.

In größter Eile arbeiten wir an den Ankern, die unentschiedene Nachtbrise hat die Leinen vertörnt. An jedem Schäkel hängen lange, vielblättrige, glitschige Kelpstränge in dichten Knäueln. Die nächste Bö... Bö? Ein Tritt, ein harter Schlag, ein dicker schwerer Sack voll wild kreischender, nasser Teufel. VAGANT bockt, legt sich weg bis zum Deck, sackt näher auf die Felsen zu. Vergebens versuchen wir, sie mit dem Motor im Wind zu halten. Mehr als pendelnde Entlastung in den immer kürzeren Pausen schafft er nicht. Die Schläge kommen allzu hart und plötzlich. Ursel hockt ganz vorn im Bug, entwirrt Leinen, reißt Kelp in davonfliegende Fetzen, fummelt, reißt... und duckt sich vor jedem neuen Schlag als kleines rotes Ölzeugbündel ins Ankergatt. Schmerzend peitschender Gischt hüllt alles ein. Das hilflose Rasen des Motors ertrinkt im Heulen der Böen. Erst beim Nachlassen zeigt sich, daß seine 10 PS trotz allem tun, was sie sollen.

Plötzlich ein Rattern und keine Kraft mehr voraus. VAGANT sinkt geschlagen zurück, bis wenige Meter vor den ersten Felsen. Motorraum auf. Die geflickte Wellenkupplung ist wieder gerissen. *Verdammt!* Ursel macht Fender klar, um die bevorstehende Notlandung zu dämpfen, aber es genügt ein Fußtritt, der die Propellerwelle in das Gewirr verbrannt stinkender Gummifetzen, verbogener Bolzen und Tampenreste der Notreparatur schiebt. Doch nun muß der Vorwärtsgang so lange drin bleiben, wie der Motor läuft. VAGANT, durch die Ankergeschirre gefesselt, tänzelt wie ein angebundenes Rassepferd unruhig hin und her; Ursel rupft Kelp, entwirrt Leinen, rasselt mit Ketten und duckt sich immer wieder vor den naß peitschenden Schlägen. Draußen rast jetzt wilder Südweststurm. Wenige Meilen in Luv von uns verläuft die schlimmste Küste der Windjammerära, mit 20 Prozent Sturmhäufigkeit auch im Sommer und mit auflandigem Strom, den die zerklüftete Wasserlandschaft einsaugt wie ein Schwamm.

Stundenlang kämpfen wir um wenige Meter Luvraum. Schauer überziehen die Felsen mit Netzen glitzernder Wasserfälle, die jede Bö als Dampfsäulen hochreißt. Immer wieder fallen wirbelnde Wasserstaubwolken über uns her, hüllen alles in kreischende, weiße Wut, kanten unser Schiff weg bis zum Deck und drücken es weiter auf die lauernde Felsnase zu. Dann endlich, endlich liegen sechs Anker draußen, 100 m schwerer Kette mit Reitgewichten scharren über die Felsen tief unten, und unzählige Meter starker Leine federn das Ganze ab, trotz schützender Lappen auf der breiten, glatten Bugrolle ächzend und knirschend. Voller Sorgen, doch mit ganz langsam wachsendem Vertrauen wachen wir über VAGANT, die nun beginnt, den Tanz allein zu tanzen, bis spät in der Nacht die Pausen zwischen den Schlägen länger werden, die sich nach und nach zu heftigen Böen mildern... zu Böen... brausendem Wind... flüsternder Brise...

Wir hatten Angst um unser treues Schiff. Hier, auf 54°25′ Süd und 72°08′ West, hätte unsere Reise zu Ende sein können.

Tags darauf sammeln wir in sechs Stunden harter Arbeit all unser Eisenzeug wieder ein und winschen wüste Knäuel von Ketten, Leinen und glitschigen, nach Jod riechenden Kelpdärmen hoch. Wir reißen, enttüdeln, pulen Anker heraus, schäkeln alles auseinander... fangen ab... scheren um und fühlen uns am Ende glücklich und beschenkt, denn nichts ging verloren. Es gelingt sogar, die leidige Wellenkupplung zu reparieren.

Vor der Mausefalle warten schon unsere Delphine auf VAGANT und geleiten sie durch die nächsten Engen. Das Echolot funkelt heftigen Protest – aber was soll's? Unsere Freunde freut's, und ihre Warnungen sind zuverlässig. Wir suchen einen Weg in den Kanal Barbara, noch unvermessenes Gebiet. Diese Wasserstraße führt am weitesten westlich nach Norden. Sie erspart uns 100 Meilen Umweg durch den Cockburnkanal und gut 40 Meilen Kreuz gegen den schlimmsten Rest der westlichen Magellanstraße. 40 Meilen, was ist das schon? Doch wir ahnen, daß sie hier viel mehr bedeuten als anderswo.

Noch bleibt das Wetter ruhig, und mäßiger West schiebt VAGANT durch einen wahren Steingarten nach Norden. Die Gegend ist ein solches Gewirr von Fjorden, Felsen und Inseln, daß sie für die Schiffahrt nicht taugt. Wir loten uns voran, peilen markante Punkte an Land mit Abweichungen, die manche Zweifel offen lassen, tasten uns mit Kloß im Hals durch wirbelnde Gezeitenkabbelungen und ankern in idyllischen Buchten zwischen verstreuten Schären, vorsichtig umkreist von neugierigen Seehunden. Wir segeln durch schneebedecktes Hochgebirge. Eisfahnen wehen von weiß leuchtenden Gipfeln und überhängenden Wächten. Blauschimmernde Gletscher fließen breit über steile Hänge, pressen sich in Schluchten zur See hinunter und färben ihre stille Fläche weithin hellgrau. Wir weichen dicken Eisbrocken aus, erleben, wie ein welliger Felsen wild spritzend auseinanderfließt, und stehen plötzlich vor Angustura Shag, der Meerenge im Ausgang zur Magellanstraße.

Schlimmes berichtet das Handbuch über dieses Stück Wildwasser. Genau zielen muß man und mittendrin halblinks abbiegen, sonst fährt das Schiff in die Felsen. Vorher, beim Lesen, haben wir geschwitzt, nun merken wir kaum, wie uns geschieht. VAGANT wird schneller und schneller, ringsum quellen dunkle Strudel durcheinander, und steile Felswände jagen mit nie erlebter Geschwindigkeit an uns vorbei. Wir haben zufällig den richtigen Strom erwischt. Ehe wir's uns versehen, spült er uns in einer Wolke aufgeregt flatternder und paddelnder Seevögel in die breite Öffnung zum Paso Inglés, einem Teil der Magellanstraße, 30 Meilen westnordwestlich von Cabo Froward.

Cabo Froward, die mächtige, steil ins Meer abfallende Südkante des 877 m hohen Monte Victoria, ist der südlichste Punkt des Festlandes. Dort endet die Cordillera de los Andes, die Wetterscheide der Anden, und setzt sich nach Süden nur noch wirr in den Bergen Feuerlands fort, bis hin nach Kap Hoorn. Im Osten davon läßt es sich leben, wenn auch hart. Dort liegen die wenigen Städte und Siedlungen dieser Gegend: Punta Arenas, Ushuaia, Puerto Williams und ein paar kleinere. Der Westen ist bis weit nach Norden unbewohnte Wildnis. Das Land hier ist viel höher, die Kanäle sind wahre Schluchten mit oft senkrechten Wänden, voll düsteren Wassers ohne Grund. Wind und Strom setzen mit aller Gewalt ost- und südwärts, immer der Richtung der Kanäle folgend. Immer. Damit haben wir eine Häufung von Wetterbedingungen gegen uns, wie wir sie noch nirgendwo erlebt haben.

Nach einer stillen Nacht und den letzten Meilen ruhigen Segelns laufen wir in den Paso Largo ein, das 80 Meilen lange Reststück der Magellanstraße: eine schnurgerade Schlucht, eine Röhre, durch die mit seltenen Pausen zu Düsenstrom verstärkter Nordwest heult. Für uns wird es der Beginn einer harten Kreuz gegen alles. Ein Beginn, der uns jedes Nachdenken darüber austreibt, was uns noch bevorstehen könnte. Die bösen Prozente der Statistik – uns erwischen sie sofort.

Wir kreuzen und kreuzen, durch Regen-, Schnee- und Graupelschauer, unter strahlender Sonne, in jagenden Wolken, ein- und ausreffend, Segel wechselnd, Vollzeug vergessend; das Barometer fällt. Wir kreuzen 28 Meilen und schaffen 18. Das Baro fällt. Kopf- und Daumennavigation muß präzise Kartenarbeit ersetzen. Doch schmal muß der Daumen schon sein, denn Wetter und Gegend lassen keinen Raum für allzu Ungefähres. Zwölf Seemeilen. Puerto Angosto, eine weite Traumbucht im schneebedeckten Hochgebirge, umkränzt von sprühenden Wasserfällen, schützt uns zwei wilde Tage lang, bis sorgenvolle Eile zum Auslaufen mahnt.

Draußen empfängt uns ein mächtiger Wal. Über seinem grauschwarzen, mattglänzenden Rücken bricht sich kurzer Seegang, Vögel kreisen, um an seiner Nahrung teilzuhaben. Er faucht eine hohe Fontäne dazwischen und taucht ab, einen großen Fleck ruhiger, dunkler Wasserfläche hinter sich lassend. Platz genug hat er da unten, denn dieser Teil der Magellanstraße ist 500 bis über 1000 m tief und wild zerklüftet wie die ganze Gegend. Wir kreuzen und kreuzen, bis uns eine wüste Bö zurückjagt. Wir sind froh, wieder in die Bucht zu finden. Hier war Slocum mehrere Wochen lang eingeweht, und erst beim siebten Versuch schaffte er die Weiterreise. Der Wind reißt Fontänen von den rauschenden Wasserfällen; wie bleiche Spukschleier wehen sie im Dunst und werden zu bunten, exotischen Flaggen, wenn die Sonne ab und zu scharf durchdringt.

Solch wunderschöne Ankerplätze gibt es hier ohne Zahl, doch ihr Schutz ist oft tückisch. 20 m Wassertiefe empfinden wir schon längst als flach, 30 m als normal, 40 m als nicht ungewöhnlich. Viele Jahre haben wir mit 30 m Kette und viel Leine immer schnell und sicher geankert. Nun schäkeln wir alles, was wir haben, zu zwei schweren Geschirren mit je 60 m Kette und noch mehr Leine zusammen und bereiten die vier leichteren Anker mit dünneren Ketten als Reserve vor – alles schwer, fest und wunderschön seemännisch, aber viel zu lang für die Enge mancher Buchten. Die sind ringsum mit Kelp bekränzt, und ihre hohen Berge drehen den Wind oft in ganz unerwartete Richtungen. Wir erleben, daß es unten sehr heftig und genau entgegengesetzt zum schnellen Zug der Wolken oben weht. Nach unseren Erfahrungen in den skandinavischen Schären machen wir lange Leinen an Land fest und setzen die schweren Geschirre bis zum letzten Meter weit draußen. Wir sind sehr sorgfältig und vorsichtig, aber nicht stolz darauf, daß uns das schlimmste Erlebnis vieler Segler hier unten erspart bleibt: mit ausgerissenen Bäumen und ausgebrochenen Ankern aus scheinbar sicheren Buchten getrieben zu werden. Wir haben nur Glück.

Schüchterner Sonnenschein lockt zum nächsten Versuch. Wir kommen gut voran – dann eine schmetternde Ohrfeige: Nordwest 8, bald mehr, und keine Chance zu reuiger Umkehr. Nur noch Sturmfock, Heulen, greifbar feste Luft und harte, eiskalte Nässe, Kreischen, Sicht kaum über VAGANTs Bug hinaus und eine holprige See auf wachsender Dünung, die zwischen Cabo Pilar und den Evangelistas hereinrollt; das Barometer fängt sich unter 960 mb. Wir flüchten in die Caleta Sylvia im Süden der Ilha Providencia, der „Vorsehung". Wer auch die Namen hier verteilte, ihm muß es ähnlich ergangen sein.

Tags darauf bricht der Hochsommer aus. Strahlender Sonnenschein liegt über der atemberaubend wilden Felslandschaft. Hohe, schneebedeckte Berge grüßen von fern, die See glänzt blau, hübsche Wölkchen ziehen friedlich dahin. Die Seelöwen auf ihren Felsen in der Ausfahrt brüllen zum Abschied, Albatrosse kreisen schwingend, Delphine spielen, und lange Stränge losgerissenen Kelps trachten treibend nach

VAGANTS Unterwasserschiff. Wir segeln durch den gewundenen Paso Rod hinter der Ilha Tama hindurch, deren schwierigen Ankerplatz im Osten Slocum so schätzte, brausen raumschots über ein Stück offenen Wassers aus der Magellanstraße hinaus nach Norden und ankern abends zwischen weiten Kelpfeldern in der Bahia Sholl, im Süden des Kanals Smyth.

Nun haben wir es endlich geschafft, hoffen wir wieder einmal. Fröhlich segeln wir in diese neue Welt der Kanäle hinein, zwischen Hügeln, Schären und endlosen Felsketten, die auch schon mal mehr Grün zeigen. Trotzdem machen Kälte, Nässe und Stürme das ganze Gebiet hier bis weit nach Norden so unwirtlich, daß wir es vorschnell und oberflächlich als „lebensfeindlich" bezeichnen. Dabei strotzt doch alles nur so vor prallem Leben. Unzählige Vogelarten nisten, fliegen, schwimmen und tauchen ständig um uns herum in satter Gelassenheit, wie sie auch die wohlgenährten Delphine, Seelöwen und Robben ausstrahlen, denn unter Wasser, so ahnen wir, wimmelt es von Fischen. Und überall an Land, wo Stürme und Dauerregen die Felsen nicht ganz blankfegten, wuchert zähes Grün hinunter bis zur Gezeitengrenze, krumm und hart, in Form und Größe ganz den herrschenden Winden angepaßt. Was von weitem wie Grasflächen aussieht, ist oft dichtes und tiefes Buschwerk, dessen Oberfläche von den Stürmen so glatt gehalten wird wie englischer Rasen. Einzelne Blüten und unbekannte Beeren leuchten übermütig rot aus tiefdunklem Grün und verwitterndem Grau; hier und da feiert ein Busch seine eigene goldene Blütezeit; lästige Insekten fehlen ganz. – Alles lebt und vergeht in vollkommener, wilder Harmonie, nur die Menschen sind hier überflüssig, zumindest solche Zivilisationssklaven wie wir. Noch stören wir kaum. Was da kreucht und fleucht, beachtet uns einfach nicht. Wir hoffen inständig, daß menschliche Habgier nicht eines Tages Nützliches in diesem urtümlichen Paradies entdeckt.

Wieder wäscht der Regen tiefhängender Wolken alle Farbe aus der Landschaft. Um uns Nieselregen, grau-mattes Wasser, graue Felsen, fahlgraue Schauer, grauschwarze Baumsilhouetten, traurige, trübe Nässe, die bald alles tränkt. Dann liegt Fremdes, Eckiges mitten in einer Durchfahrt, grauschwarz und mit den weißgrauen Spuren der Vögel, die es offenbar schätzen: ein Wrack. Wenige Meilen weiter ein ganzes Schiff, fast heil, wie ein Spielzeug auf die Felsen geworfen. Mit dem Bug im Wasser liegt es auf seiner Steuerbordseite und zeigt uns den rostroten

Bauch. Das Heck ragt schräg nach oben, die Schraube – sonst das mindeste, was sich zu bergen lohnt – ist noch dran. Eine Regenbö, so hören wir später, hat die amerikanische SANTA ELEONORA hier abgelegt.

Sie ist nicht das letzte Mahnmal, das uns schaudern läßt. Wir empfinden schon längst so etwas wie Ehrfurcht vor dieser Gegend. Ihre Gewalt ist gefährlich, nicht nur für kleine Yachten. Sie ist aber auch großartiger als alles, was wir bisher gesehen haben. Mit nichts zu vergleichen. Oder wenn schon verglichen werden soll, muß Urwelt der Maßstab sein.

Einen unbeschwerten Tag schenkt sie uns noch, mit schüchterner Sonne und mäßiger Brise. VAGANT zieht ihre mattglänzende Spur über glattes Wasser und schwebt abends wie ein müder Vogel auf ihren Ankerplatz zwischen düsteren Felsklötzen vor dem kurzen hellen Sandstrand einer kleinen Insel. Aus dem struppigen Buschwerk steigt Rauch.

Menschen? Hier?

Mit lautem Knattern löst sich ein Boot vom Ufer, fährt auf uns zu und verhält in höflicher Entfernung. Zwei Fischer stehen federnd in der weiten Plicht, dürre, wettergegerbte Männer. Wir sehen ihre staunende Neugier, doch erst auf unser freundliches Winken kommen sie heran. Tauschen möchten sie, nicht kaufen: *Centollas* gegen Zucker und vielleicht sogar etwas Kaffe.

Centollas? Laute seliger Gaumenlust begleiteten dieses Wort, wo immer die riesigen Seespinnen bisher erwähnt wurden. Eine *lancha*, ein Kutter aus ihrem Dorf fast 200 Meilen im Nordosten, hat die Fischer für zwei Monate hier abgesetzt. Sie fangen die einzigartigen *Centollas* für Feinschmecker, sammeln und räuchern Muscheln, *Mariscos*, die überall in Massen wachsen. Sie leben von Fischen, die sie nebenbei erwischen, und hausen an Land in einem Zelt aus Plastikplanen und zusammengestückelten Säcken.

Wir geben, was wir kaum können, denn unsere Vorräte sind schon aufs allernötigste geschrumpft. Weil es nicht viel sein darf, legen wir eine Flasche mörderisches Aguardente aus Brasilien dazu, die wirklich übrig ist. Gleich darauf raschelt eine ganze Herde der kostbaren, stacheligen Krabbenviecher in der Plicht herum: siebzehn *Centollas*, die auserlesenste Delikatesse Chiles, die nur im eiskalten Wasser des Südens lebt. Freundlich führen unsere Gäste vor, wie sie die stacheligen Beine mit schaurig knirschendem Ruck vom kaum genießbaren Rumpf reißen, und beschreiben mit lustvollen Gesten, wie wir sie zubereiten und essen sollen. Aufs Schlimmste gefaßt, fangen wir unseren sperrigen Zoo ein und hängen ihn in einer großen Tasche erst mal außenbords. Ob wir wohl damit fertigwerden?

Eine Woche lang müssen wir hüten und morden, damit wir genießen können. Während des Segelns rutscht der Gefängnissack raschelnd zwischen unseren Füßen in der Plicht herum. Wir füllen immerzu Wasser nach, verhindern Fluchtversuche und schaffen es, nicht draufzutreten. Jeden Abend, nachdem einige dran glauben mußten, bekommen die Überlebenden Ruhe im frischen Wasser draußen. Unser Kocher rauscht, der Kessel summt und dampft, und dann schwelgen wir mit schöpferischer Phantasie weit über die enttäuschend wenigen Rezepte hinaus, die unsere Kochbücher für solche Delikatessen bieten; es ist fast zuviel des Guten.

Wir segeln weiter in greifbar nasser Luft. Die hat es zunehmend eiliger und kommt von vorn, noch ahnen wir nicht, mit welcher Ausdauer. Canal Sarmiento: Dunst, Regen, Nebel, kurze Kreuzschläge, unzählige Wenden, endlose Mühsal. Herr Baron Gustave von Schwing, der sonst so unermüdlich selbststeuernde, kann uns immer nur kurz helfen; jeden Einsatz des Motors überlegen wir sorgfältig, denn der Weg ist noch weit und der Treibstoff knapp. Zur Nacht tasten wir uns in enge, unvermessene Buchten, machen VAGANT mit kreuz- und quergesetzten Leinen mitten in urtümlichen Felsengärten fest und gehen mit der Sonne schlafen. Zufällig richtige Tide schiebt uns ruhig durch die lange Meerenge Angostura Guia in den weiten Kanal Innocente... Alarm aus der Kombüse: Die Margarine geht zu Ende. Fortan können wir nur noch sparsam Mayonnaise auf das knappe Brot streichen... Dicht unter tiefziehenden düsteren Wolken kreuzen wir zum Kanal Concepción, eine nasse, harte, mühsame Arbeit. Dünung von draußen empfängt uns. Die See ist nicht weit. Wieder einmal lockt uns der Gedanke, einfach hinauszuschlüpfen und die ewige Kreuzerei mit einem weiten Schlag über See zu beschließen. Wir schnattern vor Kälte und Nässe, fluchen über den ewigen Gegenwind und staunen immer wieder sprachlos, wenn sich der wallende graue Vorhang für einen Blick auf die Schätze dieser Landschaft öffnet. Nasse Felsen glimmen silbergrau, dichtes Buschwerk leuchtet tiefgrün, und im verzwickten Tapetenmuster der Karte locken überall neue Traumbuchten.

Wir entscheiden uns ausgerechnet für Seno Molyneux. Diese Bucht ist laut Karte zwar etwas offen, laut Handbuch aber der beste Ankerplatz weit und breit. Doch so fleißig wir auch loten, suchen und wieder loten: In der einzigen für uns geeigneten Ecke rostet ein grausam zerbrochenes Wrack. Es sind die Reste der liberianischen PONDEROSA, so hören wir später, die bei der Einfahrt das kleine Riff daneben zu knapp nahm und sich den getreidegefüllten Bauch aufriß. Mit Mühe und Glück gelang es noch, sie in der stillsten Ecke mit dem Bug auf den schönsten Strand zu setzen, bevor sie in der Mitte durchbrach. Da liegt sie uns nun im Wege. Wir drehen ab und stellen zähneknirschend unseren bisher ärgerlichsten Rekord auf: 55 m Ankertiefe.

Mit dem letzten Mehl backen wir unser letztes kleines Brot. Danach gibt's nur noch Cracker, Schiffszwieback, die bekannten kleinen Sperrholzbrettchen... Zwei kurze harte Etmale und unvermessene Traumbuchten weiter machen wir Pause, lauschen den Wasserfällen, schauen den eifrig fischenden Vögeln zu, tun den letzten Zucker in den Kaffee und trösten uns, daß das Härteste nun vielleicht hinter uns liegt. Es ist geschafft, so hoffen wir aufs neue, denn hier liegt endlich die Reise von 50° Süd im Atlantik bis 50° Süd im Pazifik hinter uns. „We doubled the Horn", wie es traditionell heißt. Erst jetzt sind wir Kap Hoorniers, nun dürfen wir:

Gegen den Wind spucken,
gegen den Wind pinkeln,
die Nägel beider kleiner Finger lang wachsen lassen,
ein goldenes Ringlein im Ohrläppchen tragen
und mit einem Bein auf dem Tisch
auf das Wohl der Königin von England trinken!

Ist das etwa nichts?

Vielleicht. Auch auf der nächsten Strecke müssen wir VAGANT wieder gerefft und mit Sturmfock gegen harte Schauerböen durch eine Gegend zwingen, die treibeisverdächtig ist. Im Binnenland türmt sich ein riesiges Gletschermassiv, dessen abbrechende Eismassen endlose, gewundene Seitenarme zur See vortreiben. Das meiste taut unterwegs ab, aber selbst noch ein kleiner Brocken könnte für VAGANT zuviel sein. Doch der eisige Riese ist gnädig. Dafür kippt unsere letzte Dose Speiseöl um und läuft aus, Kajütboden und Teppich glitschig verschmierend. Mit dem kümmerlichen Rest und den letzten beiden Zwiebeln braten wir trotzig die letzten vier Kartoffeln, träumen von Spiegeleiern – und schon plagt uns wieder der Übermut. Wie gern würden wir in einen dieser Arme bis zum Gletscherbruch vordringen! Doch das wäre 50, 70 oder gar 80 Meilen Leichtsinn in engen Schluchten mit senkrechten Wänden, ohne Ankertiefe und Deckung hinter Inseln, voller Eis und Böen, und dann wieder zurück: viel zu gefährlich.

Wir können es kaum fassen, aber das Wetter wird wirklich besser. „Ein ganzer Tag Sonnenschein", steht im Logbuch, „ohne Ölzeug und Gummistiefel!" Fast beiläufig flutschen wir durch den engen Paso del Indio, und ehe wir's uns versehen, tauchen hinter den Felsen ein paar Häuser auf: Puerto Edén, die erste Siedlung seit Puerto Williams. Gar prächtig liegt der Ort von weitem da: bunte Holzhäuser, ein Steg, darüber eine kurze Reihe schachtelähnlicher Fertighütten, Boote, Menschen, eine hohe Bergkette im Hintergrund, gekrönt von einem stolzen, schneebedeckten Gipfel. Endlich! Die lange Einsamkeit hat unseren Vorräten mächtig zugesetzt. Gewiß, sie würden auch jetzt noch eine Weile reichen. Aber Tütensuppen, Reis und Schiffszwieback morgens, mittags und abends? – Wir werden den ganzen Supermarkt leerkaufen und die Tankstelle dazu!

Noch bevor unser Anker fällt, schwärmen Kinder mit deutlich indianischem Einschlag in grob gebauten Booten um uns herum. Pfeilspitzen aus Stein, kleine Fellboote und geflochtene Körbchen wollen sie verkaufen oder besser noch tauschen, *cambio,* aber wogegen? Wir klettern den rostblutenden Anleger hoch, zeigen pflichtschuldig beim „Alcalde del Mar", der höchsten Autorität dieser Hafenstadt mit vielleicht 200 kaum zählbaren Einwohnern, unsere *Zarpe* vor und lassen uns von ein paar dunkelhäutigen Charaktertypen die Haupt- und Uferstraße entlang zum Laden führen. Ein schmaler Pfad ist das, dunkelbraune, fast schwarze, torfige Erde, mit Muschelschalen dürftig befestigt. Und die Häuser sind Bretterbuden, durch die der Wind pfiffe, wären die Löcher nicht mit Sacklumpen zugestopft oder mit plattgeklopftem Kanisterblech vernagelt; ganze Hauswände aus diesem buntbedruckten Baumaterial versuchen der grimmigen Witterung zu trotzen. Uns scheint, daß hier Menschen leben, denen seßhaftes Wohnen noch immer nicht ganz geheuer ist. Die meisten sollen fast reinblütige Indianer sein.

Die Waren in den Bretterregalen des kleinen Ladens sind eher eigenwillige Wanddekoration als käufliche Bestände. Seife, Waschpulver, Zigaretten, Salz, Reis und Zucker gibt es, aber weder Margarine noch Öl oder gar Frischwaren – und Mehl nur in 50-kg-Säcken. Mit ratloser

Sorge kaufen wir das Nötigste. Etwas holländisches Schmalz können wir bekommen, wenige leicht verblichene Packungen Kekse und ein paar Dosen Wiener Würstchen, die sich später als erstklassig erweisen. Doch die Hausfrau verkauft uns Mehl und Backpulver aus eigenem Bestand und verrät, wo wir Eier, Kartoffeln und Zwiebeln bekommen können; vielleicht. Es gelingt! Eine sehr runde, vielschichtig bunt gekleidete dunkle Dame mit langem, blauschwarzem Haar klaubt munter plappernd rötliche Kartoffeln und winzige Zwiebeln aus ihrer rattensicheren Kiste und schickt uns auf die andere Seite der Bucht, wo es Eier und Diesel geben soll. Den Diesel können wir mitnehmen, mit einer Blechdose freigiebig aus zerbeulten, offenen Fässern mit losen Deckeln geschöpft, und Eier gibt es morgen früh, falls die Hühner gelegt haben.

Abends zieht würziger Holzfeuerrauch über die Bucht. Hunde bellen. Ein paar Straßenlampen und helle Fenster zeigen für eine, zwei Stunden, daß sogar schon ein Generator fortschrittlich Strom erzeugt. Dann ist friedliche patagonische Nacht, nur noch wenige Funzeln flackern in den Hütten, und weit weg schimmern die Felsen im Mondlicht.

Si, si, die Hühner haben gelegt, und während die dralle Tochter im Stall danach forscht, müssen wir radebrechend berichten über Woher und Wohin. Auf dem blankpolierten gußeißernen Herd summt anheimelnd der ewige Wasserkessel. Die Frau des Hauses sitzt nähend am Fenster, und der schweigsame Hausherr betrachtet uns prüfend. Ja, er ist Taucher wie viele hier. Draußen hängt der vielfach geflickte Skafander-Tauchanzug mit Kupferhelm und Bleischuhen, die Luftpumpe mit den großen Kurbelrädern ist fest im Boot montiert. Mit dieser altmodischen, ungefügen Ausrüstung suchen sie Muscheln, so tief die Schläuche reichen. *Peligroso,* gefährlich? Er zieht die Schultern hoch. *Naufragios,* Wracks? Er lächelt und schweigt lange. *Si,* sagt er dann und zeigt in den nächsten Fjord. Da liegt ein Argentino und nicht viel weiter ein Chileno. Gar nicht tief, nur 20 Meilen südlich... Wir ahnen, woher der billige Diesel stammt und auch sonst noch einiges, nach dem wir besser nicht fragen.

Sehr knapp und einfach versorgt segeln wir weiter. Wie wenig brauchen wir doch zum Leben!

Nach einigen Meilen schließt sich das lockere Schärengebiet zu einer Art Fluß zwischen waldigen Hügelufern. Angostura Inglésa, die Englische Meerenge, Alptraum und Prüfstrecke der Schiffskapitäne. Wieder einmal droht das Seehandbuch mit Strom bis zu acht Knoten. Doch hier gibt es keine geschlossenen Felswände, die ihn leiten. So fließt er, wie die Tide es will, zwischen kleinen Inseln und Klippen hindurch, kreuz und quer zum gewundenen Fahrwasser. Kleine, wendige Schiffe haben es hier nicht so schwer. Der Strom ist leicht gegen uns, so daß wir ohne Sorge Vollgas fahren und VAGANT vor drohenden Gefahren einfach zurücktreiben lassen können. Es wird eine ruhige Fahrt durch ein schönes Stück Natur. Reichlich kühn erscheint uns freilich die sichtbar oft besuchte Heiligenstatue auf einer winzigen Schäre gleich hinter der schärfsten Biegung. Dort möchten wir auch nicht für eine halbe Stunde ankern.

Die Enge öffnet sich zum weiten Kanal Messier. Nur wenige Schiffe sind uns bisher begegnet oder haben uns überholt. Weit voraus kommt wieder eines, langsam steigt seine Silhouette über die dunstige Kimm. Doch dann erkennen wir, daß dieses Schiff nie wieder fahren wird. Fast ohne Schlagseite liegt es da auf dem einzigen Unterwasserfelsen weit und breit, über Wasser völlig unbeschädigt und noch voll mit allem schweren Decksgeschirr ausgerüstet.

Wenig weiter locken wieder ein paar Seitenarme des gewaltigen Gletschermassivs. Einer davon, Seno Iceberg, schlängelt sich kaum mehr als 20 Meilen lang zur nächsten Gletscherzunge. Wir loten VAGANT über die scharfe Grenze zwischen dem klaren, tiefdunklen Seewasser draußen und dem hellgrauen Gletscherwasser vorsichtig in die flache Mündung. Bald müssen wir kleinen Eisbrocken ausweichen, aber noch sind es scheinbar zarte, gläserne Gebilde. Die düstere Schlucht ist bodenlos tief. Zu beiden Seiten ragen senkrechte Felswände bis in die tiefhängenden Wolken. Die Eisbrocken werden größer: bizarre Formen, zarte Eleganz wie erlesene Glasbläserei, weiß, blau, türkis. Mit ihren verdoppelnden Spiegelbildern schweben sie bezaubernd im stillen dunklen Wasser – aber unter Wasser messerscharf drohend.

Die Gruppen verdichten sich zu Feldern mit schmalen Rinnen. Wir fahren langsam Slalom hindurch. Dann öffnet sich vor uns ein atemberaubendes Panorama. Eine weite Fläche schwarzen Wassers, über und über bedeckt mit Eis in all seinen geheimnisvoll schimmernden Farben und in Formen, wie sie nur die Natur so verschwenderisch in kühner, vergänglicher Vollkommenheit schaffen kann. Hier zierlich und zerbrechlich, dort dicke Abfallbrocken mit Resten von Schnee und bräunlichen Staubstreifen. Überall wuchtige, hausgroße Klötze voller Nischen und Höhlen, in denen glitzernde Blasen hochperlen. Wunderbar harmonisch gemusterte, wie von innen heraus türkis leuchtende Wände, alles umrahmt von Felsen und Hügeln voller Gras, Büschen und Bäumen, wie wir sie so noch nie haben leuchten sehen in kräftigem Grau, sattem Grün und warmem Braun.

Unsere Karte ist längst in das dünn gestrichelte Wellenzeichen für Gletscher übergegangen, doch immer wieder öffnen sich Lücken im Eis. Gefahr? Vielleicht. Aber wer könnte hier widerstehen? Wir zwingen uns zu nüchterner Vorsicht. Immerhin liegt an Steuerbord eine Gruppe kleiner Inseln, die uns Deckung bieten könnte. Vielleicht dürfen wir sie „Vagant-Inseln" taufen, denn zur Zeit der Vermessungen für unsere Karte lagen sie noch unter Eis.

Vor einer felsigen Bucht an Backbord ist Schluß. Packeis türmt sich gegen die Felsen, und voraus ragt der Gletscherbruch auf. Grauweiße Bäche gurgeln, noch ungeschliffenes Kleineis wirbelt. Senkrechte und absturzreif überhängende, wildzerklüftete Eiswände knistern drohend in der klaren kalten Luft. Über allem hängt der weißblaue, von uralten braunen Staubadern durchzogene Gletscherstrom. Wir weichen zurück und stellen den tuckernden Motor noch langsamer und leiser.

Die „Vagant-Inseln" bieten uns tatsächlich Schutz. Die Felsen lenken das lautlos treibende Eis ab, und unsere Anker fallen vor einem schmalen hellen Sandstrand. In der stillen Nacht hören wir das Scharren des Treibeises draußen, und morgens ist die Einfahrt dicht. Mit Kloß im Hals mogeln wir VAGANT durch eine schmale flache Rinne zwischen Eis und Steinen hinten herum nach draußen – ohne anzustoßen. Glück gehabt!

Eine Ankerbucht weiter schweigt uns ein Splitter vergessener Geschichte an. Manches Schiff hat nach altem Seefahrtsbrauch hier seine „Visitenkarte" hinterlassen. Da lesen wir auf Brettern, deren Herkunft allein schon eine Studie wert wäre, Schiffs- und Yachtnamen wie: DRAGA RUBEN DAVILA 26. 11. 60, TAITAO 23. 1. 55, NORTHERN LIGHT, SWEDEN 7. 3. 78/24. 1. 83, CONSTANTY MACIEJEWICZ, POLAND 23. 4. 73 und noch ein paar. Ganz vorn aber, an einem rindenlosen Baumgreis, hängt eine sauber gearbeitete Tafel, die in einfachen, altmodischen schwarzen Buchstaben meldet: HERCOGS JEKABS, LATVIJA 1940. Also ein Schiff ohne Heimat, denn damals war Krieg, und das kleine Lettland gab es nicht mehr. Wo mögen Schiff und Crew geblieben sein?

Das Land öffnet sich, und voraus liegt der Golfo de Penas, der „Golf der Leiden". Diese weite, zum Ozean hin völlig offene Bucht ist der Biskaya sehr ähnlich. Häufige Weststürme schieben starken Strom herein und werfen gewaltigen Seegang auf, die Küste ist ein einziger höllischer Legerwall, und nur im Norden gibt es etwas zweifelhafte Deckung. Ein Schiffsgrab mit sehr schlechtem Ruf. An den öden Stränden werden immer wieder Wrackteile gefunden. Von Rettungsbooten voller Skelette hörten wir raunen. Noch 1954 verschwand hier die knapp 10 000 t große argentinische GENERAL SAN MARTIN mit 54 Menschen, ohne einen Notruf abzugeben oder auch nur eine Spur zu hinterlassen.

Wir machen uns aufs Schlimmste gefaßt und staunen: Flaute! Unheimlich. Wir motoren, was unser Maschinchen hergibt, um so weit wie möglich hinaus zu kommen, bevor hier losbricht, was dick in der Luft hängt. Ruhige hohe Dünung empfängt uns. Überall treiben schwarze Vögel in ganzen Feldern – nach alter Seemannsregel ein Zeichen kommenden Sturms. Und das Barometer fällt steil. Uns wird mulmig. Wir motoren und motoren, bis wir kaum noch Land sehen. Den ganzen Tag und die ganze Nacht. Wir scheuchen die düsteren Vögel auf, fahren Slalom zwischen dem Kelp, rechnen sorgenvoll unseren Dieselbestand nach und laufen schließlich erschöpft vor Sorge in das weite Inselgebiet der Bahia Anna Pink ein und dort gleich in die nächstbeste Schärenbucht. Sinnigerweise heißt sie Puerto Refugio.

Kaum sind wir hinter der ersten schützenden Ecke, bricht ein Höllentanz los. Heulender Sturm, peitschender Regen, eingedickt mit Graupeln und Gischt, scheuchen uns bis ins idyllische Ende eines langen schmalen Seitenarms. Die Kuppen der hohen Berge ringsum sind im Nu weiß. Sie zerreißen die Wolken zu wirbelnden Klumpen und Fetzen, die im Vorbeijagen ihre Schauer verlieren und manchmal auch ganz herunterfallen, naßkalt beißend. Drei Tage lang herrscht Zustand. Wir sind eingeweht, haben aber trotzdem wieder mal Glück gehabt.

Das Toben endet so plötzlich, wie es über uns herfiel, und wir erleben unsere Schutzbucht als sonniges Ferienparadies: Inselchen voller Blumen und hoher Farne zwischen knorrigen Bäumen besuchen wir im Schlauchboot. Arkaden, Durchgänge und Grotten vulkanischen Ursprungs verbergen sich hinter dichten Vorhängen grüngrauer Schlingpflanzen. Geheimnisvolle Höhlen schmücken sich mit roten Wänden voller Algen oder Moos. Und immer wieder Seelöwen, denen dies alles wohl gehört. Satt und zufrieden faulenzen sie auf kleinen Felsgruppen nahe dem offenen Wasser, geordnet nach Alter, Rang und Familienstand. Zappelige dunkle Kleine spielen bei ihren rehbraunen Müttern, Jungvolk balgt sich auf den Steinen am Rand, würdige Alte liegen in geschützten Ecken, und ganz oben, auf dem höchsten Steinklotz, thront Er, der Große Häuptling in stolzer Pose, umgeben von seinen Damen.

Wir nähern uns offen, doch ohne Hast und Lärm. Sie sehen uns bald, aber erst, als wir kurz vor ihren Felsen treiben, beachten sie uns. Er schaut uns an, knurrt etwas auf seelöwisch, alle richten sich halb auf und gucken neugierig. Eine Gruppe Jugendlicher schlüpft behende ins Wasser. Ohne Scheu schwimmen sie auf uns zu, recken sich ab und zu hoch, schauen uns aus großen Augen an und fragen mit „öck-öck" und „rrröööh", was wir wollen. Unsere freundliche Antwort muß wohl verdächtig oder unhöflich geklungen haben, denn nun ist Alarm. Die Besatzung der Wasserburg stürzt sich klatschend und spritzend in die See, Er würdig als letzter, nur ein paar Mütter und dunkelbraune Greise mit Moos auf den ehrwürdigen Häuptern bleiben zurück. Entschlossen schwimmen sie zwischen ihren Felsen und uns hin und her, und ein paar aufstrebende Junghelden brüllen laut Befehle oder Anfeuerndes. Einzelne kommen näher, machen lange Hälse und betrachten uns neugierig. Als wir in respektvoller Entfernung unseren Außenborder wieder anreißen, thront Er, der Große Sieger, schon wieder auf seinem Klotz, umschmeichelt von zwei molligen Damen.

Einige Tage segeln und motoren wir zwischen Schären und waldigen Hügeln weiter ins Land. Dann richten wir unseren Kurs nach Süden. Ganz recht: zurück nach Süden, von wo wir so mühsam hochgekreuzt sind. Doch nur dieser Umweg führt zur Laguna San Rafaél, einem der großen Naturwunder Chiles.

Selbstverständlich dreht auch der Wind sofort auf Süd. Grimmig kreuzen wir gegenan in den Estuario Elefantes, bei Sonnenschein und mittags 18° C in der Kajüte! Nach 80 Meilen Regatta schlüpfen wir durch den Paso Quesahuen, das Tor in einer Sperre, wie sie deutsche Ingenieure und Bürokraten nicht perfekter hätten bauen und organisieren können. Rechtwinklig zu den Ufern hat die Natur hier eine Riffkette quer über den Fjord gelegt, schmal und gerade wie Menschenwerk, den Verkehr regelt Richtung und Stärke der Tide. Im Golfo Elefantes dahinter loten wir VAGANT in die Deckung eines Strichs auf der Karte, nahe genug dem Naturwunder für den Vorstoß am nächsten Tag. Noch lange nach Sonnenuntergang schimmert der Himmel im Südosten fahlhell vom Widerschein der Gletscher am 4058 m hohen Cerro San Valentino.

Im unbeschreiblichen Feuerwerk des Sonnenaufgangs segeln wir an schneebedecktem Hochgebirge entlang auf die zweite Barre zu. Wieder sperren saubere Naturdämme von beiden Seiten das Fahrwasser. Nur im Osten, an Backbord, wo die Natur nicht so ganz perfekt gerade gebaut hat, warnt eine nagelneue Bake; richtet sich der Servicio Nacional de Turismo hier auf ungeheuren Ansturm ein? Schon jetzt, so hören wir später, ist Abenteuertourismus hierher ab und zu möglich. Mit allem Komfort natürlich. Und zu angemessen abenteuerlichen Dollar-preisen...

Die unternehmungslustigen Veranstalter mögen ihren Weg kennen – wir stehen erst einmal quer davor. Der Tidenstrom ist wieder günstig, ganz leicht gegenan. Mögen wir sein unerforschliches Wohlwollen nie für selbstverständlich nehmen! Natürlich kann man das auch ausrechnen, aber die Tidentabellen hierzuwasser sind mehrere dicke Wälzer, für die wir zu geizig waren. Also müssen wir eben gucken und loten. Die Ufer sind niedrig, die See dazwischen ist weit, aber flach, und das Fahrwasser, der Rio Témpanos, durch keine Landpeilung zu bestimmen. Doch erst das Eis, diese lautlos treibende Drohung, macht die Sache spannend. Mit leise tuckerndem Motor, flackerndem Echolot und bis zum Zerreißen gespannten Nerven schleichen wir über die friedliche Wasserfläche zwischen hübschen Eiskulturen, verschilften Ufern, ur-alten, schwarzfeucht schimmernden Baumresten auf graumattem Mod-der voran.

Das freie Wasser schrumpft zum schmalen Fluß, und bald stehen wir vor der Einfahrt zur Lagune. Die Karte zeigt sie als kreisrund, und diese Mündung zwischen waldigen Ufern hat die Natur als einzige tiefe Öff-nung nach draußen geschaffen. Die zweite, ein Wildwasser, führt auf der anderen Seite nach Süden zum Golfo de Penas. Unser nächstes Problem ist, daß auch das Eis dem ewigen Wechsel der Tide gehorcht. Steigendes Wasser drückt hinein und hält es zurück, wo es sich staut, manchmal bis zur Blockade der engen Mündung. Fallendes Wasser aber schiebt die Eishaufen dicht an dicht hinaus in den engen Strom. Wohin dann mit uns? Als Trost für soviel Ungemach grüßt vom sicheren Felsenufer ein verwittertes Schild: „Willkommen im Nationalpark San Rafaél". Herzli-chen Dank.

Irgendwie kommen wir durch. Das Packeis läßt uns ein paar schmale

Lücken, und wieder fahren wir Slalom durch eine stille, phantastische Märchenwelt, bis uns donnerndes Kalben kurz vor der Gletscherwand zum Abdrehen mahnt. Nur eine kleine Welle läuft durch das Eisfeld, aber die ganze Fläche ächzt, knirscht, raschelt und scharrt noch lange. Sprachlos staunend über die wunderbare Vielfalt der Formen, das wandernde Kaleidoskop leuchtender Farben und all das Funkeln und Glitzern, das die Sonne in diese großartige, feindliche Landschaft zaubert, schleichen wir in weiten Bögen zurück.

In der Ausfahrt erwartet uns starker Ebbstrom. Mitten zwischen drohenden Eisgeschwadern spült er uns so schnell hinaus, daß wir nur mit Glück die schmale Rinne halten können. Abends segeln wir unter rosa und rotgrau leuchtenden, schneebedeckten Gipfeln zurück nach Norden. Gegenan natürlich, denn der Wind hat wieder gedreht.

Wenige Tage später sehen wir an geschützten Stellen die ersten verstreuten Siedlungen, Häuser in meisterhaftem Holzschindelbau, altersgrau wie die Felsen daneben, gebeugt und verzogen wie natürlich gewachsen. Nur leider keine Versorgungsmöglichkeiten. Aber unsere Vorräte sind erneut geschrumpft, und der Weg zur Zivilisation ist noch so weit, daß wir uns zum 100-Meilen-Umweg nach Puerto Aysén entschließen, der dörflichen Metropole dieser Gegend. Zum ersten Mal brausen wir *mit* dem Wind in einen Fjord, bis uns die flache Barre vor dem Rio Aysén Halt gebietet. Selbst bei Hochwasser kommen wir nicht hinüber. So ankern wir nebenan in der weiten Bucht vor sparsamen, nüchternen Verladeeinrichtungen.

Unser Ausflug per Tankwagen in die Metropole mit ihren kleinen, einfachen, aber vollen Schaufenstern bringt uns leider nur Vorfreude und ein paar Liter Diesel ein, denn unsere baren Dollars sind nun wirklich alle. Reiseschecks, Traveller Cheques, Cheque de Viaje – Señor, was ist das? Wenn wir wieder die Zivilisation erreichen, so schwören wir uns, werden wir fressen und saufen, bis die Leute uns rausschmeißen. Trotzdem: Der Figur hat dieses karge Leben nicht geschadet.

Wir segeln weiter, den immer noch fernen, hoffentlich vollen Fleischtöpfen entgegen. Noch ein paar Kanäle, dann öffnet sich der Golfo Corcovado hinter der großen Insel Chiloé, der „Mutter Chiles". Unzählige Buchten in hügeligem Land, Gruppen kleiner Inseln, die ein wenig an Dänemark erinnern, und überall Dörfer, locker hingestreute Holzhäuser, versammelt um hölzerne Miniaturkathedralen. Alles ist so bunt bemalt wie die unzähligen Fischerboote. Leuchtend blaue Türme etwa, knallrot abgesetzt mit weißen Fensteröffnungen und zartblauer, gen Himmel strebender Spitze, mit breiten, rostbraunen Blechdächern, die schon fast ehrwürdig wirken. Die Weiden stehen voller Vieh, und Reiter im Poncho sind hier so selbstverständlich wie Radfahrer bei uns. Ringsum ein wildes Binnenmeer mit 5 bis 7 m Tidenhub. Die Menschen hier leben sehr einfach, ihrer rauhen Landschaft angepaßt. Sie brauchen ihren täglichen Fisch und holen ihn, überall, bei jedem Wetter; Kreuze an fast jeder Landecke erinnern an die, welche draußen blieben.

Den Verkehr in dieser Wasserlandschaft besorgen auch heute noch die *lanchas chilotas*, 7 bis 10 m lange, gaffelgetakelte Segler mit geteerten Rümpfen. Nur von grauweißen Segeln getrieben, mit Revierkenntnis statt Kompaß und Gottvertrauen statt Lampen, so kreuzen sie überall mit unendlicher Geduld, wo wir in unserer europäischen Eile schon lange motoren. Zum Laden und Löschen lassen sie sich einfach trockenfallen. Da liegen sie dann irgendwo am Ufer, oft noch mit gesetzten Segeln, Bordwand an Runge mit Pferdewagen. Männer wuchten Ladung hin und her: Säcke, Kisten, Fässer, Gasflaschen, Bastkörbe voller Muscheln, gackernder Hühner und quiekender Schweine, und mit viel *Caramba-Caracho* und Taljen auch Pferde, Rinder und störrische Mulis.

Und dann geht's nicht mehr weiter. Voraus liegt ein Hang voller Häuser. Eine Stadt, eine richtige Stadt! Puerto Montt. Wir schlüpfen hinter die vorgelagerte Insel Tenglo, entlang an Reihen verwitterter Bretterbuden auf langen Stelzen. Im Schlamm davor liegen trockengefallene *lanchas* zwischen einachsigen Pferdekarren. Abenteuerliche Zeitlupenarbeiter schlagen Waren um und machen begeistert Pause, bis VAGANT an zwei Ankern im starken Tidenstrom hängt, gleich neben rostig drohenden Wracks. Wir sind da!

Auf dem kleinen Markt an der Uferstraße und in den sehr einfachen Läden dahinter gehen uns die Augen über: Kartoffeln, Gemüse, Obst, Käse, Wein, Honig, Marmelade, Brot! Wie wertvoll sind doch diese einfachen Dinge! Und in der Stadt lesen wir überall deutsche Namen: Weitzler, Winkler, Schmidt, bei Mödinger gibt es Wurst und Schinken wie zu Hause und in der Bäckerei „Austria" nebenan Streußelkuchen und Marzipan. Wir schwelgen!

Vor allem aber fordert VAGANT ihr Recht. Die Segel sind zerrissen, Leinen schamfielt, Blöcke verbogen. Der Motor braucht energischen Zuspruch, das Radio schweigt, der Kocher neigt zu Vulkanausbrüchen, und so geht es weiter, bis wir meinen, etwas Urlaub verdient zu haben. Wir bummeln unter schneebedeckten Gipfeln in den langen Fjord Reloncaví, entlang an steilen, tiefgrünen Hängen, aus denen schlanke Pappeln ragen, herbstlich golden leuchtend wie Flammen. Wir segeln durch schmale Kanäle zwischen unzähligen Inseln, ankern in den Buchten Chiloés vor malerischen Fischerdörfern, trinken mit wilden Typen Pisco Sour und versuchen, all das Erlebte zu überschaubarer Erinnerung reifen zu lassen.

Immer deutlicher wird uns bewußt, daß dieses Stück Seefahrt wohl das großartigste unserer Segeljahrzehnte war, wenn auch sehr hart und manchmal vielleicht sogar gefährlich, möglich nur durch völliges Aufgehen in der Natur mit allen Sinnen. Oft quälte uns Sorge und manchmal auch Angst, wenn naßkaltes Toben alles einhüllte und höhnisch heulend mit uns spielte, wenn VAGANT zu zittern begann und wir uns duckten, hilflos, viel zu schwach, viel zu klein für diese große Natur, trotz aller Vorbereitungen und Verstärkungen, trotz aller Vorsicht und Erfahrung. Angst. Was ist Angst? Wir erlebten sie als bohrende Zweifel an uns, am Schiff, am Sinn des Ganzen, als Schuldgefühl wegen Vermessenheit und Leichtsinn. Als letzte, alles erstickende Lähmung blieb sie uns diesmal erspart. Diesmal noch ...

Doch immer wieder erlebten wir, daß auch das Härteste seine gnädigen Pausen, seine schreckliche Schönheit und sein Ende hat. Daß VAGANT eben doch mehr ist als ein serienmäßiges Spielzeug. Daß unsere mühsame Navigation stimmte. Daß wir den Erfahrungen derer vertrauen konnten, die vor uns hier gesegelt waren, und auch unseren eigenen, unbestimmbaren Instinkten. Kennen wir die See, lieben oder fürchten wir sie? Sicher all dies – und noch vieles mehr. So sehr bestimmt die See unser Leben, unser Fühlen, Denken und Tun, daß uns solche Etiketten sinnlos scheinen. Wir lernen immer wieder aufs neue, gelassen mit ihr zu leben, wachsam und geduldig. Was könnten wir je wirklich *gegen* sie tun? Sie ist so groß und allgewaltig, und wir sind so klein. Die See duldet auf die Dauer weder Träumer noch Helden. Da unten im Süden schon gar nicht. Da gibt es nichts zu bezwingen, wohl aber so unvergleichlich Großartiges zu erleben, daß wir uns dabei ertappen, wie wir ganz leise und noch ein wenig scheu an ein nächstes Mal denken.

Eine Woche wollten wir bummeln, nach drei Wochen kehren wir mit Bedauern zurück, denn noch viel ist zu tun, und bald wird es kalt. Wir lassen VAGANT trockenfallen, um das Unterwasserschiff zu überholen, und staunen: Der rote Bauch ist fast so sauber wie zu Anfang. Wechselnde Wasserarten und -temperaturen, Kälte, salzarmes oder gar reines Süßwasser in den Fjorden haben wirksam Bewuchs verhindert. Müssen wir überhaupt so oft malen? Soviel teures Gift in der See verteilen?

Wir segeln weiter nach Norden. Die Tage sind nun schon kurz, es regnet viel, die Sicht ist schlecht, und der Wind weht böig aus Nord. Unsere Navigation wird schwierig und ungenau, wir halten vorsichtig weit nach draußen. Irgendwann gelingen ein paar Sonnenstandlinien. Gekreuzt mit Peilungen erratener Funkfeuer, die in unserer frisch berichtigten Liste fehlen, ergibt sich eine ungefähre Position so weit draußen und nördlich, daß wir das deutsch anmutende Valdivia aufgeben müssen. Schade. Danach aber greifen wir uns die malerische, abwechslungsreiche Bergküste. Imposant ist sie, doch markante Punkte fehlen. Wir peilen, koppeln und loten uns bis in die weite, geschützte Bucht von Talcahuano, einen der ganz wenigen guten Häfen und einst wichtiges Ziel der Großsegler am Ende ihrer Route um Kap Hoorn.

Nach Yachten sieht es hier nicht aus. Nur im Marinestützpunkt sehen wir ein paar Masten. Zögernd fahren wir mitten im Verbotenen auf den Steg zu, an dem sie liegen. Da kommt schon einer: graue Hose, blauer Blazer, feiner Schlips, energisches Gesicht, graumeliertes Haar.

„Guten Tag!"

Guten Tag? Nanu? Jaaa, also dann: „Guten Tag! Dürfen wir hier überhaupt...?"

„Sicher, dies ist schließlich mein kleiner Betrieb, sozusagen."

Wir staunen. Hat Pinochet seine stolze Marine verkauft? An die Deutschen?

„Macht ruhig fest. Und überlegt euch mal, was ihr alles braucht, ich schicke nachher jemanden vorbei. Ich heiße übrigens Schwarzenberg."

Schwarzenberg? Richtig. Admiral Osvaldo von Schwarzenberg, oberster Befehlshaber des Marinebezirks Mittel-Chile, wozu der größte Flottenstützpunkt des Landes gehört. Er ist seit Chiloé unsere höchste Autorität, und die Bürokraten sausen nur so. Seit langem liegen wir mal wieder sicher am Steg. Der oberste Ingenieur des Stützpunkts kümmert sich um uns. Seine Marinewerkstätten nehmen sich unserer technischen Kümmernisse an. Das Krankenhaus macht unsere erste, ganz große Wäsche. Gloria, die äußerst charmante Dame eines U-Boot-Kommandanten, bietet uns ihr Haus an samt Dusche, Waschmaschine und Köchin Dorita. Überwältigend!

Die Armada de Chile, die Marine, Elitetruppe der Nation, erfüllt nicht nur militärische Aufgaben. Rettungsdienst, Vermessungs- und Seezeichenwesen, Seefunk- und Wetterdienst, eigene Werften, die auch anderen Schiffen offenstehen, Hafenverwaltung, Versorgung und Viehzucht in abgelegenen Gegenden gehören genauso dazu. Alles hat seine gute südamerikanische Ordnung dank klassischer Bürokratie, und an der Regierung ist dieses Mark im Rückgrat des Staates auch noch beteiligt. Muß das sein?

Wir versuchen zu verstehen, daß die Streitkräfte in allen südamerikanischen Staaten die mächtigsten Institutionen sind, meist die einzigen, die funktionieren. Kann nicht ein Offizier, der Befehlen, Gehorchen und Handeln nach Vorschrift gelernt hat, besser regieren als ein Parlament zänkischer Politiker? So meinen jedenfalls die Generäle. Sie verstehen sich als Garanten ihres Staates, allzeit bereit einzugreifen, wenn sie das Vaterland in Gefahr glauben. So ist es alte, arrogante Tradition, am wenigsten freilich in Chile.

Am wenigsten freilich in Chile? Eine Seite der neueren chilenischen Münzen zeigt eine sehr ansehnliche geflügelte Dame, die glücklich ihre Fesseln zerreißt, und nennt den 11. IX. 1973 als Tag dieses freudigen Ereignisses mit der Unterschrift *Libertad*, Freiheit. Es war das schreckliche Ende einer fortschrittlichen Demokratie, meint die Weltöffentlichkeit. Und die Chilenen? Die meisten sehen den Militärputsch als unangenehme, aber unvermeidliche Folge einer sehr schlimmen Entwicklung. Allende, der sozialistische Idealist, wollte es allen recht machen, um seine knappe Minderheitsregierung zu halten, und verdarb es mit allen. – Aber die Opfer, die Verfolgten und Eingekerkerten? – Schlimm, sehr schlimm, daß unter ihnen auch Chilenen waren, so hören wir. Die Militärs sind wenigstens alle Chilenen, aber die werden wir auch noch los. Statt Klassenkampf und knirschendem Fortschritt zum „real existierenden Sozialismus" herrscht wenigstens wieder ruhiger, schlampiger, freier, bunter südamerikanischer Alltag. – Zeitungsleser und Fernsehzuschauer zu Hause wissen darüber natürlich besser Bescheid. Wir nicht. Die Chilenen auch nicht. Sie warten und hoffen, daß man sie endlich in Ruhe läßt.

Wir trennen uns schwer, aber mit der kalten Jahreszeit holt uns auch der lange Schatten Kap Hoorns wieder ein. So wird der kurze Sprung nach Algarrobo, dem bekannten Badeort südlich Valparaisos, wieder zu harter Seefahrt. Nebel, Hack gegenan, Beidrehen und zuletzt ein wilder Ritt durch die Brandung vor der schmalen Einfahrt in den nagelneuen, großzügig angelegten Hafen der Cofradía Nautica del Pacifico, eines der noch wenigen Segelklubs Chiles. Hier ist alles sehr fein und sehr perfekt. Die Mercedesse und Porsches sind zahlreich, die Yachten groß, und die Herrschaften sprechen deutsch ohne Akzent. Die Deutschen sind hier eine kleine, aber überaus tüchtige und dennoch unauffällige Minderheit, weitaus einflußreicher als ihre Zahl. Das kaiserlich schwarz-weiß-rote Deutschtum der Chiledeutschen ist freilich kaum politisch, sondern eher auf die stolze Pflege dessen gerichtet, was alle Chilenen als „deutsche Tugenden" schätzen.

Bald wird das Wetter wirklich schlecht. Die Dünung schwerer Stürme rollt bis in unser geschütztes Becken und läßt die wenigen im Wasser überwinternden Schiffe heftig tanzen. Als Ausgangshafen für unseren weiten Törn über den Pazifik ist Algarrobo wenig geeignet. Aber mit unseren Klappfahrrädern, mit verbeulten *collectivos* (den bekannten südamerikanischen Sammeltaxen) und Lieferwagen holen wir aus der näheren und weiteren Umgebung alles zusammen, was wir für die nächste Etappe brauchen. VAGANT sinkt tiefer und tiefer, und als der Travellift sie zum Malen des Unterwasserschiffs anhebt, zeigt seine Waage sechs Tonnen. Nun wissen wir es.

Zurück ins Warme: Inseln, Inseln, Inseln...

Juan Fernandez – Osterinsel – Henderson – Pitcairn –
Gambiers – Iles Australes – Kermadecs

Der Winter geht schon fast zu Ende, aber das eiskalte Wasser des Humboldtstroms und die hohe Luftfeuchtigkeit lassen das Kondenswasser selbst an gut isolierten Stellen strömen. Sogar unsere dicht verpackten Seekarten sind völlig durchnäßt.

Klammfeucht laufen wir aus. Wolkenloser Himmel, strahlender Sonnenschein, kalt. Der Törn beginnt ruppig. Südwind 6, langsam zunehmender Seegang. Kurs 265°, Mißweisung 10° Ost, 255° am Kompaß, dessen Rose hier auf der Südhalbkugel nach Süden schief hängt. VAGANT braust raumschots los mit Fock 1 und gerefftem Großsegel: endlich weg von der Küste! Erst weit draußen auf See, kurz vor der Isla Robinson Crusoe – früher Mas-a-Tierra, „näher am Land" – wird unsere kleine Welt langsam trockener. Wir fangen an, den Schimmel wegzuwischen. Nach friedlicher Seefahrt ankern wir in der Bahia Cumberland vor der Siedlung San Juan Bautista, wo die knapp 500 Menschen dieser kleinen Welt leben.

Hohe Berge umrahmen die Bucht, steigen bis weit ins Innere an. Steile Vulkanruinen sind das, die schon so lange schlafen, daß üppiges Grün alles bedeckt, bis hinauf zum kantigen, 915 m hohen Klotz Cerro el Yunque, dem „Amboß". Der Strand aus groben Kieseln rasselt in der ewig schäumenden Brandung. Neben dem zerknüllten Schrott seiner Vorgänger rostet der vorerst neueste Steg dem gleichen Ende entgegen.

Ein bunt gemalter Heiliger segnet aus seinem kleinen Betongewölbe heraus die Lebensgrundlage der Menschen hier: an die dreißig offene, aber stark gebaute Fischerboote. Sie liegen an Land, denn zu dieser Jahreszeit kann die See plötzlich vernichtend zuschlagen. Für jeden der lebenswichtigen Fischzüge werden sie zu Wasser gebracht und hinterher wieder aufgeslippt, an langen, oft geknoteten Tauen mit uralten Kurbelwinschen und Gangspills unter lautstarkem Einsatz aller.

Wenig weiter schläft die Hauptstraße Calle Larrain Alcalde, je nach Wetter rostbraun matschig oder staubig, gesäumt von buntgemalten Holzhäusern einfachster Bauweise, von betäubend duftenden Bäumen, dem bunten Überfluß leuchtender Wildblumen und heroisch verziert von ein paar alten Kanonen, die nie einen ernstgemeinten Schuß abgegeben haben. Nationalheld Arturo Prats bronzene Einheitsbüste schaut kühn über die noch mageren Anfänge einer städtischen Grünanlage. Gleich dahinter beginnt die Wildnis. Eine üppige Wildnis, die den Besuchern und Bewohnern der Insel seit jeher alles bietet, was zum Leben notwendig ist, manch brutalem Piraten und krummem Hund mehr als sie verdienten.

Das begann gleich nach der Entdeckung durch den spanischen Seefahrer Juan Fernandez im Jahre 1574. Für Reisen von Norden nach Süden bot die Insel eine erholsame Zwischenstation; sturmzerfetzte Schiffe, die mit erschöpften Besatzungen von Kap Hoorn und von der Magellanstraße heraufkamen, fanden hier Schutz. Piraten teilten ihre Beute. Alles ohne störende Eingeborene, die getauft und ausgerottet werden mußten. Oft gab es blutige Auseinandersetzungen und sogar Seegefechte mit weiten Verfolgungsjagden, wenn sich Schiffe feindlicher Flaggen trafen. Die Spanier, nach päpstlichem Schiedsspruch rechtmäßige Herren dieser Erdhälfte, nahmen die Inseln zwar offiziell in Besitz, gegen das wilde Durcheinander aber konnten sie nichts machen. Also taten sie, als bemerkten sie es nicht. Mal lebten hier einige hundert Menschen, mal nur ein paar vergessene Matrosen und zwischendurch auch Einsiedler wie Alexander Selkirk, dessen Abenteuer dem Jahrhundertbestseller „Robinson Crusoe" zugrundeliegt.

Mit etwas Geschick und ein wenig Arbeit konnten sie alle gut leben. Ein Besucher berichtete zu Anfang des vorigen Jahrhunderts sogar freundlich von „Kühen, Ziegen und Mädchen". Damals hatte das Chaos freilich schon seine eigene Ordnung. Doch erst mit dem Schweizer Alfredo von Rodt begann sinnvolle Neuzeit. Nachdem er 1870/71 auf

Seiten der Franzosen vergeblich gegen die Preußen gekämpft hatte, kaufte er den ganzen Archipel und zog mit Gattin, Piano und vielen Büchern hierher. Aus Schiffbrüchen holte er sich tüchtige Helfer an Land und organisierte erfolgreich Fischerei, Viehzucht, Land- und Forstwirtschaft: eine der vielen unbekannten Karrieren in den Weiten des Pazifiks.

Von der kargen Zivilisation San Juan Bautistas können wir nichts erwarten, zu dieser Jahreszeit nicht einmal die berühmten riesengroßen Langusten, die es hier sonst im Überfluß gibt. Wir machen Pause, wandern hoch in die Berge durch wellige Felder voller Blumen, enge Pfade entlang, auf denen sicher schon landhungrige Matrosen müder Schiffe zur Ziegenjagd auszogen. Die sind hier zu Hause wie anderswo Gemsen, seit frühe Besucher ihre Ahnen als lebenden, sich selbst vermehrenden Proviant aussetzten. Aber auch wilde Pferde streifen durchs Land und kleine Herden wilder Rinder.

Im Hochtal Plazoleta del Yunque finden wir auf einer weiten, verwildernden Lichtung die Reste eines einfachen Hauses. Schnurgerade Reihen hoher Bäume rahmen das Gelände ein, nebenan fließt ein herrlich frischer Bergbach, und der Blick weit hinaus auf See ist so recht etwas für Romantiker. Solche waren es auch, die hier ihr Paradies zu finden hofften und vielleicht auch fanden. Der Deutsche Hubert Weber-Fachinger entdeckte dieses schöne Fleckchen Erde nach dem Untergang des Kreuzers DRESDEN, zu dessen Besatzung er gehörte. Er träumte lange davon, kehrte in den 30er Jahren zurück und siedelte sich an. Als es ihm zu einsam wurde, suchte er durch Anzeigen in deutschen Zeitungen eine Frau fürs Leben. Viele meldeten sich, und zwei kamen. Eine zuviel? O nein! Bis zum Zweiten Weltkrieg lebten sie hier in trauter Dreisamkeit.

Ach ja, die DRESDEN. Bis heute ist ihr Schicksal das unvergessene, größte Ereignis in der Geschichte der Insel. Der gemischte Chor „Grupo Dresden" schmettert muntere, volkstümliche Weisen, im kleinen Museum ist kaiserliches Dienstporzellan aus Bonn neben verrosteten, aber nicht entschärften Granaten zu besichtigen, und auf dem kleinen Friedhof am Ende der kurzen Calle Dresden besuchen wir ein Grabmal, von einer alten Ankerkette umsäumt, mit den Namen dreier deutscher Seeleute auf wohlpolierter Bronzeplatte; davor ein uralter Stockanker. Ein kurzes Stück weiter steckt ein scharfer britischer Blindgänger sichtbar im Fels.

Zum Abschied meldet sich noch einmal Kap Hoorn. Eines Nachts, wann sonst, winselt, braust und heult vom steilen El Yunque etwas herunter, das wir in den 50er Breiten einen Williwaw genannt hätten. Das dunkle Wasser schäumt und kocht weiß, VAGANT legt sich über, Gischt peitscht – alles wie gehabt. Doch dann geschieht, was uns im rauhen Süden erspart blieb: VAGANT treibt mit zwei Ankern, zweimal 30 m Kette und vielen Metern Leine vom 15-m-Ankergrund in Richtung See. Als wir das merken, sind wir schon auf 50 m Tiefe, und als wir den ersten Anker mit Mühe oben haben, baumelt der zweite genau über dem Wrack der DRESDEN. Doch Kaiser Wilhelms ehemals schimmernde Wehr ist gnädig oder morsch.

Schwer rollend ankern wir noch eine Bucht weiter vor Bahia del Oeste und besuchen im kargen Tal dahinter die Höhle, in der Alexander Selkirk alias Robinson vier Jahre und vier Monate lang gehaust haben soll. Vielleicht war die Gegend damals so üppig wie die übrige Insel. Heute ist sie karg und steinig.

90 schnelle, ruppige Meilen weiter segeln wir über hohe Dünung an der schroffen Küste der Isla Alejandro Selkirk entlang, früher Mas-a-Fuera genannt, „weiter draußen". Sie bietet kaum Schutz und ist schwer zugänglich. Das bewahrte sie vor gewalttätiger Geschichte. Nur britische Schiffe ankerten hier schon mal ungestört von den Spaniern auf der Nachbarinsel. Steile Schluchten klaffen wie mutwillige Schnitte von hoch oben bis herunter zum grauen Kies in der Brandung. Die welligen Hochflächen dazwischen und die Hügellandschaft, die darüber bis auf 1650 m ansteigt, sind wohlgepflegtes Weideland mit hübschen Hainen. Die Insel ist unbewohnt, nur während der Langustensaison hausen hier ein paar Fischer. Trotzdem würden wir gern mal herumstöbern, aber die donnernde Brandung weist uns ab.

Flaue Raumschotswinde schieben VAGANT über eine ruhige See. Die Bugwelle flüstert, das Rigg summt dazu, die Sonne scheint, und es wird langsam wärmer. Rechtweisender Kurs 285°, Mißweisung 16° Ost, Kurs am Kompaß 269°. Gustave tut sein Bestes. Wir genießen die Seefahrt. Ab und zu fällt die Navigation aus wegen zu dichter Wolken und einmal sogar wegen Nebels. Doch was wir durch den Dunst messen können, reicht. Land ist beruhigend weit weg: an Backbord die Antarktis, an Steuerbord Mittelamerika und davor die Galapagos.

Aber der Barograph fällt. Aus Südwest rollt Dünung heran, sich kaum merklich steigernd. Und die Wolken ziehen in mehreren Schichten gegeneinander, Cirrus, Schäfchen, Fetzen, Klumpen – unklares Hin und Her, begleitet vom weiteren Sinken der Barographenkurve. Und dann bricht „es" los. Wie sollen wir das beschreiben? Dumpfes, allgewaltiges Brausen, höhnisches Heulen, wütendes Kreischen. Zwei Reffs, Sturmfock, beigedreht. Bald finsteres, lärmendes, nasses Nichts, das gereffte Großsegel hart mittschiffs geholt, keine Fock. Fliegender Gischt, Schaum überall, wildes Stampfen. Einen Tag lang. Eine Nacht. Noch einen Tag, das Deck ständig überspült, Wasser im Schiff.

Wasser im Schiff!

Zu spät merken wir, daß die Luke des Ankergatts nicht fest genug geschlossen war. Nachts spülte die See Stränge von Ankerleinen nach draußen. Die Klappe blieb einen Spalt offen und schluckte bei jedem Einsetzen mehr, als durch die Lenzlöcher ablaufen konnte. Bald blieb das Fach voll bis zum Deck, und irgendwo ganz oben sickerte Wasser durch ins Vorschiff, bis alle Stauräume dort voll waren. Gestrichen voll.

VAGANTs Bug zeigt alarmierende Müdigkeit. Er taucht schwer ein, kaum noch fähig, das unablässig reißende Wildwasser vom Deck zu schütteln. Und in der Kajüte schwappt schmutziges Wasser hoch. Im Schiffsboden, einem statisch sicher richtigen System von Bodenwrangen und Längsstringern, aber ohne leckwassersammelnde Bilge, haben wir längst Lenzleitungen verlegt. Nun können wir nur noch gegen das nervenzerfetzende Rauschen, Gurgeln und Plätschern anpumpen... pumpen... pumpen...

Angst? Gewiß. Doch welch ein Gefühl, als die Pumpen endlich zu rülpsen beginnen und nur noch nasse Luft spucken! Neun Tage dauert dieser Sturm. Wir können es kaum fassen, wir merken es fast nicht, als dann endlich, endlich Schluß ist. Der Wind, noch voll mit seinem Wüten beschäftigt, dreht ganz langsam auf Süd und bläst uns voran, bis hohe, wellige Umrisse über die Kimm zu steigen beginnen: die Osterinsel. Spät abends natürlich, wann sonst?

Rapa Nui, Te Pito O Te Henua, der Nabel der Welt.

Das neue, uralte Land löst sich im Sonnenuntergang auf. Wir drehen bei und lassen nach ruhiger Nacht VAGANT mit dem ersten Licht auf die Insel los.

Wir segeln in eine weite Bucht. Grasland, wild mit düsterer Lava gemischt. „Bahia La Pérouse" sagt die Karte und fügt „Ovahe" hinzu, denn als die französischen Seefahrer hier ankerten, trafen sie Menschen, die wußten, wo sie lebten. Eine buschige Ebene voll kantiger Brocken wird zerteilt von endlosen, düsteren Mauern. Wirre, rostrote Aschenwände steigen zu weich gerundeten Rändern uralter Krater hoch.

Ein winziger, rosa schimmernder Sandstrand. Noch eine düstere Lavaecke und dahinter ein Traum: eine schmale Bucht voll türkisfarben funkelndem Tropenwasser, zum Land hin noch heller und leuchtender, mit leiser Brandung ausrauschend auf blendendem Sandstrand. Wir nähern uns vorsichtig und staunen. Knapp oberhalb des Strandes stehen sie, acht in einer Reihe, auf ihrem waagrechten Fundament: Moai, die rätselhaften Steinmänner der Insel. Links davor und höher ragt ein wuchtiger Einzelner auf. Und alle drehen der See ihre Rücken zu. Stur. Wir wollen sie begrüßen. Anker runter, Dingi klar – VAGANT schwingt herum. Aber der Wind hat gedreht. Kleine, frische Windsee plätschert, die Brandung rauscht lauter. Wer weiß, was das noch wird?

Also Anker auf und weiter. Wir müssen sowieso erst einklarieren. Zehn Seemeilen um die Ecke loten wir VAGANT in die offene Bucht vor Hanga Roa. Das Lot flimmert in der 3 m hohen Dünung langsam auf und ab. Weiße Gischttürme steigen über verstreuten Felsen hoch, bleiben einen wilden Augenblick stehen und sinken dann langsam zurück. Weiter zum Land hin fühlt die See den flachen Grund und wabert steil hoch. Ihr Kamm bricht mit Donnergetöse, scharfer ablandiger Wind reißt Gischt davon. Durch den Dunstschleier sehen wir am Ufer die steinige Lücke eines Landeplatzes, eine zitternde Fangleine quer darüber, Boote an Land. Kleine bunte Holzhäuser, lange braune Staubwolken hinter Motorrädern, trabende und galoppierende Reiter, eine kleine hellblaue Kirche, Funkmasten, Wellblechdächer – für uns unerreichbar.

Wir ankern gut außerhalb des donnernden Tobens. Wie kommen wir hier jemals an Land? Über Nacht dreht der Wind weiter. VAGANT schwingt mit grausam ruckenden Ketten herum und beginnt aufs neue zu rollen. Spring los. Irres Schlingern. Im ersten Morgengrauen zerren wir unsere beiden Anker herauf und die Segel hoch und laufen in weitem Bogen nach draußen, nach Südwesten um die Steilwände des Vulkans Rano Kau herum, vorbei an den Inseln davor, den Motus Kao-Kao, Iti und Nui zur neuen Leeseite im Südosten der Insel. Dort empfangen uns senkrechte, düstere Lavawände und heulende Böen aus der aufgerissenen Südwand des Vulkans. Dann rostrote Erde, struppiges Grün, graubraunes Gras, schwarzglänzende Klippen unter tobender Brandung. Von überall und nirgends rollt die ewige Dünung dieses gewaltigen Ozeans heran. Jeder Wind fügt die seine hinzu und läßt sie tagelang weiterrollen, lange nachdem er gedreht hat.

Nüchterne Öltanks am Hang, verloren daneben uraltes Mauerwerk: Vinapu mit den ältesten Mauern der Insel, vielleicht Arbeit von Inka-Steinmetzen. Aber die ganze Südküste entlang donnern weißschäumende Ungeheuer mit fliegenden Gischtmähnen auf die grobklotzigen Lava-Ufer. Braune Hügel, bald eine schartige Vulkanruine: Rano-Raraku, Entstehungsort der Moai. Warum sehen wir so wenige? Warum drehen uns diese wenigen auch noch den Rücken zu?

In die Bucht Hotu-Iti daneben rollt schon wieder Dünung von der anderen Seite. Also zurück nach Vinapu. Wir setzen drei Anker und hängen VAGANT mit einer Spring so in den Hexenkessel, daß wir wenigstens in den Kojen liegen können. Nach einer schlimmen Nacht dreht der Wind auf Südwest und brist weiter auf. Mit Rucken und Reißen, Machinenmanövern, zerfetzten Handschuhen und blutigen Fingern rupfen wir die Anker aus dem tückischen Grund und segeln wieder nach Osten, an Rano-Raraku und Hotu-Iti vorbei, um die hohen Steilküsten der Halbinsel Poike, um Kap Roggeveen herum, und ankern glücklich wieder vor Anakena. Die erste Umsegelung dieser seltsamen Welt liegt hinter uns.

Eine friedliche Nacht auf ruhiger, hoher Dünung schenkt uns die Bucht. Dann springt der Wind auf Ost und jagt uns um die steinige Nord- und Nordostküste wieder vor die donnernde Brandung Hanga Roas. Während wir vorsichtig den Ankerplatz ausloten, dreht der Wind auf Nord – weiter nach Vinapu. Tief ziehende Wolken, heulende Schauerböen aus Nordwest. Wir setzen drei Anker und Springs darauf…

Eine wilde Nacht, einen Tag und noch eine Nacht klemmen wir uns in die Kojen. Dann springt der Wind wieder um die düstere Südwand des Rano Kau herum auf Südwest. Mit entschlossener Arbeitswut gehen wir auf unsere Ankergeschirre los. Zwei Leinen kommen leicht. Allzu leicht. Nach wenigen Metern starren wir fassungslos auf zerfaserte Enden. Zwei Geschirre mit je 30 m Kette sind weg.

Zwei Ankergeschirre sind weg!

Und das dritte ruckt, daß die Leine stöhnt. Auch dessen Kette hängt. Wie lange kann das halten? Wir stecken vorsichtig mehr Leine, setzen voller Sorge noch einen Anker und machen das Dingi klar: Schwerstarbeit auf dem tanzenden Deck. Dann zeigt ein Blick durch die Tauchbrille, was geschah. Der Grund aus Sand- und Felsflächen ist übersät mit Lavabrocken und rund geschliffenen Steinklötzen, die überstehende Korallenkronen tragen: keine zarten Tropengebilde, sondern harte, scharfkantige Platten mit spitzen Sägezähnen. Dazwischen haben wir unsere Anker zu gut verteilt und zuviel Leine gesteckt. Vom tanzenden Dingi aus finden wir im luftklaren Wasser unsere Geschirre wieder. Doch wie sollen wir sie greifen? 15–17 m tief tauchen, das schaffen wir nicht.

Wir riggen ein Suchgeschirr, einen kleinen Anker mit Kette und Leine. Dann paddeln wir im Dingi nach Luv und fischen treibend. Weit und ruhig schwingt der Suchanker tief unten hin und her, auf und ab, immer wieder weg von der Kette auf dem Grund. Endlich erreicht er sie, kippt aber mit einem launischen Hüpfer des Dingis um und rutscht darüber hinweg. SCHEIßE! Noch einmal und noch einmal. Endlich greift der Anker die Kette.

Glücklich holen wir das Suchgeschirr ein, langsam und vorsichtig. Doch das Dingi tanzt zu sehr, und das kurze Ende der Kette rasselt vom Suchanker herunter. Noch ein Versuch und noch einer. Ein kleiner Brecher füllt das Dingi halb. Pützen, Fischen, vergeblich. Pützen. Noch ein Versuch – zu kurz. Und das stundenlang.

Dann greift der Anker die Kette wieder. Vorsichtig, ganz langsam holen wir das hoch, was wie ein Riesenfisch an dünner Leine hängt und die böse Absicht noch nicht ahnt. Dann drehen wir das Ganze, drehen und drehen, schaffen eine Wuling da unten, wie wir sie sonst hassen. Aber die hält! Wir holen ein, das wirre Knäuel Kette und Leine kommt hoch, das Ankergeschirr hinterher – *uff!*

Fast den ganzen Tag hat das gedauert. Wir sind fertig. Trotzdem müssen wir weg, denn Dünung und Seegang des offenen Ozeans rollen nun voll in die Bucht. Einen Anker bekommen wir noch hoch, der zweite hängt. Wir stecken eine Boje dran und lassen ihn liegen. Das dritte Geschirr bleibt unten, unerreichbar für uns. Für heute haben wir die Nase voll.

Das Wetter dreht weiter, immer links herum. Wir leben mit dem Zug der Wolken, lesen aus Form und Richtung ab, was uns bevorsteht, und finden unseren Rhythmus, ohne uns scheuchen zu lassen. Aber noch müssen wir jeden Tag verholen. Als wir wieder einmal in Vinapu mäßige Deckung suchen, gelingt es, den zurückgelassenen Anker zu bergen. An das verlorene Geschirr kommen wir nicht heran. Es bleibt tief unten.

So geht es neun Tage lang. Dann läßt uns die Brandung vor Hanga Roa eine Lücke, wir können an Land. An der groben Mauer des Landeplatzes klettern wir über glatte Blöcke mit sauber gearbeiteten, geraden Kanten auf die Pier. Schwarze Obsidiansplitter glänzen im roten Staub, Fliegen wählen zwischen Fischblut und uns. Ein bunter Serienheiliger blickt segnend auf das Meer hinaus. Aber dahinter ragt ER empor, graubraun, verwittert, das strenge Gesicht mit den toten Augen seltsam leer in eine Ferne gerichtet, die kein Heutiger mehr ahnen kann. „Plaza Hotu Matua" ist ungelenk in seinen Sockelstein gemeißelt.

Stämmige, halbdunkle Polynesier empfangen uns mit freundlicher Gleichgültigkeit. Von weitem kennen sie uns ja schon lange. Wir lernen schnell, daß dies eine so eigene, in sich geschlossene Welt ist wie wohl kaum eine andere Insel. Gewiß, alle hier glauben inzwischen, daß es auch anderswo Land und Leute gibt, schließlich haben sie das in der Schule gelernt. Aber wer weiß das schon wirklich? Und wen interessiert es überhaupt? Der Himmel ist doch viel näher, Sonne, Mond und Sterne kann man wenigstens sehen. Und die See ringsum ist einfach da, die Grenze, das Ende dieser Welt.

Also bleibt Rapa Nui, was es immer war: Te Pito O Te Henua, der Nabel der Welt. Fremde sind hier nur Störenfriede, wie diese Beamten und Militärs aus dem fernen Chile, oder Beute, wie sie Flugzeuge und Schiffe ab und zu anliefern. „Ausbooten, ausbeuten, einbooten", das gilt hier wie auf Helgoland.

Dann pirschen sich zwei freundliche Fischer an uns heran, die von unserem Mißgeschick mit den Ankern wissen. Sie können tauchen und wollen uns helfen. Die Stelle ist genau gepeilt, und das Wetter hat sich beruhigt. *No problemas!* Wir dampfen nach Vinapu und ankern so, daß VAGANT fast genau über dem verlorenen Anker liegt. Einer unserer neuen Freunde taucht ganz kurz, macht eine Leine fest, und Minuten später ist unser Geschirr oben. *Hurra!*

Oder auch nicht. Die beiden werden ganz still, als wir uns herzlich bedanken. Vor lauter Freude und Freundschaft haben wir nämlich vergessen, vorher über Bergelohn zu sprechen, wie es bei der Seefahrt eiserner Brauch ist. Während wir noch beraten, ob 20 US-Dollar zu wenig und 50 zuviel sind, können wir nicht überhören, daß die beiden über 200 bis 300 Dollar diskutieren. 300 Dollar würde er verlangen, so sagt dann auch Berufstaucher Jacques aus Marseilles beim Dolmetschen, aber diese Burschen wollen mit 200 wohl seine Preise verderben! Entsetzt bieten wir 100. Die Arbeit war doch so einfach! 150!

Zur sichtbaren Unzufriedenheit aller einigen wir uns schließlich auf 120 grüne US-Dollars. Jacques dreht sich kopfschüttelnd um, seine wunderschöne Dame aus uraltem Rapa-Nui-Adel zieht die Schultern hoch, und wir haben Freunde verloren. Fortan kennen sie uns nicht mehr. Alle übrigen aber grüßen mit einem Mal so freundlich wie nie zuvor. Die runden Gemüsedamen auf dem winzigen Markt beginnen, unsere Preisvorschläge zu verstehen, statt eingeflogener Eier gibt es plötzlich auch für uns hiesige, und Tipu Tuki will uns gern mit Rapa Nuis alter Musik bekanntmachen. Sind wir nun keine Touristen mehr?

Rapa Nui liegt so günstig auf der Flugstrecke Neuseeland – Tahiti – Südamerika, daß die ferne Außenwelt hier eine Enklave eingerichtet hat, eine Gesandtschaft sozusagen, mit Landebahn und dem supermodernen, leeren Hotel Hanga Roa. Darin fühlen wir uns wie auf einem fremden Stern: Büro mit Klimaanlage, Telex- und Telefonverbindungen in alle Welt, Souvenirshop, Lounge und Restaurant hinter getöntem Glas, Swimmingpool – alles ohne sichtbare Preise, denn die sind hier fünfmal gesalzen, gepfeffert und paniert.

Die ersten mutigen Seefahrer aus Polynesien landeten hier vor 5000, 2000 oder auch nur 1000 Jahren – sind Zahlen so wichtig? Aus sagenhaften Fernen kamen sie, aus Hiva, Maoriland oder Havaiiki – wer weiß das schon? Die Überlieferungen sind vage, aber durchaus Wahrheit für die Einheimischen, und Wissenschaftler staunen immer wieder, wenn ihre Forschungen sie bestätigen.

Geriet da nicht eines Tages der große Uoke in fürchterliche Wut? Er tobte, daß die Erde bebte und gewaltige Stürme alles vernichteten. Mit seinem gigantischen Spieß als Hebel riß er den Boden der See auf, griff sich riesige Brocken und schleuderte sie weit umher. Bis heute liegen sie überall herum. Brüllend erreichte er Rapa Nui und setzte seinen Spieß an. Die Insel knackte und riß auf, wie man heute noch sehen kann – da brach der Hebel ab, und Uokes Wut verrauchte.

Soviel Krach konnte natürlich nicht unbemerkt bleiben. Der Weise Hau Maka auf Hiva im Maoriland träumte davon und warnte seinen König Hotu Matua. Der floh mit seiner Frau Vakai und vielen Leuten des Stammes in zwei großen Kanus aus seiner Heimat. Nach langer Seefahrt, geleitet von Sonne, Mond und Sternen, Strom und Wind, erreichten sie eine Insel erloschener Vulkane und landeten am wunderschönen Strand von Hanga Morie Roa, der heute Anakena heißt. Singend und tanzend brachten sie ihr Hab und Gut an Land, ihre Haushaltsgeräte und Körbe voller Pflanzen, Blumen und Geflügel. Glücklich richteten sie sich in den vielen Höhlen am Ufer ein, bauten Hütten im Tal und auf den Hängen dahinter und über allem ein Schloß für Seine Majestät Ariiki Hotu Matua.

Das Volk vermehrte sich und bewohnte bald die ganze Insel – in Häusern, die wie umgedrehte Boote gebaut waren: spitz an beiden Enden, mit „Spanten" aus biegsamem Holz und darüber „Planken" aus Blättern. Halt fanden die Spanten in großen, sauber geglätteten Steinen. Fünf Platten, zum Fünfeck zusammengestellt, ergaben einen prächtigen Ofen. Überall standen ja genug alte Mauern herum, aus denen sie das Material nehmen konnten. Wer hatte die gebaut? Wer die geheimnisvollen Bilder in die sauber geglätteten schwarzen Steinplatten gehämmert? Niemanden interessierte das.

Die Jahre vergingen, friedliche Jahrzehnte, Jahrhunderte. Eines Tages landeten wieder große Kanus, diesmal in Akahanga an der Südküste. Sie brachten fremde und doch ähnliche Menschen, Polynesier einer anderen Rasse. Hotu Matuas Volk war schlank, „Tangata Hanau Momoko"; die neuen dagegen schätzten Korpulenz, „Tangata Hanau Eepe".

Mächtig feine und tüchtige Leute waren das. Sie trugen die Nasen hoch und die Ohren lang, länger gezogen durch Gewichte. Und fleißig waren sie! Schutzgeister mußten her, und tatkräftig, wie sie waren, organisierten die Langohren ihre Erschaffung. Alte Vorbilder waren ja da, und die Langohren hatten passende Traditionen. Zerfallende Mauern und Plattformen mußten repariert und neue angelegt werden, und die wenigen alten Statuen reichten nicht.

Kein Problem. Steine und Menschen gab's reichlich, und bald war die Serienfertigung von Schutzgöttern, der „Moai", in vollem Gange. Die Langohren scheuten die Arbeit nicht. Sie banden ihre Ohrlappen hoch und schwangen wie alle anderen Obsidian- und Granitkeile, um die Moais aus den Steilwänden des Rano Raraku zu schälen. Liegend nahmen die Steinmänner Form an. Die Arbeiter pickten um sie herum, zertrennten ganz zuletzt den schmalen Steg im Rücken, und dann stand der Moai auf, stieg den steilen Hang hinunter und blieb unten stehen, das noch blinde Gesicht zum Meer gekehrt, die Hände mit schmalen Fingern unten an den Bauch gelegt.

Wenn die Zeit gekommen war, machte er sich auf den Weg zu einem endgültigen Standort. Langsam marschierte er über Berg und Tal, bis ans andere Ende der Insel vielleicht. Dort stellte er sich in eine Reihe mit sieben bis acht Kollegen, setzte je nach Rang seinen Kopfschmuck aus rotem Bimsstein auf, öffnete die hellen Korallenaugen und blickte fortan kühn und entschlossen schützend über das Leben im Dorf hinweg in die Ferne.

Lange ging das gut, hundert Jahre, tausend Jahre, wen interessiert das schon. Paradiesischer Friede herrschte in der Welt. Doch die Menschen vermehrten sich weiter, die Tangata Hanau Eepe trugen ihre Ohren immer länger und die Nasen immer höher, und die Tangata Hanau Momoko arbeiteten immer fleißiger, bis sie irgendwann zu denken begannen. Die Langohren ahnten Schlimmes und richteten den arrogant ebenmäßigen Vulkan Poike am Ostende Rapa Nuis als ihre Zuflucht ein. Und dann war da noch der Riß, den Uokes Spieß hinterlassen hatte, ein Graben, fast eine Schlucht, den ließen sie hoch mit Brennholz füllen.

Wer herrscht, hat Rechte. Wer zu lange herrscht, mißbraucht sie. Eines Tages fanden die Langohren die Steinbrocken urzeitlicher Vulkanausbrüche lästig, die ganz Rapa Nui bis heute unwegsam machen. Wenigstens ihr feiner Poike mußte davon geräumt werden. Von wem? – Ganz recht. Die Kurzohren gehorchten noch einmal, so gründlich, daß heute staatliches Vieh auf sauberen Hängen grasen kann.

Doch dann brach die Volkswut aus. *Streik!* Die wackeren Steineklopfer warfen ihre Haukeile weg. *Revolution!* Alle Moais, die gerade unterwegs waren, fielen vor Scheck auf die Nase und liegen bis heute überall herum. Die Langohren flüchteten auf den Poike. Die Kurzohren stürmten wütend hinterher. Gelassen zündeten die Langohren ihre Feuerwand an – und die Kurzohren jagten sie hinterrücks selbst in die Flammen. Listige Umgehung mit Hilfe weiblichen Verrats: Moko Pingei hieß die Dame. Alle kamen sie um, die stolzen Langohren. Fast alle, denn einer überlebte aus Versehen und wurde begnadigt. Ororoina hieß er und wurde Stammvater einer großen Sippe, die heute stolz den Namen Atán führt.

Nun war die Welt wieder in Ordnung. Die Sieger vermieden fortan und bis heute jede vermeidbare Arbeit, kippten aus Sport und fortschrittlicher Gesinnung nach und nach alle Moais um und vermehrten sich, bis die Insel überquoll. Bald gab es wieder Streit, dann Aufrüstung und Krieg. Und Kannibalismus. Überall fanden die Forscher später sauber zerlegte Skelette, dreißig allein unter einem Moai, den die Genießer nach dem Festmahl umgestürzt hatten; kleine Abfälle wie Zähne und Fingernägel lagen um jede Feuerstelle verstreut.

Mitten in diese herrlichen Zustände hinein segelten die europäischen Entdecker. An Ostern 1722 ankerte Admiral Roggeveen mit seinem Geschwader einen Tag lang vor Hanga Roa. Morgens beobachteten die staunenden Holländer feierliche Sonnenverehrung und mittags merkten sie, daß diese frechen Heiden klauten wie die Raben. *Empörend!* Also schossen sie ein paar davon tot und segelten abends weiter. Zwei Anker hatten sie verloren, ein Tischtuch und einige Hüte. Aber die Insel hatten sie entdeckt und „Osterinsel" getauft, was den Leuten darauf bis heute egal ist.

Allerdings hatten sie ein sehr gutes Gedächtnis. Also wurde seitdem jeder Besucher so empfangen, wie es seine Vorgänger verdient hätten. Zuerst verschwanden Frauen und Kinder in gut getarnten Höhlen, dann warfen die Männer Steine, und die entrüsteten Seeleute schossen. Erst La Pérouse wurde 1786 freundlich begrüßt. Sogar Frauen und Kinder bekam er zu sehen, denn Captain Cook, der große Entdecker, hatte zwölf Jahre vorher dafür gesorgt, daß seine Leute brav waren. Doch geklaut wurde mehr und besser denn je, „sogar Hüte von unseren Köpfen", berichtete La Pérouse.

Die Tangatas vermehrten sich so, daß sie erst hungerten, dann degenerierten und später durch eingeschleppte Seuchen fast ausstarben. Der Neuzeit und der übrigen Welt konnten sie auf die Dauer nicht entgehen. Die ersten beiden Missionare trauten sich freilich erst im vorigen Jahrhundert nach Rapa Nui. Sie verkannten die polynesische Lebensart der Osterinsulaner gründlich, hatten aber Glück. Sie wurden nur beklaut, so gründlich allerdings, daß sie aufgeben mußten.

Die Geschichte einer kleinen, abgeschlossenen Welt, weit weg, fremd und so völlig anders als die unserer großen... Oder vielleicht auch nicht? Von wechselnden Ankerplätzen aus erleben wir immer wieder neu, was davon übrig blieb. Auf den ersten kurzen Blick ist das nicht viel. Steine, Steine, Steine, wohin wir schauen. Überall sehen wir Grundsteine der alten Schiffhäuser, grob geschichtete Grenzmauern, die überwucherten Wände runder Ställe, fünfeckige Steinöfen, gemauerte Höhleneingänge und Steinplattformen mit Reihen umgestürzter Moais. Soweit sie noch oder wieder stehen, starren sie mit ihren markanten

Gesichtern streng, energisch und alles durchdringend in mystische Ferne. Keiner blickt einem anderen in die toten Augen. Die Ohrlappen hängen lang herab, die schmalen Lippen sind scharf zusammengepreßt und fast wütend vorgewölbt, die Nüstern der starken Nasen gebläht. Ihre Züge entsprechen keiner bestimmten Rasse, am wenigsten aber der polynesischen. Klein wie Kinder schauen wir zu den Riesen auf und ahnen ganz unbewußt etwas von dem „Mana", der Kraft, die sie drohend und schützend noch immer ausstrahlen.

Wir wandern zum Vulkan Rano Kau hinauf und klettern in den tiefen Krater mit seinem Tropenklima, hinunter bis zum versumpften Kratersee. An den Hängen bauten die Alten Früchte an, die sonst in diesen Breiten nicht gedeihen. Hoch oben, wo der Grat schmaler wird, fällt der düstere Felsen links steil in den Krater ab und rechts fast senkrecht zur See. Etwas weiter haben die Stürme der Jahrtausende die Kraterwand eingerissen. An dieser scharfen Kanzel zwischen Himmel und See zerrt der Wind so, daß wir, bald schwindlig, zu schweben meinen. So ahnen wir den Traum vom Vogelmenschen, diesem wunderbaren Wesen, dessen plastische Bilder auf ewigem Stein die Menschen hier mit ihren Göttern verbanden.

Dahinter ducken sich die ovalen Steinhäuser des Kultdorfes Orongo, grasbedeckte, geschickt aus Steinplatten gebaute Höhlen, zugänglich nur durch enge Kriechlöcher. Geborgen wie im Mutterleib mögen sich die Menschen in ihrem engen Dunkel gefühlt haben, geschützt vor der überwältigenden Unendlichkeit draußen.

In der rauhen Bucht von Hotu Iti ankern wir vor dem schartigen Felsen Rano Raraku, dem toten Vulkan, aus dessen Wänden alle Moais stammen. Überwältigend! Wohin wir auch schauen, liegen, lehnen und stehen sie, in ganzen Reihen neben- und übereinander bis hoch zum Kraterrand, wo unsere Wanderung alpin wird, alles verlassen in der Hast der Katastrophe.

Plötzlich steht da eine junge Frau, schlank, dunkel, gegerbte Züge, ein Bündel Zähigkeit in grober Geländekleidung. „Piru", stellt sie sich vor, zur Naturparkbehörde gehört sie, und dies ist ihr Reich. Sie führt uns die mäßig geneigte Seitenflanke hoch zum Grat. Da sind die sauber geglätteten, in den blanken Fels gehauenen Augen zur Führung der starken Taue, an denen die Moai die Steilwände hinunterkletterten, und die kreisrunden Wasserbehälter, aus denen sie dabei getränkt wurden. Wir verstehen, wie der Betrieb funktionierte, und erkennen überall notwendige Einebnungen, gerundete Kanten, Gänge und Stufen, die Spuren jahrhundertelanger Arbeit unzähliger Menschen. Tief unten liegt der Kratersee, kreisrund, grün- und braunfleckig von Moos und Schilf. Tückisch, raunt Piru, eine unlotbare, unheimliche Wasserwelt, die nichts wieder hergibt, was sie einmal geschluckt hat.

Sechs Wochen lang treiben wir uns so herum. 26mal wechseln wir den Ankerplatz, umsegeln Rapa Nui sechsmal und legen dabei 266 Seemeilen zurück. Dann trifft endlich eine vor Wochen bestellte Sendung ein, das heiß ersehnte Radio für die nautischen Zeitzeichen der Navigation. Aber es geht noch immer nicht, und unsere Chronometer sind unzuverlässig. Fortan müssen wir fast so navigieren wie die Seefahrer im 19. Jahrhundert. Gut zu wissen, daß auch damals die meisten ihre Ziele erreichten. Mit leichtem Sinn verzichten wir auf vieles, was an Land, beim Blauwassersegeln nach dem Buch und für das Hochseesegeln auf der Ostsee selbstverständlich ist. Wir staunen über den Mut derer, die sich darauf verlassen. Wir bewundern ihren Einsatz an Geld und Geduld, der dem Fortschritt zu weiterer Vollkommenheit verhilft. Solange dessen Denk- und Fühlprothesen aber nicht wesentlich mehr bieten als der Wind in den Haaren, der Gang der Gestirne und unsere paar Instinkte, die sich in den grauen Zellen verschlafen recken, entbehren wir nichts davon; wohlmeinende Freunde, Fachautoren und Industrie mögen uns verzeihen. Nur wenn uns etwas wirklich Spaß macht, können wir unseren Geiz und andere schrullige Hemmungen durchaus überwinden. Sonst aber genießen wir, wie gut es einfach geht. Je einfacher, um so besser. Segeln ist doch eine ganz einfache, naturverbundene Sache. Warum sollen wir sie kompliziert machen?

Nord 2, hohe Dünung aus Süd, See 1, rechtweisender Kurs 280°, Mißweisung 15° Ost, Kompaßkurs 265°. Endlich friedlicher Pazifik. Jede Meile bringt uns ganz langsam den Tropen näher. Es wird wärmer, wir segeln mit offenen Luken, und in milden Nächten funkeln die Sterne in allen Farben des Spektrums, mittendrin das magische Kreuz des Südens. 840 bummelige Meilen weiter stiehlt sich die erste dünne Palmenkette dieser Reise über die Kimm: das winzige Atoll Ducie, die erste der Pitcairn-Inseln, unbewohnt und schwer zugänglich. Zwar nicht entdeckt, aber genau geortet von Captain Edward Edwards, der 1791 mit seiner Pandora hier vorbeisegelte.

Eine Ironie der Geschichte. Edwards, ein brutaler Befehlsausführer, sollte die Meuterer der BOUNTY fangen. Von Kap Hoorn kommend, brauste er hier vorbei und durch nach Tahiti, ohne zu ahnen, daß sich die Gesuchten nur 300 Meilen entfernt auf Pitcairn gegenseitig umbrachten. Aber seine Standortbestimmung war so genau, daß alle modernen Vermessungen sie nur bestätigen konnten. So blieb Ducie lange der einzige feste Punkt in diesem unendlich weiten Seegebiet. Anhand der bekannten Länge können wir unsere wackelige Navigationszeit kontrollieren. *Thank you, Sir*, über fast 200 Jahre hinweg für 24°39′49.2″ Süd und 124°48′00. 6″ West!

Weites Riff, grollende Brandung im Kranz um die stille, türkis leuchtende Lagune. Wir segeln vorsichtig näher. Wiegende Palmen, dichtes Unterholz, weißer Strand. Rätselhaftes Treibgut leuchtet knallgrün und hellrot lockend. Gischt weht herüber. Vögel kreisen. Der eigentümlich lockende und drohende Dunst aller Riffe in den Tropen erfüllt die Luft, ein fischiger Geruch, durchweht vom würzig-fauligen Duft rottender Kokosnüsse. Gäbe es doch nur eine Einfahrt!

Ein schneller Rundblick mit Brille und Schnorchel unter Wasser zeigt die herrliche Vielfalt einer unberührten Korallenwelt. Bunte Fische spielen arglos, zwei große weißgraue Haie ziehen träge ihre Bahn, tückischer Grund wartet darauf, unsere Anker zu schlucken. Wir müssen uns mit einem kurzen Blick über dieses unerreichbare tropische Höllenparadies begnügen und segeln weiter.

Zwei Tage später wieder ein Streifen in der Kimm: Henderson, 3 × 5 Meilen groß, flach, felsig, bewohnt von Ratten und Mäusen, sagt das Handbuch, und Wasser sei kaum zu finden. Hendersons Entdeckung ist eine Geschichte für sich.

Schon Anfang des vorigen Jahrhunderts soll ein eiliges Schiff die Insel passiert haben, ohne sie zu vermessen und zu melden. Später, so wissen Gerüchte, sei die amerikanische ELIZABETH in dieser Gegend verschwunden; niemand erfuhr Genaues. Aber dann, im November 1820: Die ESSEX, Walfänger aus Nantucket, kreuzt mit 20 Mann Besatzung unter dem 28jährigen Kapitän Pollard in der Nähe des Äquators. „Wal ho!" heißt es am Morgen des 20. 11. Das Wetter ist ruhig. Vier Boote, voll bemannt mit Seeleuten, die ihr blutiges Handwerk verstehen, jagen mit schnellen Ruderschlägen los. Selten so einfach wie heute, meint der Erste Offizier Owen Chase, und bald gelingt es seiner Crew, das schlanke Boot dicht an einen nichtsahnenden Wal heranzubringen. Der erfahrene Harpunier im Bug wirft und trifft. Der Wal taucht und jagt in

Panik davon. Die lange Leine im Boot rauscht aus, bis die Seeleute sie vorsichtig stoppen. Eine wilde Schleppfahrt beginnt. Der Wal bläst Blut, die Leine wird Meter für Meter eingeholt. Immer näher und näher, ran für den Kill.

Da rast unbemerkt ein anderer Wal heran, wütend wie ein Kampfstier. Sein Kopf trifft das Boot. Planken krachen, Wassereinbruch. Die Seeleute stecken schnell ein paar Jacken in das Leck. Der harpunierte Wal taucht tiefer. Bald ist die Fangleine zu Ende. Also kappen! Mag der Wal sehen, wie er damit fertig wird. Die enttäuschten Jäger pullen zum Schiff zurück und holen ihr Boot hoch, um es zu reparieren.

Während sie noch arbeiten, sehen sie dicht neben dem Schiff einen weiteren Wal. Mit drei Knoten hält er eine Weile lässig mit. Dann dreht er ab, kehrt in einiger Entfernung um und rast mit schäumender Bugwelle auf das Schiff zu, den kantigen Kopf halb aus dem Wasser gereckt. Entsetzt versucht der Rudergänger, die ESSEX aus dem Weg des schäumenden Riesen zu drehen – vergebens. Der Kopf des mächtigen Tieres kracht gegen den Bug. Noch einmal. Und noch einmal. Dann dreht er ab.

Das Schiff beginnt sofort zu sinken. *Alarm!* Alle Boote kehren zurück. An die Pumpen! Sinnlos. Die Seeleute machen drei Boote klar und beladen sie mit allem, was sie in ihrer Hast erreichen können. Das Schiff droht zu kentern. Die Masten werden gekappt, und müde richtet sich der Rumpf wieder auf. Kurz nach Mitternacht legen die Boote ab.

Da treiben sie nun auf 0°40′ Süd, 119° West, 1400 Meilen südwestlich von Mexiko und 2000 Meilen südöstlich von Hawaii, ein wenig nördlich des Kurses, der uns 1977 vom Panamakanal zu den Marquesas führte. Diese Inseln sind ungefähr bekannt, auch einige der Tuamotu-Atolle dahinter. Bekannt ist aber auch, daß dort überall mordlustige Kannibalen leben, wilde Heiden, die christliche Seefahrer nur als Ergänzung ihres Speisezettels schätzen. Nur Tahiti im Südwesten soll friedlich sein.

Der Kapitän hat Karten, die das wenige Bekannte zeigen, Kompaß und Sextant, um zu navigieren. Gegen den Wind nach Hawaii oder Mexiko, das ist unmöglich. Aber 2040 Meilen nach Tahiti sollten mit dem Südostpassat wohl zu schaffen sein. Die 600 Pfund Hartbrot, etwas Wasser und ein paar Fische unterwegs werden als Proviant für einige Wochen schon reichen.

Aber was für Wochen! Kein Südostpassat, kaum einmal Regen, keine Fische. Die Schiffbrüchigen rudern, segeln, rudern, hungern, dursten und rudern. Brecher schlagen die Boote voll. Proviant verdirbt, und wichtige Ausrüstung geht verloren. Wale greifen an und schlagen zwei Boote leck. Segeln, pützen, rudern, hungern. Nur noch Tau als Wasser.

Am 20. 12., vier Wochen nach dem Schiffbruch, kommt endlich Land in Sicht, eine flache Felseninsel. Ducie, meint Captain Pollard, denn mehr zeigt seine Karte nicht. Die Insel bietet nichts als „Pfeffergras", Baumrinde, zähes Grün und wenige Pfützen schlammigen Wassers – und Skelette in Höhlen: ein grausames, feindliches Stück Land. Aber die Boote sind überfüllt. Noch leben alle. Zu viele! Nach langem Hin und Her bleiben drei Männer zurück, weinend und bettelnd.

Die übrigen segeln und rudern weiter nach Osten, denn da muß irgendwo die südamerikanische Küste liegen. Sie ahnen noch nichts von den 3000 Meilen bis dorthin. Südwestlich der Osterinsel verlieren sie einander in einem Sturm aus den Augen. Dann beginnt das Sterben. Bald essen die Überlebenden das Fleisch der Toten. Im Boot des Ersten Offiziers schneiden sie das Fleisch in Streifen und versuchen es zu trocknen. Nach wenigen Tagen wird es grün. Sie essen es trotzdem...

Im Boot des Kapitäns leben noch vier. Auch sie haben schon Teile ihrer Toten gegessen, doch am 1. Februar müssen sie losen. Owen Coffin verliert. Er fügt sich ergeben und betet. Dann schießt ihn Charles Ramsdell in den Kopf. Das Fleisch reicht ein paar Tage, bevor es verdirbt. Eben noch rechtzeitig stirbt der nächste. Am 23. Februar schließlich rettet das Schiff DAUPHIN Captain Pollard und Charles Ramsdell. In Valparaiso treffen sich fünf Überlebende, das dritte Boot bleibt verschollen.

Im Hafen liegt die Fregatte CONSTELLATION der US Navy, sie soll versuchen, letzte Überlebende zu retten. Aber das wäre zu umständlich für das große Schiff. Lieber zahlt die Navy 300 Dollar an den Kapitän des Walfängers SURREY, der auch von sich aus losgefahren wäre, um seinen Kameraden zu helfen. Die SURREY segelt nach Ducie – und findet nichts. Ratlos segelt sie weiter, und ein paar Tage später taucht wahrhaftig eine Insel auf, die es bis dahin gar nicht gab: felsig, flach, schwer zugängliche, unterwaschene Felsenufer voller Höhlen – und drei halbverhungerte Überlebende, die ihr Glück kaum fassen können. Von mageren Seevögeln, zähem, trockenem Grünzeug und Tau haben sie gelebt, bis sie in einer Felsspalte wenigstens etwas Wasser fanden. Bei ihrer verzweifelten Suche nach Nahrung und Wasser stießen sie immer wieder auf Skelette. In einer Höhle fanden sie acht in einer Reihe nebeneinander, alle mit einem Loch in der Stirn, und in die Rinde eines Baumes geschnitzt den Schiffsnamen ELIZABETH.

Damit war diese Insel aber noch immer nicht richtig entdeckt. Das besorgte in aller Form erst Captain Henderson, der 1822, ein Jahr danach, mit HMS HERCULES vorbeisegelte. Die Pitcairner aber, so hören wir später, wußten nur ungenau etwas von einer „Elizabeth-Insel", als sie 1851 zum ersten Mal hinsegelten.

Wir segeln die steile, unterwaschene und weithin überhängende Felsenküste entlang. In tiefen, dunklen Höhlen zischt, röhrt und donnert mächtige Brandung, hier und da magisch aufleuchtend in mildem Licht, das durch Löcher von oben einsickert. Aus Felsspalten fauchen hohe Fontänen. Kleine Regenbögen leuchten bunt. Dieser krustige Klotz ist der bizarr erstarrte Auswurf eines Unterwasservulkans, den gewaltige Bewegungen der Erdkruste über den Meeresspiegel gehoben haben.

Ein großer schwarzer Fregattvogel schwebt mit dürren Schwingen lauernd um unseren Masttopp. Setzen möchte er sich oder wenigstens unseren drahtigen Windrichtungsanzeiger zwingen, etwas Freßbares auszuspucken. Vergeblich. Sein spitzer Kopf zuckt gierig suchend hin und her. Das fremde Ding weist ihn rücksichtslos ab. Wir ankern vor einem der wenigen schmalen Strände, auf dem unsere Spuren die einzigen sind und es auch bleiben werden, bis sie vergehen. Schneeweiße Tropenvögel schweben schwirrend über dichtem Busch vor rauschenden Palmen, Sonne glimmt silbern durch das Filigran ihrer Flügel. Wir faulenzen und träumen in felsigen Strandnischen, wir schnorcheln, fangen Fisch passender Größe pünktlich zu den Mahlzeiten. Wir ernten Kokosnüsse, umschwärmt von zutraulichen Vögeln, und hacken uns mit der Machete durch tropisches Buschwerk die steilen Felsen hoch. Wir finden Reste alter Feuerstellen vor dämmrigen Höhlen und im unheimlichen Halbdunkel des Innern verstreute Knochen, Gerippe und Totenschädel...

Scheu weichen wir zurück. Erst später hören wir mehr von den dunklen Geheimnissen dieser Insel: Die Skelette auf Henderson wurden immer mal wieder neu entdeckt. Forscher haben sie untersucht. Viele stammten von Polynesiern, die dort erschöpft umkamen oder von ihren Gefährten beigesetzt wurden. Die meisten aber gehörten Europäern aus ganz verschiedenen Zeiträumen, und viele zeigten Spuren von Gewalt. Doch niemand hat je auch nur den geringsten Hinweis darauf gefunden, was sich hier abgespielt hat; es gibt keine Reste von Kleidung, Geräten, Werkzeugen oder Waffen. Unheimlich.

Eines Tages dreht der Wind. Wir segeln weiter, und schon tags darauf tauchen die kleinen hohen Umrisse Pitcairns auf. Bald sind sie scheinbar fast so hoch wie breit. Wir ankern in der Bounty Bay an der Nordost-seite, kaum 100 m von der Stelle entfernt, wo die Meuterer ihr Schiff 1790 dicht an das steinige Ufer verholten, ausräumten und in Brand steckten.

Der schwache Wind weht auflandig, hohe Dünung und Rückprall lassen uns zweifeln, ob das hier wohl gutgeht. Gut nicht, aber es geht, versichern uns die Pitcairner, die das wissen müssen. Zwölf von ihnen, fast ein Viertel der Bevölkerung, strahlen uns aus ihrem Longboat an, das neben VAGANT heftig schlingernd stoppt, kaum daß die Kette des Ankers steifkommt. Der massige Polynesier Brian Young, amtierender Inselchef, nähme uns am liebsten sofort mit an Land. Doch Vorsicht, Loten und Peilen sind Vater, Mutter und Pate des guten Ankerns, und morgen ist auch ein Tag.

In der Frühe schäumen wir durch die Brandung hinter die kurze, von Stürmen angeknackte Pier, stauen unser Dingi hoch und sicher neben den Longboats, den berühmten schweren Marinekuttern, und schnaufen den steilen Pfad nach Adamstown hinauf. Im ersten Haus fragen wir nach der Hauptstraße und finden uns schon mitten im Leben der Siedlung. Hier wohnt Steve Christian mit seiner Familie, und wir lernen sofort, daß man auf Pitcairn erzählen, essen und zuhören auf einmal muß, denn obwohl Schiffe öfter draußen stoppen, sind Besucher an Land doch selten. Tomaten leuchten tiefrot, Butter glänzt golden, und frisches Brot duftet, denn heute gab's Extrastrom zum Backen. Uralte Gläser voller Fruchtsaft mit Eiswürfeln, ein riesiges blitzendes Messer, keine Teller, alte Krümel mit kühnem Ärmelschwung vom Tisch gewischt – fröhliche Unbefangenheit statt formeller Ordnung. Neues aus der weiten Welt wollen sie wissen, alles auf einmal, woher, wohin und wie lange wir bleiben wollen. Wir kauen, sprechen, lachen und schlucken, bis uns ihr neuestes Erlebnis staunende Ruhe für die lang entbehrten Genüsse läßt.

1836 schien die Insel übervölkert zu sein. Also schenkte Queen Victoria den Pitcairnern das weitaus größere Norfolk vor der australischen Ostküste, mitsamt den Steinbauten der eben geschlossenen Strafkolonie, und ordnete den Umzug an. Die Menschen machten gerne mit. Mal was Neues. Doch kaum hatten sie Norfolk betreten, waren viele enttäuscht. Einige Jahre später kehrte die erste Gruppe zurück. Auf ihrem verlassenen Pitcairn fanden sie die Besatzung eines Schiffes, das in der Nähe gestrandet war, und behielten einige der Männer als Mitbürger. Später kamen noch ein paar Familien von Norfolk hinzu, und dann riß die Verbindung zwischen den Inseln ab. Erst Tom Christian schuf sie per Funk neu und vertiefte sie, bis sich die beiden Gruppen nun endlich gegenseitig besuchten. In Tahiti charterten sie ein kleines Schiff, und beide Bevölkerungen reisten fast vollzählig an die fünftausend Seemeilen hin und die gleiche Strecke zurück, um einander zu besuchen. Begeistert erzählen sie uns, wie sie zum ersten Mal ihre Verwandten trafen, staunend Namen, Körperbau und Gesichtszüge verglichen, Familiengeschichte, Erinnerungen und Erlebnisse austauschten: ein Jahrhundertereignis, ein Volksfest ergreifender Wiedervereinigung.

Reisen, Telefon, Funk, Strom, Waschmaschinen, Eiswürfel, Tiefkühltruhen und Videoanlagen – da haben wir die Neuzeit. Pitcairn liegt zwar abseits, aber auch an der Schiffsroute zwischen Neuseeland und dem Panamakanal, und Tom Christian sorgt für Besuch. Tom, Oberhaupt der Sippe des Obermeuterers Fletcher Christian, ist als Funker zur See gefahren. Nun betreibt er nicht nur Funkstelle und Wetterstation der Insel, sondern plaudert als Amateurfunker mit Gleichgesinnten in aller Welt. Immer wieder gelingt es ihm, Kapitäne davon zu überzeugen, wie nett doch eine kleine Pause in der Nähe Pitcairns sei.

Sogar einen kleinen Laden gibt es hier. Und der ist nicht nur gut sortiert, sondern obendrein nicht besonders teuer, denn die lieben Leute haben auf ihre biedere Art erreicht, daß alles frachtfrei nach Pitcairn transportiert wird. Bezahlen? Na ja, irgendwie, sie nehmen Dollars, australische, amerikanische oder neuseeländische, englische Pfunde, Deutschmark, norwegische Kronen oder so…

Ist soviel Fortschritt gut? Andrew Young, Nachkomme des Fähnrichs Edward Young in der fünften Generation, wettert: „Stellt euch mal vor, im letzten Jahr ist jeden zweiten Monat einer gestorben! Daran ist nur dieses neumodische Zeug schuld, das die Leute heutzutage fressen. Und das gibt's erst, seit Geld auf der Insel ist. Früher waren die Familien groß, hatten viele Kinder, und alle fanden auf der Insel genug zu essen – heute kaufen sie dieses künstliche Zeug von den Schiffen. Dafür wollen alle immer mehr Geld haben, und die Gärten liegen brach." Diese

Gärten sind über die ganze Insel verteilt, wo der Boden an geschützten Stellen besonders fruchtbar ist. Viele stammen noch von den geheimnisvollen polynesischen Siedlern, die vor 600 Jahren die Insel verließen.

Nichts ist wirklich weit weg auf Pitcairn, doch die Wege sind meist schwierig. Genau dafür entwickelten die findigen Siedler als besonderes Transportmittel ihre einzigartige Schubkarre. Keilförmig gebaut, fast wie ein Bootsbug, mit glatten Seitenwänden und handlichen Griffen, bricht sie vor ihrem Führer wie der Kopf eines Ebers durch den Busch. In nur wenigen Stunden sei er damit noch vor einigen Jahren seine Runde um die ganze Insel getrabt, über Stock und Stein, dröhnt Andy, aber jetzt muß er beim Gehen sogar einen Stock benutzen. Er ist mindestens 80 Jahre alt, Kenner der Geschichte, lebendiger Anekdotenerzähler und Hüter alter Bräuche. Reste der BOUNTY? Ach ja, seufzt er, da unten liegt nur noch ein bißchen Schrott herum. Was gut war, ist verbraucht, oder die Kolonialverwaltung hat es für ihr Museum in Suva geklaut. Na ja, ein bißchen hat er noch. Ehrfürchtig staunen wir über zerknülltes Kupferblech vom Boden des verbrannten Schiffes und eine verbogene Messingstange.

Wir stapfen über Berg und Tal, gewundene, enge und steile Wege hoch, zerren uns durch stacheliges Buschwerk, träumen an Hängen voller Blütenglut, wandeln unter Palmen und klettern über Felsen und düstere Lavakrusten. An der Ostspitze schufen Vulkanausbrüche den *Rock Pool*, einen Märchenteich luftklaren Wassers voll überschwenglich leuchtender Korallen.

Wir ankern immer wieder woanders, ähnlich wie an der Osterinsel, nur noch schneller wechselnd, denn das winzige Pitcairn bietet wirklich kaum Schutz. Als wir wieder einmal aus Tedside, der offenen Bucht im Westen, verschwinden müssen, geschieht das Gefürchtete: Wir winschen die Kette ein, VAGANT rollt in der Dünung, Rucken, Winschen. VAGANT stampft hoch. *Peng*, die Kette rasselt locker – der Pflug des Ankers ist glatt abgerissen ...

Tedside: Hier ankerte die BOUNTY zuerst. Mehrere Male war sie um die Insel gesegelt, das Land lockte verheißungsvoll mit seinem tropischen Überfluß. Doch gute Ankerplätze gab es nicht. Von hier aus kämpfte sich die erste Landgangsgruppe durch dichtes Gebüsch über die Berge, die Waffen bereit, denn hier konnten ja feindliche Wilde lauern. Überall gaben Spuren Rätsel auf.

Doch die Gärten waren verwildert, die Wege überwuchert und die steinernen Götzenbilder unter Moos zwar kaum zu erkennen, aber dennoch ein Schrecken für jeden christlichen Seemann. Drei Tage dauerte es, bis der kleine Trupp die andere Seite erreichte. Die Insel war verlassen, damals schon seit hunderten von Jahren.

Die drohenden Götzen verschwanden nach und nach in Häuserfundamenten, und die Grabstätten vergingen samt Skeletten und Beigaben. Nur bei Down Rope, einem Steilhang im Osten, blieben ein paar Steinzeichnungen erhalten. Sie sind schwer zu erreichen, was wahrscheinlich nicht immer so war. Darin mag eine Erklärung dafür liegen, warum die früheren Bewohner ihre Heimat verließen, denn gerade diese Seite zeigt Spuren heftiger Vulkanausbrüche.

Sonntags gehen wir als brave Gäste in die Kirche. 90% Beteiligung. Die Krankenschwester-Pastorenfrau spielt richtig schön Harmonium, die Gläubigen singen Frommes, Kinder spielen Verstecken. Tom Christian spricht feierliche Worte. Pastor Bull im lockeren Freizeitanzug beschwört die fürchterlichen Sünden der Großstadt. Die Gemeinde lauscht ergriffen. Noch'n Choral, dann munter geschwätzige Volksversammlung auf dem Square, Adamstowns geistlichem und weltlichem Mittelpunkt. Da ist die Inselbücherei. Und die Krankenstube mit allem Reparaturwerkzeug, deren wichtigstes Gerät das Funktelefon ist. Dann Post und Versammlungshalle, mit einem Stübchen voller Akten und mit Inselsekretär Christian, der Kasse und Bürokratie verwaltet, einen Anker der BOUNTY vor der Tür und den ältesten Friedhof unter seinem Fußboden. Mauatua soll dort begraben sein, Fletcher Christians liebreizende Frau aus Tahiti, die im Alter zum giftigen Schrecken der Insel wurde. Nach all dem Morden zu Anfang seiner Geschichte lebt Pitcairn in beschaulicher Ruhe und paradiesischer Unschuld. Alle Häuser in der schattigen Parklandschaft stehen weit offen. Es gibt zwar ein Gefängnis, doch niemand kann sich erinnern, daß je etwas anderes als Zement darin lagerte.

Der Wind dreht regelmäßig. Wir folgen und kennen bald alle Ecken, Schluchten, Ankergründe und gefährlichen Steine ringsum. Bei ruhigem Wetter hören wir in entlegenen Tälern Hähne krähen und beobachten durch das Fernglas Hennen enormer Größe. Wildes Federvieh, erklärt Tom Christian, schwer zu jagen, Eier nicht zu finden. Trotzdem sucht er einige für uns zusammen. Und zum Essen lädt er uns ein. Sein weltberühmtes Amateurfunkgerät quäkt, überall stehen Radios aller Marken und Entwicklungsstufen, und über allem liegt leichter Staub, denn Frau und Tochter reisen nach einer dramatischen Funkaktion mit akuten Blinddarmbeschwerden über Mangareva nach Papeete. Das deutsche Containerschiff PETER OLTMANN machte dazu eigens einen Umweg.

Die Pitcairner reisen auch sonst ganz gern per Anhalter. Viele Häuser in Adamstown stehen leer, ihre Bewohner sind irgendwo hängen geblieben, in Neuseeland, Australien, Amerika, für kürzer, länger oder dauernd. So ist auch der Postmeister mal eben nach Neuseeland verschwunden, um sich eine Frau zu suchen. Gibt es denn hier keine Mädchen? Doch, sogar zwei. Aber die eine ist wohl noch etwas zu jung, und die zweite hat andere Vorstellungen vom Mann ihrer Träume.

Auch ihre Nachbarinseln kennen sie gut. Nach Henderson reisen sie wenigstens einmal im Jahr, denn dort wachsen besonders schön gemaserte Bäume für ihre Schnitzereien. Fürs Essen und Trinken haben schon frühere Pitcairn-Generationen dort Kokospalmen gepflanzt. Und auch so etwas wie Urlaub machen sie manchmal. Dann reisen sie einen Tag weit nach Oeno, dem gefährlichen Atoll 70 Meilen nebenan, einem weiten Ringriff unter ewiger Brandung, mit ein paar kleinen Inseln in der Lagune. Da wird gefischt, Verwertbares von den zahlreichen Wracks geborgen, geschwommen, für Nachwuchs gesorgt, unter dem Sternenhimmel gesungen und auch ein wenig Frömmigkeit geübt. Die Rückreise geht meistens gut, aber nicht immer. Es sind schon Boote verschollen, und einmal kam eine Gruppe Männer vor Hunger und Durst fast um.

Die Pitcairner sind so liebe Menschen, daß uns das drei Wochen lange Verholspiel um ihr Inseljuwel Spaß macht und die vielen feuchten Dingiritte durch die Brandung bald zur Routine werden. Doch die Saison ist schon fortgeschritten, wir müssen weiter. Einen Tag dauert der Abschied von ganz Adamstown. Steve Christian und Nig Brown, Nachkomme des Gärtners der BOUNTY, liefern uns eine plichtfüllende Ladung Bananen, Kokosnüsse, Ananas und Tomaten an Bord, dazu Briefe und Pakete für Mangareva. Winken, bye-bye, Anker auf, die Kette stockt, VAGANT stampft hoch, *peng* – wieder bleibt ein Anker unten. Am nächsten Tag suchen wir schnorchelnd den Grund ab: Korallen, geborstene Kuppeln vulkanischer Gasblasen, Undeutliches, aber als fremd Erkennbares in der Ecke zum Ufer hin. Sollten das Reste der BOUNTY sein? Na klar, lacht Nig Brown, den Steve Christian alarmiert hat, um uns zu helfen. Lohnt sich aber nicht mehr, meint er, das sind nur noch Reste vom Ballast. Wie Fische streifen die beiden über ihren heimischen

Meeresgrund, und wenig später haben wir Anker samt Kettenrest wieder. Noch einmal Winken und Grüße an alle. Dann verschluckt ein wilder Regenschauer die Insel mit einem Schlag.

Ein Katzensprung soll folgen, doch ein Alptraum wird daraus. 70 nasse Meilen weiter drehen wir unter tief jagenden Wolken bei, Pitcairns Ferienparadies Oeno ist nicht in Sicht. „Sehr gefährlich", warnen Karte und Handbuch. Nachts ahnen wir irgendwo den Hauch eines fahlen Streifens. Ehe wir uns noch die Augen gerieben haben, wird brüllende Brandung daraus, und das Echolot zeigt nur noch 20 m. Wie gut, daß VAGANT blitzschnell manövriert und hervorragend kreuzt! Wir flüchten irgendwohin ins Finstere.

Und sehen uns die Bescherung am nächsten Morgen an. Mächtige Dünung rollt gegen das Riff, zieht riesige weiße Mähnen hinter sich her und bricht donnernd auf der messerscharfen Kante. Überall schäumt es mit Getöse rings um die friedliche blaue Lagune mit ihren hübschen Inselchen voll grüner Palmen. Uns graust. Keine Einfahrt, kein Ankergrund. Weiter.

200 Meilen vor hartem Südost, der so tut wie ein Passat, dann freundlicher Empfang durch Temoe, das erste Atoll der Gambiers und damit der Tuamotus. Nach dem Oeno-Schrecken lassen wir es uns hier ein paar Tage wohl sein. Temoes Lagune ist nicht zugänglich. Aber die Motus, die kleinen Inseln des Ringriffs, bieten endlose Korallenstrände und die Traumkulisse der Palmen. Früher haben hier Menschen gelebt, friedliche Polynesier der nahen Gambiers. Doch die mußten zur Rettung ihrer Seelen nach Mangareva umziehen. Nichts blieb auf Temoe. Die Hütten verfielen, und die Götzenbilder wurden zerstört.

An der Kimm schimmern die blauen Umrisse der Berge Mangarevas, der höchsten Insel der Gambiers. Ein weites Ringriff, aus großen Meerestiefen aufragend, umschließt hier einen ganzen Archipel. Mit unnötiger Sorge tasten wir uns vom unlotbaren Ozean über wenige Meter tiefes, hell schimmerndes Wasser in diesen Ring. Die Tiefen der Lagune verbergen ebensoviel, wie die Landschaft oben zeigt. Unser Echolot flimmert über Bergketten, bodenlose Schluchten und spitze Gipfel, die wenige Meter unter der Oberfläche schimmern. Wir ankern in der stillen Bucht vor Rikitea, dem einzigen Ort. Palmen am Ufer, schroffe Berge dahinter, eine weiße Kathedrale, Boote am Strand – und zum ersten Mal seit Chile ganz glattes, vollkommen ruhiges Wasser.

Die Stille läßt uns kaum schlafen. Dann ruft die Pflicht: Einklarieren in Französisch-Polynesien, Hochburg einer miesen Bürokratie. Und hier ist es noch dazu verboten, denn Mururoa, Schauplatz atomarer Schandtaten der Grande Nation, ist nicht weit. Mit leicht gesträubten Haaren gehen wir an Land, der Gendarmerie unsere Reverenz zu erweisen. Doch dies ist Frankreich, und der oberste Herrscher, ein gemütlicher Polynesier, setzt uns erst mal ein kaltes Bier vor. Dann verliest er mit gequältem Lächeln die fällige Verwarnung und verhindert jeden Einwand mit Kuchen. Ein paar Tage können wir sowieso bleiben, dann muß er uns melden. Aber solange keine Antwort eingeht, lächelt er, weiß er nichts mit uns anzufangen. Nur eines bedrückt ihn: In wenigen Tagen kommt sein allerhöchster Boß, seufzt er, ob wir da wohl verschwinden könnten? Wir versprechen es lachend, verteilen Post und Pakete aus Pitcairn und fühlen uns willkommen.

Mangareva ist schon ein merkwürdiges Stückchen Erde: abseits, schwer erreichbar und von den Bürokraten Papeetes hinter einer Wolke schlechten Gewissens versteckt, unberührt seit vielen Jahrzehnten und kaum gestört durch die technische Invasion während der Atomversuche. 6000 Menschen lebten hier in unschuldiger polynesischer Freiheit, bis 1834 Honoré Laval, Priester und Missionar des Ordens vom Heiligen Herzen, über die Inseln herfiel. Inbrünstig erfüllt vom engherzigen, formalen Christentum seiner Zeit, verfolgte und zerstörte er fanatisch die polynesische Kultur und damit das Leben dieser Inseln. Buchstäblich alles, was den Menschen lieb und teuer war, mußten sie aufgeben. Dafür ließ der Pater Kirchen bauen, Kathedralen von fast europäischer Wucht, Kapellen, Altäre, ein streng bewachtes Nonnenkloster und gewiß auch Schulen, Straßen, Werkstätten und feste Wohnhäuser – alles aus mühselig gebrochenen, sauber geglätteten und weit transportierten Korallenquadern.

Wir schlendern durch das Dorf, durch die Ruinen des königlichen Palastes, den der Pater für den allzu folgsamen Häuptling Maputeoa bauen ließ, und dann durch eine schnurgerade Allee ehrwürdiger Bäume zur zweitürmigen Kathedrale des Heiligen Michael. An die 800 Menschen fanden darin Platz; der Altar ist mit erlesenem Perlmutt ausgelegt, die Seitenaltäre aus dem gleichen kostbaren Material leuchten in den Sonnenstrahlen, die durch bunte Fenster fallen. Früher sollen hier makellose Perlen gelegen haben, auf dem Hauptaltar sogar eine von der Größe eines Eies – all diese Pracht offen und ungeschützt, denn Père

Laval und seine Helfer hatten aus den heidnischen Menschenfressern ja brave Christen gemacht.

Die klauten natürlich nicht. Trotzdem rotten noch irgendwo Reste zweier Gefängnisse, je eines für Männlein und Weiblein, streng getrennt. Es gab eine geistliche Polizei und ein Mädchenkloster hinter hohen Mauern oben in den Bergen, wo der eifrige Pater seine Jungfrauen vor den bösen Seeleuten zu bewahren hoffte, die sich trotz der Weihrauchschwaden gelegentlich an Land wagten. Baumwollanbau, Spinnerei und Weberei lieferten das Material der so dringend notwendigen züchtigen Kleidung. Die immer besser organisierte Perlenfischerei brachte erlesenes Perlmutt, seltene Muscheln und wunderbare Perlen für den Export, der das alles finanzieren mußte.

Ein herrliches Bild europäischen Fortschritts also? Doch die Kindlein des Père Laval hatten es eilig, in seinen Himmel zu kommen. Je früher, um so besser für ihre frisch geretteten Seelen – so soll der Pater das große Sterben erklärt haben. War es nicht Gottes Wille und Strafe für das frühere Heidentum?

Heutzutage leben nur noch 500 Menschen auf den Gambiers, mal mehr, mal weniger – je nachdem, was die Grande Nation gerade wieder auf Mururoa anrichtet. Das strahlt nur etwa 250 Meilen entfernt im Nordwesten, der Hauptwindrichtung genau entgegengesetzt. Harmlos also?

Ganz harmlos, klar. Die ersten Explosionen waren wohl noch etwas laut. Heute geschieht alles unterirdisch in der Lagune Mururoas. Auf der Betonkuppel unmittelbar über dem Versuch kann man stehen, nur ein leises Zittern ist zu fühlen, versichert jemand, der mit jemand gesprochen hat, der jemand kennt, der sagt, er habe das von jemand, der dabeigewesen sei. Daß schon mal ein Stückchen Mururoa zur Seite weg in die See geschossen wurde, macht ja nichts, das bißchen Gestein verschwindet schon in dem großen Ozean. Und das bißchen Radioaktivität betrifft nur wenige Inseln und Menschen. Für die wird dann gesorgt.

Zu den wenigen Inseln und Menschen, auf die sich Mitleid und magere staatliche Fürsorge konzentrieren, gehören die Gambiers. Nicht nur wir haben den Eindruck, daß bewußt gestreute Gerüchte das Aufsehen kleinhalten sollen, indem sie das Unleugbare wenigstens isoliert geschehen lassen. Es gebe Fehlgeburten, Hunde und Hühner leiden an Räude, und die Fische der Lagune seien extrem giftig, so haben wir gehört und gelesen. Schlimm, aber doch nur in den entlegenen Gambiers! Tatsächlich soll die Bevölkerung bisher nur zweimal in ihren „Atomscheunen" gehockt haben, großen Wellblechhallen mit Berieselungsanlagen außen. Daß der überwiegende Südostwind und die Meeresströmungen den ganzen Dreck über sämtliche Inseln hinweg nach Tahiti, Tonga, Samoa, Fiji, Neuseeland und bis über Australien hinaus verteilen, soll dadurch vernebelt werden.

Die Hunde und Hühner Rikiteas sehen in der Tat etwas struppig aus, und die Fische der Lagune waren lange Zeit sehr giftig. Aber nicht Atomstrahlen sollen die Ursache gewesen sein, sondern Ciguatera, jenes Algengift, das sich durch die Nahrungskette in größeren Raubfischen sammelt. Es kann nach einer genußvollen Fischmahlzeit Nervenlähmungen, lebensgefährliche Atembeschwerden, Kreislaufstörungen und schmerzhafte Hautempfindlichkeit bringen.

Wir hören auch von Monsieur Wan, den der allmächtige Gendarm bei jedem Besuch sofort zum Whisky auf die Veranda bittet. Monsieur ist Chinese und gehört als Verwalter einer großen Perlenzucht zu „den" Wans, einer der reichsten Familien des ganzen Pazifiks. Einfach und unauffällig gekleidet, ohne jede Spur von sichtbarem Luxus, tritt er bescheiden, aber bestimmt auf. Eigene Flugzeuge, na klar, wie sollte man hier auch anders reisen? Ein paar teure Viertel Papeetes fürs örtliche Kleingeld, Hotels in Hawaii, Kasinos in Las Vegas, Fabriken in Hongkong und Singapur, Großhandel mit Japan – aber eigentlich gehört das alles den einzelnen Wans gar nicht, sondern der ganzen Familie. Der Mensch muß doch leben, ja?

Hauptsächlich mit Leben beschäftigt sich Johnny auf Kamaka, der südlichsten Insel des Archipels. Sie gehört ihm, ein kleiner Rest des großen Landbesitzes, der einem seiner Vorväter als höchstem Beamten Französisch-Polynesiens nebenbei zufiel, wie es in der guten alten Zeit so Brauch war. Wir besuchen ihn in seinem Paradies. Mit eigenen Händen und den Einnahmen aus einigen Häuserblocks in Papeete ist er dabei, sich hier ein einzigartiges Refugium zu schaffen. Damit die Arbeit so schnell nicht ausgeht und die Natur erhalten bleibt, benutzt er nur einfaches Werkzeug und Material für sein Haus. Das duckt sich vor einer großen Höhle und geschickt in sie hineingebaut, gemütlich ausgestattet, polynesisch-modern, Schlafzimmer und Küche dort, wo schon die Alten schliefen und kochten.

Den Hang hinauf hat Johnny einen sauberen Zickzackweg angelegt.

Oben blühen seine Gärten, und der versteckte Bauplatz eines geplanten neuen Hauses ist schon planiert. Stolz aufs Geschaffene, führt Johnny uns umher, gefolgt von Hunden, Kindern und Katzen, grüßend am Totenschädel eines früheren Bewohners vorbei. Fühlt er sich nicht doch manchmal einsam? Johnny lächelt. Nein! Da ist Freund Wan mit seinem hiesigen Flugzeug, ein Haus in Rikitea, ein Extrahäuschen in Tahiti, auch muß man ab und zu mal einkaufen, und da bieten San Franzisko, New York, Tokio, London und Paris schon einiges. Aber hier ist es am schönsten! Da hat er recht.

Wir bummeln zu anderen Inseln des Archipels: Ao-Kéna, Aka-Maru mit eigenen Riffen und kleinen Inseln ringsum, Manui und Makarou, wo einst die großen Häutlinge beigesetzt wurden. Überall wohnen seit Jahrzehnten nur zeitweise wenige Familien. Auf Aka-Maru wandern wir staunend zwei breite, schnurgerade Straßen entlang, die sich rechtwinklig kreuzen. Sie sind zugewachsen, doch zu beiden Seiten stehen Ruinen sauber gebauter Steinhäuser. Ein Altar wurde laut Inschrift 1860 geweiht. Die doppeltürmige Kathedrale am Ende der vergessenen Straße ist sogar neu gemalt, und in den Türmen hängen die alten Glocken. Durch die Ruinen des Pfarrhauses huschen Ratten. Wurmstichige Möbel stauben bei der Berührung. In einem Regal liegen alte lateinische Meß- und Gebetbücher, von Kleingetier angenagt. Überall Spinnweben, Staub und Zerfall. Doch der Brunnen bietet immer noch klares, kühles Wasser, der verwilderte Garten ausgezeichnete Limonen, und der kunstvoll rund aus Stein geschliffene Backofen könnte noch heute Brot backen. Wir fühlen uns als Eindringlinge und schleichen davon, still und leise.

Nach dem Verschwinden der Obrigkeit segeln wir zurück nach Mangareva. „Guten Tag«, grüßt eine hagere Gestalt auf der Pier. Nanu, Deutscher? – Nein, Legion, Fremdenlegion. „Ich heiße Franz. Los, ich zeige euch die Insel."

Sein einfaches Haus steht am Strand, vor sich eine Aussicht auf die Lagune, wie kein Millionär sie teurer kaufen könnte. Drinnen toben fünf muntere Töchter. Frau Isabelle, eine dralle Schönheit dieser Insel, begrüßt uns freundlich. Draußen, halb unter leuchtend blühenden Jakaranda und Bougainvillea versteckt, lehnen mehrere Autos unterschiedlichen Zustands. Eins davon springt an, scharrend, spuckend, blubbernd, heiser röhrend, und wir holpern auf der schmalen Uferstraße rund um die ganze Insel. Überall stehen Père Lavals sinnlose Ruinen im Wege, die

Einheimischen bauten sich lieber eine Hütte daneben. Ab und zu Kapellen und kleine Kirchen, ein Stück Straße als Wallfahrtsweg, doch nur die älteren Kreuze und Steine auf den kleinen Friedhöfen tragen christliche und europäisierte Namen. Die Lebenden wissen sehr genau, wer sie sind.

Franz führt uns auch an den Rand des wilden Inneren, wo das Gehen aufhört. Dennoch wurde hier früher gegangen, gefahren sogar, denn hier verlief des Paters Gewaltstraße rund um die ganze Insel und machte sogar einen kleinen, ärgerlichen Schlenker. Aber hier liegt nun mal ein dicker Klotz im Wege, ein hausgroßes Ärgernis – und oben drin ist eine Felswanne. Die soll nach der Überlieferung der letzten freien Königin des Inselreichs gedient haben. Kein Kruzifix versperrt uns den schwierigen Aufstieg, und wahrhaftig, da ist die Wanne! Etwa 1,50 × 1 m, oval und angemessen tief, gerade passend für eine richtige polynesische Königin, rund und massig, wie es sich für ihren Rang geziemt. Mit Kopf und Nacken auf einer eigens geglätteten Stelle ruhend, konnte Majestät den heute zugewachsenen Blick aufs Meer genießen. Die glatten Wände des Kunstwerks halten klares dunkles Wasser bereit für eine Königin, die nie mehr kommt.

Trauer in Rikitea: Der Wein ist alle, das Bier geht zur Neige. Käse, Zucker, Benzin und Mehl gibt's nicht mehr, denn die TAPORO II, die all diese wunderbaren Dinge bringen sollte, liegt hoffnungslos gestrandet auf dem Riff des winzigen Atolls Nukutavake. Katastrophe! Die Dauerversammlung durstiger Bürger im Laden schüttelt traurig die dunklen Köpfe. C'est la vie. Was kann man da schon machen?

Letztes Bier beim Gendarm. Papeete hat noch nicht über uns entschieden. Lächelnd zieht er die Schultern hoch. Was kann er schon machen, wenn wir schnurstracks quer durchs ganz Verbotene nach Westen weitersegeln? Wir haben uns ja gemeldet...

Also laufen wir aus, und wieder läßt eine Schauerbö ihren grauen Vorhang so plötzlich hinter uns fallen, daß die Inseln zwischen zwei Blicken übers Heck verschwunden sind. Kurs 260° rechtweisend, Mißweisung 13° Ost, 247° auf dem wild tanzenden Kompaß. Seegang baut sich auf, der Wind bläst salzige Gischt über uns. Sonne oder Mond blinzeln nur manchmal fahl durch jagende Wolken, tragen drohende Ringe und Schleier. Sturmfock, leerer Mast, wieder Sturmfock. Tagelang kein Standort, aber rauschende Fahrt. Endlich einmal nicht gegenan, freut sich VAGANT, mit einem dicken weißen Knochen im Maul.

Nach sechs Tagen ahnen wir Raivavaé, jagen aber mit unserer Holterdipolternavigation beinahe daran vorbei. Außerdem haben wir keine Karte der Insel. Also vergrößern wir nach genauem Studium mit der Lupe den Fliegenklecks aus dem Übersegler und malen alles hinein, was das Handbuch schreibt. Damit schleichen wir uns vorsichtig in Lee an das Ringriff heran, finden ein paar frisch gemalte Baken und loten uns daran entlang zum geschützten Ankerplatz vor dem Dorf. Steile, gezackte, dicht übergrünte Vulkanruinen. Palmen am schmalen Strand. Donnernde Brandung auf dem Riff: wieder irgendeine Insel, irgendwo im Südpazifik. Abgelegen, eine Welt für sich.

Aber eine fremde Welt. Massige Polynesier wie sonst auch, chinesischer Händler im staubigen Kramladen, Hunde, Hühner, Frauen und Kinder. Doch niemand lächelt, kaum einer grüßt. Wer hat den Leuten hier die Fröhlichkeit geklaut? „Die sind so." Monsieur le Gendarme schüttelt den sorgfältig pomadisierten dunklen Kopf, und Madame meint, hier sei es zwar wunderschön, nur ein bißchen still.

Trotzdem, welch ein Stückchen kaum berührter Südsee! Unser zaghafter Vorstoß ins Innere endet wenige hundert Meter hinter den letzten Häusern im feindlichen Grün. Doch wie alle gebirgigen Riffinseln hat Raivavaé seinen schmalen Strandstreifen rings um das gezackte Hochgebirge im Inneren. An der uralten Straße, die diese grüne Wildnis umschließt, leben seit Urzeiten die Menschen; der Rest ist unbesiedelt. Wir kramen unsere Fahrräder heraus und ziehen los, diese Welt zu umradeln.

Gerader Weg aus Korallenkies, Staub, Sand, alles buckelig von den Wurzeln der Bäume zu beiden Seiten, deren Kronen angenehmen Schatten bieten. Endlose Buschreihen voll flammender tropischer Blüten. Wiegende Palmen. Zur Rechten steil aufragendes Gebirge, zur Linken der schmale Sandstrand, Grenze zur hellgrünen Lagune. Wenige hundert Meter weiter draußen das Riff mit der Kette seiner Motus und der ewigen Brandung des Ozeans. Weg, Strand, Lagune und Riff folgen getreulich dem Schwung der Berge, gewachsen in vielen Jahrtausenden.

Wir radeln durch Spaliere knorriger Bäume, durch dämmrige grüne Tunnel, und jede Biegung bietet uns ihre eigene phantastische Tropenlandschaft, ein verschwenderisches Übermaß exotischer Blütenpracht. Diesen ganzen Urweg entlang hocken die Hütten – und manchmal auch schon Häuser – der Bewohner unsichtbar im dichten Grün. Nur die Hunde kündigen sie an, schwarze Schweine grunzen verschlafen. Halbnackte braune Kinder staunen mit großen Augen. Graubraune Greise blicken leer durch uns hindurch. Massige Frauen in bunten Pareus erwidern nur beiläufig nickend unseren Gruß. Geschäftige Männer eilen vorbei, als seien radelnde Fremde hier etwas Alltägliches. Die Bewohner dieser südlichen Inseln, der Iles Australes, sind eben ein eigener Menschenschlag: ernst, verschlossen und zurückhaltend, ganz anders als ihre Stammesbrüder in den Tuamotus und auf den Gesellschaftsinseln.

Aber die Zeit drängt, und die Bürokratie treibt. Unsere nächste Etappe ist lang und einsam, sie verläuft weit abseits der „Barfußroute". Wir wollten all diese Inseln erleben und ein wenig mehr Erinnerung mitnehmen, als moderner Abhak-Tourismus bieten kann. Damit verging dann aber kaum merklich auch die günstige Jahreszeit. Nun ist es schon Dezember, und seit November können westlich der Länge Tahitis tropische Wirbelstürme vorkommen. So weit südlich sind sie zwar besonders selten, doch die Gefahr ist da.

Und noch eine. Tahiti und ganz Französisch-Polynesien, so meint die Bürokratie Papeetes, ist so sehr zum Traumziel aller Schweifenden geworden, daß sie etwas tun muß, um das Paradies zu schützen. Seestreicher kommen einfach her, ohne Passage zu bezahlen, und leben auf ihren Booten, ohne der teuren Wirtschaft Papeetes viel zu nutzen. Einige führen Illegales im Schilde, und ein paar ganz Schlimme wollen sogar dableiben, um sich auf Kosten der Einheimischen ein schönes, faules Leben zu machen. *Unerhört!*

Geht das überhaupt? Wer in Polynesien an Land kommt, ist seit jeher Gast und Feind, Freund und Beute zugleich. Wer dableiben und überleben will, muß etwas bieten: Gewalt, außergewöhnliche Beredsamkeit, besondere Fähigkeiten, erwünschte Güter. Wer nichts bieten konnte, wurde früher abgewehrt, gefressen oder versklavt. Heute wird er nur noch ganz schnell rausgeschmissen. Das Märchen von der unbeschränkten Gastfreundschaft dieser Inselmenschen ist ein Mißverständnis, heute wie damals.

Wie groß das Problem wirklich ist, weiß niemand, doch sicher nicht größer als in den Ländern ringsum. Die werden auf ihre Art gut damit fertig, ohne friedliche Seewanderer über Gebühr zu behelligen. Die Bürokratie Papeetes aber, Glied der französischen Verwaltung, die sich für die beste der Welt hält, will alle Probleme mit einem Geniestreich aus der Welt schaffen. Der segelnde Besucher darf nur dann ins Paradies, wenn er einen Betrag hinterlegt, der dem Wert einer Flugkarte in sein

Heimatland entspricht. Zinslos natürlich und zu saftigen Gebühren. Wer am weitesten gesegelt ist, muß auch am meisten bezahlen, und die Rückzahlung des Kopfgeldes wird nicht einmal erwähnt. Gewiß, zurückgezahlt wird, aber auskennen muß man sich, sonst gibt es Probleme. Eine kleine, verständliche Formalität? Für uns beide macht sie nach aktuellem Kurs etwas mehr als DM 10 000 aus.

Wer ins Paradies will, knirscht also mit den Zähnen und zahlt oder setzt all seine Pfiffigkeit ein, um dieses bürokratische Kap Hoorn ungerupft zu umschiffen. Doch auch Kap Hoorn hat seine Flauten, und die Beamten, die diese Wegelagerei verüben müssen, sind schließlich Franzosen...

Zur Erleichterung des Gendarmen segeln wir weiter, bevor er allzu tief in seine Vorschriften schauen muß. Die erklären jeden Seestreicher zwar von vornherein für verdächtig. Die äußerst runde und braune Repräsentantin der französischen Post aber vertraut uns ihre Sendungen an, denn Raivavaé laufen Schiffe nur selten an, und der nächste Flugplatz ist auf Tubuai.

Da wollen wir hin, nur 105 Meilen nach nebenan. Die See läuft hoch, die Wolken jagen tief, VAGANT surft ins graue Ungewisse, und am trüben Morgen nach stockfinsterer Nacht sind wir schon an der Insel vorbei. Strom! Wie gut, daß wir unseren Kurs vorsichtig ein paar Extragrade daneben gesetzt haben. Wer weiß, wohin uns das klassische Stromdreieck theoretischer Navigation sonst verschlagen hätte.

Tubuai ist die größere Schwester Raivavaés, in vielem ihr ähnlich, bewohnt vom gleichen zurückhaltenden Menschenschlag, nur durch den schmalen Landestreifen für kleine Flugzeuge mit der Zivilisation des fernen Papeete verbunden. Ob das ein Vorteil ist?

Die Zeit drängt und nicht der Gendarm, dem seine Vorschriften eher unangenehm sind. Immerhin haben wir es nun geschafft, die Metropole Papeete zu meiden, diese schmutzige Perle der Südsee. Doch die Jahreszeit, in der tropische Orkane vorkommen können, ist nun schon einige Wochen alt. Diese alles vernichtenden Wettermonstren entstehen etwa auf 5° zu beiden Seiten des Äquators und rasen dann auf verzwickten Wegen polwärts. Ihre Häufigkeit nimmt auf allen Ozeanen von Ost nach West zu; nur auf dem Südatlantik kommen sie nicht vor. Der Südpazifik gilt östlich der Länge Tahitis als sicher, solange keine weiträumige Störung wie „El Nino" alles durcheinanderbringt. Doch solche Umkehrungen aller regelmäßigen Wettererscheinungen folgen einem Rhythmus von sechs bis sieben Jahren. In diesem Jahr muß die Gefahr geringer sein, besonders wenn wir uns weit südlich halten. Wir entschließen uns, direkt nach Neuseeland zu segeln.

Und gleich wirft uns die Natur ein paar neue Brocken vor den Bug. So weit die See hier auch ist, ihr Grund ruht nicht. Verstreut über hunderte von Seemeilen warnt die Karte: Brecher berichtet 1940, Riff 1957. Verfärbtes Wasser 1940. Wachusett-Flach, 1 m Wassertiefe 1899. Ernest-Legouvé-Riff 1902. Jupiter-Brecher 1879. Unterwasservulkan. Maria-Therese-Riff 1843 ... Und ringsum kaum eine Lotung, nur leere, weiße Kartenflächen. Auf unserem Kurs können wir 600 Meilen weit draußen zwischen den Haymet-Rocks und der Orne-Bank wählen oder uns damit trösten, daß es beide vielleicht gar nicht mehr gibt.

Oder doch? Die Orne-Bank erhielt ihren Namen, nachdem das französische Schiff ORNE bei gutem Wetter auf 27°42' Süd, 157°44' West mit sieben Knoten Fahrt über felsigen Grund scharrte. Der Kapitän drehte sofort bei und lotete sich drei Meilen weit über Sand und Felsen wieder in tiefes Wasser; das war 1874. 1887 fand das französische Kriegsschiff FABER den flachsten Grund in jener Gegend auf 60 bis 120 m Tiefe und die CITY OF CANBERRA 1938 gar nichts mehr. Die Haymet-Rocks tragen ihren Namen nach dem Kapitän des Kutters WILL WATCH, der 1863 von Auckland nach Rarotonga segelte. Auf 27°11' Süd, 160°13' West krachte das Schiff auf einen deutlich sichtbaren Unterwasserfelsen. Einen weiteren Felsen sahen die Seeleute im klaren Wasser, und auf einer Viertelmeile (ca. 500 m) loteten sie flachen Grund mit zwei bis drei Meter Tiefe. Der Lloyd's-Agent in Rarotonga berichtete 1882, diese Felsen lägen weiter nördlich. Doch das soll eine Verwechslung mit der versunkenen Insel Tuanaki gewesen sein, die heute in sicheren 120 m Wassertiefe liegt. Die Felsen wurden später nie wiedergefunden. Alte Schnacks, die längst nicht mehr wahr sind? Neuerdings soll zwischen Tonga und Fiji etwas ähnliches aufgetaucht sein, das vorher noch nicht da war. Wie oft haben derartige „Vigias" Tragödien verursacht, über die niemand mehr berichten konnte?

Etwas hängt in der Luft. Das Barometer fällt. Statt Sonnenaufgang nur trübes Rot im grauen Osten. Mittags eine bleiche, verwaschene Sonnenscheibe in der Mitte ihres weiten, fahlen Rings. Nachts geisterhafter Mond, flackernd, mit jagenden Wolken. Gewaltige, drohende Wolkentürme wetterleuchten im Südosten. Wieso im Südosten? Der steife, nasse Wind weht so ganz anders als die Verteilung von Hoch und Tief es eigentlich erlaubte. Es ist schwül. Der Barograph fällt weiter. Hohe Dünung aus Süd. Die Wolkentürme rücken drohend näher, die See glänzt tiefschwarz. Ölige Flaute, knisternde Spannung – sonst nichts. Dann sanfte Brise aus Süd, anschließend steifer Wind und frische grobe See. Was war das wohl?

Unser Kalender zeigt den 31. Dezember. Bis mittags ist das richtig. Aber nachmittags ist schon der 1. Januar nach UT 1, wie die gute alte Greenwich Meantime für die Navigation neuerdings heißt. Tags darauf steigt ein Berg über die Kimm, und bald liegen auch ein paar kleine Felseninseln davor: die Kermadecs, eine abgelegene Gruppe kleiner Inseln, 600 Meilen nordöstlich von Neuseeland. Unbewohnt.

Doch nicht ganz. Vor uns liegt das winzige Raoul, die größte der Inseln, mit einer kleinen Wetterstation. Landgang nur per Kran. Wie kann das gehen? Wir ankern im rolligen Lee, wo uns ein rostiges Gestänge vor einer weißen Bude auf einem Felsvorsprung erwartet. Aktivität an Land, ein Schlauchboot schwebt über die Uferfelsen, klatscht vorsichtig gezielt auf die Dünung, rauscht auf uns zu. Zwei sehnige Gestalten mit wildem Indianerhaarschnitt klettern an Bord, ein weißgrauer, pummeliger Hund eifrig wedelnd hinterher: Jon, Rob und Smellie stellen sie sich vor. Sechs sind sie insgesamt auf der Insel, einschließlich Smellie. Der ist am längsten da, die fünf halbwilden Kiwis werden jedes Jahr erneuert.

Wir steigen in ihr Schlauchboot und rudern an Land. Scharfer Zuruf von oben. Wir springen und schaffen fast trocken den Satz vom hochlekkenden Roller auf die Felsen. Jon schwebt mit Smellie, am baumelnden Schlauchboot hängend, lässig hinterher. Wir keuchen einen steilen Pfad hoch und lassen uns von Gerald, dem museumsreifen Lkw, auf der schmalen, gewundenen Straße zur Station rattern.

In der kleinen modernen Station fehlt es an nichts. Fünf ausgesuchte junge Männer leben hier jeweils zwölf Monate lang, beobachten das Wetter und die vulkanischen Zuckungen der äußerst beweglichen Insel und freuen sich ehrlich über jeden Besuch.

Unter schwanzwedelnder Führung Smellies zeigt uns Jon das Innere von Raoul. Zweieinhalb Seen gibt es hier, den „blauen", den „grünen" und einen kleinen blubbernden Schwefelteich. Der blaue See schimmert verträumt zwischen bergigen Dschungelufern. Enten ziehen ruhig dahin,

Vögel zwitschern, Fische springen. Warmer Wind flüstert leise im Schilf. Der „grüne" See leuchtet gleich nebenan, dennoch eine lange, gewundene Wanderung weit weg. Er ist tot. Sein Grund brodelt heiß. Bimssteingeröll bedeckt das kahle Ufer. Dampf und schwefeliger Qualm stinken, zischen, wallen und fauchen überall aus Löchern und Höhlen. Smellie tanzt, und Jon warnt: „Stehenbleiben kann gefährlich werden!" Einen halben Hügel hat der letzte Ausbruch mehrere hundert Meter weit in den See geschossen. Erdbeben haben das Geröll zusammengerüttelt, Stürme den Haufen abgerundet und Samen neues Wachstum hinübergetragen.

Alles grünt hier üppig und herrlich schön, doch immer nur für ein paar Jahre oder Jahrzehnte, bis wieder einmal die Hölle losbricht. Grausam, wie dann alles verbrannt, vernichtet und weggefegt wird, trauert Jon, staunenswert aber, daß die Natur in wenigen Jahren alle Wunden heilt. Sonst wäre hier längst alles kahl, denn obendrein toben regelmäßig schwere Winterstürme, und im Sommer fegt gelegentlich ein Hurrikan vorbei.

Menschen konnten sich auf die Dauer nicht hier halten. Polynesier, Maoris siedelten immer mal wieder ein paar Generationen lang oder machten Pause auf weiten Reisen. Ihre Sagen und die Funde der Archäologen berichten von feurigen und stürmischen Vertreibungen aus dem Paradies. Weißen Siedlern erging es später nicht anders. Als letzter wagte es gegen Ende des vorigen Jahrhunderts der hartnäckige Farmer Tom Bell mit Frau und zwei Töchtern. Nach bösen Rückschlägen und Hungerzeiten hatte er mäßigen Erfolg. Dann mußte auch er weichen. Jetzt genießen wir den Überfluß seiner herrlich süßen Orangen, die niemand haben will. Nur unter Seglern sind sie weithin berühmt.

Der Wind dreht. Wir flüchten um eine Ecke in die Boat Cove, eine romantische Felsenbucht mit dem Grund voll tückischer Wracks, deren Kapitäne dem Idyll zu sehr vertrauten. Das schartige Felsenufer liegt voll grausam zerschmetterter Trümmer. „Das war der vorletzte", erklärt Jon sachlich. „Bisher." Ein Versorgungsschiff. Unklarer Fall. Der Prozeß läuft nun schon seit fünf Jahren. Und unmittelbar unter uns liegt der neueste Fall: eine Yacht. „Wenn ihr einen guten Mast gebrauchen könnt", empfiehlt Jon, „am Ufer liegt einer." Sie kamen vor ein paar Monaten, erzählt Jon, Vogelkundler aus Auckland. „Die haben vor lauter Büschen und Vögeln die Wolken nicht gesehen, und von Ankern verstanden sie gar nichts."

Ein Jahr einsame Insel, wird das nicht sehr lang? Langweilig? Eintönig?

„Ja", bestätigt Jon. „Immer dieselben Leute, immer die gleichen Gespräche. Keine Frauen. Reichlich Geld auf dem Konto, aber nichts zu kaufen. Andererseits – wo sonst lernst du Menschen so genau kennen? Rob zeigt mir, wie das Wetter funktioniert. Von mir lernt er, wie man Kühe melkt, Schweine impft und Hühner schlachtet. Steve hat mir Erste Hilfe beigebracht und beim Schweineschlachten noch mehr. Schließlich sind Menschen gar nicht soviel anders, deshalb haben die Maoris sie ja auch gefressen. Manchmal wirft ein Flugzeug Post ab, oder jemand kommt vorbei, ein Fischer oder eine Yacht. Dann ist's immer interessant, und wir können mal wieder nach Hause schreiben."

„Würdest du solch einen Job wieder annehmen?"

„Sofort! – Nein, ein bißchen später. Man braucht Zeit, sich wieder an die Menschheit zu gewöhnen. Ich kenne Leute, die waren zu lange draußen, meist Gruppen von zwei bis vier Mann, die sich von einem Außenposten geschlossen zum nächsten meldeten. Die spinnen. Die sind für die Menschheit verloren."

Mit der nächsten Winddrehung müssen wir wieder auf die Reise gehen. Die Jungs haben fleißig geschrieben, zwei versiegelte Postsäcke werfen sie uns in die Plicht, dazu saftige Steaks, Fisch, Milch, Eier, Salat und Tomaten. Bye, bye – und Kurs auf Macauley, gleich hinter der Kimm im Süden. Nach ruhigem, faulem Tagestörn ankern wir abends hinter diesem welligen Hochplateau mit Schlagseite: karges, zottiges Grün, zerwehte Büsche, steile Wände, schmale graue Kiesstrände, Wolken erstaunt kreischender Seevögel. Am flachen Ende steht ein seltsam gewundenes Felstürmchen als verspielter Zeuge vulkanischer Urgewalt. Niemand hat je versucht, auf dem Klotz zu leben. Was sollte hier schon gedeihen – Schafe? Touristen? Wie gut, daß es noch viele solcher Krümel unberührbaren Landes auf diesem größten aller Ozeane gibt.

60 Meilen weiter im Süden liegt noch so einer: Curties, das letzte Glied der Kermadec-Kette, Teil der riesigen Erdfalte, die von Tonga über Neuseeland bis in die Antarktis für Unruhe sorgt. Dieser einsame Vulkan brachte es zu einer kleinen Nebenrolle in der deutschen Seefahrtsgeschichte.

Am Abend des 13. Dezember 1917 floh Felix Graf Luckner, Kommandant des letzten deutschen Segelkriegsschiffes SMS SEETEUFEL, mit neun Kameraden aus neuseeländischer Gefangenschaft. Mit verwegenem

Bluff hatten sie ein Motorboot geklaut und damit auf See die MOA aufgebracht, einen 30-m-Küstensegler mit Holzladung. Für eine weite Kreuzfahrt mit dem Ziel, ein größeres Schiff zu kapern, reichten weder die listig gehamsterten Vorräte der Ausreißer noch der Proviant des Seglers. Also liefen sie Curties an, denn sie wußten, daß die neuseeländische Admiralität dort eine Hütte mit Vorräten für Schiffbrüchige eingerichtet hatte.

Die Hütte war da, am Ufer des kleinen Kratersees, den eine schmale Rinne mit der See draußen verband. Etwas muffig vom Schwefeldunst sollen die Vorräte gewesen sein, aber doch gut brauchbar für die wilde Truppe und ihre fünf gefangenen Neuseeländer. Als korrekter Marineoffizier quittierte Graf Luckner die Entnahme und segelte weiter, aber nicht weit und nicht schnell genug. Der bewaffnete Tonnenleger RECORDER griff die Flüchtigen auf. Frisch eingelocht, begannen sie sofort den nächsten Ausbruch vorzubereiten. Noch heute staunen die Kiwis über soviel entschlossene Frechheit.

Das ist Geschichte, die unsere Neugier beflügelt. Doch seit der wilde Graf hier sein Wesen trieb, hat es auf Curties gekracht, ein paar Mal sogar. Grobe Felsbrocken sperren nun die einzige Rinne in den Krater. Keine Spur einer Hütte ist zu sehen, nur die runde Kraterwand. Wallender Rauch, frisches Geröll, feuchtschwüler Schwefeldunst...

Wir segeln eine Runde um den malerisch zerrissenen Klotz und sein namenloses Nachbarinselchen. Seevögel kreisen über ragenden Türmen, tiefen Schluchten und düsteren Höhlen aus vielfarbigen, wild verworfenen Gesteinsschichten. Schäumende Brandung rasselt mit groben Brocken – hier können wir nicht an Land. Also weiter nach Süden, Kurs Neuseeland. Ruhiges Wetter, fröhliche Seefahrt. Sechs Tage später und 600 friedliche Meilen weiter verdichten sich fahlgraue Umrisse zu Bekanntem: Cape Brett, der Felsen mit dem Loch, südlicher Eckpfeiler der Bay of Islands.

Neuseeland!

Der traurige Regentag vor Jahren war also doch kein Abschied für immer gewesen.

11 Zuflucht gebeutelter Kap Hoorniers seit altersher: der Juan-Fernandez-Archipel. Auch VAGANT erholt sich in der Cumberlandbucht der Isla Robinson Crusoe, früher „Mas a Tierra".

12 Die Höhle, in der Alexander Selkirk alias Robinson vier Jahre und vier Monate lang gehaust haben soll.

13

13 Dicht oberhalb des Strandes
stehen sie in einer Reihe: Moai,
die rätselhaften Steinmänner
der Osterinsel.

14 Moai zu Füßen des Poike: Hier
trennte der Feuergraben die
Wohnbereiche der Lang- und
Kurzohren.

15 So wurden die Moai mit Stein-
keilen aus den Kraterwänden
gemeißelt.

16 Henderson, die Nachbarinsel
der Pitcairner, beschert uns
herrlich schöne Tropentage.

16

14

15

17 Pitcairn, schwer zugängliche
Zuflucht der tragischen BOUNTY-
Meuterer.

18 In dieser Bucht auf Pitcairn
ruhen die Reste der BOUNTY:
korallenüberwachsene Eisen-
barren des Ballastes.

18

19 Pitcairns einziger Landeplatz und die Slipbahn der berühmten „Longboats".

21 Friedel mit dem Rohr einer Drehbasse, die schwenkbar auf der BOUNTY montiert war.

23 In die Höhle hoch oben am Berg zog sich Fletcher Christian vor den mörderischen Kämpfen seiner Schützlinge zurück.

20 Ursel mit Richter Brian Young vor einem Anker der BOUNTY.

22 Das Grab von John Adams auf Pitcairn, des Meuterers, der als letzter starb.

24 Nig Brown, Nachfahre des Gärtners der BOUNTY, hilft beim Ankermanöver.

Heimkehr zum anderen Ende der Welt

Vertrautes Neuseeland – VAGANT *wird überholt –*
Mangonui – Wir lassen einen Anker in Raoul – Tückisches
Minerva-Riff – Tonga feiert Königs Geburtstag –
Charterflotten in Vava'u – „Da seid ihr ja wieder!" –
Ein schlimmer Unfall – Skip lernt wieder gehen –
Noch einmal: Raoul und Tonga

Braune Hügel, grüne Wiesen, Sommerwolken am blauen Himmel, schwingende Vögel, weiße Brandung zwischen graublauer See und grauen Felsen und davor eine endlose Kette winziger Flocken, eckig und hell oder rund und bunt – Segel, Segel, Segel. Motorboote ziehen schäumende Spuren. Schwärme von Angelkähnen treiben mit lauernden Ruten dahin. Surfer ziehen unberechenbare Bahnen wie Schmetterlinge: Hochsommer in Neuseeland, Ferienzeit.

Wir segeln weite Bögen um Flotten ankernder Yachten und finden unser stilles Plätzchen, das den Lobgesängen der Handbücher noch entgangen ist, irgendwo um die nächste Ecke. Pause. Nur sieben Yachten haben wir im ganzen vergangenen Jahr getroffen, Seewanderer auf Langfahrt außerhalb der üblichen Routen, und dieser hochsommerliche Bienenschwarm verwirrt uns.

Doch bald ist alles vertraut. Wie Heimkehr. Der Tonnenstrich nach Opua, der kleine Hafen, die Pier und sogar die Zollbeamten: Hello, wieder da? Richtig. Wieder da. Es sind die beiden, die vor Jahren nachts in Mangonui unseren Kuchen aufgegessen haben. Auf der Pier stehen

137

schon Eva und Kajo aus Kiel. Aus- oder einklarieren? Nein, Kühlanlage reparieren. Wieder mal, erfahren wir beiläufig und segeln mit den beiden hinüber zur Matauwhi Bay hinter Russell, zum Ankerplatz vieler Fahrtensegler.

Noch während wir nach gewohnter Art viel zu weit draußen zwei Anker mit viel zuviel Kette setzen, kreist ein hübsches kleines Kajütboot um uns. „Guten Tag!" singen Veronika und Gerd im Duett, und ihre kleine Tochter macht große runde Augen. Sie gab es noch nicht, als die beiden damals mit uns in Neuseeland ankamen und blieben. Am Ufer steht unverändert die Baracke des Klubs auf ihren Stelzen, und der Steg davor versenkt immer noch bei jedem Hochwasser ein paar Dingis, die unter ihn geraten. Alles erscheint uns nah und vertraut. Rückkehr, Heimkehr ans andere Ende der Welt. Wie groß ist sie doch und wie klein!

Auf der Post erwartet uns die erste Enttäuschung: Es ist nichts für uns da. Von Chile und zuletzt von der Osterinsel aus hatten wir wichtige Ersatzteile bestellt und begonnen, eine gründliche Überholung VAGANTs in Neuseeland vorzubereiten. Also Telegramm, Einschreiben ... Wissen die eigentlich, was sie uns antun?

Und abends die nächste böse Überraschung: Unser Dingi ist weg! Der alten Ehrlichkeit vertrauend, hatten wir es nicht angeschlossen, und nun stehen wir ohne da. *Katastrophe!* Wir finden irgendeinen vergammelten Kasten, der auch nicht angeschlossen ist, klauen anderswo ein paar riesige Riemen und pullen hinaus. Heiner von der SANOUK bietet uns morgens sofort sein eigenes Beiboot an, mehrere Funkgeräte krächzen erste Suchmeldungen in die Gegend, denn so was geht jedem Fahrtensegler nahe. Grimmig motoren wir im weiten Bogen durch die herrliche Sommerlandschaft.

Nichts. Ganz zum Schluß, lustlos und nur der Vollständigkeit halber, fahren wir am großen Steg der Ausflugsboote von Russell vorbei – und da liegt unser gutes altes Stück! Zehn Jahre ist es alt, vielfach geflickt und unansehnlich vom ständigen Gebrauch über alle Blauwassermaßstäbe hinaus, aber immer noch unser wichtigstes Nahverkehrsmittel, ohne das wir am Anker hilflos sind. Wer klaut denn so was? *Wenn wir den Kerl erwischen!* Angeheiterte Touristen, vermutet der runde Dorfpolizist bei der Übergabe. Aha, schnauben wir wütend, besoffene Kiwis! Nein, gibt er milde, aber patriotisch zurück: besoffene Aussies.

Sonst hat sich im uralten, über hundertjährigen Russell nichts verändert. Touristen bestaunen immer noch ehrfürchtig den ältesten Friedhof Neuseelands und die sorgfältig gepflegten Geschoßeinschläge in den Holzwänden der ältesten Kirche dahinter: Erinnerungen an Gespräche über Kimme und Korn zwischen Maoris und Pakeha vor dem historischen Vertrag von Waitangi. Dessen Jahrestag steht bevor und macht Schlagzeilen. Unzeitgemäßes Symbol weißen Rassismus'! wettern die einen. Unverzichtbare Erinnerung an den Vertrag und gebrochenes Recht, argumentieren die anderen. Ein paar Gruppen von Berufsdemonstranten haben Stunk angekündigt. Revolution im Kiwiland?

Revolution in der Tat, aber erst auf den zweiten Blick. Wenn damals etwa über die Queen Street in Auckland eine gutaussehende, pfiffig gekleidete Dame schwebte, war das Grund zu besonderer Betrachtung. Nun fällt Extravaganz selbst auf dem Lande kaum noch auf. Und dann das Essen! Damals erlebten wir Neuseeland als unerschütterliche Bastion der alten englischen Küche – nun schreiben sogar die Zeitungen von einer Revolution der Speisegewohnheiten – in England. Wo sonst? Die ganze übrige Welt bleibt exotische Fremde...

Die sich dennoch ins Land schleicht. Es gibt mehrere Sorten Käse, würziges Brot, kräftige Wurst, pfiffige Marmelade und Kleinigkeiten, wie wir sie zu Hause im Laden an der Ecke erwarten. Willi aus Deutschland verkauft sie und krönt sein Sortiment manchmal mit Räucherschinken und echtem Räucherlachs. Fast alles ist *made in NZ*, aber nur noch selten nach Kiwi-Art vereinfacht, wie es früher bis zur Grenze der Genießbarkeit üblich war.

Im südlichen Frühling, wenn in den Tropen die Hurrikansaison beginnt, fallen in die Bay of Islands hunderte Fahrtenyachten ein, die Zugvögel der Ozeane. Hier treffen sich alle: einfache Fahrtensegler, voll elektronisierte Blauwassertouristen, schrullige Einzelgänger, leistungsbesessene Meilenfresser und auch ein paar vergammelte Träumer. In jedem Jahr werden es mehr. Amerikaner und Kanadier von ihrer Westküste auf verlängertem Urlaubstörn, Yachten aus Europa, die auf der Passatroute um die Welt segeln.

Eine leichte und einfache Route, so heißt es heutzutage oft. Und von „Barfußroute" ist die Rede, weil es überwiegend vor dem Wind durchs Warme geht. Gewiß, diese Route ist der ausgeklügelte Weg, gegen geringste Widerstände um die Welt zu segeln. Nicht mehr, aber auch nicht weniger. Trotz Elektronik, Funk und aller modernen Technik wird sie immer die weiteste Reise auf Erden bleiben und reichlich Zeit und

Gelegenheit auch für die bösen Prozente der Wetterstatistiken und Segelanweisungen bieten. Wer darüber urteilen möchte, so meinen wir, sollte diesen Ausflug einfach selbst mal machen.

All diese Ausflügler haben nach der langen Reise ihre kleinen und großen Probleme, und Neuseeland bietet hervorragende Abhilfe. Auch hier ist Boating ein gutes Geschäft und ein volkstümliches dazu. Wer seine Zeit zur Geduld reifen läßt und vieles selber macht, kann Erstaunliches schaffen; Blauwassertouristen, die nur Geld und Eile bieten, sind nichts für die Kiwis.

Also gehen wir ran, und bald hält uns VAGANT so auf Trab, daß wir an Tourismus nicht mehr zu denken wagen. Doch dann bremst gemächliches Kiwitempo selbst die müden Reste unserer deutschen Tüchtigkeit. Jede gelungene Reparatur wird zum Erfolg, der alle Beteiligten freut.

Landtourismus fällt aus. Neidisch sehen wir die anderen fahren. Inge und Heiner kaufen sich ein rüstiges Auto, hängen SANOUK an ein paar Meter Ankerkette mehr, stellen ihre Blumenkästen nach draußen, damit sie Regen bekommen, und rollen fröhlich davon. Frank aus Arizona hat seine leicht verwitterte CAROLINE allein hergesegelt. Nun arbeitet er tagsüber hart auf dem Bau für das Geld seiner nächsten Etappe und nachts an der Auswahl neuer Crew, „des Alleinseins müde". Arne, der amerikanische Schwede, läßt Tag und Nacht den Besan seiner fabelhaften REGINA knattern und unterhält die ganze Bucht zum Klange italienischer Opernarien mit einer Folge exotischer Damen. Auf einem rosttränigen, namen- und flaggenlosen Ungetüm aus verwitterndem Beton leuchtet nachts ein trübes Lichtlein aus blinden Bullaugen. Hälserecken und scharfe Fernglasblicke bringen Erkenntnisse, die über abblätternde Farbe, ergraute, flüchtig aufgetuchte Segel und heillosen Rott hinausgehen. Das traurige Ende eines Traumes?

Marika und Holger, diese prächtigen Menschen mit ihren beiden kleinen Jungs, finden die Seefahrt ganz einfach, verglichen mit ihren früheren Landroverfahrten quer durch Asien. Technik macht keine Probleme, denn Holger ist Ingenieur. Sein Funkgerät brauchte er erst zweimal einzuschicken, und hier kann es sicher „endgültig" repariert werden. So ist das eben mit der Elektronik.

Eva und Kajo gehören zur ganz neuen Generation. Ihre Weltumsegelung verstehen sie als Urlaub und stärkende Lebenserfahrung für den Kampf ums bessere Dasein zu Hause, präzise eingeplant zwischen Vergrößerung der Familie und Erfolg im Beruf: sympathisch, zielbewußt und tüchtig. Kajo strahlt unerschütterlichen Optimismus aus, ab und zu charmant getröstet von seiner blonden Eva. Technische Probleme? Eigentlich kaum. Satnav und Funk fielen bisher nur selten aus. Die Kühlanlage kann hier sicher wieder mal „endgültig" repariert werden. Ein bißchen Osmose am Rumpf muß warten bis zu Hause. Und wir würden auch noch lernen, wieviel mehr Spaß das Blauwassersegeln mit fortschrittlicher Technik macht, besonders wenn sie die allermodernste ist, so drängen sie uns.

Wir staunen und verstehen, wir stimmen zu und beginnen einzusehen, daß wir wirklich auf dem besten Wege sind, den Anschluß an die Neuzeit zu verpassen. Beim Lesen von Segelzeitschriften und modernen Ratgebern für Blauwassersegeln ahnen wir schon lange, wie rückständig wir sind, wie umständlich, mühsam, unbequem, ja sogar gefährlich wir leben. Wind in den Haaren, Seegang unter den Füßen, ein paar Kenntnisse, unbeweisbare Erfahrungen und Instinkte, die gewohnte einfache Ausrüstung und schlichter Spaß an der Sache genügen eben nicht mehr. Segeln ist mit allem, was dazugehört, zum heißumkämpften Markt und Objekt der Bürokratie geworden. Zurückhaltung gegenüber dem Fortschritt gehört sich nicht, denn wie könnte es ihn sonst geben? Wer trotzdem bockig ist, bekommt zu hören, daß er Seemannschaft und Sicherheit vernachlässige, wenn nicht gar ernste Vorschriften mißachte. Daß bisher alles gutgegangen ist, kann doch nur Glück gewesen sein. Verdientes vielleicht? Weil wir als erfahrene alte Segler einfach gut sein müssen? Das wollen wir mal lieber nicht meinen, obwohl die jeweils Alten sich ja schon immer für besser hielten. Dafür glauben die Jüngeren seit je, sie seien schlauer. An Land ist so was vielleicht nur ärgerlich, auf See kann es aber gefährlich werden. Und superschlaue Junge werden leicht starre Alte.

Düster geistert hier das Ende der neuseeländischen Rennyacht LION-HEART durch die Seglergespräche: Eine Crew von sieben jungen, aber schon erfahrenen Rennseglern brachte sie nach einer Regatta von Fiji zurück nach Neuseeland. Das Schiff war voll seetüchtig und mit allen modernen Schikanen ausgerüstet. Das Wetter beim Landfall war extrem schlecht, wie so oft vor dieser Küste: schwerer Sturm, höllische See, peitschender Regen, Sicht null. Doch Satnav lieferte genaue Positionen vor Whangaroa Harbour, einem herrlichen, weitverzweigten Fjord in der Ostküste der Nordinsel. Die Funkverbindung mit dem Eigner in

Auckland, 250 km im Süden, war gut. Die erschöpften Segler baten um Lotsenhilfe, denn die schmale Einfahrt ist schon bei Tage kaum zu sehen. Per Funk schickte der Eigner einen Fischkutter mit Radar hinaus. Die Fischer suchten. Auf Kanal 16 fanden sie LIONHEART bald, nicht aber in der nassen brüllenden Finsternis. 500 m Genauigkeit garantiert Satnav ohne Landstörungen, aber die Einfahrt nach Whangaroa ist 120 m breit. LIONHEART krachte auf die Felsen, sechs junge Menschen starben. Nur der Skipper überlebte.

Entsetzlich.

Und fürchterlich, wenn da auch noch nach Schuld gesucht wird. Die Technik hat bei dieser Tragödie bis zuletzt hervorragend funktioniert. Ist es da überhaupt noch „Schuld", wenn sich jemand darauf verläßt, weil er es nicht anders kennt? Moderne Technik leistet nun mal kaum noch Vorstellbares und verspricht noch mehr. Der Mensch sinkt derweil immer mehr zum schwächsten Werkzeug allen Tuns herab. Also muß die Technik eben weiterentwickelt werden, nicht wahr? Wir brauchen nur noch gehorsam zu segeln, vorschriftsmäßig ausgerüstet und amtlich geprüft. Vor-, ab- und angemeldet, auf genehmigten Kursen zusammen mit möglichst vielen anderen von einer Marina zur nächsten, mit Landanschluß, Duschen und vollem Service. Und all die wunderbare Technik wird immer perfekter. Wir müssen nur regelmäßig die alten Brocken wegschmeißen, die jeweils neuesten Denk-, Fühl- und Arbeitsprothesen kaufen und lernen, ihre Knöpfe zu drücken. Bei Pannen ist Hilfe ja schnell herbeigefunkt, und bei Havarien zahlt die Versicherung.

Grotesk? Vielleicht. Noch.

Wäre es nicht schöner, wenn solche Vollkommenheit wenigstens bei alltäglichen Dingen erreicht würde? Wir haben nämlich noch immer keine Post erhalten. Als wir noch nicht sicher waren, daß unsere rauhe Südroute weit genug am verlorenen Paradies Tahiti vorbeiführen würde, hatten wir als Anschrift für Eiliges Papeete angegeben, den fast unvermeidlichen Zentralhafen des Südpazifiks. Später baten wir um Nachsendung nach Neuseeland, Erstattung aller Kosten anbietend. Auf französisch natürlich, wie es sich für wirklich zivilisierte Menschen geziemt, und gleich zweimal von jeder besuchten Insel, weil wir die französisch-tahitianische Gleichgültigkeit gegenüber allem Fremden kennen. Nichts. Telegramme, Einschreiben... Wissen die eigentlich, was sie uns antun? Oder haben sie uns zu Hause ganz vergessen?

Ganz früher, lange bevor regelmäßige Postdienste eingerichtet wur-

142

den, genossen Briefe besonderen Respekt. Seeleute hinterlegten sie vertrauensvoll an bekannten *mail drops*, den einsamen Postverstecken an Kreuzpunkten des Seeverkehrs. Von denen nahmen sie Briefe an Empfänger im Bereich der eigenen Route mit, selbst solche von feindlichen Schiffen, mit denen sie sich vielleicht erst wenige Tage zuvor herumgeschossen hatten. Später wurde die Unantastbarkeit und zuverlässige Beförderung der Post zum streng geordneten, stolz und findig eingehaltenen obersten Grundsatz aller Postverwaltungen. Doch nun, spät im 20. Jahrhundert, braucht nicht einmal Krieg zu sein, um freundliche Erinnerungen an die Postfässer vergangener Zeit an Stränden einsamer Inseln zu wecken. Das beschriebene Papier fremder Leute ist oft kaum mehr als eine Belästigung der Damen und Herren, die sich damit abgeben müssen. Was ist los mit der Post in der weiten Welt?

VAGANT erholt sich langsam, wird in vielem besser als früher. Wir dürfen ein bißchen bummeln und segeln nach Mangonui, zurück in die freundliche Erinnerung an unsere erste Weltumsegelung. Wie im Traum legen wir beim Einlaufen die viel zu große Karte weg und brausen schnurstracks durch die enge Einfahrt. Wir wissen ja Bescheid. Altbekannte Häuser voraus, Boote, links abbiegen, vorbei an der Fischerbrücke und dem kolonialen Holzhaus des Mangonui Store. Noch einmal nach links um die felsig-kiesige Ecke von Butler's Point und dicht am Flach entlang auf den alten Ankerplatz. Zwei Anker fallen in der gleichen Peilung wie damals. Die alten, himmelhohen Norfolktannen überragen immer noch den schwarzgrauen Kiesstrand. Tiefgrüne Pohutukawa-Bäume mit den blutroten Funken ihrer Blüten rauschen vertraut. Möwen hocken in dichter Reihe auf dem Rohrgeländer des altersgrauen Holzsteges vor Moanas verstecktem Knusperhäuschen. Alte Bekannte grüßen kaum erstaunt. Paul, Lieferant unseres damaligen Autogreises, winkt wie immer mit öliger Hand unter einem ebensolchen hervor. Postmaster Bert strahlt uns über den antiken Holztresen seines alten Posthauses an: „Hello, da seid ihr ja wieder!" Wie lange waren wir eigentlich weg? Drei Wochen? Vier Monate? – Sieben Jahre jedenfalls nicht, scheint es.

Im Pub beim Bier hören wir das Neueste dieser kurzen Zeit. Anderswo mögen Krieg, Revolution, Korruption, Arbeitslosigkeit oder gar Rechtsverkehr herrschen – hier randalieren nur um Weihnachten mal ein paar Fremde. Jimmy hat seinen Laden verkauft und ist jetzt Hafenmeister. Buck, der alte Polizist, wurde pensioniert, und der neue Premier erhöht dauernd die Steuern für alles, was Spaß macht. Das war's dann wohl, das wilde Treiben der Welt, soweit es ihren Mittelpunkt Mangonui betrifft. Ist sie wirklich soviel größer als Mangonui? Noch'n Bier.

Ein eigenes Auto lohnt sich diesmal nicht, und Busfahren ist sehr teuer geworden. Also erleben wir den Straßenalltag per Anhalter. Kein Problem, wenngleich neue Autos es hier mittlerweile fast genauso eilig haben wie anderswo. Macht nichts. Leute in Klapperkisten sind sowieso interessanter. Mal hält vor uns ein trotziges Blechgehäuse mit einem Bretterboden voller Schrott hintendran, der früher mal ein Pritschenwagen gewesen sein könnte, in scheppernder Bewegung gehalten von einem dürren, struppigen Tattergreis. Unterwegs kommt zwischen krachendem Schalten heraus, daß er, Jacky, eigentlich noch nie so richtig weit gereist ist. Nur mal durch Europa, die USA und Kanada, na ja, auch durch Südamerika und Teile Asiens. Immer zusammen mit seiner Jenny und quer durchs jeweilige Gelände mit Autos, die über vier Räder hinaus nur einen Motor brauchten.

Es gibt Tee und Kuchen in Freund Billys trautem Heim, der Helfer für einen Motorboottransport braucht. Antiquitäten und wohlgepflegte alte Möbel schmücken stilvoll die Räume. Im Wohnzimmer wartet ein stark gebrauchter Flügel. Überall fliegen zerfledderte Noten umher: Beethoven, Chopin, Mozart und andere. An der Wand lehnt ein Cello. Auf dem Tisch mit erlesenen Holzeinlegearbeiten liegen Violine, Konzertflöte und Oboe. Kopfschüttelnd knurrt Bill seine Alice an: „Bartok, der mag ja noch angehen. Aber dieser Mahler mit seinen schrägen Tönen, von dem Jacky neulich Noten angeschleppt hat, den schaff' ich nicht..."

Dann rattern die beiden Greise mit ihrem Bootsanhänger los, und die Dame des Hauses fährt uns im nagelneuen Ford hinterher; mit Booten hat sie eigentlich nicht mehr viel im Sinn, erzählt sie, seit sie mit der Fähre in Wellingtons Hafeneinfahrt sturmzerschlagen sank. Eine ganze Meile schwimmen mußte sie damals, und das bei Sturm im Winter! Aber die Leute am Ufer, die waren vielleicht nett!

Irgendwo in Mangonui hält unsere Karawane vor einem großen Garten. Das Motorboot, alt und vergammelt, steht abenteuerlich schief auf ein paar rostigen Fässern. Nur mal eben aufladen. Klar, daß wir helfen. Was wir je von „alten Knackern" gedacht haben, vergessen wir sofort. Ein abenteuerliches Gewurstel hebt an und wird doch bald zu zielbewußtem, geschicktem, vorsichtigem Rücken hier, Heben da, Klötze

unterlegen, Knüppel als Hebel ansetzen und Drehen der rostigen Seil-
winde mit dem ausgeleierten Verstellschlüssel und viel Gefühl.

Altersmüde Fässer sacken zusammen. Das bindfadendünne Win-
schendrahtseil staubt knarrend Rost, bricht ein paar Mal und wird
geknotet. Das Wrack wankt drohend. Die beiden Alten schimpfen
freundlich vor sich hin, und wir werkeln fleißig mit. Endlich hockt der
Kahn auf dem Anhänger, schräg, den Bug protestierend aufgerichtet.
Die Verbindung mit Jackys Ratterkasten gelingt durch erhöhten Einsatz
von Draht, Bindfaden, Schrauben und tollkühner Hoffnung. Der Ford
kommt mit Abschleppseil vornedran. Alle Mann – schieben! Asthmati-
sches Motorengedröhn, scharrende Reifen, fliegende Kiesbrocken, dann
ist die Straße erreicht, und wir können gehen. Bye!

Einfach so. Typisch Kiwi, das Ganze. Die Lustseuche des Wegschmei-
ßens und Neukaufens ist hier noch kaum verbreitet. Was geht, wird
repariert, aus ganz Kaputtem entsteht Neues, das meiste wird selber
gemacht, und die Hilfe des Nächsten ist dabei ganz selbstverständlich,
ohne feierliche Einladung und umständlichen Dank.

Und dann ist Herbst. Die Tage werden kürzer. Kühle, Regen, brausender Starkwind, wütend rauschende Bäume, fliegende Äste, kurze
nasse Wellen, tanzende Wasserhöschen. Tagelang, eine Woche, zwei
Wochen... Wir müssen weg. Kurzer Abschied im Pub. Wir kommen ja
wieder! Anruf der Wetterjungs vom einsamen Raoul: Ob wir ihnen auf
dem Weg nach Tonga wohl ein paar Pullen Whisky vorbeibringen
können?

In kurzen Tagestörns segeln wir zwischen den Böen zur Bay of
Islands. Überall hängt Aufbruchstimmung in der naßkalten Luft, der
Drang rastloser Zugvögel zurück ins Warme. Abschied. Bye-bye, au
revoir, auf Wiedersehn, irgendwann, irgendwo, in Australien, Tonga,
Vanuatu, Hawaii, Samoa, Fiji, Neu-Guinea, nächstes Jahr zu Hause oder
wieder hier. Wir stopfen VAGANT voll Proviant, notieren beim Hafen-
meister die neuesten Auf- und Untergänge tonganischer Inseln und
Riffe, kaufen Whisky für Raoul und laufen aus.

Die Linie des Barographen lauert unschlüssig. Trübes Winterlicht, drohend wartende düstere Wolken, bleiernes Wasser. Ohne lange diskutier-
ten Entschluß biegen wir einfach ab und tasten uns übers Flache in
unsere letzte neuseeländische Schutzbucht. Zwei Anker liegen kaum im
Schlamm, da geht die Welt unter. Kreischende Bö, peitschender Wol-

kenbruch. Dann Dunst, Regen, Niesel, Schauerbö, Niesel... Wir hokken unter Deck in zunehmender Feuchte. Unser erster Fluchtversuch mißlingt im heulend prasselnden Inferno. Nach einer Woche klart es endlich auf, und wir stehlen uns hinaus auf die müde atmende, farblos graue See. Steifer Ost, zunehmend. Rechtweisender Kurs 49°, Mißweisung 16° Ost, macht 33° Kompaßkurs. Hoch am Wind knüppeln wir gegen grober werdende See. Zwei Reffs im Großsegel, eins in der Fock. Hart, naß, ungemütlich. Wir fühlen uns miserabel. Noch mehr Wind während der Nacht. Wasser im Schiff.

Wieder einmal. Die See wäscht oft über Deck. In den selbstlenzenden Ankerstauraum dringt Wasser, mehr und mehr, weil kleine Steine aus dem Kettenschlamm in den Lenzöffnungen wie Einlaßventile wirken. Der Boden dieses Fachs ist zu schwach und nach all den Jahren nicht mehr dicht, die Reparatur wäre schwierig. Nun haben wir die Bescherung. Alle Stauräume des Vorschiffs laufen voll, VAGANT wälzt sich träge. Wir pumpen, räumen, pumpen, bergen, pumpen. Wir lassen uns treiben und zurren draußen ein altes Segel über die Öffnungen. Vergebens, es fliegt in Fetzen. Wir pumpen und pumpen...

Und dann wird es wirklich hart. Die See wächst zu Bergen, der Gischt rollender Brecher staubt in nassen Wolken davon, VAGANT taumelt über weiß schäumende Hänge. Acht Windstärken schätzen wir, ab und zu auch etwas mehr, denn die winzige Sturmfock allein, unser Maß dafür, zieht das Schiff noch immer nach Luv. Nur selten trifft uns ein Brecher voll. Dann ruckt VAGANT unter dem harten, donnernden Schlag zur Seite, legt sich weit über und rutscht nach Lee weg. Endlose Sekunden lang gurgelt über Fenster und Plexiglasluken nichts als tobendes, schäumendes Wasser, Wasser, Wasser – bis VAGANT mit einem wütenden Ruck wieder aufsteht und sich schüttelt.

Drei Tage geht das so. Dann ahnen wir in der wabernden Linie zwischen Brechern und den schmutzig grauen Bäuchen tiefer Wolken die fahlen Umrisse der Vulkaninsel Curties. Bald liegt auch der schräge Keil Macauleys vor uns, schon höher und deutlicher, und endlich Raoul. Endlich! Hinter der Kette kleiner vorgelagerter Inseln kreuzen wir auf. Doch über allen Stellen, die wir als Ankerplätze kennen, stehen Gischttürme gewaltiger Brandung. Die einzige scheinbare Ruhe finden wir dort, wo sich in Lee Dünung und Wind von beiden Seiten um die Insel herum treffen. Auf 10 m Tiefe setzen wir drei Anker mit zusammen 120 m Kette, abgefedert mit Reitgewichten und langen Leinen. Harte

Böen fegen von der Steilküste herunter, und VAGANT durchtanzt auf der Kreuzsee eine lange, finstere, heulende Nacht.

Gegen Morgen werden die Bewegungen hart. Mit jeder See ruckt das Schiff in die ächzenden, knirschenden Leinen ein. Dann seltsames Schwingen: eine Leine ist gebrochen. Und noch eine. Nur noch eine hält. Aber dieser letzte Halt am trügerischen Grund liegt quer unter dem Rumpf zwischen Kiel und Ruder. VAGANT rollt schwer dwars zur See und tobt zugleich mit mehreren Knoten Fahrt in weiten Sprüngen vor und zurück.

Die Ankerleine muß wieder auf den Bug. *Unbedingt!* Wir versuchen es mit Bootshaken, Fangleinen, kurzen Ketten und blitzschnellem Zugriff, sobald das Schiff nach Luv schwingt. Aber die See ist schneller. Die Ankerleine reißt unseren letzten Bootshaken mit. Eine Gaff mit großem Karabinerhaken vorne dran folgt. Ketten und Leinen törnen sich um alles. Nun kann uns nicht einmal der Motor helfen. Nur unter Wasser läßt sich das noch klarieren. Vielleicht. Und das schnell, sonst...

„Sonst" darf nicht sein. Also Flossen, Schnorchel, Tauchbrille, Messer, Sicherungsleine, Mut der Verzweiflung, Skip nach unten. Waberndes Leinengewirr, VAGANTS wild taumelnder Rumpf, Ketten auf dem Grund, hoffnungslos um dicke Felsbrocken gewickelt. Bei jedem Schwung ein Rundtörn mehr. Dazwischen der Bootshaken, schwingend darüber wildes Durcheinander, ein vielarmiger Leinenkrake, nach allem greifend. Entwirren. Gaff-Karabiner aushaken. Klarieren. Erschöpfte Pause. Noch einmal runter. Dann noch einmal und noch einmal. Und VAGANT ruckt hart in die letzte Leine. Von einem nahen Stein aus zeigt nur noch ein kurzes Stück Kette fast senkrecht nach oben. Die Leine daran, quer unter dem schwer rollenden Rumpf, ächzt und stöhnt. Wie lange hält sie noch?

Auftauchen zum Luftholen. Wieder runter. Ein ächzender Ruck, und plötzlich ist alles anders. Eine Leinenbucht schnappt zu, fesselt beide Beine. Würgen im Hals. Etwas Luft ablassen. Neues Würgen. Dumpfe Leichtigkeit im Kopf. Würgen. Das Ende? Irgendwo da hinten blitzt die Badeleiter. Irgendwie hin. Kopf hoch, tief atmen. Würgender Husten voll bitterem Seewasser. Wachsbleiches Gesicht, blaue Lippen, erschöpftes Zittern. Das war knapp, sehr knapp. Glück gehabt. Seemann, bedenk deine Jahre!

Alles slippen. VAGANT treibt. Wenigstens der Propeller ist nun frei. Aber wir müssen unsere Geschirre bergen. Nur gut, daß wir die Anker mit Trippleinen gesetzt haben, daran können wir sie vom anderen Ende her aufholen. Der erste Anker kommt samt Kette ganz leicht. Die 14-mm-Leine ist genau vor dem Palstek gebrochen, mit dem sie an die Kette gesteckt war. Auch der zweite Anker kommt hoch, und wir beginnen zu hoffen. Doch nur die halbe Kette folgt, dann müssen wir sie kappen. Nun der dritte Anker. Auch er kommt hoch. Sehr knapp. Eben bis zur Winsch. VAGANT stampft, die Kette ruckt hart – *krach*! Die Kettennuß dreht sich frei. Anker losschäkeln; wenigstens den haben wir jetzt. Die Kette rasselt weg. Farbe und Spachtel im ganzen Bereich des Bugbeschlags sind abgeplatzt, die Winsch ist hin. Nun aber weg hier!

Doch da kommen tatsächlich die Wetterjungs in ihrem Schlauchboot! Sie müssen uns später mal erzählen, wie sie das geschafft haben. Schlecht heute, meinen sie lakonisch, 50 Knoten Wind, in den Böen bis 60 kn. 10 bis 11 Beaufort. Aber auf den Whisky haben sie sich sehr gefreut. Sogar Geld haben sie dabei, viel zuviel, und natürlich auch ein paar Schätze ihrer winzigen Welt: Gemüse, riesengroße Steaks und einen ganzen Sack voll saftiger Orangen. Wir wollen doch nicht etwa weitersegeln? Jon hat von hoch oben eine ruhige Stelle zum Ankern erspäht, die wir in dem Gewühl hier unten nie für möglich gehalten hätten.

Während der harten Kreuz dorthin bricht die frühe finstere Winternacht herein, und mitten zwischen den Steinen vor dem schützenden Loch versagt der Motor. Also Segel wieder hoch, dichtgerefftes Kreuzen gegen Flaute und plötzliche Sturmböen aus unvorhersehbaren Richtungen. Vor einer steilen Schlucht schäkeln wir aus unseren Resten zwei Ankergeschirre zusammen und überlassen uns dem Ungewissen. Wenn das man gutgeht!

Es geht, wenn auch nicht gerade gut. Sorgen und hohe Dünung bereiten uns eine miserable Nacht. Wenigstens der Wind läßt ein wenig nach. Morgens riggen wir die Winschruine als Pallklinke, die nach jedem Pull von Hand die Kette stoppt, und der Motor sträubt sich nur, bis uns die Treibstoffversorgung per Handpumpe gelingt. Die Dünung hilft beim Aufholen der Anker. Mit haarsträubendem Gerumpel lösen sie sich vom felsigen Grund: ein kleiner Erfolg.

Aber kein Erfolg auf unserem Katastrophen-Ankerplatz. Als wir dort zu kreisen beginnen, kommen die Jungs sofort. Mit jugendlichem Elan und Kiwi-Hartnäckigkeit schnorcheln sie den Grund ab, in ihren Naßbibern immer wieder abtauchend wie Seehunde. Alles hoffnungslos vertörnt da unten, berichten sie, und das Durcheinander von Tidenstrom und Sog der Kreuzdünung wirbelt sie so wild hin und her, daß sie nirgends Halt finden. Rob erwischt mit Mühe ein Kettenende und hält es eisern fest, bis es gelingt, wenigstens einen Netzschwimmer als Markierung anzustecken. Mehr geht nicht. Vielleicht kommt die Navy demnächst vorbei, trösten sie uns, sonst wollen sie es bei ruhigem Wetter noch mal selbst versuchen. Und wir kommen auf dem Rückweg doch sicher wieder? Klar, die paar Meilen... Bye-bye.

Eine Regenbö schluckt Raoul, und dann ist Sommer, Sonnenschein, Wärme, ruhig plätscherndes Segeln, ja sogar Flaute, die wir faul genießen. Wir bummeln, bis ein paar Tage später als Frucht besonders fleißiger Navigation sehr plötzlich eine weißschäumende Brandungskette auftaucht, mitten im freien Ozean: das südliche Minerva-Riff. Wir haben kaum Zeit, ein verbogenes, rostiges Gitter als umgekippten Rest des stolzen Leuchtfeuers zu erkennen, das unsere Karte verspricht, da sind wir auch schon zwischen den Korallenköpfen in der undeutlichen Einfahrt zur Lagune. Wenig später ankern wir in völlig ruhigem Wasser. Ohne sichtbar trennendes, schützendes Land verschmilzt es türkis leuchtend mit der dunklen Weite des Ozeans. Nahe vor uns schäumt seine donnernde Brandung auf das unsichtbare Riff, von dem fischigsalziger Korallengeruch herüber weht. Warmer Tropenwind summt im Rigg. VAGANT schwebt schwerelos über ihrem Schatten auf hellem Sandgrund. Ein Traum.

Ein Alptraum für Seefahrer, wenn die Bedingungen nicht so gut sind. Zwei weite Riffe liegen hier im Wege, unser südliches in Form einer Acht und 30 Meilen weiter das kreisrunde nördliche. Außer der Brandung sind bei Hochwasser nur ein paar niedrige, weit verstreute Brocken zu sehen, viele davon rostbraun: Reste von Wracks.

Bei Niedrigwasser wandern wir weit über das Riff. Muscheln überall, lebende mit farbig schimmernden, feuchten Wellenlippen und weiße, bleiche, tote Schalen, viele schon grau, fest in das betonharte Riff eingewachsen. Bunte Krabben recken drohend ihre Scheren zur Verteidigung. Winzige Fische sausen aufgeregt in flachen Pfützen umher. Armlange Muränen schlängeln sich blitzschnell vor unseren Schatten davon, daß das Wasser nur so spritzt. In Korallenteichen nahe der Riffkante, mannstiefen Becken voller Formen und Farben, schweben bunte Fische. Wir spüren ihre gelassene Ruhe. Solange der niedrige Wasserstand ihre kleine Welt vom gewaltigen Ozean ringsum trennt, fühlen sie sich sicher. Aber sie haben eine so handliche Kochtopfgröße, und auch ein paar hornige Antennen fingern hier und da aus den Spalten. Hummer? Wir sollten mal nachsehen. Irgendwo liegen muschelverkrustete, rostbraune Klumpen in eigenartiger Ordnung: Motoren, Winschen und Reste schweren Schiffsgeschirrs so, wie sie einst eingebaut waren. Alles andere ist vergangen, die Stahlplatten des Rumpfes ebenso wie die Profile der Spanten. Welche Tragödien mögen sich hier abgespielt haben?

Eines warmen Winters fuhr der Kutter TUAIKAEPAU von Tonga nach Neuseeland, unter Segel und Motor, wie es gerade am besten voranging. Auckland war sein Ziel. Doch darauf kam es bei dem leicht verdunkelten Zweck dieser Reise nicht so genau an. Die fünfzehn wackeren Tonganer an Bord wollten nämlich im gelobten Neuen Seelande viele, viele Dollars verdienen, damit ihre Mammis sich schön rund essen konnten und ihre vielen, vielen Kinder groß und stark wurden, um später im gelobten Neuen Seelande... Eben wie es sich im Königreich Tonga mit der Zeit so ertragreich ergeben hat. Die Kiwis haben natürlich was dagegen, aber sie sind auch fair. Ganze Industrien sollen nämlich nur noch mit illegalen Helfern aus Tonga, Fiji, Samoa und Umgebung wirtschaftlich arbeiten können. Also kontrollieren sie nicht allzu scharf. Nur wer nach Hause will, braucht sich zu melden, damit er kostenlos des Landes verwiesen und abgeschoben werden kann.

Dies waren also die Ziele der kühnen Seefahrer, als sie gen Süden strebend Minerva erreichten. Kapitän David Fifita kannte sich aus, war er doch schon einige Male hier längs geschippert. Aber ein Riff hatte er dabei noch nie gesehen. Also segelten sie fröhlich fürbaß, alle Gedanken auf die vielen, vielen Dollars im gelobten Neuen Seeland gerichtet. Abends gegen 20 Uhr, bei früher winterlicher Dunkelheit also, hob ein mächtiger Roller das kleine Schiff an, schob es rasend schnell vorwärts und schleuderte es im Gischt eines mächtigen Brechers auf das Riff. Die Männer flüchteten aus dem krachenden, splitternden Wrack auf die holprigen Korallen, so schnell sie im reißenden, kniehohen Wasser nur stolpern konnten.

Als die Sonne wieder aufging, fanden sie von ihrem Schiff nichts mehr. Doch anderer Seeleute Unglück wurde ihre Rettung. Da lag das Wrack eines japanischen Tunafängers, dem das Riff ein paar Jahre früher vor den Bug geriet. Er war zwar leergeräumt, brüchig und rostig, aber geräumig. Darin richteten sie sich ein, lebten vom Überfluß des Riffs, sammelten Tau und Regen und warteten.

Vergebens. Seefahrt und Hochseefischerei meiden diese Gegend ganz, und Tongas Inselfischer wagen sich nur sehr selten hierher. Die Schiffbrüchigen mußten selbst etwas unternehmen, so gründlich ihre Kirchen ihnen das Seefahren auch wegmissioniert hatten. Mit ein paar Messern, einem Meißel und einem Hammer bauten sie aus Holzteilen des japanischen Wracks ein etwa 4 m langes Auslegerkanu, wie es ihrer Tradition entsprach. Damit gingen vier Mann auf die Suche nach Hilfe. Sie paddelten, denn Tuch für ein Segel hatten sie nicht. Drei Wochen später erreichten zwei Überlebende völlig erschöpft eine Insel Fijis, etwa 300 Meilen im Nordnordwesten. Wie sie das schafften und was sie unterwegs durchmachten, blieb bis heute unklar. 102 Tage nach dem Schiffbruch wurden jedenfalls die übrigen endlich vom Minerva-Riff geholt.

Welche Chancen haben *wir* bei einem Schiffbruch? Zunächst einmal sind wir fest entschlossen, auf unserem Schiff zu bleiben, solange es noch schwimmt. Da haben wir Vorräte, Ausrüstung und die Möglichkeit, noch vieles zu tun. Was aber, wenn es sinkt? Auch darauf sind wir vorbereitet, so gut es eben geht. Ist das aber gut genug? Darüber haben wir viel nachgedacht und mit anderen Seglern diskutiert. Heraus kam dabei immer wieder tiefes Unbehagen über die offiziell empfohlenen Maßnahmen und Geräte, Zweifel, ob sie für unsere Art Seefahrt nicht geradezu gefährlich sind, so sehr sie sich auch auf europäischen Gewässern bewährt haben mögen.

Klar, daß wir eine Rettungsinsel mitführen und sie einigermaßen regelmäßig warten lassen. Klar aber auch, daß wir sie wie die meisten Fahrtensegler noch nie offen gesehen, geschweige denn benutzt haben. Beim Segeln ist sie im Weg. Ihre Überlebensausrüstung ist so mager, daß wir sie schon lange durch einen sorgfältig verpackten, griffbereiten Vorrat regelmäßig erneuerter Lebensmittel, Medikamente und Wasser ergänzt haben. Ihre Anschaffung war teuer, und für Wartung haben wir in all den Jahren ein Vielfaches dessen ausgegeben, was unser etwa gleichaltriges, ständig hart beanspruchtes Schlauchboot an Reparaturen gekostet hat, einen robusten Schutzüberzug mit Dach eingeschlossen. In einem Katastrophenfall würden wir deshalb eher unserem Dingi vertrauen als dem unbekannten teuren Einwegding mit Wartungsplakette.

Nur ein paar schwierige Stauprobleme müssen wir noch lösen. Dann hoffen wir auf die Chance, vom Schauplatz einer Katastrophe wegsegeln zu können. Unter Härten und Entbehrungen, die wir uns kaum vorstellen mögen, und vielleicht sogar vergeblich. Aber doch 30 bis 50 hoffnungsvolle Meilen am Tag zum nächsten Land in Lee, 1000 Meilen in 20, 30 oder 40 Tagen *segeln*, nicht 80 oder 100 Tage ohnmächtig *warten*, und vielleicht auch das vergeblich, allen Notsendern zum Trotz.

Wir träumen ein paar Tage lang, schwimmen und stöbern auf dem Riff umher, dann zieht wieder ein wunderschöner Fächer feinfaseriger Windwolken auf – aus einer Richtung, die wir gar nicht mögen. Steifer Wind löst den sanften Tropenhauch ab und schickt bei Hochwasser grob fordernd seine Dünung über unseren niedrigen Schutz. Wir müssen weg. Draußen stehen kaum die Segel, da hat die Kimm das Riff schon wieder verschluckt. Tückisch.

Im Dunst eines grauen Morgens zeigt sich kurz das kleine verlassene Ata, später eine niedrige Küste, Palmen, die Brandungskette des endlosen Riffs davor. Ein einzelnes Riff an Backbord, voraus noch eines, kleine Palmeninseln, Riffe, Brandung, Riffe. Irgendwie schlüpfen wir hindurch. Weiter Bogen um eine Palmeninsel, grün-braun fleckiger Grund unter uns, rostige Wrackfetzen an Backbord. Brandung. Weit voraus ein gelb-roter Punkt: noch'n Wrack. Und noch eins. Und noch ein langes Riff. Im weiten flachen Wasser dahinter arbeiten Menschen, gebückt suchend. Betontrümmer am Ende einer kleinen Pier. Niedrige Häuser, Palmen, eine Pappelreihe, das weiße Königsschloß mit seinen roten Türmchen, und am hohen Flaggenmast davor weht prächtig die königliche Standarte. Dies ist Tongas Hauptstadt Nuku'alofa und Seine Majestät König Taufa'ahau Tupou der Vierte demnach zu Hause.

Wir ankern bei den zehn Yachten, die schon daliegen, Amerikaner, Neuseeländer, Australier. Als wir zum Einklarieren die Tür des Zollbüros öffnen, schlüpft der Wind mit uns hinein. Eine Wolke bunter Formulare weht hoch, auf dem Tisch räkelt sich verschlafen ein junger Diener Seiner Majestät. *„Boss no here, come later"*, seufzt er und sinkt müde zurück. So fängt's an im Königreich Tonga, und so geht's weiter. Wie kann hier je etwas klappen?

Es klappt besser, als wir zu hoffen wagen. „Du mußt Geduld lernen", klingen uns die Worte Jans aus Amsterdam in den Ohren, der lange in Indien gearbeitet hat. „Du hast mal Englisch gelernt, Autofahren, Französisch, Navigation, Segeln und vieles mehr, alles mit deiner deutschen Gründlichkeit. Warum nicht auch Geduld? Sei geduldiger als die Einheimischen, erwarte nichts, dann kannst du dich ehrlich mit ihnen freuen, wenn es trotzdem klappt. Reg' dich nie auf und nutz' die Zeit, während du wartest! Wenn Ursel schon nicht häkelt, kann sie doch sicher ihre fabelhaften Staulisten berichtigen, beide könnt ihr Bücher lesen, oder du denkst dir eine boshafte Geschichte aus. Und wenn dann allmählich doch etwas geschieht, werdet ihr die Störung fast bedauern."

Wir hören, wie Christa und Lothar das in der Karibik zu machen pflegten. Als sie nach vergeblichem Besuch den Bürokratentempel erneut betraten, beschloß der souveräne Repräsentant seines souveränen Staates, noch einmal Souveränität zu demonstrieren. Vielleicht paßten ihm diese hergelaufenen Honkies einfach nicht. Also legte er die Beine auf den amtlichen Tisch und begann seine Zeitung zu lesen. Worauf auch Christa und Lothar es sich gemütlich machten. Sie lasen Spannendes. So Spannendes, daß der Souverän Mühe hatte, sie später wieder für sich zu interessieren. Hey, Mista! – Wie? Sind wir schon dran? Fabelhaft!

So erleben wir die Tonganer nicht, denn für Rassismus sind sie zu selbstbewußt. Ein ungeduldiger Palangi wird höchstens ausgelacht, wenn er sich aufregt. Also verbreiten wir nur eitel Freude, Bier, lustige Geschichten, Dollars und Dankbarkeit. Und siehe da, unsere Lichtmaschinenhalterung wird geschweißt – ein bißchen schief, aber das können wir richten. Tola, das ölige Genie, repariert in seinem Trümmerhaufen unsere Ankerwinsch – ein bißchen falsch, aber sie funktioniert.

Und Sione Siola'a Maufanga, kurz „John" für dumme Fremde, verwandelt VAGANTS Kajüte in ein hölzernes Stückchen Tonga. Sperrholz wäre ja genau richtig, so rät er fachmännisch, aber die Preise, die Preise! Also müssen wir mit Holz vorliebnehmen, mit Hartholz aus Samoa! Und der Lohn muß Spitze sein für den großen Meister, 15 Pa'anga, dreißig Mark für den Tag. Für einen tonganischen Tag ohne Stunden, gemessen nur an den Pausen, der Stimmung, an dem, was ringsum los ist, am Bier, den Gesprächen und nebenbei auch am Erfolg oder an dem, was Sione-John dafür hält. Tagelang dauert das, wochenlang mit Unterbrechungen, und so manches gerät ein bißchen ungefähr, aber doch solide und sehr preiswert. Allzu grobe Stellen schmücken wir mit tonganischen Schnitzereien, und ein paar Schichten Lack nach der Vollendung lassen John über sein Werk selber staunen.

Beschauliche Unruhe hängt in der warmen Luft. Vielköpfige Chöre üben vielstimmigen Wohlklang. Blechmusik dröhnt Flottes und Feierliches, und der eigens leergeräumte Stall neben Johns Werkstatt erzittert vom wilden Stampfen, Hüpfen und Schwingen stämmiger Tonganer.

Der 67. Geburtstag Seiner Majestät König Taufaʼahau Tupou des Vierten steht bevor, und alle üben, auf daß dieser Tag ein großer werde.

Er wird ein buntes, lautes Volksfest voll überquellender Lebensfreude. Massen massiger Tonganer füllen den Sportplatz vor dem hölzernen Schloß, alle im Sonntagsstaat, in Röcken also, Damen wie Herren. Die feingemusterten *tupelu* der Damen hüllen vielschichtig alles Weibliche ein, züchtig bis zum Boden. Dekorativ geflochtene Hüftgürtel, die *kiekie*, zieren ihre weiten Taillen. Die Herren tragen knielang und wickeln ihre Hüften in breite *taʼovola*, fein gewebte Matten, manche schon zerfranst und zerknautscht, denn sie werden über viele Generationen vom Vater auf den ältesten Sohn vererbt.

Jubel, Trubel, erwartungsfrohes Volksgewimmel. Gemütlich schlendernde Musikanten dröhnen kriegerische Blechmusik, und die gesamten Streitkräfte marschieren auf, alle 256 Männer und Frauen der königlichen Armee und Marine. Scharfe Kommandos! Fast gleichzeitig bleiben alle stehen und klopfen zackig Griffe mit ihren antiken Lee-Enfield-Gewehren. Tusch, alle setzen sich auf den Rasen. Das gehört sich so, denn nun erscheint der König in aller Pracht und Größe. Groß sind Majestät in der Tat, in Länge, Breite, Höhe, Durchmesser, Umfang, Gewicht, Beliebtheit, Weisheit und treuherziger Schlitzohrigkeit, wenn es gilt, in der weiten Welt für Tonga etwas herauszuschlagen: eine imposante Vaterfigur.

Königshymne, Choräle, Marschmusik. Der König thront auf einer Empore mit Baldachin in einem seiner stabilen Spezialsessel made in Germany. Die gesamte Regierung gratuliert, sieben adelige Räte, sieben Volksvertreter und sieben Minister für all den neuzeitlichen Kram. Das gesamte siebenköpfige diplomatische Corps rückt an und dann das Volk. Majestät grüßen und danken huldvoll nach allen Seiten. Tänze, Chöre, Familien, Blumen, Marschmusik, Choräle, Aufruhr – stundenlang.

Ergreifend. Doch wie paßt das in unser 20. Jahrhundert, unser modernes, fortschrittliches? Bestimmt besser als all die großmäuligen Diktaturen. Die Tonganer sind als polynesischer Stamm eine große Familie. Der König ist Papa, das Familienoberhaupt, und ein paar weise Häuptlinge beraten ihn. So einfach ist das, nun schon seit über tausend Jahren.

Die alten Herrscher, die *tui Tonga*, erkämpften ihr Reich, das bis Fiji und Samoa reichte, und verloren es wieder. Dann herrschte Ruhe, bis die Weißen kamen, die Palangi. Zuerst Schouten und Le Maire mit ihrer EENDRACHT, 1616 auf ihrer Kap-Hoorn-Reise. Dann Captain Cook, der

Allgegenwärtige, 1777. Die Tonganer empfingen seine Expedition so herzlich, daß er ihr Reich die „Freundlichen Inseln" nannte. Sie blieben es bis heute, denn wer später mit wenig freundlichen Absichten kam, fand hier nichts zu rauben. Diese verstreuten Inseln konnten kolonialer Gier nichts bieten, weder Bodenschätze noch Perlen, nicht einmal genügend Land für gewinnträchtigen Großanbau. Nur die Missionare fanden reichlich Seelen, die sie retten konnten, und die Tonganer machten sofort begeistert mit. Sie sind eben von Natur aus freundlich zu jedermann.

So wurden sie schon früh zu überaus frommen Christen, halten Regeln, Gebote, Bräuche und Tapu streng und gläubig ein. Oder auch nicht. Denn im Grunde nehmen sie nichts wirklich ernst, was sie uns sehr sympathisch macht. Nur die Sonntagsruhe, das von Kirchen und Staat gleichermaßen streng befohlene Nichtstun, halten sie alle ein. Was auch nur entfernt mit Arbeit zu tun haben könnte, ist *tapu*. Nichts Geschäftliches wird besprochen, jeder Verkehr ruht. Aber Nichtstun? Kurz nach Mitternacht am Sonntagmorgen beginnen die ersten Glocken zu bimmeln; sie lösen einander ab, versuchen sich gegenseitig zu überdröhnen und rufen bis zur nächsten Mitternacht zu einer derart dichten Folge frommer Übungen auf, daß alle rechtschaffenen Tonganer den Rest der Woche brauchen, um sich davon zu erholen, so heißt es mit kaum noch leiser Ironie.

Die Zurückhaltung der Tonganer gegenüber dem, was wir unter „Arbeit" verstehen, ist in der Tat bemerkenswert. Sie arbeiten eben soviel, wie sie für angemessen halten. Wir neigen allzu leicht dazu, das „träge" zu nennen. Doch die Natur macht es ihnen nun einmal leichter als uns. Gutes Leben in unseren Breiten verlangte seit je härtere Arbeit und größeren Einfallsreichtum.

Bougainvillea leuchtet tiefrot, Palmen rauschen, Bananenstauden fächeln mit eingerissenen grünen Wedeln. Enten trotten diszipliniert hintereinander durch Scharen eifrig pickender Hennen und putzig wimmelnder Küken. Maa, Johns schwarzes Hausschwein, legt sich wohlig grunzend auf die Seite, und das noch überlebende Dutzend des letzten Wurfes balgt sich stoßend, stupsend, wühlend, schnaufend und schmatzend um die Zitzen. Hund, Katze und der stolze Hahn speisen gemeinsam aus den Futterschalen ihrer Herrschaft. Es ist hoher, heißer Mittag in Tonga. John und seine würdige Gattin Colleen schnarchen friedlich – und wir haben Silberhochzeit.

Silberhochzeit! Unglaublich. 25 Jahre lang sind wir verheiratet und mögen uns mehr denn je. Haben wir nicht eben erst begonnen zu träumen, gemeinsam Unfug zu treiben, zu segeln, Geld für unsere Träume zu raffen, mehr zu segeln, Regatten zu gewinnen, zu reisen, mehr Geld zu raffen, Europas feuchte Stellen und Ränder zu erforschen, noch mehr zu segeln, Ozeane zu erleben, den schmalen Weg um die ganze Welt?

Gemeinsam erleben wir, was um uns ist und geschieht, die See, die Natur, Länder, Menschen und die Zeit, so unmittelbar, unverdünnt und unverzerrt wie nur möglich. Unsere Nöte und Freuden sind einfach, real und manchmal überwältigend. Das Leben auf See prägt Menschen und ihre Beziehungen zueinander sehr tief. Paare wachsen immer enger zusammen – oder trennen sich bald. Kompromisse vertragen kein einfaches Leben, das sehen wir immer wieder. Wir haben Glück miteinander, und dafür sind wir dankbar. Allzu leicht überschaubar ist ja schon die Zeit, die wir – vielleicht – noch so einfach leben können. Da machen wir uns nichts vor.

Auch in Tonga ist Glück alles andere als selbstverständlich. Jedenfalls für Palangi, die es hier suchen. Da hat Fred eine schicke Dachgartenbar auf Schwung gebracht. Doch nun plant er, mit seiner atemberaubend schönen Inderin nach Australien auszurücken, um erheblichen Steuer- und anderen Schulden zu entfliehen. – Henry weiß alles, vor allem alles besser, hat in seinem Café jahrelang den besten Kaffee des Königreichs serviert und muß nun von einer Stunde zur anderen raus. – Und „Doctor Germany very good" hat zwar viel Erfolg, aber auch Sorgen, daß ihm mal ein Patient stirbt, bevor er das nach tonganischer Meinung darf. Tonga ist eben fest in tonganischer Hand und duldet Fremde nur, solange sie etwas zu bieten haben. So ist es alter polynesischer Brauch. Haben wir das Recht, daran etwas falsch zu finden?

Nur Palangi, die das wirklich erkennen, haben bescheidenen Erfolg. Sven und Gösta aus Schweden sind mit ihrem perfekten Reparaturbetrieb so etwas wie Tongas Schwerindustrie. Eberhard aus Schlesien versucht, seinen tonganischen Spezialisten die Grundbegriffe moderner Motortechnik beizubringen, und der unentbehrliche Manfred trägt den Heiligenschein elektronischer Allwissenheit. Radios, Funkgeräte, Echolote, Gabelstapler-, Schiffs- und Lustelektronik repariert er, oft mit kühner Improvisation. Nach dem letzten Hurrikan hat er die versalzene Elektrik und Elektronik des einzigen Kraftwerks restauriert wie ein Archäologe. Seine mollige tonganische Frau führt geduldig die Bücher –

und jedes Jahr muß er wie alle anderen einen neuen Antrag stellen, damit er ein weiteres Jahr bleiben darf. Nur Heinz hat es etwas leichter. Dieser echte blonde Germane fand in seiner Ahnenreihe einen ebenso echten dunklen Tonganer, trat in dessen Stammesrechte ein und wirkt nun so erfolgreich als technischer Wundertäter, daß der Uradel des Landes ihm eine Grabstätte auf der Insel schenkte.

Wir wollen weiter nach Norden, die Ha'apai-Gruppe besuchen und dann Vava'u durchstreifen. Aber Ha'apai sträubt sich. Riffe, niedrige Inseln ohne markante Punkte, mehr Riffe, Tidenstrom, tief ziehende Wolken, Starkwind und noch mehr Riffe. Wir tasten, loten und mogeln uns in die dürftige Deckung Nomukas und hängen VAGANT an eine weite Kettenbucht ohne Anker, denn der Grund hier ist feindlicher, vielschichtiger Dschungel grauer Korallen über groben Felsklötzen, eine böse Ankerfalle, der wir nach durchrollter Nacht sogar die Ketten nur mühsam entreißen können. Und dann noch weiter in diese Inseln? Lieber nicht. Schade, denn dort ist Tonga, wie Palangis es kaum einmal erleben, und von hier ging die neuere Geschichte Tongas aus, ein Stückchen Südseeromantik.

1805 lief die PORT-AU-PRINCE, ein Dreimast-Rahsegler von 500 t, mit 96 beutegierigen Männern und 32 überzeugenden Kanonen von England zur Kaperfahrt aus. 1806 ankerte das Schiff vor Lifuka mitten in der Ha'apai-Gruppe. Zu spät merkten die Männer, welch ein Wespennest das war. Denn hier herrschte Finau, der mächtige Häuptling, und er nahm dieses Geschenk der grimmigen Götter, wie es ihm zustand. Wer dabei zu stören versuchte, wurde in den Himmel der Palangi geknüppelt, das Schiff ausgeschlachtet und verbrannt, die Beute und ein paar Gefangene wurden unter das Volk verteilt.

Unter den unfreiwilligen Gästen war auch Will Mariner, der junge Sproß einer alten Seefahrerfamilie. Der schlaue Häuptling erkannte bald, wie gut dieser blonde Hüne mit den schweren hohlen „Baumstämmen" umgehen konnte, die in den verkohlten Resten des Schiffes lagen. Die hatten bei dem Kampf gar schrecklich gebrüllt, und Will verstand sich darauf, sie so zu füttern, daß sie das wieder taten und dabei auch noch schwere Nüsse spuckten, die auf große Entfernung alles zerschmetterten. War das nicht ein Wink der Götter, all die verstreuten Inseln Tongas unter dem einzig wahren, rechtmäßigen Herrscher zu vereinen, Finau dem Zweiten, Häuptling von Ha'apai?

Die Palangi wollten am Leben bleiben und spielten mit. Unter der geschickten Leitung Wills halfen sie siegen mit Donner, Feuer und Qualm, bis Finaus Ziel erreicht war, militärischer Herrscher ganz Tongas zu werden. Doch der große Sieger starb kurz darauf unter schrecklichen Qualen, nachdem er seine Lieblingstochter im Jähzorn erwürgt hatte. Auch dies ein Wink der Götter, was sonst? Finaus machthungriger Sohn Moenga trat als Finau III. freudig das Erbe an, begründete als Alleinherrscher Tongas die heute noch herrschende Dynastie, und sein tüchtiger Palangi-Freund Will stieg zum Ersten der ganz Großen des Reiches auf.

Ein romantisches Südsee-Abenteuer mit idyllischem Ausgang? Nichts für Will. Er gab sein paradiesisches Fürstendasein auf und ließ sich im November 1810 von Captain Fisk auf seiner Brigg FAVORITE als einfacher Matrose nach China mitnehmen. Später verschwand der tonganische Geschichte machende Will in der geld- und erfolgreichen Anonymität einer Londoner City-Karriere, allerdings nicht, ohne in Tonga gebrochene Herzen und hellhäutige Kinder zu hinterlassen. Sein Ende war maritim: Er ertrank als hochbetagter Familienvater in der Themse.

Die Riffe um Wills Paradies lauern unter düsterem Himmel so drohend, daß wir nach Westen ausweichen. Am Wege liegt Tofua, ein breiter, hoher, flacher Vulkanhaufen. Wir segeln dicht heran. Ständig qualmt, spuckt, brennt und stinkt es hier schwefelig irgendwo, mal mehr, mal weniger, meistens hoch oben, aber immer wieder woanders. Kahle Halden bunten Schwefelgesteins und düsterer Lava liegen gleich neben Hängen voll üppigem Grün. Und rings um die ungemütliche Küste fällt der Meeresgrund steil in große Tiefen ab. Trotzdem ankern? Schnorchelnde Rundblicke unter Wasser bestätigen die flackernde Warnung des Lotes: Alles, was die Vulkane über Jahrtausende ausspuckten, liegt da unten wirr, immer wieder erneuert und ineinandergerollt. Wir müssen weiter.

Schade. Am 28. April 1789 lief hier ein Boot ein. Sechzehn verstörte Palangi stolperten an Land, suchten Schutz in einer Höhle und Nahrungsmittel, ohne den damaligen Bewohnern etwas dafür bieten zu können. Unerhört! Während die zuständigen Häuptlinge noch berieten, versuchte Captain William Bligh, Royal Navy, in seiner Kapitänsallgewalt, Wege zu finden, auch das zu Seiner Britischen Majestät Vorteil zu nutzen. Aber mehr als hinhaltendes Palaver mit den Wilden, vorsichtiges Verstecken und schließlich schnelle, unheroische Flucht waren nicht möglich. Dennoch wurde daraus später eine große seemännische Leistung: die Heimreise der nach der Meuterei auf der BOUNTY Ausgesetzten.

Die Nachbarinsel Kao gleich nebenan bot wohl schon damals noch weniger Schutz oder gar Hilfe. In steiler Ebenmäßigkeit ragt dieser vollkommene Vulkan aus dem Meer, wucherndes Grün reicht hinauf bis zum gezackten Krater. Kao schläft. Uns scheint, daß dieser Feuerschlund bei gewaltigen Einzelausbrüchen entstand, anders als der Aschenhaufen Tofua, den ständiges Brodeln in Bewegung hält. Ankern ist auch hier unmöglich.

Weit voraus in der Kimm steigt noch ein schlafender Vulkan hoch: Late. Doch unser Bedarf an schwierigen Ankerplätzen ist vorerst gedeckt. Schließlich wollen wir hier Urlaub machen, faulenzen, kurze Strecken segeln. Dafür ist Vava'u das richtige Ziel. Die kantigen Klötze der Inselgruppe tauchen im Nordosten auf, wachsen zu grünen Bergen empor und öffnen sich zu einem wunderbaren Wassergarten aus Inseln und Inselchen, weiten Buchten, verschlungenen Meeresarmen und traumhaften Verstecken. Groß ist die Gegend nicht, aber dennoch weit. Weit genug für die ersten der Allzuvielen, die im Pazifik tropische Ferienparadiese suchen. Denn amerikanische Vercharterer haben Vava'u entdeckt. Schon jetzt liegen auf dem langen, schmalen Schelf vor dem verschlafenen Hauptdorf Neiafu 40 bis 50 Yachten, die meisten aus God's Own Country. Ihnen macht gemeinsames Amerikanischsein nun einmal Spaß, und verschrobene Einzelgänger wie wir, auch solche unter den Stars and Stripes, brauchen nur aufmerksam durchs Fernglas zu schauen und die nächste Bucht anzulaufen. Die ist bestimmt leer.

Wir finden immer wieder ein Tropenparadies ganz für uns allein. Faulenzen, Schwimmen, Schnorcheln, Lesen, Muscheln suchen, ein bißchen am Boot arbeiten, Lesen, Schnorcheln, Schwimmen, Faulenzen. Nur selten ankert eine andere Yacht in Sichtweite. Nachts funkelt der Sternenhimmel über uns im Unendlichen und ringsum auf dem stillen Wasser der Bucht. Die dunklen Uferhügel schweben mit ihren Spiegelbildern breit und klar dazwischen. Venus steigt hell im Osten über die Berge und zieht ihren glitzernden Strich in das leichte Kräuseln eines Windhauchs. Dann: Hähne krähen, Paddel schlürfen durch die Stille, Mädchen singen, würziger Rauch zieht herüber: früher Morgen in Vava'u. Wir recken und strecken uns, der Kocher summt, Filterkaffee

duftet, Händel jubelt in Stereo, und neben uns rasselt eine kurze Ankerkette. Ein Ami.

Noch einer. Und noch einer. Und noch einer. Es werden 21 Stück.
Denn heute ist *Tongan Feast* am Strand, so hören wir, mit „Original
Tongan Earth Oven Food", Tonga-Essen im Erdofen, auf heißen Steinen gebacken – meist Undefinierbares, lauwarm, gewürzlos und oft
halbgar auf Bananenrinden Serviertes. Das haben wir hinter uns und
dürfen wissend lächeln. „Aber warum seid ihr immer weg- oder vorbei-
gesegelt?" werden wir gefragt. „Alle haben euch gesucht! Ein Telegramm für euch ist da, und ihr müßt antworten!"

Ein Telegramm? Das wichtigste Gemeinschaftsglück vieler Blauwassersegler sind regelmäßige Plauderstunden über HAM, den Amateur-
funk. Und dabei sind Brocken eines Telegramms zwischen den Klatsch
geraten, wonach ein Deutscher sagen soll, ob er irgendwelche Ketten
irgendwo selbst abholen will oder in Tonga angeliefert haben möchte.
Doch dieser „Kraut" drückt sich, nicht einmal auf Kanal 16 ist er zu
sprechen. Unfaßbar für echte, voll elektronisierte Blauwassersegler. Nun
aber haben sie uns erwischt und freuen sich, ihr „Network" für uns in
Bewegung setzen zu können. Da haben die Jungs auf Raoul doch tatsächlich unsere Ketten geborgen! Aber anliefern? Die bringen es glatt
fertig, ein Schiff für uns anzuhalten. Die Funkgeräte summen und quä-
ken, sie suchen das einsame Raoul, direkt oder über HAMs in Neuseeland, Tahiti, USA und sonstwo. Die Welt der Funkamateure ist klein.

Sollten wir da nicht mitmachen? Unbedingt, sagt ein sehr bekannter
Blauwassersegler. Alle Blauwasser-Yachten sollten das, nicht nur der
heiligen Sicherheit halber. Ozeane zu überqueren ist wie Lastwagenfah-
ren auf der Autobahn, meint er, und selbst die schönste Lagune der Welt
wird auf die Dauer langweilig. Unterhaltung braucht der Blauwassersseg-
ler, und dafür ist HAM genau das richtige, weil er da nie allein ist.

Langeweile? So blauwäßrig sind wir noch nicht. Nie haben wir genug
Zeit für Länder wie Tonga, Gebiete wie Vava'u und die vielen Landkrü-
mel wie Minerva, die Kermadecs und Pitcairn. Doch unsere Erde schlingert nun mal um ihre Achse, ohne sich von unseren Plänen und Termi-
nen stören zu lassen, immer ein bißchen schief, so daß ihre Jahreszeiten
wandern. Langsam und eben fühlbar oder laut und plötzlich, immer aber
beharrlich, und wir müssen folgen wie die Zugvögel. Jetzt zieht es uns
nach Süden. Wir segeln in einem Schwung durch, denn die Jahreszeit ist
schon fortgeschritten.

Eines Tages steigt Raoul über die Kimm. Freunde, wir sind wieder da! Und dann dreht der Wind samt Dünung voll in die offene Ankerbucht bei Fishing Rock hinein. Von den nüchternen Baracken der Station laufen ein paar Gestalten an den Rand der Steilküste und winken. Mehr als zurückwinken können wir nicht. Selbst Funk könnte hier kaum helfen, denn Raoul verkehrt nur nach festen Plänen auf wenigen Kurzwellenfrequenzen.

Wir ankern auf der anderen Seite der Insel vor dem schwarzgrauen Strand der Denham Bay. Der Wind dreht. Wir verholen in die Boat Cove, eingewiesen von einem Rudel munterer Delphine, besucht von einem riesigen Wal. Wir erschrecken mächtig, als es hinter uns plötzlich knallend klatscht, zischend faucht und diabolisch stinkt. Ehe wir uns umgedreht haben, ist er schon wieder weg. Aber dann stöbert er noch ein bißchen in dem engen Loch herum, bläst stinkend, blinzelt uns mit einem kleinen Auge an, wellt seinen langen, runden, schwarzgrauen Rücken durch die aufgewirbelte Wasserfläche und taucht weg, zum Abschied noch einmal mit seiner breiten Heckflosse klatschend.

Und der Wind dreht weiter. Wir ankern vor Fishing Rock. Der Wind dreht... Denham Bay... Boat Cove... Der Wind dreht und dreht. Wir flüchten und verholen jeden Tag. Acht Tage lang. Dann endlich: Sommer, Sonne, Landgang, fünf Freunde und unsere Ketten, die wir schon fast verloren geglaubt hatten.

Weiter nach Süden, Kurs Neuseeland. Ruhiges Wetter, fröhliche Seefahrt, morgens Eier, mittags Eier, abends Eier, zwischendurch Eier. In Tonga hatten wir uns zu gut damit versorgt, und Neuseelands Einfuhrbestimmungen für Eßbares sind streng und genau. Eier samt Schalen stehen dort gar nicht weit hinter Atomarem, Sprengstoff, Rauschgift und Haustieren, zusammen mit anderem Entsetzlichen wie Salami, Frischgemüse, Honig und Nüsse. Wir verstehen und respektieren das, denn Nahrungsmittelproduktion ist Neuseelands Stärke, die nur in gesunder Abgeschiedenheit gedeihen kann.

Nach 600 bummeligen Eiermeilen und sechs faulen Eiertagen liegen wir am Steg in Whangarei, frei von allem Verbotenen. „Da seid ihr ja schon wieder", strahlt der Schotte vom Zoll. Ja, da sind wir wieder, nach 26 644 herrlichen Meilen zurück am schönsten Ende der Welt!

Neuseeland nimmt uns in die Arme. Vertraute Straßen, vertraute Geschäfte, vertrautes Wetter, vertraute Sprache, manch ein vertrautes

Gesicht: alles beim alten. Die Kiwis streiken, schimpfen und improvisieren wie eh und je, und wenn's denn sein muß, arbeiten sie sogar fast so ernsthaft, wie sie Sport treiben. Ihr Land gedeiht derweil zum Musterbeispiel dafür, wie gut Menschen leben können, wenn sie es nicht zu eilig haben und nicht zu viele werden.

Unsere Freunde Karin und Gert sind schon da. Ein Auto haben sie gekauft, einen 24 Jahre jungen Humber, und Gert der Sorgfältige hat ihn so schön restauriert, daß wir uns kaum trauen, damit zu fahren. Gemächlich und gemütlich bummeln wir durch den Norden der Nordinsel. Tiefe, dunkle Wälder, weite Strände, murmelnde Bäche, brausende Wasserfälle, Vögel, Wild, Schafe, Farmen, Kiwi-Freunde, kleine Siedlungen, ein paar Tage nasser Weltuntergang und immer ein freundlicher Gruß, wenn wirklich mal jemand unseres Weges kommt.

Dann holen wir VAGANT aus dem Wasser, um das leidende Unterwasserschiff zu reparieren. Mit dreckiger, staubiger Arbeit büßen wir wie alle Segler, die es mit ihren Schiffen ernst meinen, und entfernen die vielen Schichten Farbe all der Jahre. Restlos. Es ist eine endlose Arbeit mit Heißlüftern, Kratzern und schrecklich schweren Schwingschleifern über Kopf. Wir tun uns leid. Nebenan schabt derweil ein drahtiger, etwas runzeliger, verwitterter Herr, auf dem Rücken liegend und wie eine Schlange flink hin- und herkriechend, energisch den flachen Boden seines Motorbootes ab. Als wir uns zwischendurch mal stöhnend erholen, meint er lächelnd, er sei jetzt 75, mit dem Segeln ginge es nicht mehr so gut, und deshalb habe er nun ein arbeitsparendes Motorboot...

Nach der Fron muß VAGANT gründlich austrocknen. Sie bekommt Urlaub an Land, und wir fallen über den Süden Neuseelands her, eifrig und ungeduldig wie Kinder auf dem Schulausflug. Wie damals bummeln wir an weiten Seen entlang, fahren auf endlosen Straßen durch welliges, goldenes Schafland, zelten an leeren Stränden und in unberührten Wäldern; wir staunen erschreckt, beeindruckt und am Ende doch beruhigt über perfekte Tourismusindustrie, die Träume unternehmungslustiger Fernreisender erfüllt. Kann sie Neuseelands Charme schaden? Noch nicht.

So wie die Kiwis seit je rationell und ausnahmsweise perfekt organisiert Schafe, Rinder, Wild und Edelfische züchten, so vermehren und verarbeiten sie mit geübter Hand für Lebendiges nun auch ihre Touristen, profitabel konzentriert auf erprobte, voll erschlossene, ertragsintensive Routen und Zentren. Dort brausen Flotten moderner Busse durch die malerische Landschaft, ihre Ladung auf flugplatzgroßen Parkplätzen immer wieder zum Melken und Scheren entlassend, alles zu Preisen, die teuerste Anreisen krönen. Hinweisschilder raten mehrsprachig, besonders in malerischem Japanisch. Routinierte Fremdenführer leiten folgsame Herden geschickt zu Buchungsstellen für konfektionierte Abenteuer: Bus- und Barkassenvorstöße in gepflegte Wildnis, Floßfahrten und Wanderungen mit oder ohne Gepäckträger und rustikale Unterkunft, alles geordnet nach genauen Zeitplänen und Preisklassen. Rundflüge sind bis zur Aufnahmefähigkeit des Luftraums ausgebucht. Verkäufer, Fahrer und Piloten kämpfen bei jedem Wetter entschlossen um jeden Dollar.

Aber geht uns das überhaupt etwas an? Sind wir nicht „bessere" Reisende, die einzig wahren überhaupt? Das sollten wir uns nur nicht einbilden. Wir können dankbar sein, noch so einfach und vogelfrei leben und reisen zu dürfen, denn damit muß es bald vorbei sein. Die Zukunft gehört industrieller Planung und Gestaltung von Freizeit.

Auch in Neuseeland, am anderen Ende der Welt. Wie weit weg ist das eigentlich von zu Hause? Sehr weit weg, wissen wir. Aber fühlen wir es noch? Dieses Land ist uns nicht mehr fremd. Läßt es uns denn gar nicht mehr los? Vielleicht nicht. Könnte es unsere Heimat werden? Nicht mehr. Wir sind zu alt, weder gesuchte Spezialisten noch reich genug, um die sehr hoch gesetzten Hürden der Bürokratie zu nehmen. Die sind oft sogar für junge, tüchtige und einsatzfreudige Menschen zu hoch und zu stachelig.

VAGANT wartet auf uns, staubig, vergammelt, aber gut ausgetrocknet. Entschlossen beginnen wir mit der Generalüberholung. Wir bohren und meißeln die letzten Blasen auf, wir kaufen Material für eine dichte und harte Beschichtung des Unterwasserschiffs und guten Lack für die Schönheit über Wasser. Wir fangen an – und plötzlich ist alles anders.

Friedel: Ich lege eine neue Lenzleitung für das Ankergatt, um endlich die ewig rosttränenden „Nasenlöcher" loszuwerden. Ich bohre, schraube und klebe – und klettere zwischendurch die steile Leiter zum Deck hinauf, eine Hand voller Schrauben, den Kopf voller Gedanken, wie es weitergeht. Es geht nicht weiter. Oben angekommen, verliere ich den Halt an der Reling und falle, falle... Zehn Stockwerke tief, wie mir scheint, eine halbe Stunde lang, länger. Zeit genug für ein paar schreckliche Gedanken. Um nicht hintenüber zu fallen, stoße ich mich ab, lande

163

drei Meter tiefer mit dem linken Fuß auf einem Holzklotz und mache eine Rolle rückwärts, um nicht mit Rücken und Kopf aufzuschlagen. Und dann liege ich da. Kopf, Rücken, Arme, Beine, alles scheint noch zu gehorchen. Nur der linke Fuß schmerzt dumpf. Glück gehabt, hoffe ich, vielleicht nur eine starke Zerrung.

Kein Glück gehabt. Freund Tony fährt uns zum Doktor. „Wieder einer", sagt der. Dies ist nämlich die Zeit, in der immer die Bauern von den Dächern fallen. Die Röntgenaufnahme zeigt ein Gewirr kleiner Knochenstücke, das der Doktor sachlich als' den kompliziertesten aller möglichen Brüche bezeichnet. Ferse ab, all die Knöchlein ausgerenkt, mehrere gebrochen. Und der Rücken, Genick und Kopf? Drei Segler verloren in letzter Zeit bei ähnlichen Unfällen ihr Leben. *Keinen Schritt aus diesem Raum!* Geübte Hände packen mich auf eine Trage. Eine Ambulanz erscheint, als habe sie gewartet. Die Hecktür rumst, durch die Milchglasfenster flackert der Widerschein des Rotlichts. Ursel hält meine Hand. Während der 70-km-Fahrt nach Auckland beginnen die ersten Schmerzen zu glühen. Das letzte Stück durch die Großstadt wird zur Qual.

Einzelzelle im Spezialkrankenhaus Middlemore. Verhör: „Wann haben Sie zuletzt gegessen?" – „Heute morgen." – „Sehr gut!" Die Schwester kassiert den farbbeklecksten Blaumann und die übrigen Kleider. Dafür gibt's einen Satz Anstaltskleidung, ausgebleicht vom täglichen Waschen.

Nun bin ich Patient.

Neues Verhör. Wie alt? Krankheiten? Rauchen? Saufen? Medikamente? „Wann haben Sie zuletzt gegessen?" – „Heute morgen." – „Ausgezeichnet!" – „Wann gibt's was, ich habe Hunger!" – Lächeln. Rollend geht es durch endlose Gänge, Aufzüge, neue Gänge, neue Zelle. Klar zum Röntgen. Ein Schlachterlehrling nimmt mit riesigen Kanülen eine blutige Blutprobe. Noch'n Verhör: „Wann haben Sie zuletzt gegessen?" – „Heute morgen! *Wann gibt's endlich was?"* – Lächeln.

Operation in der Nacht mit Rückenmarkbetäubung. Eklige Spritze in die Wirbelsäule. Die untere Körperhälfte stirbt ab. Atemnot. Jetzt ist alles egal. Ohrfeigen vom Doktor: *„Atmen, Mister Klee, atmen!"* Einmal schnappe ich nach Luft, noch eihmal halb. Dann nichts mehr. Atemstillstand, beinahe Herzstillstand, so höre ich später, künstliche Beatmung. Spritzen. Notmassage. Zwischendurch und nebenbei der Fuß.

Dann staunendes Erwachen als Patient in einem modernen Krankenhaus. Ich throne in einem weißen, verstellbaren Stahlrohrbett, eingehüllt in sterile weiße Wäsche und Laken. Weiße Wände, weiße Decke, weiße Leuchtstoffröhren. Klimaanlage, lautlose weiße Schwestern, die Spritzen, Pillen und Mitgefühl verteilen. „Das ist doch nicht etwa Morphium?" frage ich nach der x-ten Piekserei. „Ja, gewiß doch, Morphium", lächelt sie zurück. Anders geht's noch nicht. Müde dämmere ich vor mich hin.

Im Nachbarbett schimpft Patrick aus Fiji über Neuseelands Einreisebehörde und die Inder zu Hause. Gegenüber stöhnt ein böse zerquetschter Motorradfahrer, getröstet vom Buntdruck eines funkelnden Feuerstuhls über seinem Bett. Jim, der alte Farmer daneben, ist saisonbedingt vom Dach gefallen, na klar, und hat jetzt endlich mal Zeit zum Fernsehen. Pillen lösen die Spritzen ab, und mein Kopf wird langsam klarer.

Die Ärzte hier, so erfahre ich, sind die erfahrensten Könner ihrer Fächer im ganzen Südpazifik. Als lockere Kiwis macht es ihnen gar nichts, ihre Schlachtfeste haarklein zu beschreiben. Nööö, aufzuschneiden brauchtes wir nicht, schwärmt mir der Operateur vor, und ein Gipsverband hat da unten bei soviel Kleinholz keinen Zweck. Wir haben nur ein paar kleine Löcher gestochen, mit spitzen Dingern wie Schraubenziehern, und dann die Brocken wieder hingefummelt. Nööö, ist nicht schlimm. In einem Jahr geht es Ihnen schon viel besser.

Ein Jahr?

Bootsüberholung? Segeln? Etwa auf dem Ozean? staunt der Doktor. Daraus wird nichts! – Besuch versucht zu trösten: Ursel, Karin und Gert, Mary und Tom, Esmée und John, Tony, der Klubkassierer, und die Drohung mit mehr Besuch. Wenn's länger dauert. Wenn das erst unsere Freunde im Norden hören...

Ich muß hier raus!

„Sie bleiben hier", knurrt der Doktor, und die vertrocknete Physiotherapeutin verpaßt mir mit traurigem Blick ein paar Krücken. Ich entdecke die Welt von neuem. Erst mühsames, schlenkerndes Vorwärtstaumeln, später kühnes Treppensteigen, doch bald meint der Doktor, daß ich auch anderswo an Krücken humpeln könne, wenn ich nur schön brav bin, das Schiff vorerst vergesse und mich artig nachbehandeln lasse. Sofort kommt John, der stämmige Kiwi aus Holland, mit seinem Wohnwagen, das Bein wird auf dem Tisch aufgebahrt, und heim geht's, traurig an VAGANT vorbei in ein hübsches Häuschen an Land.

Draußen liegt die verzweigte Sandspit-Bucht, Boote laufen aus und ein, die Tide steigt und fällt, steigt und fällt. Tage und Wochen vergehen, das Humpeln an Krücken wird langsam zur gewohnten Fortbewegung. VAGANT verstaubt. Bäume glühen herbstlich. Eines Tages kann Janet, die charmante Physiotherapeutin im Nachbarort, ihre heilenden Brutalitäten beginnen. Bald lerne ich ganz neu Auto zu fahren. Es wird kühler, die Blätter fallen. Karin und Gert nehmen Abschied.

Eines Tages ziehen wir aus dem Knusperhäuschen auf unsere ehemals schwimmende Burg. Traurig sieht sie aus an Land. Doch jeden Tag geht's kühner die Leiter rauf und runter, die nämliche, die das Unheil angerichtet hat: Skip am Sicherheitsgurt, Mom am anderen Ende der Sicherungsleine, aufs schlimmste gefaßt, zur Rettung entschlossen. Langsam trägt die Nachbehandlung Früchte, und eines Tages ist für kurze Zeit behutsames Stehen mit nur einer Krücke möglich und damit Arbeit am Boot.

Die erreicht sofort ihren schmierigen Höhepunkt, denn die Vorarbeit ist ja schon getan. Es gilt, ein schrecklich klebriges Epoxidgemisch auf den Rumpf zu rollen, etwa wie flüssigen Honig auf die Zimmerdecke, und das dreimal nacheinander ohne lange Pausen, „naß in naß". Dafür brauchen wir wunderschönes, trockenes und windstilles Wetter, was der Herbst hier nur selten bietet. Doch VAGANTS verwittertes Unterwasserschiff hat diese Beschichtung so nötig, daß wir es wagen. Mit Persenningen, Segeln und geliehenen Planen kämpfen wir gegen Regen und Wind, mit Rollen gegen das schmierige Material, mit Pinseln gegen die Blasen und mit zum Reißen gespannten Nerven gegen die Zeit. Und wir siegen! Aber Haare, Haut, Kleidung, Krücken, Auto und Gemüt sind rettungslos verkleistert.

Das Ergebnis unserer fürchterlichen Arbeit ist enttäuschend unscheinbar, aber glashart und offenbar gelungen. Irgendwann schaffen wir es, auch noch einige Lagen Antifouling aufzurollen. Dann muß VAGANT zurück ins Wasser. Für die geplanten Schönheitsarbeiten bleibt keine Zeit. Wir nehmen Abschied von unseren Freunden, segeln nach Whangarei und rüsten VAGANT gründlich für die nächste Etappe aus. Es wird lange dauern, bis wir wieder ein Land mit so vielen guten Möglichkeiten erreichen wie Neuseeland. Also nehmen wir auch Farbe mit, Kleber, Matten und Gewebe, Sperrholz und Beschläge, damit wir die Arbeiten nachholen können, die der gebrochene Fuß verhinderte. Bald sind alle Ecken voll, VAGANT sinkt tiefer und tiefer, und dann müssen wir noch einmal aufstocken, denn diesmal segeln wir nicht allein. Als Tribut an den gebrochenen Fuß heuern wir zusätzliche Crew an: Jon, den wir auf Raoul kennenlernten, wo er ein einsames Jahr lang mit vier Kameraden arbeitete, und seine blonde Freundin Trish. Eng wird es werden auf VAGANT. Doch diese beiden – jung, unternehmungslustig und wildnisgewohnt, wie sie sind – können wir leicht zusammenfalten, einrollen und in irgendeiner Ecke verstauen.

Mitte Juli laufen wir nach Raoul aus, also mitten im Winter. Doch was können wir anderes tun? Der gebrochene Fuß hat unsere Pläne für das ganze Jahr durchkreuzt. Abschied ohne Trauer. Wir kommen ja wieder! Es ist kalt, aber sonnig; ein Hauch Frost hängt in der Luft. Der Wetterbericht verspricht für einige Tage ruhige Bedingungen mit günstigem Wind.

Er hält sein Wort. Doch dann nimmt der Wind zu und beginnt gegen uns zu drehen. Wir reffen und wechseln Vorsegel, bis VAGANT nur noch unter Sturmsegeln hart gegen zunehmend böses Wetter kreuzt. Brecher waschen das Deck, das Leben in der nun sehr engen Kajüte wird naß und ungemütlich. Schuld daran ist Jons ständiges Pfeifen, jeder Seemann weiß das. Klar ist auch, daß VAGANT an einem Freitag, wann sonst, plötzlich von einem gewaltigen Brecher überrollt und nach Backbord flachgelegt wird. Wir fliegen aus den Kojen, ein Schauer kleinerer Gegenstände prasselt von überall nach Backbord, und durch die wenigen Lüftungsöffnungen duscht uns kalter Ozean. Jon, unter Deck auf Wache, berichtet nachher, daß er durchs Schiebeluk geradewegs in den blauen Pazifik schauen konnte. Aber wir haben Glück gehabt, nichts Ernstes ist geschehen.

Jon pfeift noch immer, und die Windstärke übersteigt allmählich unsere Erfahrungen im Schätzen. Peitschende, salzige Nässe füllt die Luft, der Wind kreischt furchterregend im Rigg und versucht, alles Lose mit sich zu nehmen. Die Wetterjungs auf Raoul erzählen uns später, daß sie 69 Knoten gemessen haben, und meinen, wir seien wahrscheinlich in einem noch schlimmeren Bereich dieser „Störung" gewesen. Doch allein die See kann uns wirklich etwas tun, und die war nur zeitweise richtig schlimm. Immerhin segeln wir hier mal wieder in einem Gebiet der geradezu magischen 100-Faden-Tiefenlinie.

Irgendwann nimmt der Wind ab, die See rollt ruhiger in hohen, langen Hügeln, und die Wolken verziehen sich weiter nach oben. Im blutroten

Sonnenuntergang erstarrt eine der Wolken zu Curties, der südlichsten Insel der Kermadecs. Staunend umsegeln wir sie im hellen Schein des vollen Mondes. Ragende Türme, steile Wände, tiefe Schründe, gezackte Grate, wandernde, scharfe Schatten, geisterhaft wabernder Rauch: ein atemberaubendes Bild. In der schüchternen Mittagswärme des nächsten Tages segeln wir schon um Macauley, den einsamen, öden Felskeil. Bunt lockende Köder an langer Leine im Schlepp, segeln wir so dicht heran, bis der gewaltige Rückprall donnernder Brandung VAGANT abweist und Jon pfeifend zwei prächtige Tunas aus dem kochenden Durcheinander holt, hart kämpfende Wunderwerke zähen Lebens, die heftig einem Ende als gebratene Steaks und Poisson Cru widerstreben. Wir lernen. Es gibt anscheinend ein paar Grenzen zwischen guter Seemannschaft und Erfolg beim Fischen, die wir bisher nie zu überschreiten wagten. Pfeifen ist wohl das Geheimnis.

Und dann steigt Raoul aus der See, Jons einsamer Arbeitsplatz, Heimat und Abenteuerspielgrund für mehr als ein Jahr. Wir bummeln durch vertraute Buchten, auf vertrauten Pfaden über Berg und Tal zu den verträumten Seen, über heiß brodelnden, fauchenden und nach Schwefel stinkenden Vulkangrund. Aber dann erwacht aufs neue grimmiges Wetter und erinnert uns daran, daß wir immer noch zur falschen Jahreszeit in der falschen Gegend segeln. Sehr scharfer Südost schiebt uns mit grobem Schwung zum südlichen Minerva-Riff und entläßt uns wenige Meilen davor aus rauhem Übergangswetter in die milde Frische der Subtropen.

Bald ankern wir in dem stillen Teich mitten im Ozean, schwebend über Sand und Korallen, auf Wasser so klar wie Luft und warm genug für das erste Bad. Wir schweifen durch das Wunderland unten und versuchen, etwas von dem Überfluß an Hummer zu ernten, für den Minerva weithin berühmt ist. Müde kehren wir zurück, voll wunderbarer neuer Erfahrungen, aber ohne Hummer. Kein Hummer am nächsten Tag, auch nicht am Tag danach. Jemand muß sie gewarnt haben – oder abgeräumt. Wir verzichten zähneknirschend und segeln weiter, bald am spröden, rauhen Ata vorbei, dann noch einen Tag – und da ist schon wieder Land. Wir rauschen mit frischem Wind durch die äußeren Riffe Tongatapus, segeln Regatta über die Lagune nach Nuku'alofa, machen an der Pier zum Einklarieren fest und springen an Land – „*Sir*, es ist drei Uhr, und das Büro schließt um vier, kommen Sie morgen wieder!" Wir sind wieder in Tonga.

Wieder eine Art Heimkehr, denn auch Tonga ist uns schon sehr vertraut. Auch hier haben wir Freunde – Annette, Manfred, Edith und Paul, Astrid und Heiner –, alle begierig, uns den neuesten Klatsch zu erzählen. Geschäfte haben den Eigner gewechselt, dieser ist pleite, jener abgehauen, und Heiner hat den rostigen Mercedes eines reichbekannten Geschäftemachers durch Ablassen der Luft stillgelegt, bis er seine Rechnungen bezahlt. Empörung! Skandal! Unerhört! Drohung: Majestät werden eingreifen! „Erst Geld", kontert Heiner trocken, „dann haben wir auch eine Luftpumpe." Schließlich leitet er derzeit das Marine Polytechnical Institute, die hochgeschätzte Schule zur Ausbildung von Handwerkern und Seeleuten für ausgeflaggte deutsche Schiffe. Majestät werden ihm also nichts tun.

Skips Fuß geht's besser, aber noch nicht gut. Immerhin konnten die Krücken in Neuseeland bleiben, und nun wird auch der geschnitzte Spazierstock aus Südafrika immer weniger gebraucht. Doch dafür gibt's nach all der Arbeit und Aufregung plötzlich Herzprobleme. Das Herz arbeitet zu schnell und zu flach – wie eine Pumpe, die nur mit halben oder viertel Schlägen die notwendige Flüssigkeitsmenge fördern will. Doch „Doktor Germany very good" erweist sich mit seiner „Kiliniki Siamane", der deutschen Klinik, als Retter. Eine kurze scharfe Kur mit einigen Schaufeln Pillen bringt die Sache diesmal in Ordnung. Diesmal. Für wie lange?

Auf der zerbröckelnden Betonpier wacht Polizei. Zwei Mann. Eisern, pflichtbewußt, Tag und Nacht. Daneben ein Zelt aus Planen der neuseeländischen Eisenbahn. Lens Schiff ist nämlich untergegangen. Nanu?

Nuku'alofas Lagune ist voller Wracks mit wenig und ganz ohne Hoffnung. Eines der noch schwimmenden war einst eine hölzerne Segeldschunke, von einer dunklen Kette pazifikweiter Eigner im Lauf vieler Jahrzehnte bis zur Kuriosität umgebaut. Übrig blieb am Ende fast nur der Name in schwungvollen Schriftzeichen, chinesisch natürlich, weil das so leicht niemand lesen kann, und eine obskure Eignergruppe tonganischer Unternehmer. Ob deren Pläne letzte profitable Nutzung vorsahen oder den noch ertragreicheren „Verkauf an ein Riff", wer kann das wissen? Len, der mit seiner charmanten George-Anne auf beider MELUSINE vorbeisegelte, fand jedenfalls schnell einen Job als Kapitän der schwimmenden Herausforderung und fuhr mit einer Crew eifriger Tonganer auf Hummerfang zu den Minerva-Riffen. Irgendetwas muß dabei herausgekommen sein, denn Len hat am Ende 10 000 Dollar verdient.

Aber nichts bekommen. Nun gibt es natürlich auch in Tonga Rechtsanwälte, die so was freut, und Gerichte, die sich viel Zeit lassen. Len klagte, ein Richter legte das Schiff an die Kette, und seitdem tut die Polizei ihre Pflicht. Eisern. Maschine warten, Batterien laden und vor allem lenzen, damit das Corpus delicti den Tag des Gerichts noch schwimmend erlebt... No, Sir, niemand darf an Bord! Bis es die Schutzdrachen der Dschunke leid waren. Eines Nachts ging sie ganz leise auf Tiefe, in Davy Jones' Locker oder zu ihren chinesischen Ahnen. Die Polizei aber wacht eisern Tag und Nacht weiter über die schemenhaften Umrisse unter Wasser.

Wie Sterne der Milchstraße: die Inseln Mikronesiens

Land ist knapp in Tuvalu – Zu Gast beim Ulu o Aliki – Wetterküche am Äquator – Kiribati – Die Odyssee der HIGH NOON – Geselliges Butaritari – Marshall-Inseln – Guam: US-Marine und Touristen – Zwischen den Vulkanen der Marianen – Kriegerische Bonin-Inseln

Nach ruhigen Wochen der Arbeit an VAGANT segeln wir weiter nach Norden. Es wird eine leichte Reise mit fröhlichem Inselhüpfen und kurzem Besuch in Vava'u, dem nun schon überfüllten Ziel vieler Yachten auf der Barfußroute. Weiter nördlich segeln wir um die abgelegenen, unbewohnten Inseln Toku und Fonualei, leider ohne an Land zu können. Fast unmerklich geraten wir in eine andere Klimazone. Der Wind dreht, und bald knüppeln wir mit dichten Schoten gegen den Passat. Kein Problem für VAGANT, ein zunehmendes aber für uns. Unablässig überkommender Gischt zwingt uns, Luken und Lüfter geschlossen zu halten, und bald brät, kocht und dünstet uns die Sonne gnadenlos in der schwülen Hitze der Kajüte; auf dem Deck glitzert Salz wie Reif.

Die steilen grünen Hänge Tutuilas steigen auf, der Hauptinsel von Amerikanisch-Samoa. Auch hierher kehren wir zurück. Wie damals segeln wir am „Flower Pot" vorbei, einem Inselchen, das in der Tat wie ein großer Blumentopf dasteht, in die schnell brauner werdende Brühe der Bucht Pago Pagos. Voraus ragt der kantige Umriß des Rainmaker Mountain auf, des „Regenmacher-Berges", dessen Wolken das örtliche Wetter verkünden. Das Ringriff kocht, Kirchen säumen die Ufer, und an

Steuerbord röhren, zischen und stinken die Thunfischpackereien. Koreanische Trawler lehnen sich in rosttränenden Päckchen mit Schlagseite aneinander. Daneben ankert stolz die Neuzeit: Thunajäger, schlank und elegant wie große Luxusyachten. Flaggen führen sie nicht. Doch beim Näherkommen entziffern wir kaum lesbare Häfen wie San Diego, Wilmington/Delaware und sogar Las Vegas. Mittschiffs ragt ein 20 m hoher Turm mit geschlossener, verglaster Ausguckkanzel auf, dahinter ein mächtiger Netzausleger mit großen Seilrollen. Auf der Plattform über dem Vordeck hockt ein Hubschrauber, hinter sich ein Gestrüpp von Antennen, Radar- und Satcom-Kuppeln wie auf Kriegsschiffen. Das Heck, schräg wie das moderner Rennyachten, trägt ein großes Netzboot klar zum Abfieren. Viele der Schiffe führen die rote Flagge „B": Sprengstoff an Bord.

Keine Chance bleibt den Thunfischen. Und die Delphine, ihre ständigen Begleiter, werden als Störenfriede gleich mit abgeschlachtet: Fisch für Mensch und Tier, schneller Profit für Jäger und Unternehmer, Arbeit für eine kleine Schar der Allzuvielen an Plätzen wie Pago Pago. Es wird sicherlich gelingen, sogar den weiten Pazifik gründlich von seinen Fischen zu reinigen. Hier und da mag das Ziel sogar schon erreicht sein. Sollten wir noch Thunfisch essen?

Wir haben das Schlimmste erwartet und werden nicht enttäuscht: Dreck, Gestank, Lärm. Beim Einklarieren fünf mißmutige Bürokraten mit je drei Formularen. Ihr Streben gilt weniger dem vielen Papier als dem Umstand, daß es Viertel nach drei ist und doch schon um vier Uhr der Feierabend ausbricht. Das wiederholen sie mehrmals recht ungehalten; das Wort „bitte" kennen sie nicht.

So haben wir diesen Hafen schon vor Jahren erlebt. Besonders das Kentern der Tide ist immer wieder eindrucksvoll. Alles, was Menschen als überflüssig wegwerfen und was der tägliche Schauer vom Ufer herunterspült, setzt sich dabei in wenigen Minuten in Bewegung. Im Nu steht VAGANT auf einer weiten Fläche öligen Drecks: stinkende Fisch- und andere Kadaver, Plastiktüten, Styropor, Dosen, Flaschen, Kanister, Undefinierbares. Eine aufdringliche Schau aller bekannten Marken, üppige Verpackungen, die dauerhafter sind als der schnell verbrauchte Inhalt. Jede Tide schwemmt geduldig ihren Teil hinaus auf die weite See. Vieles kommt noch einmal zurück. Wen stört das überhaupt?

„Sir", staunt ein ortsansässiger samoanischer Ladenbesitzer entsetzt, als er hört, daß wir schon einmal hier waren, „Sir, was zum Teufel hat Sie

172

getrieben, in dieses Rattenloch zurückzukehren?" Nun ja, nach einer Weile wissen wir das selber nicht mehr genau. Wir müssen Verpflegung aufstocken und hoffen, ein paar Auskünfte über Mikronesien zu bekommen, vielleicht sogar einige Karten dieser abgelegenen Gegend. Der Erfolg ist mäßig, und als wir endlich weitersegeln, müssen wir dafür büßen, daß wir zwar nicht lange, aber doch allzu lange geblieben sind. Pago Pagos ganz besondere Unterwasservegetation hat mehrere Borddurchlässe verstopft. Der Motor wird überhitzt, ein Auspuffschlauch platzt, kochend heißer Dampf verbrüht die Motorelektrik einschließlich Anlasser und Reservegenerator. Der Motor ist leicht von Hand anzudrehen. Doch gibt es nun keine Möglichkeit mehr, die Batterie zu laden. Na ja, dann leben wir eben romantisch mit Petroleumlampen und, schade, ohne Musik.

Je näher wir dem Äquator kommen, um so unbeständiger wird das Wetter. Wechselnder Wind, harte Böen, zermürbende Flauten, Wolkenbrüche zum Ertrinken. So dauert es zwölf Tage, 820 Meilen zu segeln, bis nach einer fürchterlichen Nacht voller Sturm und Wolkenbrüche, nach einer krachenden und blitzenden Gewitterschlacht die niedrigen Palmensäume des Atolls Funafuti im Wege liegen; im tobenden Durcheinander sind wir bedrohlich nahe herangetrieben. Mit der Kopie einer Handskizze segeln wir durch eine stromkabbelige Lücke in den zähnefletschenden Riffen zum Hafen der Hauptstadt des Staates Tuvalu, zum Dorf Fongafale. Dies ist die frühere Ellis-Gruppe, eine Kette von neun Inseln zwischen 5° und 11° Süd, eben westlich der Datumslinie. Etwa 8000 Menschen leben auf 26 km² Land, verstreut über eine riesige Fläche Ozean.

Nun sind wir in Mikronesien, einer der hoch übervölkerten, zugleich aber einsamsten Gegenden der Welt. Sein Ozean ist riesengroß, seine Inseln sind auf der Karte nur winzige Punkte: flache Atolle mit weiten Lagunen voller Untiefen, umsäumt von Riffen. Fast überall ist die See zu beiden Seiten gleichzeitig zu sehen, draußen der tiefblaue Pazifik, drinnen die türkis funkelnde Lagune. Ein Traum von glücklichen Tropen, eine neue, aber dennoch vertraute Welt, wieder mal der Mittelpunkt eines eigenen Universums. Die Menschen hier sind fröhliche, sorglose, freundliche Polynesier, bitter arm verglichen etwa mit denen der Tuamotus. Sie leben sehr einfach. Das Fernsehen verschont sie noch, der Rundfunk sendet nur zeitweise und dann ganz eigene Programme, die ihrer herkömmlichen Lebensart entsprechen. Die Menschen sind religiös. Sie waren es immer, schon als Heiden, und oft mehr, als ihnen guttat. Die Regierung bremst deshalb den Einfluß der neun verschiedenen Religionen und Sekten. Missionare dürfen nicht mehr einreisen, und jedem Besucher, auch uns, wird ausdrücklich jedes Predigen, Bekehren und Missionieren verboten.

Die Menschen empfanden die christliche Heilslehre zu Anfang gar nicht so sehr als neu, sondern eher als fällige Reformation erstarrter alter Bräuche und Tabus. Daß der innerste Kern ihrer Kultur bedroht war, erkannten sie erst später, wenn überhaupt, zu spät für soviel Wertvolles, das heute unwiederbringlich verloren ist. Besonders den Pastoren aus Samoa bewahrt das neue Tuvalu kein allzu freundliches Andenken. Sobald sie Fuß gefaßt hatten, predigten sie nämlich zugleich mit der Furcht des Herrn und Seiner Missionare vor allem „Geben ist seliger denn Nehmen", wodurch sie sich Wohlstand und Machtfülle aneigneten, weit über alles hinaus, was die alten Priester und Häuptlinge je beansprucht hatten. Den Weißen gegenüber hegen die Menschen hier noch immer ein sanftes, mitleidiges Mißtrauen. Zu oft und zu lange wurden sie getäuscht, belogen, betrogen, bestohlen und beraubt.

Land ist knapp auf allen Atollen, jedes Stückchen gehört jemandem. Uralte Rechte gelten für vererbte, umkämpfte, verpachtete, umstrittene, immer wieder aufgeteilte und erheiratete Streifen, die stets vom Riff draußen quer über das schmale Land bis zu den Fischrechten in der Lagune reichen. Eine andere Ordnung ist undenkbar seit Urzeiten. Der Fluch sämtlicher Götter und Ahnen drohte also den Vereinigten Staaten von Amerika und ihren Bautrupps, als sie im Zweiten Weltkrieg quer durch all die heiligen Rechte ihren Flugplatz bauten, eine breite Piste. Aber heute sind die Leute froh darüber. Eine schnurgerade, wunderschön ebene Rasenpiste liegt da, die längste des Pazifiks, als Lande- und Startbahn für mittelgroße Flugzeuge. Kleine Inselfluggesellschaften verbinden Tuvalu mit der Welt. Und die Ahnen mögen versöhnt sein, denn als Land ist sie nicht verloren. Ziegen, Hühner und Schweine finden hier ihr Auslaufparadies und die Menschen Platz für „Anno".

Das ist ein Ballspiel mit zwei Parteien, bei dem europäisches Verständnis aufhört. Die Fronten stehen sich locker gegenüber, Männer und Frauen durcheinander. Irgendwer wirft spielerisch den Ball zum Gegner. Dessen erste Reihen ducken sich. Hinten fängt jemand den Ball und spielt ihn in seiner Mannschaft hin und her, bis irgendwer ihn wieder

174

zum Gegner wirft. Zwischen den Fronten sitzt ein alter, sicher sehr weiser Mann und schaut zu ohne einzugreifen. Alle lachen und springen umher, Spieler kommen und gehen, und irgendwann hat eine Partei gewonnen. Dem folgt nun kein ausgelassener Triumph wie bei unseren Fußballern, sondern Freude auf beiden Seiten und eine Folge langer, feierlicher Reden und Danksagungen.

Wenn ein Flugzeug landet, wird die Bahn natürlich freigemacht. Trotzdem muß mancher Pilot im letzten Augenblick durchstarten, weil wieder mal die Schweine am Werk gewesen sind. Die treiben ihr eigenes Spiel mit der lärmenden Luftfahrt. Staubige Kuhlen wühlen sie, liegen kaum sichtbar wohlig in der Sonne und neigen dazu, plötzlich in entschlossenen Trupps über die herrlich weite Fläche dahinzujagen. Das geht natürlich nicht. Also rückt ab und zu die Polizei aus mit all ihren Knastbrüdern, kämmt die Bahn von einem Ende bis zum anderen durch und treibt die empört quiekenden und immer wieder ausbrechenden Herren der Piste ins Gefängnis. Abends verkündet dann Radio Tuvalu Zahl und besondere Kennzeichen der nahrhaften Gefangenen und fordert die Eigentümer auf, die Flüchtlinge gegen Gebühr abzuholen.

Wir wundern uns, wie wenig Hunde es hier gibt, treue Begleiter und oft auch Nahrung aller Polynesier bis heute. Daran sind die Missionare schuld, hören wir. Die Polizei. Die Hunde selbst. Die jungen Leute von früher. Anstand und Sitte. Ja, wer denn nun?

Alle. Und die scheinbare Hemmungslosigkeit polynesischer Sexualbräuche, das lüsterne, moralinsaure Mißverständnis verklemmter Europäer. Wo ein Wille ist, da war das Gras schon immer trocken, auch für die jungen Leute Polynesiens. Junge Männer schlichen sich nachts zu ihren Mädchen, mit oder ohne stillem Einverständnis der Familie. Wie gedämpft oder heftig die Aufregung war, wenn sie sich erwischen ließen, regelten die Tabus des *Moetotolo*. Solch heidnische Unmoral konnten die Missionare natürlich nicht dulden. Und die jungen Leute nicht lassen. Also schickten die frommen Diener des Herrn die Polizei, auf daß sie nachts prüfe, ob auch wirklich ein jeglicher allein auf der eigenen Pandanusmatte lag. Da ergriffen die Hunde Partei. Sie lärmten, wie es sich gehört, wenn verdächtige Fremde herumschleichen, und scheuchten die mißbrauchte Obrigkeit, wo immer sie auftauchte. Also ließen die Pastoren die Hunde abschaffen. Aber die jungen Leute lernten, noch geschickter zu schleichen und sich nicht erwischen zu lassen. Die Hunde haben sich seitdem nur in dem Maße vermehrt, wie polynesische Feinschmecker sie noch essen, das *Moetotolo* aber genießen die jungen Leute bis heute.

Beim Auslaufen besuchen wir Amatuku, eine Riffinsel nahe der Ausfahrt. Hier bildet die Seefahrtsschule Seeleute aus. John, Kapitän aus Friedels Heimatstadt Soest, war eben erst zu Hause. Bewegend, rührend, ja tief ergreifend ist es, das Neueste aus der Heimatstadt zu hören. Und dazu noch BILD-Einwickelpapier: „Disco-Chefin zersägt im Fluß" oder: „40 Jahre verheiratet – ich habe ihn nie geliebt." Sofort ist die Heimat wieder da, wie sie leibt, lebt und sich BILDet.

Nur wenige der modern ausgebildeten Seeleute finden Arbeit auf den beiden kleinen Schiffen der stolzen Handelsflotte Tuvalus. Stolz auf ihre gute Ausbildung, heuern sie meist auf ausgeflaggten deutschen Schiffen an. Was sie an Geld heimschicken, macht gut 60 Prozent der gesamten Deviseneinnahmen des Landes aus. So knapp und dennoch bescheiden gut kann ein kleines Volk zurechtkommen, für das bitterer Mangel und mäßiger Überfluß seit je zum gewohnten Auf und Ab des Daseins gehören. Jeder hat Gastrecht überall, und wenn einer mehr hat oder gar Geld verdient, haben die anderen der Sippe ein Recht darauf. Das kann weit gehen. Da wurde ein honoriger Bürger nach der Unabhängigkeit Minister für Energie und Naturschätze. Ein Minister verdient Geld. Gleich rückte die ganze Sippe an, um daran teilzuhaben. Ganz selbstverständlich. Bis der Herr Energieminister pleite war und das E-Werk ihm den Strom sperrte.

Wir stampfen, schwingen und rollen mühsam gegen Strom, Wind und Regen nach draußen. Langsam, allzu langsam weichen die bissigen Arme der Riffe zurück. 100, 150, vielleicht 200 gesegelte, gekreuzte, getriebene, verfluchte Meilen später schüttelt uns Strom gegen Wind vor der Einfahrt eines Atolls weiter nördlich durch. Mit unseren Kopien von Handskizzen schlüpfen wir irgendwie hinein.

Vor uns strahlt heller Sandstrand wie üblich, Palmen wiegen sich raschelnd, rauschend wie gewohnt, kein Wellblech verrät die Hütten der Einheimischen darunter, sie sind kaum erkennbar wie seit je. Wir paddeln im Dingi an Land. Vor dem hellen Strand mit den eleganten Auslegerkanus, in einem weiten Becken, hockt munter schwatzend eine Familie, Papa, Mama und Kinder, mit aufgeplusterten Kleidern im glasklaren Wasser schwebend. *Talofa!* Seid gegrüßt! Ja, so sind hier die Toilettengewohnheiten. *Talofa!*

Vor den Palmen empfängt uns ein straffer runder Mann. Polizei, sagt er dienstlich, Ihre Genehmigung bitte! Klar, daß wir die haben, und damit ist das Amtliche erledigt. Kaffee gibt's bei ihm zu Hause. Frauen, Kinder, Mutter und Schwiegermutter stellt er uns vor, und wir erfahren, wie es hier am nördlichen Ende Polynesiens zugeht, dem letzten Ausläufer in Mikronesien. Bernie hat es nicht leicht als Polizist. Einerseits ist er offizieller Repräsentant des Staates Tuvalu und seiner Gesetze, andererseits aber nur ein junger Mann, noch dazu von einer anderen Insel. Was kann der schon den alten, erfahrenen Ulu o Aliki sagen, den allmächtigen Häuptlingen der Dörfer! Schließlich sorgen *sie* ja dafür, daß hier alles seinen geregelten Gang geht, und nicht der Staat. Der tut schon, was er kann. Es gibt ein einfaches, aber gut ausgerüstetes Hilfskrankenhäuschen mit zwei erfahrenen Schwestern, einen Generator für den Fall, daß mal Strom gebraucht wird, und eine kleine Funkstation, bedient von einem tüchtigen, in der Seefahrt ausgebildeten Funker. Alles übrige ist so polynesisch, wie es nur sein kann: Palmenhütten, Pandanusmatten, Feuerstellen, Brunnen, die schon unzählige Generationen versorgten, Palmen und kleine Gärten, die das Lebensnotwendige liefern, einen weiten Platz mit dem kleinen Kramladen, die kleine Kirche und die große, luftige *Maneapa*, die Versammlungshalle.

All diese Inseln gehören Milliarden munterer Fliegen und summender Mücken, hunderttausend putzigen, sauberen Ratten und raschelnden Kokosnußkrabben, Tausenden von Vögeln und einigen hundert freundlichen Menschen mit ihrem Anhang von Hühnern, Schweinen und sehr wenigen Hunden und Katzen. Fliegen und Mücken leben von Menschen und Tieren, die anhänglichen Fliegen bei Tage, die aufdringlichen Mücken bei Nacht. Kokoskrabben und Ratten sind scheu. Ihnen gehören die Palmen und Früchte bis auf das, was die Menschen ihnen wegnehmen können. Die wiederum leben darüber hinaus auch von Fischen, die sie mit den Vögeln teilen, und von einigen traditionellen Gartenfrüchten. So hat jeder sein Auskommen auf seinem festen Platz im harmonischen Ganzen.

Eines Tages fahren wir mit dem Dingi am Südriff entlang zur schmalen Inselkette im Osten. Weiße Strände haben wir durch das Fernglas gesehen, und im schmalen Dschungel sollen Reste eines amerikanischen Flugplatzes rotten. Auf fast allen Inseln wurden während des Zweiten Weltkriegs solche Anlagen gebaut, auch Versorgungslager, Flakstellungen, Werkstätten und Unterkünfte für tausende und abertausende Soldaten, dazu Piers und Landeeinrichtungen für große Seeschiffe. Kaum etwas ist davon geblieben außer Trümmern, rostigem Schrott, erweiterten und langsam wieder versandenden Einfahrten. Und Corned beef. Die Speisekarte des einzigen Hotels und Restaurants der „Metropole" Funafuti weist unter sechs Gerichten allein fünf mit dieser Götterspeise auf – einzigartig auf der Welt, soweit wir sie bisher kennen.

Das Wetter tut harmlos. Fischer arbeiten fleißig mit ihren Kanus am ganzen Riff, alle winken. Bis auf die letzten, schon weit drüben. Unruhe. Sie fühlen etwas, das wir nicht merken. Minuten später stemmt der ganze Schwarm seine dreieckigen Segel hoch und verschwindet. Gleich danach fällt heulend eine schwere Bö ein. Wir fahren wacker weiter, näher an das Riff heran, um notfalls Halt am festen Grund zu finden. Die Tide steigt. Reste schwerer Roller von draußen beginnen in kurzen harten Wellen über das Riff zu laufen. Unser winziges Dingi stampft. Dann ertränkt ein kleiner Brecher den Motor. Wir paddeln und erkennen, daß wir gegen diese frische, kraftvolle Unruhe nicht ankommen. Wohin also? Wir setzen unseren wasserdichten Poncho als Segel, mit einem Paddel als Mast, und steuern mit dem anderen. So gelingt es, das Dingi auf einen Raumschotskurs zu zwingen, der uns weit in Lee auf einen Traumstrand führt.

Ein Alptraumstrand, denn nach Strandleben ist uns nicht zumute. Hohe Palmen, so weit wir sehen können, stacheliges, undurchdringliches Buschwerk darunter, kein Zeichen von Menschen. Es beginnt zu regnen. Ratlos ziehen wir das Dingi hoch und versuchen, mit unserer Zufallsausrüstung einen Wetterschutz zu bauen. Wir trocknen den Motor so gut es geht, und dann läßt der Wind nach.

Neuer Versuch. Wacker stampft unser aufgeblasener Pantoffel nach Luv. Riff und neues Land kommen näher. Wieder bricht ein kleiner Roller und stoppt den Motor. Wieder segeln wir. Immerhin schaffen wir es, den Strand in der Nähe einiger Hütten zu erreichen. Kurz bevor uns die Brecher auf die Korallenbrocken werfen, haben ein paar Leute dort gemerkt, daß mit uns etwas nicht stimmt. Kinder kommen kreischend gerannt, Frauen lassen ihre Arbeit liegen, Männer springen ins Wasser und tragen uns an einer sicheren Stelle an Land. Große erstaunte Augen überall, fast ehrfürchtiges Schweigen. Wir sind wohl die Sensation der letzten Jahre.

Der oberste Retter bittet uns in sein Haus, ein Dach aus Bündeln von

Palmzweigen auf acht Stangen, mit schön geflochtenen Pandanusjalousien als Wänden. Frauen breiten weiche Matten aus und stellen die Truhe mit dem Familienwohlstand in die Mitte. Feierlich öffnet Mama den Deckel. Geruch von Mottenpulver wallt, wir können uns trocken einkleiden in feine Oberhemden und bunte *lavalava*, die bequemen, weit gebundenen Röcke für Männer wie Frauen. Wir sind Gäste, gerettete Schiffbrüchige, fremde Freunde in Not, und denen bieten diese einfachen Menschen alles, was sie haben. Der Ulu o Aliki begrüßt uns, und dann wird gegessen, umfächelt von Mädchen gegen die Fliegen. Reis und Brot mit Kokossaft als Getränk, Fisch, wilder Kohl, Taro, Schildkrötenfleisch, Tee mit einem Hauch von Fisch und immer wieder die Entschuldigung, daß die Auswahl nicht größer sein könne, weil wir so unerwartet kamen.

Und abends Programm. Schiffbrüchige müssen schließlich getröstet werden. Alle 30 bis 40 Menschen des Dorfes versammeln sich im größten Haus, einem elastischen Bauwerk aus Stangen, Matten und Palmgeflecht. Vom nahen Außenriff donnert die Brandung herüber, starker, warmer Wind weht unruhig kühlend durch alle Spalten. Petroleumdrucklampen leuchten zischend, Kinder schlafen in den Armen ihrer Mütter. Polynesien erwacht mit einem Rascheln. Wir staunen. Baströcke, ölig glänzende Körper, aromatischer Duft. Jungen und Mädchen mit Blumenkränzen im Haar, bunte Girlanden um die schlanken Hälse. Funkelnde Augen und weißblitzende Zähne in lachenden braunen Gesichtern, die Mädchen in farbenfrohen Blusen, weil sie sich unseretwegen wohl nicht so ganz trauen.

Dann beginnen sie ihre Gesänge, vielstimmige Melodien mit uralten Texten über ihr tägliches Leben, dem neuesten, aufregendsten Ereignis mit lachenden Blicken – uns – angepaßt. Der Rhythmus geht ins Blut. Die alten Trommeln mögen vergangen sein, doch eine entmilitarisierte Granatenkiste und ein Blechkanister tun es genauso. Mit der vollen Wucht ihrer schwieligen Hände schlagen Männer und Frauen in dröhnender Harmonie auf dumpfes Holz und helles Blech, und die Jungen und Mädchen der Gemeinschaft, erstaunlich viele für dieses winzige Fleckchen vergessener Tropen, tanzen dazu. Windend, stampfend, sich drehend, klatschend, hüpfend, Hüften wiegend, Augen rollend, lachend, Brüste schwingend, mit glänzenden Muskeln spielend. Wir spüren Harmonie, Spaß, Freude, unschuldige Sinnlichkeit, wilde, natürliche Lust, kaum verdünnt vom vernichtenden Einfluß unserer abendländischen

Kultur. Wie schade, daß Sprache nicht ausreicht, dieses einfache, ursprüngliche, über jede Professionalität erhabene Naturereignis angemessen wiederzugeben.

Wir schlafen in der achtbeinigen Villa unseres Retters auf einigen Lagen weicher Matten. Gegen den nächtlichen Tanz der Mücken spannen die Frauen ein weites Moskitonetz über uns. Die Nacht ist unheimlich. Das Riff donnert, starker, warmer Wind fegt durch die Palmen und die Spalten des Hauses, alles zusammen braust und rauscht wie sehr starker Regen. Wir schlafen unruhig, voller Sorgen um VAGANT.

Beim ersten fahlen Widerschein der Sonne beginnen die Hähne zu krähen. Lautlos erhebt sich das Dorf und beginnt seinen Tag. Während die Männer behende auf die Palmen klettern und frischen Toddy holen, bereiten die Frauen das Frühstück: Kokosnuß, frisches, weiches, toddygesüßtes Brot. Dann geht jeder an seine Arbeit. Die Frauen versorgen Hühner und Schweine, reinigen die Hütten, waschen, bereiten die nächsten Mahlzeiten vor und machen ihre Flechtarbeiten. Bei Niedrigwasser schwärmen sie mit den Kindern über die Riffe, um Eßmuscheln und Krabben zu sammeln. Die Männer segeln mit ihren schnellen Auslegerkanus hinaus zum Fischen, oder sie sammeln Brennholz, holen Wasser und versorgen die Gärten. Die älteren Kinder kümmern sich um die jüngeren. Jeder tut mit gelassenem, bedächtigem Fleiß seine Arbeit, wie sie uralter polynesischer Brauch verteilt und der Ulu o Aliki von Fall zu Fall anordnet. Sonne und Gezeiten bestimmen den Tageslauf. Für Müßiggang bleibt keine Zeit. Faulheit, Spielen ohne praktischen Zweck oder gar Schlafen während des Tages sind äußerst ungehörig.

Bis Niedrigwasser hat der Wind soweit abgenommen, daß der Ulu o Aliki unsere Rückreise erlaubt. Lafite, unser Gastgeber, und sein Nachbar Tierere schieben ihr schlankes Auslegerkanu ins Wasser, stemmen die elastischen Spieren mit dem Segel aus Reissäcken hoch, und die wilde Reise beginnt, unser Dingi im Schlepp. Trotz hoher Fahrt wirft der Bug kaum eine Welle auf, das Heck zieht nur eine dünne Spur. Tierere steuert mit einem achtern frei an den Rumpf gepreßten Paddel, Lafite hält die elastische untere Spiere, den Großbaum sozusagen, mit muskulösen Armen als Großschot, jede Bö geschickt abfedernd und in hohe Fahrt umsetzend, unser Dingi als Bremse verächtlich mißbilligend. Schneeweißer Gischt weht von der brüllenden Brandung des Riffs in langen Schleiern über die immer noch kochend schäumende Lagune; darüber hängt eine niedrige Dunstwolke. Ab und zu hebt sich der Ausleger. Wir

Passagiere können nicht mehr tun als ausreiten und pützen. Geht das immer gut? fragen wir die beiden. Natürlich nicht. Dann drehen sie das Kanu eben wieder um, sammeln Spieren und Segel ein, und weiter geht's.

Manchmal zu weit. Meistens fischen die Männer in der Lagune, doch schönes Wetter lockt auch schon mal zu Fischzügen draußen. Da bleibt es nicht aus, daß starker Strom, plötzliche Böen oder Havarien die Rückkehr unmöglich machen. Mancher geht dabei verloren. Andere aber haben schon Nachbarinseln erreicht, 100, 300 oder 1000 Meilen entfernt. Nauru, Banaba, Fidschi, die Marshalls, die Karolinen und sogar die fernen Philippinen bekamen schon unfreiwilligen Besuch von hier. Solche Reisen dauerten viele Wochen und waren doch zu schaffen für Menschen, die mit und von der See zu leben verstehen.

VAGANT schwingt unversehrt zwischen den Riffen an ihren Ankern. Wir bedanken uns mit ein paar erstaunt angenommenen Geschenken und versprechen, morgen, zu Weihnachten, so viele Menschen des Dorfes wie möglich zur Hauptinsel hinüberzuschaffen. Hier feiern sie seit heidnischen Zeiten ihre Feste nach eigenem Rhythmus und später den ganzen Januar hindurch. Können sie sich das leisten? Sie müssen. Gegen Ende des Jahres beginnen hier regelmäßig die „Westerlies", überaus steife Westwinde, die geregeltes Fischen und Arbeiten auf dem Riff gefährlich, ja fast unmöglich machen. Die Völkerkundler schreiben diesem Wetter eine wichtige Rolle bei der Besiedlung des Pazifiks zu. Mit Westwind konnten unternehmungslustige Seefahrer in der Gewißheit nach Osten schweifen, daß die weit häufigeren Ostwinde sie später wieder zurückbringen würden – oder auch nicht, wenn die See sie schluckte, Feinde sie erschlugen und fraßen oder neues Land zur Besiedlung lockte.

Ist fernes Land hier wirklich so fern? Die Karte des Pazifiks zeigt, daß weite Teile dieses größten Ozeans mit Land übersät sind wie der Himmel mit Sternen. Meist winzige Krümel, oft nur Riffe, ein paar Felsen oder Sandhaufen ohne Trinkwasser. Kaum genug für längeres Bleiben, aber eben doch Land alle paar hundert Meilen, vielleicht mit ein paar Büschen oder gar Palmen, Heimat argloser Seevögel, scheuer Landkrabben und putziger Ratten, ringsum flaches Wasser voller Fische, nützliches Treibgut an den Stränden. Seit Urzeiten segelten Menschen tausende Meilen an solchen Ketten winzigen, weitverstreuten Landes entlang, bis eifernde Missionare dies heidnische Schweifen für sündig erklärten und Kolonialbürokraten derart unkontrollierbares Herumtreiben verboten. Brave christliche Untertanen haben schließlich seßhaft zu sein, nicht wahr? Davon sind die lieben Leute hier bis heute nicht ganz überzeugt.

150 Meilen östlich bildet sich eine Wetterstörung. Pünktlich am 24. Dezember heulen die Westwinde los, mit wilden Schauerböen; auf dem Riff brüllt donnernde Brandung, böse Dünung rollt bis in die Lagune. Wir können unsere Freunde nicht abholen. Wir sehen auch keines ihrer Kanus, denn nun toben Wind und See ungedämpft auf ihre Strände, und wir hängen im mäßigen Schutz der Hauptinsel an drei Ankern mit schweren Reitgewichten auf den langen Ketten, rollend und stampfend, ohne Chance, das greifbar nahe Land zu erreichen. Zwei Wochen lang. Weihnachten und Neujahr vergehen. Immer wieder hören wir Trommeln und Gesang, sehen wir Menschen am Strand, die uns einladend zuwinken. Doch heraus trauen auch sie sich nicht.

Irgendwann schaffen wir es. Wir finden die ganze Insel in festlicher Stimmung. Bunt gekleidete Frauen und Mädchen eilen mit großen Tabletts voller Festspeisen hin und her, die Männer geben sich würdig, die Kinder versuchen artig zu sein. In der *Maneapa*, der offenen Versammlungshalle, hocken drei große Sippen und feiern, wie wir es ja schon erlebt haben. Buntes, unbeschwertes Polynesien, Pause im ernsten Arbeitsrhythmus des Jahres. Tagelang geht das schon so, Wochen wird es noch dauern. Bald schweben wir mit. Wir träumen mit vom großen Fischzug, vom alles lösenden Regen nach der Dürre, vom ersten Wind nach dem Orkan, von weiten Reisen der Ahnen, von Nachbars scheuem Mädchen, von Jungs voll frecher, gesunder Gier. Kann das je langweilig werden? Hier sind Singen und Tanzen, Texte und Gesten noch Spiegel des Lebens, Darstellung der Arbeit, aufregender Ereignisse und überlieferter Geschichte, echter Gefühle, Träume und Wünsche.

Wir sind Gäste, flüchtige Besucher. Wir fühlen uns wohl und willkommen. Und wir schämen uns für das, was zivilisierte Abendländer auch hier anzurichten versucht haben. Die Menschen auf diesen kargen Riffen leben von harter Arbeit und mit solch herrlichen Freuden selbst heute noch so unschuldig, daß wir uns scheuen, Ort und Namen zu nennen. Segelt hin, Freunde, nur mit eurer Bescheidenheit ausgerüstet, und verstaut Zivilisation, Eile und kleinkarierte Überlegenheit ganz tief in der Last. Schaut, lauscht, staunt und denkt nach.

Die Jahreszeit drängt. Wir trennen uns schwer und versprechen wiederzukommen; damit meinen wir es ernst. Dann laufen wir aus.

Der Tidenstrom setzt nach Westen gegen 20 kn Westwind. Dessen frische See tanzt auf der hohen Dünung der letzten Tage. Und dieses Gegeneinander trifft sich tobend in der flachen und nicht allzu breiten Lücke im Riff. Das kann spannend werden. Seezeichen gibt es hier nicht. Wir müssen uns auf unser Maschinchen verlassen, auf das wild flimmernde Echolot und geschätzte Peilungen von Sandhaufen, Palmen und Gischttürmen über Riffkanten. Drei bis zehn Meter Tiefe zeigt das Lot, Brecher decken die ganze Lücke. Die Seen rollen so hoch und steil heran wie noch nie, und alle überschlagen sich krachend. VAGANT taumelt wie besoffen in tiefe, steile Wassergräben, steckt den Bug in den nächsten Hang, springt wild nach oben und kracht durch den brausenden Kamm in die Grube dahinter. Sie kann kaum dem Ruder folgen und wühlt sich nur langsam, schrecklich langsam durch den wilden Hexenkessel. Und dann bricht ein steiler Wasserberg hoch über uns, kracht mit hartem Schlag auf unser Schiffchen herunter. Die Plicht ist voll bis zum Rand, ein wilder Schwall schwappt in die Kajüte. Irres Taumeln schöpft noch einiges hinterher, wirft draußen das meiste ab. Lange dauert das, bis wir endlich, endlich draußen sind. Wie von Fesseln losgeschnitten, springt VAGANT aus den letzten tiefen Wassergräben über den stromgurgelnden Außenrand des Durcheinanders hinweg und braust nach Norden.

Nicht lange, denn bald segeln wir in die Wetterzone des Äquators, in den Aufruhr und das Durcheinander zwischen 5° Süd und 5° Nord: 600 Meilen oder gut 1100 km breit. Die extrem geringe Wahrscheinlichkeit, hier einem tropischen Wirbelsturm zu begegnen, ist unser einziger Trost. Gewaltige Wolkentürme steigen ringsum auf, der Wind dreht sich hauchend oder heulend in alle Richtungen. Vom Himmel strömt massives Wasser. VAGANTS Mast ragt bis in die Wolken. Gewitter grollen, nachts flackert Wetterleuchten. Schwüle Flauten walken uns durch, dann liegen wir apathisch in den bockenden Kojen und schnappen nach Luft. Die Navigation wird schwierig, denn wir sehen keine Sterne, nur manchmal die Sonne wie eine plattgefahrene Apfelsine und, na ja, wir haben keinen Satnav. Unbestimmte, starke Strömung schiebt uns hin und her. Bald wird es immer schwieriger, den gefährlich niedrigen Atollen des nördlichen Tuvalu und des südlichen Kiribati auszuweichen. Einmal können wir Kompaßpeilungen von Wolken nehmen, die etwas anders aussehen als die übrigen, und vorsichtig vermuten, daß sie Inseln anzeigen. Doch spätere Messungen bestätigen das.

Alle Nerven vibrieren. Irgendwo zwischen unsichtbar drohenden Riffen und Inseln hinter der grauen Kimm schäumt nicht weit von uns ein Riff, wo keins sein dürfte. Eine schmale, einige hundert Meter lange Brecherkette hebt sich deutlich von der See ab. Das Lot zeigt keinen Grund, die Karte weit und breit nichts. Eine Vigia, eine der unklaren Gefahren dieses Ozeans, wie sie immer mal wieder entdeckt und bestätigt oder trotz gründlicher Nachsuche nicht wiedergefunden werden. Nach einem Schwarm Fische sieht das nicht aus, wie schlafende oder gar tote Wale auch nicht. Für eine Stromkante sind die Brecher zu hoch und dicht. Ein treibendes Wrack? Ein U-Boot? Ach was, es ist die große, Schiffe fressende Seeschlange, ganz klar. Das Wetter verbietet uns jede Neugier, wir segeln weiter, so schnell wir können.

Eines Nachts kreuzen wir die theoretische Linie des Äquators. Zum vierten Mal. Dann, nach einer allzu langen Reise von 830 Meilen in dreizehn Tagen, segeln wir endlich, endlich am Westriff des Tarawa-Atolls entlang. Wir haben es geschafft! Bald liegen wir auf dem Hauptankerplatz in der Südwestecke des Atolls. Wo sonst kann der sein, als auf Legerwall, voll dem Seegang des steifen Nordost ausgesetzt, der über die dreizehn Meilen lange Lagune weht. Wir schicken uns ins rollende, stampfende Unvermeidliche.

Am nächsten Morgen füllt ein Zöllner tapfer schluckend seine Formulare aus, die charmante Einreisedame hockt braungrün und apathisch in der Plicht. Erst danach entdecken wir hinter einer Ecke die Einfahrt zu einem langen Kanal, der in einen Hafen mündet. Hafen? Ein großzügiges Schwimmbecken ist das. Egal. Wir loten uns hinein, jubeln über den endlich erreichten ruhigen Liegeplatz – und sitzen auf Grund. Beim ersten mäßigen Niedrigwasser liegt VAGANT flach auf dem Kies, beim zweiten Versuch woanders mit dem Kiel auf Eisen oder Beton, beide Male mit mehr als 50° Lage, immer wieder heftig ruckend im Schwell der munter aus- und einlaufenden Schlepper, Lagunenfähren und Fischer. Fünf Tage suchen wir, bis VAGANTS Kiel sich endlich bei fallender Tide weich in den Schlamm zwischen Trümmern senkt.

Trümmer sind hier Teil der Landschaft unter und über Wasser. Im November 1943 griffen die Amerikaner das japanisch besetzte Betio an, das Hauptinselchen des Atolls Tarawa. Es war ihr erster amphibischer Frontalangriff auf ein befestigtes Atoll, mäßig geplant und ohne Rücksicht auf Verluste vorgetragen. Mit einer Flotte von Schlachtschiffen, Kreuzern, Zerstörern, Flugzeugträgern, Transport- und Landeschiffen kamen sie, dazu eine gewaltige Übermacht an Material und Truppen. Tausende Tonnen Granaten und Bomben verwüsteten das winzige Fleckchen Erde, fast zum Bedauern der Marineinfanterie, die fürchtete, nicht genug „Japse killen zu können". Nach 74stündiger Schlachterei hatten die Amerikaner gesiegt. 1027 ihrer Marineinfanteristen waren tot, 2292 verwundet. 4670 Japaner wurden getötet oder brachten sich selber um. Nur aus Versehen konnten 17 Japaner und 165 koreanische Bauarbeiter ihr Leben in Gefangenschaft retten. Trümmer dieser Schlacht liegen noch immer herum: verrostete Kanonen, grünspanige Munition, korallenverkrustete Flugzeugwracks, zerschossene Bunker, der Turm eines Panzers... Für die Amerikaner ist die Schlacht von Tarawa ein historischer, heroisch errungener Sieg. Die Einheimischen haben sie vergessen, sie ist nicht Teil ihrer Geschichte.

Die ging danach recht munter weiter. Kiribati (gesprochen „*Kiribaß*") wurde unabhängig. Und die Menschen begannen sofort, ihr Land aufzubauen, mit soviel Eifer und Fleiß, wie es niemand in dieser heißen Gegend 1° nördlich des Äquators erwarten würde. Die Unruhe ihrer ständigen Arbeit macht unseren Liegeplatz ungemütlich, selbst nachts und sonntags. Wir spüren Optimismus, Schwung und die Entschlossenheit, es zu etwas zu bringen.

Andere versuchen das auf ihre Art. Bruno*) aus Deutschland etwa. Mit seiner ausgeprägten Vorliebe für fremdes Eigentum fand er Polizei und Justiz zu Hause unangenehm und verschwand. Irgendwann tauchte er in Surinam auf. Als er wieder abreiste, war auch eine Yacht weg. Welch ein Zufall! Nach angemessener Zeit lief Bruno mit seiner CARAMBA*) Costa Rica an, so klamm, daß er das Schiff verkaufen mußte. Er kassierte, segelte aber damit weiter. In Kieta auf Bougainville war er wieder pleite. Wieder wurde CARAMBA verkauft. Diesmal konnte Bruno nicht mit seinem Schiff weiterfahren, er brauchte ein neues. Das segelte dann eines Tages am Riff entlang auf See hinaus, erinnerten sich einige Segler später, als der entsetzte Eigner seine HIGH NOON vermißte. Die blieb samt Bruno verschwunden. Der Pazifik ist ja so riesengroß...

Nicht groß genug. Nach harter Reise, 1200 Meilen zum größten Teil gegenan, lief Bruno ziemlich erschöpft mit seiner neuen CARAMBA Tarawa an. Er ahnte nicht, daß sich inzwischen die Amateurfunker der Sache angenommen hatten. YAWARRA aus Brisbane lief ein, Joan und

---

*) Namen geändert

Garry sahen CARAMBA draußen vor Anker stampfen, erkannten in ihr HIGH NOON, und schon saß Bruno im Knast. Nicht daß das seiner weiteren Karriere besonders geschadet hätte. Die Behörden Kiribatis wollten mit solch schrägen Blauwasservögeln so wenig wie möglich zu tun haben. Hier hatte er ja nichts geklaut. Also mußte er ganze 150 Dollar für „ungesetzlichen Besitz und Einfuhr gestohlener Waren" bezahlen, darf sich in Kiribati nicht mehr sehen lassen und beschwerte sich heftig, weil bei der Räumung „seines" Bootes angeblich ein paar Sachen verschwanden, über 8000 US-Dollar „eigenes" Geld in der Tasche. Sicher wird Bruno bald mit einer neuen CARAMBA in den Kreis der Blauwassersegler zurückkehren.

Und HIGH NOONS Eigner konnte zusehen, wie er sie zurückbekam. Jemand wollte sie nach Kieta schleppen, hörten wir. Eine Yacht 1200 Meilen weit über den Ozean schleppen? Blödsinn, dachten wir. Bis eines Tages neben uns eine Ankerkette rasselte: die prachtvolle Ketsch NEREIA aus Auckland, mit Joy und Ron.

Von allen Seglern verdienen die unseren höchsten Respekt, die sich ihr Boot selbst gebaut haben. Jahrelange Sklavenarbeit kann solch ein Unterfangen werden, oft mit ungewissem Ausgang, oft als Selbstzweck. Knappe Mittel und Grenzen handwerklicher Fähigkeiten zwingen fast immer zu Kompromissen. Was dann am Ende schwimmt – falls es dazu kommt –, ist oft sehr solide, häufig aber auch recht hausbacken. Ganz anders die Dreieinigkeit von NEREIA, Joy und Ron. Auch NEREIAS Bau war eine schier endlose Schufterei, doch was da entstand, ist bis in die Details allererste Spitzenklasse: 37 Fuß*) lang, 11 Fuß breit, 5 Fuß Tiefgang, 12 Tonnen Verdrängung, eine Ketsch mit Bugspriet, ein zeitloser, nobler Herreshoff-Riß, frei von den flüchtigen Einflüssen trendsetzender Rennformeln. Einfach schnell, seetüchtig, geräumig und makellos, eben „shipshape and old Bristol fashion", wie ein vorbildliches Schiff für die See sein sollte. Und die Crew paßt dazu, es sind Segler von hoher Qualität.

Vor zwei Jahren trafen wir die drei in Tonga. Seither sind sie wieder ein bißchen in der Gegend herumgesegelt: Samoa, Fidschi, Tokelau, Suworow, Palmyra, Howland, Baker – überall, wo es einsam und abgelegen ist. Auf dem Weg nach Keita, wo gute Jobs warten, kamen sie eben mal hier vorbei. Und da lag die geklaute HIGH NOON, die ausgerechnet

*) 1 Fuß = 0,305 m

nach Kieta zurück sollte – welche Gelegenheit, einfach und nebenbei eine schöne runde Dollarsumme zu verdienen!

So einfach nicht. HIGH NOON war ein leichtes, schnelles Rennboot, Regattasieger und Serientyp, der für Bruno gut zu verkaufen gewesen wäre. Weniger gut war sie freilich für weites Segeln über See. Also bereitete Ron mit bestem neuseeländischem Einfallsreichtum einen Segelschleppzug vor, und Ian, HIGH NOONS Eigner, und sein Sohn Gavin heuerten als Crew an, um Erfahrung auf See zu sammeln. Dann liefen sie aus, forsch wie Kiwis so was angehen, und sofort in schlechtes Wetter. Schleppend, kreuzend, motorend, motorsegelnd, wieder kreuzend und manchmal getrennt segelnd kamen sie langsam gegen den scharfen West voran. Dann brach in einer besonders harten Bö der untere Beschlag von NEREIAS Wasserstag. Bugspriet und Bugkorb wurden samt den Ankern hochgerissen, Holzteile splitterten, Stahl knickte. Die Masten schwankten bedenklich nach achtern. Mit Fallen als provisorischen Vorstagen fing Ron sie ab.

Bangend segelten sie nach dem 31 Meilen nahen Nauru, doch den kleinen Bootshafen dort leerte und füllte gewaltiger Seegang. Also segelten sie 130 Meilen vor dem Wind nach Banaba (Ocean Island), um dort in einem ähnlichen Häfchen Schutz zu finden. Genauso schlimm. Und mehr Land, Schutz oder gar Häfen gab es viele hundert Meilen im Umkreis nicht. Notgedrungen segelten sie um das winzige Banaba herum, fanden in Lee der Ostküste ein wenig Deckung und ankerten in hoher Dünung. Ron hängte sich mit Schwimmweste am Vorsteven ins Wasser, meißelte ein Loch durch das uralte, eisenharte Kauriholz und riggte eine Kette, die das Wasserstag wieder hielt. „Ganz einfach", grinst er jetzt, denn zum englischen Erbe der Kiwis gehört tiefste Tiefstapelei.

Nach alledem war NEREIA knapp mit Diesel. Was tun? Kaufen. Aber mit dem Dingi konnten sie nicht an Land. Also schwamm Ian durch die Brandung, kletterte das steile Ufer hoch, trabte einen Kilometer weit durch die Phosphatwüste nach Buakonikai in der Mitte der Insel, kaufte ein Faß Diesel und organisierte einen Geländewagen, der es an die Küste schaffte. Es die Uferböschung runterrollen lassen, das ging ja noch. Aber alle Versuche, das widerspenstige Ding mit Leinen längsseits der NEREIA zu bringen, ohne sie zu zerschmettern, schlugen fehl. Ordentlich wie Ron war, stellte er das volle Faß samt Rechnung auf dem rauhen Kiesstrand ab – und da steht es vielleicht heute noch.

Ein neuer Sturm aus Westen zwang sie aufzugeben und nach Tarawa zurückzusegeln. Aber Aufgeben kann für Kiwis vom Schlage Joys und Rons nur Abwarten bedeuten. Warten auf bessere Bedingungen für den nächsten Versuch. Und da sitzen sie nun und erzählen.

Hier ist es heiß, manchmal so drückend schwül, daß wir uns tagsüber kaum noch rühren mögen. Wir trinken bis zu vierzehn Dosen Limonade am Tag und etliches aus Wasserleitungen dazu. So schnell und gierig wir das kühle Naß schlucken, so schnell perlt der Schweiß aus allen Poren.

Wir stocken zu günstigen Preisen einfache Verpflegung auf, bummeln ein paar Tage durch die weite Lagune und laufen wieder aus. Die Kette der folgenden Inseln ist dicht und dennoch weit: kaum sichtbare, schier endlose Riffe und große Lagunen mit wenigen schmalen Strichen Land. An einem Spätnachmittag segeln wir durch ein rauhes Tor schäumender Brandung in die Lagune von Butaritari, bis hinter eine wunderschöne kleine Palmeninsel. Mit unserem Anker fällt die Sonne ins Meer, und wir genießen einen ruhigen, romantischen Tropenabend.

Nachts beginnt VAGANT zu rucken. Der Ostwind ist wieder da, und zwar in voller Stärke. Unser Boot stampft bedrohlich nah am Riff. Auf knapp zwei Meter Wassertiefe kämpfen wir mit dem Anker. Im fahlen Licht des halben Mondes droht heller Grund mit dunklen Korallenköpfen herauf. Wir verholen ein Stück nach Luv ins Ungewisse und stampfen ohne Schlaf durch den Rest der Nacht. Das war knapp. Konnten wir das nicht vermeiden? Morgens flüchten wir aus der Lagune nach draußen. Auch Butaritari hat seinen Hauptankerplatz im Südwesten, allem Wind und dem Seegang von dreizehn Meilen Lagune ausgesetzt. Warum nur? Draußen, in Lee des Atolls, ankern wir sicher auf der langen, ruhigen Dünung des freien Ozeans.

Hütten unter hohen, wiegenden Palmen, schlanke Auslegerkanus am hellen Strand, dunkle Männer und Frauen, die ruhig ihre Arbeit tun, eine Schar Kinder, die sich kreischend um unsere Aufmerksamkeit bemühen. Ein junger Mann, vom Fischfang heimkehrend, paddelt freundlich grüßend vorbei. Ortsübliche Höflichkeit erlaubt es hier nicht jedem, uns so ohne weiteres an Bord heimzusuchen. Wir warten ab, wie es sich bisher immer bewährt hat, und bekommen am nächsten Tag offiziellen Besuch. Eine energische, mollige Dame und ein sehniger dunkler Herr paddeln vorsichtig längsseits und laden uns höflich ins Dorf ein, dort bekämen wir auch etwas zu essen. Sehen wir so hungrig aus? Dann müssen wir wohl unser Dingi klarmachen und durch die Brandung paddeln. Und die schäumt gar mächtig. Aber auch regelmäßig. Wir paddeln heran. Ein gläserner Wasserberg versucht, uns vor sich herzuschieben. Wir stoppen, schauen mit einem Kloß im Hals auf den Strand hinab. Der Hügel rollt durch, und wir paddeln an seinem Hinterhang wild voraus. Vor uns bricht das grüne Glas mit Donnergetöse. Weißer Schaum versucht, uns nach draußen zu spülen, zerrt an unseren Füßen, als wir ins Wasser springen, um die letzten Meter aufs Trockene zu fliehen. Der nächste Glasberg rollt heran, zerbirst zu Schaum, leckt den Sand und wirft unser Dingi einer Gruppe jubelnder Kinder als Spielzeug zu.

Da ist es mit der Zurückhaltung des Dorfes vorbei. Alle kommen, Männer, Hunde, Frauen, Hühner, Kinder, Schweine, Fliegen, und wir müssen mit. Im ersten Haus beginnen sie uns zu füttern. Häuser sind auch hier im nicht mehr polynesischen Mikronesien luftige, wie gewachsene Gebilde: sechs oder acht Stangen über Eck stehend, eine federnde Bambusplattform knapp einen Meter über dem festgestampften Boden und obendrauf ein Dach aus gebündelten Palmenzweigen. Werkzeug, Fischereigerät, Kissen und Kleiderbügel hängen hoch oben unterm Dach. Das Familienleben findet auf der Plattform statt. Der Raum darunter wird frei und sauber gehalten für alles, was da kreucht und fleucht; Schüsseln voll Wasser und Undefinierbarem, in denen die tragenden Stangen stehen, bremsen unerwünschte Krabbelviecher.

Kuchen gibt's, weichen, feuchten, süßen. Nicht so ganz unser Geschmack, aber doch echte, gesunde Leckerei aus allem, was die karge Natur hier bietet: süße, goldene Papaya, geschabte Eßkokosnuß, zu dicker Milch geriebene junge Trinknüsse, breiiges Mehl aus Erdfrüchten, Bananen und noch mehr, alles gemischt, geknetet und süß durchfeuchtet von frischem Toddy. Das ist fremdartig und so mächtig, daß wir bei allem guten Willen nur ein Stück vertilgen können. Ja ja, wir wissen, daß sich das nicht gehört, genausowenig, wie eines der niedlichen Kinder am Kopf zu streicheln, ja, aber wir schaffen es einfach nicht.

Wir wollen ins Dorf, in die Metropole Butaritari, und die ist weit weg. Die Männer besorgen betagte, stabile Fahrräder aus China, mit Hebel- und Stangenbremsen ohne Wirkung und stacheligen Stahlfedersätteln ohne Bezüge. Unter Führung eines freundlichen Jungen radeln wir davon, gravitätisch langsam die gewaltige Übersetzung tretend. Über Stock und Stein geht's die Hauptstraße entlang, unter wiegenden Palmen, an verwunschenen Teichen vorbei. Libellen schwirren, Vögel schwingen, die Fahrradketten scharren rhythmisch. Die Sonne glüht, die Reste der Sättel erzählen unseren Hinterteilen knarrend und kneifend, wie weit es noch ist. Weit.

Im Uferschlamm verrotten Reste eines viermotorigen japanischen Bombers. Zerbrochen, zerfetzt, von Splittern und Geschossen durchlöchert. Auch hier war Krieg. Fast 1500 junge Männer kamen um, amerikanische Befreier, japanische Unterdrücker, koreanische Bauarbeiter, unvorsichtige Einheimische; acht gefangene Amerikaner wurden zeremoniell geköpft. Vergessen...

Von seiner Entdeckung an war Butaritari das am meisten von Weißen besuchte Atoll aller Gilbert-Ellice-Inseln. Hier übernahmen Walfänger Zusatzladungen Kokosöl, hier errichteten Trader erste Handelsstationen, Missionare ihre Kirchen und Schulen. Wenig ist davon geblieben. Wo das bißchen betonierte, blecherne, nüchterne Neuzeit aufhört, sprießen wie seit je die ewigen, einfachen Hütten der Menschen und die wiegenden Palmen, die sie ernähren.

„Die *Unemane* wollen euch in der *Maneaba* sehen", empfängt uns bei der Rückkehr Nei Tunema, die Dame Tunema, die uns zuerst begrüßte. Das ist eine Ehre. Und eine sehr formelle Angelegenheit mit festen Regeln. Wir ziehen unsere besten Kleider mit bunten, luftigen, gewickelten Lavalava an und schreiten mit den anderen würdevoll zur großen, offenen Versammlungshalle, der *Maneaba*. An einer Längsseite sitzen die *Unemane*, die weisen alten Männer, mit untergeschlagenen Beinen und unbeweglichen Gesichtern. Der Sprecher setzt uns den Alten gegenüber vor den mittleren Pfahl, den Platz der Begrüßung. Nach langer, wohlklingender Einführung müssen wir aufstehen und auch eine Rede halten. Jeder einzeln, bitte. Wir tun, was wir können, und der Sprecher übersetzt viel länger und ausführlicher. Was erfindet er da bloß? „Welches ist eure Heimatinsel?" kommt die Frage. Germany. Deutschland, Europa. Aha, Mercedes, Hitler, Volkswagen, Amerika, Ja, ja. Ob sie wissen, wie weit weg sie ist, unsere Heimatinsel Germany? Irgendwo bei Fidschi mag das sein, vielleicht sogar in Australien, jedenfalls sehr weit weg.

Geschickt verhindert der Sprecher, daß wir uns wieder setzen, denn das gehört sich nicht. Er führt uns zu einem anderen *Boti*, dem Sitzplatz für Gäste, denn nun sind wir eingeführt. An der Querseite gegenüber hocken schon Jungen und Mädchen in ihren Tanzkleidern: Baströcke, leuchtende Blumenkränze über den Schultern und auf den Köpfen, Gräser im Haar, bunte Bänder überall. Sie singen vielstimmig, begleitet von rhythmischem Händeklatschen, ab und zu plötzlich mit einem frechen Schlußjauchzer endend, der in allgemeines Lachen übergeht. Langsam beginnen sie zu tanzen: schwingende Bewegungen, lockende Blicke, ganze Geschichten malende Arme und Hände, wiegende Beine, die jedoch nie den Boden verlassen. Alle lachen, klatschen, singen mit, schauen jubelnd bestimmte Leute an, die wohl gerade gemeint sind, auch uns.

Der Einführung folgt der amtliche Teil. Der Sprecher redet lange und blumig, eine junge Familie erscheint mit ihrem Kind, dazu gleich zwei Pastoren auf einmal. Erst kommt die Familie dran. Er ist von einer anderen Insel, sie hat hier Heimatrecht. Ein Verwandter ist gestorben, und sie wollen das Erbe antreten, sich ihrer neuen *Kaainga* vorstellen, denn sie wissen, was sich gehört. Er überreicht dem obersten Häuptling ein bunt verpacktes Päckchen, sie ein angemessen kleineres. Er hält eine Rede, sie auch, und dann singen sie, schön, lange und zweistimmig eine offenbar interessante Geschichte, die sich in den Mienen und Gesten der Zuhörer spiegelt.

Dann sind die Pastoren dran. Zuerst der ältere, gewaltigere. Der frühere Pastor hat sich vorbeibenommen, so bekommen wir tuschelnd übersetzt, ein schlechtes Vorbild für die Jugend sei er gewesen, und hier ist nun der neue. So kurz fassen sich die beiden natürlich nicht, denn Kürze wäre hier unverzeihliche Schroffheit. Nach Wiederherstellung der Verbindung zum Himmel folgt Irdisches. Wahlweise Toddy oder Tee servieren die Damen, große Schalen voll Fisch, Huhn, Schweinefleisch, Reis, Brot, Taro, Papaya, Gemüsesalat folgen, alles schmackhaft zubereitet und ansehnlich angerichtet, mit den Fingern zu essen. Wir nehmen nicht mehr, als wir essen können, denn was auf dem Teller ist, *muß* gegessen werden.

Die Hunde kennen offenbar diesen Brauch. In die *Maneaba* dürfen sie nicht, höchstens als Fleisch in der Schüssel. Also liegen sie am Rand der offenen Halle, und plötzlich fühlen wir ein leises Stupsen. Hey, ihr Leute, bittet der treuherzige Blick dahinter, gebt mir was, ich sag's auch keinem weiter. Wir beobachten, wie auch andere verstohlen ihren Tribut entrichten, denn beim Einsammeln sind alle Teller blank.

Der gesellige Teil danach ist lang: Singen, Tanzen, Singen, Fragen: Wo war noch eure Insel? Dann wird es Zeit, daß wir uns verabschieden. Das ist nicht einfach. Lange, tönende Ankündigung durch den Sprecher, nickendes Einverständnis der immer noch unbeweglichen *Unemane*, und dann ist die nächste Rede fällig, klangvoll und blumenreich übersetzt vom Sprecher. Hoffentlich vergißt er nicht unsere dringende Mahnung, ihre Kultur, ihre Tänze und Gesänge zu bewahren. Alle klatschen und lachen, der *Uea* erhebt sich schwerfällig, wir gehen auf ihn zu, wie es sich gehört, und überreichen unser Geschenk.

Das ist der Höhepunkt. Geschickt muß es geschehen, mit einem Händedruck, so unauffällig wie möglich und doch so, daß jeder es sieht. Hälse recken sich, Augen werden groß, niemand sieht's und alle jubeln, denn die Fremden haben der *Kaainga* 20 Dollar gegeben! Dann dürfen wir gehen, rückwärts. Verbeugung am Ausgang, die das Dach sowieso erzwingt; würdevolles Kopfnicken der *Unemane*. Beladen mit Bananen, Taro, zwei riesigen Papayas und Bündeln von Trinknüssen kehren wir zum Dingi zurück. Ein Paar Sandalen sind weg. Die Versuchung war wohl zu groß.

Als Fremde haben wir natürlich eine gewisse Narrenfreiheit. Dennoch war es gut, daß wir uns vorher über die Bräuche unterrichtet haben. Versammlungen der *Kaainga* sind nämlich keine einfache Geselligkeit oder gar Schau für Touristen, die es hier sowieso nicht gibt. Da werden alle Probleme der Gemeinschaft beraten und entschieden, und selbst die Regierung in Tarawa respektiert das. Da gab es kürzlich einen spektakulären Mordfall. Jeder wußte, was geschehen war, und kannte die Täter, auch die Polizei. Sie ermittelte, fand nichts und schloß die Akte. Skandal, nicht wahr? Das Opfer, ein Finsterling, war nachts durch die Dörfer geschlichen, in Häuser eingedrungen, hatte Frauen belästigt, mehrere vergewaltigt und verteidigende Männer niedergeschlagen. Nie wurde er richtig erwischt, denn seine *Kaainga* schützte ihren gefallenen Sohn. Nicht ohne Ermahnungen, strenge Warnungen und Prügel. Es half nichts. Einmal faßte ihn die Polizei, und das Gericht tat, was es konnte. Es half nichts. Da kamen die *Uea* aller *Kaainga* in der *Maneaba* des verlorenen Sohns zusammen und entschieden: Angebot zur Hilfe bei der Auswanderung und allerletzte, strengste Verwarnung, *sonst*...

Kein Erfolg. Wenig später fanden viele Familien Teile des zersägten Übeltäters am Strand ihrer Grundstücke zum Meer hin, und alle atmeten erleichtert auf.

Wir segeln weiter nach Nordwesten zum Nachbaratoll Ebon, ganze 260

Meilen weit weg und doch schon wieder in einem anderen Land. Hier beginnt das amerikanische Trust Territory der Marshall-Inseln. Was wir über dieses Gebiet hören, klingt nicht gut. Weil die Amerikaner das Atoll Bikini für Atomversuche mißbrauchten und Eniwetok noch heute als Raketenschießplatz dient, sollen die Einheimischen ihre Ursprünglichkeit ganz und gar verloren haben. Bürokratie und Militär verpesten das Leben der Inselgruppe. Da wollen wir uns raushalten. Aber dieses Ebon liegt so schön am Wege, und wenn sie dort Coca Cola und Hamburger gewöhnt sind, werden sie uns ja nicht gleich mitfressen.

Atolle können uns noch immer ein wenig erschrecken. Das beginnt mit der Ungewißheit, ob die Navigation auch wirklich stimmt, wenn wir nicht sehen, was eigentlich schon längst da sein müßte. Irgendwann drängen sich plötzlich ein paar dünne Striche in die Kimm, weit weg, wie es scheint, und dann sind die Palmen und Riffe viel zu schnell da.

So auch bei Ebon. Kaum haben wir es gesichtet, jagen wir schon am Riff entlang und suchen einen Ankerplatz. Wir finden keinen. Ebon steigt als Turm steil aus sehr großen Tiefen auf. Nach langem Suchen loten wir ausgerechnet neben der komplizierten Riffpassage einen kleinen flachen Vorsprung am schroffen Grund. Wir hängen uns mit Ankern dran wie eine Spinne an den Rand einer Blumenvase und machen Pause. Nachts flimmern die Lichter der Siedlung irgendwo am anderen Ende der Lagune. Sollen wir dahin? Gern. Menschen gehören zu den interessantesten und wichtigsten Zielen unserer Reisen. Doch irgendwie mögen wir hier nicht. Amerika ist anderswo bestimmt interessanter.

Über uns leuchten die Sterne dicht und nahe, im Rigg summt ungeduldig der mächtige Passat, VAGANT wiegt sich weich in der langen, ruhigen Dünung. Zwischen uns und den dunklen Umrissen der Palmen braust der fahlgrün leuchtende Wolkenstreifen der Brandung des ewigen Riffs. Im nachtdunklen Strom des schnellen Wassers um uns wirbelt ein Firmament grün-weiß funkelnder Irrlichter vorbei.

Stürmischer Nordostpassat schiebt uns weiter nach Nordwesten. Auf der mächtig rollenden See tanzen weiße Schaumkronen. VAGANT surft, ihr Bug läßt seine Welle hinter sich. Oben ziehen friedliche Passatwolken dahin, alles funkelt in der strahlenden Sonne. Eines Abends setzt sie sich breit auf die klare, wellige Kimm. Die Kämme der See glühen golden, rosa leuchtet der Schaum der Brecher. Die Sonne sinkt, rutscht über die Kante der Welt und schrumpft zum schmalen ovalen Strich, über sich eine große rotgoldene Aura. Der Strich schmilzt zum glühenden Punkt, erlischt, und für einen ganz kurzen Augenblick huscht ein strahlend grüner Blitz hinterher – „the green flash", ein seltenes Geschenk der Sonne auf See.

Über all dem tropischen Frieden aber hängt eine schlimme Drohung: Wirbelstürme.

Oberstes Gebot sicheren Segelns auf See ist es, bekannte Gefahren zu meiden. Einzig diesem Zweck dient zum Beispiel die Zeit- und Streckenplanung der Passatroute um die Welt. Sie vermeidet sturmreiche Gebiete, und die Zeitplanung hilft, die wirbelsturmfreien Jahreszeiten einzuhalten.

Hier geht das nicht. Im riesigen Gebiet des Zentral- und Nordpazifik können solche Stürme zu jeder Jahreszeit auftreten. Sie entwickeln sich von 5° Nord an. Was sie dann treiben, ist erforscht – bis hin zu der Erkenntnis, daß sie unberechenbar bleiben. Eigentlich dürften wir also gar nicht hier segeln. Uns bleibt nur, die Augen offen zu halten, aufmerksam die Wetterentwicklung zu beobachten, eigene Schlüsse zu ziehen und den wenigen Regeln zu folgen, die es möglich machen, solchen Wetterungeheuern auszuweichen.

Doch unser Passat bleibt brav, er wird eher noch härter und ehrlicher. VAGANT jagt mit höchster Fahrt lange, weißgetigerte Hänge hinunter; alle Kämme brechen brausend. In den Tälern sehen wir nur dunkles Wasser und weißen Schaum bis hoch in die Wolken. Wir führen kleinste Segel, und Gustave rackert, daß die Farbe platzt. Bald müßte Kosrae vor uns aufsteigen. Aber es ist nicht da. Neue Sonnenhöhen, neue Standlinien, kein Kosrae. Und dabei ist es doch 600 m hoch, die erste hohe Insel seit Samoa! Dann schwebt plötzlich hoch oben ein fahler, hellgrauer Zacken: der Mount Crozer! Der Rest schwimmt in einem Dunst, wie ihn Riffe und Berge sich wohl selber machen. Es dauert lange, bis daraus eine richtige Insel wird, mit hohen spitzen Gipfeln, gezackten Graten und tiefgrün überwucherten Wänden und Schluchten. Dazu ein winziger Hafen an der Luvseite, dessen enge Lücke genau dem vorherrschenden Nordostwind zugewandt ist.

Unnötige Sorge. Die Riffe zu beiden Seiten tun zwar fürchterlich wild, doch ein paar frisch gemalte Baken dämpfen ihren Schrecken. VAGANT gleitet in ein stilles Becken hinter dem kleinen bewaldeten Hügel der Riffinsel Lelu, zu Füßen romantischer Berge. Nicht weit von einer großen weißen Kirche fallen unsere Anker. Wir staunen.

Eine Glocke bimmelt, Volk in buntem Sonntagsstaat strömt herbei, und bald hallt ein herrlicher Choral vielstimmig über das stille Wasser, untermalt vom Brausen des nun schon fernen Riffs. Welch ein Empfang! Das Wochenende verschafft uns eine Gnadenfrist. Es heißt nämlich, daß die Bürokraten der Federated States of Micronesia, zu denen Kosrae gehört, keine Yachten mögen. Unsereins braucht eine besondere Genehmigung. Wir haben sie beantragt, nicht bekommen, nachgefaßt, nichts gehört, und nun sind wir eben hier.

Auch am Montag macht unsere gelbe Flagge keinen Eindruck. Schließlich trauen wir uns an Land und rufen an. *Kulo Mahlap* – guten Tag! Genehmigung? Ach ja, richtig. Beeindruckt lesen die Beamten später die Kopien unserer Briefe. Na fabelhaft, dann läuft das doch irgendwo und irgendwie; kein Problem. Man darf das eben nicht so deutsch sehen. *Kulo Mahlap!*

Und dabei war das Land doch bis zum Ersten Weltkrieg deutsche Kolonie. Die kaiserliche Kolonialverwaltung schuf auf ihre Art Ordnung, die für einiges heute noch Grundlage ist. 1915 übernahmen die Japaner, 1946 die Amerikaner die Kolonie. Die Japaner waren harte Verwalter und groß im Nehmen – die Amerikaner später noch großzügiger im Geben. Aber dem neuen selbständigen Staat stiften beide Länder noch mehr. Kosraes Bürger schauen unbeeindruckt zu und warten, wer denn nun am Ende am meisten gibt. Da wundern wir uns nicht mehr über die Apathie, die hier in der Luft hängt.

Am Ufer rotten wilde, bunte Bruchbuden aus Schrottblech, Kisten, Brettern und Plastikplanen, mühsam gestützt von alten Mauerresten, Bäumen und sich selbst. Von der groben Straße wallen dichte Staubwolken vorbeifahrender Autos hoch, viele von ihnen Wracks, die nicht einmal mehr Farbe zusammenhält. Und ringsum drängt sich buntes Menschengewimmel beginnender Übervölkerung. Im wuchernden Busch dahinter zerfallen gerade Grundmauern und ebene Fundamentflächen. Kurze, breite Steintreppen führen ins wilde Grün. Hier schlafen die Ruinen heiliger Stätten, der Burgen und Gräber großer Häuptlinge aus Kosraes über tausendjähriger Geschichte. Eine lange Straße gibt es da. Kanäle, hohe, gerade Mauern aus Steinen, die wie Balken geschichtet sind, mächtige Tore und Grundmauern, Wallgräben, Brunnen, Feuerstellen, zu glatten Becken geschliffene Steine der Küchen, gepflasterte Wege, dunkle Grüfte... Die Wucht dieser Bauten ist einzigartig im Pazifik, vergleichbar nur mit den noch ausgedehnteren Ruinen der Inselresidenz Nan Madol im benachbarten Ponape. Lange hieß es, all dies sei die rätselhafte Hinterlassenschaft eines unbekannten Volkes, das vor etwa 500 Jahren ganz plötzlich im Nichts verschwand.

Moderne Forschung sieht das weniger geheimnisvoll. Kosrae wurde über einen langen Zeitraum nach und nach von kleinen Gruppen sehr verschiedener Völker besiedelt. Sie vertrugen sich nicht, es gab Krieg. Um 1250 siegte ein Stamm, sein König herrschte über alle und begann zu bauen. Um 1400, vor 600 Jahren also, war die Pracht fertig. Die Kultur hatte ihren Höhepunkt erreicht, Ruhe, Frieden und der große König Kokosra herrschten im Lande. Nach ihm begann ein jahrhundertelanger Verfall. Die Menschen, die heute so achtlos neben den Ruinen hausen, haben nichts mehr mit dieser Vergangenheit zu tun. Rücksichtslose Walfänger, gerissene Händler, bigotte Missionare und danach die so unterschiedlichen Kolonialmächte haben ihnen das Nationalbewußtsein gründlich ausgetrieben, so gründlich, daß sie vergessen haben, wer sie eigentlich sind.

Ted ist das egal. Er ist ein wohlhabender Mann und hat Spaß daran, sich um durchreisende Yachten zu kümmern. So hört er von der Welt, und die Yachties haben einen kleinen Stützpunkt. Viele sind es, die da kommen, mindestens vier bis fünf im Jahr! Und einige von denen segeln sogar allein! Einer war ganz seltsam. Der suchte eine Frau. Schön sollte sie sein, dünn und wild. Aber er mußte allein weitersegeln, und dann trieb sein Boot in Truk an, 670 Meilen westlich von hier. Da war niemand mehr an Bord.

Ted ist von zähem Walfängerstamm – mit allem, was polynesische, mikronesische, malaische und japanische Vorfahren dazu beitragen konnten. Die Familie seiner Frau Sadako aus Japan hat die ortsüblichen Seitenlinien ähnlicher Art. In den zehn Kindern der beiden kommt das alles zusammen. So entstehen neue Menschentypen und vielleicht solche, die unbeschwert ganz neu anfangen.

Ted kennt seine Insel und als Jäger auch ihr fast unbetretbares gebirgiges Innere. Langsam fahren wir einen holprigen Stichweg hoch. Steil. Steinig. Ein Bach plätschert. Tropenvögel protestieren piepsend, pfeifend, zwitschernd und krächzend, schweben schwirrend über leuchtenden Blüten. Wilde Tauben gurren. Sonnenstrahlen fächern in der schroffen Schlucht hoch oben. Um den spitzen Gipfel des Mount Finkol ziehen Schönwetterwolken. Schatten werfen bizarre Muster.

Ist es nicht herrlich schön hier? „Ja", sagt Ted, „sehr schön, denn weiter oben wachsen Gurken. Und auf der anderen Seite, da ist es erst richtig schön. Da wachsen Papaya!" Kosrae ist eine der schönsten Inseln des gesamten Pazifiks, so heißt es, vergleichbar mit Moorea und Bora Bora, nur noch nicht entdeckt. Dem stimmen wir zu. Die Menschen hier wohl auch, denn, so Ted: „Da hinten ist es am allerschönsten. Das gehört nämlich mir. Da wachsen Bananen, Tangerinen, Limonen, und demnächst pflanze ich auch noch Kumara und Brotfrucht."

Wohlversehen mit all diesen tropischen Herrlichkeiten laufen wir aus. Die Riffe grollen schäumend, steifer Nordost faucht genau in die Ausfahrt. Wie sind nur die alten Segelschiffe hier herausgekommen? Draußen packt uns wilder Passat. Wir setzen kleine Segel, und der Motor bleibt stehen. Von selbst. Was hat er denn nun schon wieder? Egal. Wir segeln. Wieder zischt VAGANT weißfleckige Hügel hinunter, zögert im Tal, neigt die Nase und läßt sich vom nächsten Hang voranschieben, rauschend, mit weit gesträubter Bugwelle. Die See bricht grollend, Gischt weht bis in die Kajüte. Der sehr scharfe Nordostpassat hat einen Hauch von Härte, wie offenbar alles in dieser Gegend. Pingelap und Ponape würden wir so gern besuchen, die weite Lagune von Truk, Yap, die Insel mit dem Steingeld, und den Palau-Archipel – aber sie liegen zu weit im Westen, und es ist schon zu spät in der Saison.

Nach 1200 wilden Meilen in acht wilden Tagen rauschen wir an der hügeligen Südküste der Insel Guam entlang. An der Ecke schäumt ein kurzes Riff, und die Tropeninsel voller Palmen darauf wimmelt von bleichen Gestalten. Auf der kleinen Lagune dahinter ziehen Schwärme bunter Surfersegel ihre schnellen, mutwilligen Bahnen. Nanu? Wir segeln um das bunte Ferienparadies herum und kreuzen über ein Stück ruhigen Ozeans in die nächste Bucht; schließlich müssen wir ja noch unseren Motor reparieren. Unter mächtigen Bäumen am grauen Kiesufer steht ein kleiner Obelisk. Hier ankerte Magellan, lesen wir im Handbuch, als er Guam für Spanien entdeckte.

Nach einer Reise von drei Monaten und zwanzig Tagen erreichte seine Flotte hier am 21. März 1521 zum ersten Mal seit Südamerika Land. Freundliche braune Menschen segelten mit ihren Auslegerkanus den Schiffen entgegen und begrüßten die spanischen Seefahrer. Wie üblich kam es bald zu Mißverständnissen, und ein paar Heiden wurden totgeschossen. Das war der erste Kontakt der hiesigen Chamorros mit der Außenwelt, denn Seefahrer aus Asien, das ja viel näher liegt, segelten nie bis hierher. Die Chamorros sind eine friedliche Mischung von Malaien mit Mikronesiern und Polynesiern, und Umatac, der Ort an dieser Bucht, war die Hauptsiedlung der Insel und das Zentrum ihrer Kultur. Ein Volk ohne Feinde. Guam bedeutet in ihrer Sprache „wir haben". Das trieben die Spanier ihnen gründlich aus. Auf den hohen Felsen neben der Einfahrt bauten sie ein Fort, ein weiteres gegenüber, noch eins hinter dem Ort – und dazu die unbedingt nötigen Kirchen: alles zum Schutz des einzigen Zwischenlandeplatzes für spanische Schatzgaleonen auf der Route zwischen Manila und Mexiko.

Die Erdbeben der Jahrhunderte rüttelten die stolzen Gebäude, bis sie kaum noch erkennbare Steinhaufen waren; die alte Kultur der Chamorros verging in christlichen Weihrauchschwaden. Nur ein paar geheimnisvolle Legenden blieben erhalten, und bis heute achten die Menschen strenge Tabus an ihren einstmals heiligen Stätten. Uralte schriftähnliche Höhlenzeichnungen, ein paar Ruinen tief im Busch und die vielen vasenförmigen, knapp mannshohen Tuffsteinsäulen überall auf der Insel konnte bisher kein Forscher deuten.

Guam blieb Flottenstützpunkt bis heute. Während des spanisch-amerikanischen Krieges von 1898 dampfte das US-Kriegsschiff CHARLESTON in die Bucht, die schon damals Apra Harbour hieß, und feuerte eine fürchterliche Salve auf Schiffe im Hafen und Befestigungen an Land. Die muß wohl schlecht gezielt gewesen sein, denn der spanische Gouverneur schickte prompt einen Adjutanten, um sich zu entschuldigen. Er habe kein Pulver, um den Salut zu erwidern. Als ihn Captain Henry Class kühl informierte, daß Krieg sei, übergab er die Insel sofort.

In diesem nüchternen Hafen, den wir nach ein paar Tagen pflichtgemäß anlaufen, hat die US-Flotte Atom-U-Boote stationiert. Wir machen fest vor dem Marianas Yacht Club, und noch bevor Zoll- und Einreisebehörde erscheinen, begrüßt uns Bud mit einem kalten Bier: „Ich hab' euch gesehen, vor Anker in Jumätik." So heißt Umatac auf amerikanisch. Gibt das keinen Ärger? „Ja", sagt Alex nach bestandener Behördenprozedur, „ja, wir haben euch auch gesehen!" Alle haben uns gesehen, denn am Wochenende fahren sie durch die Gegend und kommen zwangsläufig überall vorbei, denn Guam ist nicht groß.

Aber zu groß für uns. Apra ist Hafen und nüchterne Arbeitsgegend. Die Stadt Agana beginnt 10 km weit entfernt und zieht sich dann noch 15 km hin. Viel zu weit weg für uns, gleich nebenan nur für die Amerikaner, denen Autos selbstverständlich sind. Es gibt sehr wenige, extrem teure Taxis, und Anhalter haben keine Chance. Das erleben wir bestürzt, als wir, beladen mit teuren Einkäufen, in mittäglicher Tropensonne müde die fast zugewachsenen Gehsteige am Rand der vielspurigen Rennstrecken entlangtrotten. Volle, teure Supermärkte, noch teurere Spezialgeschäfte und Restaurants, Massagesalons, staubiges Grün: alles sehr ungewohnt, sehr amerikanisch und oft auch sehr schwierig. Und dabei ist die Insel doch auf Touristen eingestellt, mit Zuwachsraten wie keine andere in weitester Umgebung. Aber es werden fast ausschließlich Japaner verarbeitet, wahrscheinlich die idealen Touristen. Japanische Schiffe und Flugzeuge schaffen sie in Massen heran, japanische Busse fahren sie in japanische Hotels und unter straffer Führung japanischer Reiseleiter über die Insel, alles brav in geschlossenen Gruppen. Sie haben ihre eigenen Läden, und es soll Restaurants geben, die Nicht-Japaner abweisen. Die könnten auch nie bezahlen, was Japaner noch billig finden.

Diese japanische Invasion ist friedlicher, aber tiefgreifender als die von 1941. Schon damals mußten die Amerikaner vor japanischer Übermacht kapitulieren. Für einige Jahre hieß die Insel „Omyajima", und Agana wurde zu „Akashi". Aber 1944 kamen die Amerikaner wieder, und die Japaner wehrten sich bis zur blutigen Vernichtung. Ein Mann hielt sein Omyajima bis weit über das Kriegsende hinaus. In einsamer Stellung hoch oben in den Bergen tat Sergeant Yokoi Dienst wie befohlen, liebevoll betreut von Bergbewohnern, die genauso arrogant auf „die da unten" hinabschauten wie die anderen hinauf. Dabei verpaßte er das Kriegsende und merkte erst viele Jahre später, daß wohl Frieden ausgebrochen sein mußte.

Im Yachtklub liegen etwa zehn fremde Yachten. Sie kommen und gehen, wie es ihre Kurse nach Japan, Korea, Taiwan und den Philippinen verlangen. Die wenigen Segler Guams profitieren davon, denn die Yachties verwalten den Klub für sie. Da regelt sich vieles von selbst. Immer fährt mal jemand in die Stadt, dort Gestrandete rufen an und lassen sich abholen, und einige Autos werden, liebevoll restauriert, von den Yachties immer wieder weiterverkauft. Hier wird noch nichts abgeschlossen, der Kühlschrank für jedermann strahlt zugänglich Tag und Nacht, jeder hilft jedem, und alle halten Ordnung im Klub. Die antike Waschmaschine wäscht unsere Plünnen fast sauber, die einfachen, kühlen Duschen sprühen Süßwasserwonne über unsere versalzten Häute, Berge frei zu tauschender Bücher liegen herum, und Telefonieren ist gratis – was mehr kann ein Yachtie sich wünschen?

Und jeden Freitag abend ist Barbecue, das größte gesellschaftliche

Ereignis mit BYO, „Bring Your Own", die amerikanische Form gemeinsamer Schlemmerei ohne Verpflichtung. International geht's dabei zu. Amis, Kiwis, Aussies, Japaner, ein Israeli und wir „Krauts" bieten lauten, bunten Kontrast, eine ganz ungehörige, unmoderne Harmonie.

Die dann plötzlich gestört wird. Mit einem Mal wiederholen sich auf „13 113.2 A3J" in sonst kaum verständlich gequaktem Navy-Slang die Worte *tropical cycloon* und eine genuschelte Position dazu. Viel zu früh im Jahr, schütteln die Yachties besorgt die Struwwelköpfe. Die sollen mal deutlich reden, meinen alle. Und richtiges Englisch, meint einer. Wir lauschen leidend und koppeln mit. Das Wetterungeheuer rast im Süden vorbei, kreuzt unseren Kurs von Kosrae hierher: 90 Knoten, zunehmend. Hier weht nur steifer Ost, und die Wolken zerreißen zu Fetzen, Fäden und Federn. Dann plötzlich nichts mehr. Doch: Bier für alle.

Wenn's am schönsten ist, soll man aufhören. VAGANT quillt über von teurer Verpflegung, denn in Japan soll alles noch viel sein. Ostern naht, und unsere Reise ist noch weit. Also bye-bye, Freunde, bye-bye, Guam. Unser Fernziel ist Okinawa, die japanische Inselgruppe 1200 Meilen im Nordwesten. Der Törn beginnt als friedliches Feriensegeln mit sanfter Brise über einen wahrhaftig mal „stillen" Ozean. Wir segeln nicht den direkten Kurs, denn im Norden lockt die lange Kette der Marianen. An ihnen entlang zieht sich der Marianengraben, das mit 11 520 m tiefste Gebiet aller Ozeane. Die Kette steigt steil aus diesen Tiefen empor. Die einzelnen Inseln gehören damit zu den höchsten Bergen der Welt und haben entsprechend steile Gipfelregionen. In denen können Schiffe nur auf einzelnen ungeschützten Felsvorsprüngen ankern. So lebt auf vielen dieser Klötze und Vulkankegel niemand, obwohl ihre üppige Natur alles Notwendige bietet.

Wir segeln mit sanften Brisen die Kette entlang nach Norden. Bald dreht der Wind gegen uns und nimmt zu. Doch auch das stört kaum, denn die See bleibt ruhig und gleichmäßig über den großen Tiefen. Wir lassen den dichtbesiedelten Süden liegen und machen unseren Landfall bei Agrihan, auf 18°45′N, 145°40′E, einem unruhig schlafenden Vulkan, mit fast 1000 m der höchste Mikronesiens. Hier sollen noch ein paar Leute leben. Wir segeln dicht heran und sehen nichts davon. Am alten Ankerplatz finden wir keinen Grund. Versunken? Verlassen?

Am nächsten Tag kreisen wir um Asuncion, einen ebenmäßigen Vulkankegel. Aus dem Krater in 900 m Höhe und aus Rissen in den steilen

Hängen steigt Rauch. Wir kreuzen näher heran, ganz nah: kein Grund. Es stinkt abweisend, unheimlich nach Schwefel. Wir spüren eine gelassen wartende Drohung.

Nur 25 Meilen weiter hoffen wir auf eine romantische Pause. Maug liegt da, ein Vulkan mit Krater wie die anderen, versunken vor Urzeiten. Nur der gezackte obere Rand ragt aus der See, kreisrund in drei schmale, schroffe Inseln getrennt, außen steil ins Bodenlose abfallend. Für ihre Bewohner, eine mäßige Zahl großer Seevögel, sind wir wohl die Sensation der letzten Jahre. Sie umkreisen VAGANT, lassen sich vom Aufwind der Segel tragen, versuchen auf Masttopp und Selbststeueranlage zu landen und betrachten uns durchdringend, neugierig die Hälse reckend, immer näher heranschwebend, selbstbewußt prüfend. Im stillen Krater zeigt das Echolot wilde Schwankungen der Wassertiefe. Selbst vor der niedrigen Nordecke der Ostinsel, wo Ankern möglich sein soll, loten wir nichts als eine versunkene Felslandschaft hausgroßer Brocken, mit bodenlosen Spalten dazwischen. Hier können wir nicht bleiben.

Wir motoren hinaus und ankern auf einer schmalen Felsleiste im Westen, am steil geschwungenen Grat, gezackt wie eine Säge. Die Wand vor uns ist ein Kunstwerk der Natur, wild und harmonisch, sprechend und mit dem Zug der Sonne im Ausdruck wechselnd: körnige Felsstreifen, glitzernde schmale Quarzadern, zerbrochene graue Quadermauern, rostbraun, schwarzsilbern funkelnd, schwefelgelb, giftgrün und violett leuchtend. Alles wild durcheinandergeschüttet, hochgestemmt, abgesackt, verschoben in den feurigen Ausbrüchen der Jahrmillionen. Uns wird schwindelig bei dem Versuch, in Zeiträumen zu denken, in denen dieses scheinbar so tote Stück Urnatur lebt.

Und schwindelig wird uns, als wir für das Ankermanöver den Motor ankurbeln wollen. Er ist voll Wasser. Riß im Zylinder. Aus. Wir müssen unsere Pläne ändern, denn in japanische Großhäfen können wir uns ohne Maschine nicht wagen. Wir müssen zur nächsten bewohnten Insel, irgendwie mit Deutschland Verbindung aufnehmen und Ersatzteile beschaffen. Iwo Jima ist nur 360 Meilen entfernt. In dreieinhalb Tagen segeln wir die ab, eine gemütliche Reise über ruhige See. Trotzdem fühlen wir, daß sich etwas ändert. Langsam und unmerklich wird es kühler, am Himmel ziehen Wolken auf, die nichts Gutes versprechen.

Nachts segeln wir dicht an dem hohen, steilen Vulkankegel Minami Iwo Jima vorbei, dem ersten Stück Japan: unbewohnt, düster bis in die

Wolken ragend. Dann blinkt und blitzt das winzige Iwo Jima. Die 3 × 5 Meilen große Insel ist geformt wie Südamerika, flach und weit genug für einen Flugplatz. Also haben die Militärs hier einen Stützpunkt.

Zuerst waren es die Japaner. Verbissen verteidigten sie das stark befestigte Stückchen Land, als amerikanische Marines am 19. Februar 1945 nach schwerem Bombardement auf den dunklen Strand im Südosten stürmten. Nach 26 Tagen moderner Schlächterei war die Insel „gesichert". Von 30 000 Amerikanern starben 6821 dabei, 19 127 wurden verwundet. Von 21 000 Japanern überlebten 1083 Gefangene.

Nach dem Krieg übernahm Japan die Insel wieder, samt Loranstation und Luftwaffenstützpunkt. Also bleibt es hier geheim und verboten für gewöhnliche Seefahrer. Nur für Schiffe in Not könnte Hilfe denkbar sein, mit all den Möglichkeiten der Militärs. So hoffen wir und segeln dicht heran. Leer ist die lange Westküste, leer auch der dunkle Strand im Süden mit dem runden Mount Suribachi, dem Schlachtfeld. Radartürme auf der Höhe, Antennenwald, ein riesenhoher Mast mit blinkenden Rotlichtern. Aber kein Hafen oder auch nur ein Steg. Wir segeln noch dichter heran. Ob die wohl streng dienstlich sind? Gar nichts sind sie. Niemand kümmert sich um uns. Wahrscheinlich hat uns nicht mal jemand gesehen. Wir drehen vor einer Untiefe ab und segeln weiter nach Norden.

Da fällt aus dem friedlichen blauen Nichts ein Hubschrauber auf uns herab. Knallrot mit der roten Sonne Japans auf weißem Grund, große Nummer 45, regungslose Raumfahrergestalten hinter blitzenden Plexiglasscheiben. Der Rotor säbelt uns fast den Mast ab, doch der Pilot hält sein Rieseninsekt geschickt in Lee, unseren Wind kaum störend. Den Schiffsnamen will er wohl lesen, vielleicht mit uns sprechen. Oder schimpfen? Doch wir sind ja taubstumm. Mit ärgerlichem Schwung wirft sich der Brummer zurück in die Höhe und rast davon. Ohne Gruß. Haben wir was verbrochen?

Von Norden her fließen niedrige graue Wolken unter das zerfaserte hohe Gewölk. Der Wind dreht mit einem Schlag, rastet ein auf Nordost und schaltet hoch auf gute sechs Beaufort. Reffen, kleine Fock, gegenan. Wildes kurzes Stampfen im frischen Seegang. Langsam mehr. Nasser. Härter. 120 Meilen lang. Dann segeln wir mit bockigen Böen in Lee von Hahashima Retto, dem zerklüfteten Archipel im Süden der Bonin-Gruppe. Unsere Karten und Informationen sind mäßig. Noch vor 20 Jahren lebte hier kaum eine Handvoll Menschen, einen ausgebauten

Hafen gab es nicht. Wir tasten uns ohne genauen Plan durch ein Gewirr von Steinen und Untiefen bis zu einer Mole aus supermodernen, betonierten Wellenbrechern. Dahinter liegen nagelneue Fischkutter aus Kunststoff, nagelneue Fertighäuser säumen die breite, blitzsaubere Betonstraße zur weiten Betonpier. Wir sind in Japan!

Neben den frischgemalten Pollern stehen zwei Mann in blaugrauen Uniformen. *Keisatsu*, Polizei, lächeln sie breit und sprechen freundlich auf uns ein. Auf japanisch natürlich, und da kommen wir nicht mit. Auf russisch gelingt schließlich eine stockende Unterhaltung. Ausgerechnet Russisch, fast vergessen. Hier können wir nicht einklarieren, dürfen wir das Schiff nicht verlassen. Sie verstehen aber sofort unsere Notlage und werden sich um alles kümmern. *Hai!*

In der Tat. Tags darauf erscheint ein Mechaniker mit messerscharfer Bügelfalte in der nagelneuen Hose und makellos gebügeltem Hemd. Stundenlang werkelt er präzise und geschickt am Motor, kratzt, säubert, poliert und schüttelt bestätigend den Kopf: nichts zu machen, Teile aus Deutschland müssen her. Alle lächeln traurig. Die Polizei spendiert uns ein fremdartiges, schmackhaftes Mittagsmahl, und zwei junge Leute bringen tröstende Geschenke: japanischen Rotwein, Käse, Thunfisch, Kakao, deutschen Baumkuchen, Früchte, Pudding, einen Frottierschal mit Glückszeichen – viel zuviel, protestieren wir dankbar. Nicht der Rede wert, lächeln sie zurück, Kleinigkeit. Und knattern auf ihren Hondas davon. Kleinigkeit? Als wir die Preise im kleinen Laden umrechnen, sind wir schlicht entsetzt.

Unsere Keisatsu-Freunde telefonieren lange mit der Obrigkeit auf Chichi Jima, der größeren Insel 25 Meilen nebenan, radebrechen Russisch mit uns, lächeln, verbeugen sich, und dann müssen wir weiter. *Do swidanja, sayonara,* auf Wiedersehen!

Die paar Meilen werden zum wilden Ritt. Bis zu dreieinhalb Knoten Strom setzt um die Ecken der Inseln gegen gut fünf Windstärken. Eben hinter den Stromschnellen der Klippen und verstreuten Unterwasserfelsen im Süden Chichi Jimas rollt eine wild spritzende Wasserwolke auf uns zu, darin ein winziges, voll eingedecktes Motorboot der Küstenwache. Welch ein Empfang! Sie begleiten und lotsen uns bis in den Schutz der weiten Bucht. Dann nehmen sie VAGANT längsseits und bugsieren uns behutsam an die Pier. Acht Beamte stehen da schon, jeder mit einem Köfferchen in der Hand. Willkommen! *Kon nitschiwa!* Sie verbeugen sich. Dürfen wir? Ja? An Bord kommen? *Hai?* Wirklich? *Hai!* Men-

203

schen, Formulare, Fragen und Ratschläge füllen unsere winzige Kajüte. Gründlich, neugierig, genau, freundlich und hilfsbereit geht es zu.

Nun sind wir in Japan.

Hai!

Von Japan nach Alaska

In der Bucht von Tokio – Die größte Stadt der Welt –
Lächelnde Disziplin – Sturmgrüße aus der Beringsee –
Sonnige Aleuten – Bäreninsel Kodiak – Fischer, Flieger,
Waldläufer: Menschentypen der „last frontier"

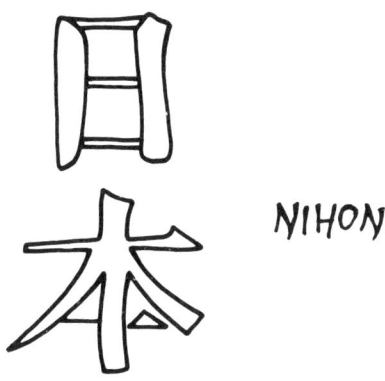

NIHON

Ja, nun sind wir in Japan, aber noch sehr weit draußen am Rande. Von diesem abgelegenen Ogasawara Retto (Retto = Archipel), auch Bonin-Inseln genannt, liegt Japans Hauptinsel Honshu noch gut 600 Meilen weit im Norden, und für die jahrtausendealte japanische Geschichte sind diese verstreuten Felsen noch sehr neues Land. 1593 landete hier als erster der seefahrende Samurai Ogasawara Sadajori und stellte enttäuscht fest, daß die Inseln *munin* oder *bunin* waren, „leer von Menschen". Es gab nichts zu rauben, nichts zu unterwerfen. Dabei blieb es, bis sich 1830 ein Abschaum amerikanischer Walfänger hier niederließ, eine bessere Räuberbande von Engländern, Genuesen, Dänen und Leuten aus Hawaii unter einem Nathaniel Sovory als Anführer. Diese wilde Gemeinschaft lebte nach eigenen Gesetzen, oft vor ihren noch wilderen früheren Kumpanen in die Berge fliehend, bis Japan 1876 die Inseln offiziell annektierte. Japanische Siedler ließen sich nieder, eine ganz eigene

Mischrasse entstand, und 1944 war alles vorbei. Die Inseln wurden geräumt, zu Festungen ausgebaut, durch Bombenangriffe verwüstet und blieben nach Japans Kapitulation wieder lange Jahre *bunin*. Dann durfte ein Teil der „amerikanischen Japaner" zurückkehren. „Richtige" Japaner folgten, und heute lebt hier ein Stückchen Japan mit einem verblassenden Hauch Amerika als aufstrebendes Ferienparadies.

Wir finden Andenkenläden voller Kitsch, Restaurants, Tauchschulen, Rundfahrtboote, Surfbrett-, Auto- und Motorradverleiher mit Preisen, die uns vor Schreck verstummen lassen. Sogar ein Hotel gibt es. Doch das geht pleite, weil die straff organisierten Besucherscharen auf ihren Schiffen wohnen bleiben. Nur eine Bank, die gibt es hier nicht. Wir haben vorsorglich ein paar -zigtausend Yen mitgebracht und glaubten bis jetzt, das sei genug. Aber es reicht kaum fürs Allernötigste. Und die grünen Zettel, die abgegriffenen, die wir dabeihaben, „Dollar" steht darauf, was ist das? *Hai?* Soll das etwa auch Geld sein? Hier ist Japan. Nihon, Geld ist Yen! *Hai!*

Ein weltkundiger Geschäftsmann erbarmt sich profitstrebend unserer grünen Dollarnoten, und wir beginnen zu lernen. Jedermann ist überaus freundlich, doch kaum jemand spricht englisch. Verwirrend ist vor allem, daß Japaner ganz anders denken als wir. *Hai* zum Beispiel bedeutet „ja", aber auch „oder?", „nicht wahr?", „gewiß doch!" und: „Ich habe verstanden." Unser Nein gibt es so knapp nicht, denn wie könnte ein höflicher Mensch je so etwas sagen! Das häufige *Annoooh* entspricht ziemlich genau dem schwäbischen „Hano" und ist vielleicht ein gedehntes Verlegenheitswort besonders fleißiger, tüchtiger Völker.

Jeder Versuch einer Frage löst kaum zu bremsende, oft unverständliche Aktivität aus. Willige Helfer schleppen uns von einem Geschäft und Büro zum anderen, telefonieren, verhandeln und diskutieren kreuz und quer. Wir schweben in Wolken eifriger, freundlicher, tüchtiger Hilfsbereitschaft, bis sich irgendwann herausstellt, daß wir *das* ja gar nicht gemeint haben, was eine neue Wolke von Verständnis und Eifer auslöst – und alles beginnt von neuem. Immerhin werden wir endlich unseren Notruf nach Deutschland los, und gegen eine Wand freundlichen Unverständnisses gelingt es, Post von Okinawa umleiten zu lassen und den Eifer örtlicher Helfer taktvoll von unserem Motor abzulenken. Dieser *Gaijin* (Fremde) meint doch wohl nicht, ein japanischer Fischer könne keinen deutschen Diesel reparieren! So lesen wir in skeptischen, wettergebräunten Gesichtern. Das wäre doch gelacht! Doch von Mal zu

Mal gelingt uns die Pantomime „Riß im Zylinder" und „Wasser im Motor" besser, bis die Zuhörer sichtbar mitleiden. Große dunkle Augen leuchten traurig aus resigniert gewiegten, schwarzhaarigen Köpfen.

Nachricht aus Tokio: Die „Aktion Motorteile" läuft. Wie gern würden wir hier noch ein bißchen Urlaub machen, die herrliche Insel durchstreifen mit ihren steilen Bergen, Höhlen, überwucherten Befestigungen, verträumten Buchten, Wracks und den vielen ringsum verstreuten Inselchen – es geht nicht. Wir müssen weiter nach Norden, näher an die großen Ballungszentren mit ihren technischen Möglichkeiten.

An einem schönen Südwindtag laufen wir aus, raumschots brausend, Kurs auf dem Kompaß 346°. Noch bei Tag segeln wir am Mukoshima Retto entlang, einer so malerisch hingestreuten Inselkette, daß wir überlegen, in einer ihrer Buchten doch einmal Pause zu machen. Nakodo Shima liegt da, ein wuchtiger Klotz mit tief einschneidenden Buchten wie Spuren gewaltiger Axthiebe, Harino Iwa, ein schlanker, spitzer Turm wie der eines gotischen Domes, Muko Shima mit Mauern, Zinnen und Türmchen wie ein Schloß – eine traumhaft schöne, kleine Inselwelt, eine japanisch tiefsinnige Steinsetzung, mit ihrer Verlassenheit lockend. Aber ohne Motor? Weiter.

Ein paar Tage später müßte das hohe Oshima in Sicht kommen. Nichts, nur Dunst. Und Schiffe, Schiffe, Schiffe. Rund um die Kompaßrose wachsen ihre dunklen, kantigen Silhouetten aus dem Grau, wandern aus in alle möglichen Richtungen, verblassen wieder, neue tauchen auf. Kein Land in Sicht, unter uns aber bald zuviel. Wir segeln über wilden Grund, hügelig, schroff, gebirgig, durchzogen von tiefen, steilen Tälern, überragt von Gipfeln, umtobt von wirbelnden Tidenströmen. Innerhalb weniger Meilen baut sich ein Seegang auf, wie wir ihn kaum im Englischen Kanal erlebten, kurz, steil, gemein hart. Wind gegen Strom, VAGANT bolzt, rollt und schüttelt sich, Gustave wedelt knarrend.

Fahle, unheimliche Nacht, durchglüht von geisterhaftem Meeresleuchten. Bei jedem Einsetzen spritzen fahlgrüne Blitze, Flammen und Funken nach allen Seiten. Funken prasseln auf das Deck, glimmen lange nach. Die weite rauhe Fläche der See glüht fahlgrün, VAGANT zieht eine lange, leuchtende Spur. Irgendetwas kracht, scheppert, geht über in böses, hartes Vibrieren: die Selbststeueranlage. Ihre Flosse ist abgeknickt. Eine Warnung: Hier kann man bei solchem Wetter nicht segeln lassen. Ein Leuchtfeuer blinkt: Nojima Saki auf der östlichen Südspitze Honshus, der Hauptinsel Japans. Lange wandert es kaum aus, viel zu lange. Japans wilde Tidenströme und unsere Ungeduld sind wohl zu stark.

Naß, erschöpft und bald auch vor Müdigkeit überdreht, segeln wir verbissen weiter. Wir gern würden wir beidrehen! Doch mit soviel Land in der Nähe? Mit all den Schiffen ringsum? Bald sehen wir dunkles Land, die friedlichen Lichter mehrerer Ortschaften, die schwingenden Strahlen der Autoscheinwerfer, rotglühende Rücklichter. Dann spüren wir den Rückprall der gewaltigen Brandung an der Felsenküste. Verdammtes Land, wir brauchen eine Pause! Die hohen dunklen Berge fallen steil ab. Hinter der Ecke blitzt es: Leuchtfeuer Suno Saki. Und daneben lockt eine Bucht. Schutz, denken wir, Ruhe. Endlich.

Das Toben verabschiedet sich mit ein paar kurzen Böen, dann stilles Gleiten mit leise murmelnder Bugwelle. Und Rascheln, Poltern, Klopfen: Netze! Wir wenden. Es poltert weiter. Ringsum wippen Stangen, winken mit dunkel flackernden Tüchern. Wir wenden. Immer noch Klopfen. Wende. Poltern. Wende. Wir können nur noch hoffen, daß die unsichtbare Drohung nicht zwischen Ruder und Kiel gerät. Das freistehende Ruder und Gustaves abgeknickte Flosse lauern geradezu auf die Gesellschaft dieser Poltergeister. Dann segeln wir wieder frei, gnädig aus dem Gewirr der Leinen, Schwimmer und wippenden Stangen entlassen. Glück gehabt.

Wir tasten uns die Küste entlang. Der Wind nimmt ab. Graues Morgenlicht zeigt uns, daß wir richtig stehen. Richtig? Verloren am Rande der breiten Wasserstraße zum Tokio-Kaiwan, der nicht allzu weiten Bucht, an deren Westseite das Mammut-Ballungszentrum Tokio-Yokohama brodelt. Schiff auf Schiff fährt hinein, Schiff auf Schiff heraus, dicht hintereinander, oft nebeneinander in endlos langem Überholen: stumm drohende Dinosaurier. Und wir daneben, darunter, ganz winzig und ganz bange. Wir müssen hinüber auf die andere Seite. Ja, Freunde, wenn wir je Funk brauchten, dann hier. Mutig segeln wir auf einen der Elefanten zu, mitten drauf, damit niemand da oben auf seiner Brücke meint, wir wollten seinen Bug kitzeln. Dann scharfes Abfallen, knapp ums Heck. Hilfloses Taumeln in seinem Sog. Der Wind schläft ein. Der nächste Kasten in der Reihe, ein Riesenbrocken mit einer Skyline von Containern, macht einen knappen, sichtbar unwilligen Schlenker. Wir segeln müde weiter und möchten doch am liebsten untertauchen, verdunsten oder in die Wolken entfliehen.

25

25 Im Park: japanischer Flötenspieler mit der traditionellen eckigen Bambus-maske.

26 Auf Tatami-Matten hockend, speisen wir genießerisch an niedrigen Tischen, auch wenn es mit Stäbchen nur langsam geht.

27 Nach dem Wettkampf mit Pfeil und Bogen werden die Sieger am Strand von Aburatsubo geehrt: Schützenfest auf Samurai-Art.

26

27

28 Ein früher Herbststurm erwischt uns in der Dixon Entrance zwischen Alaska und Kanada.

29 Unter einem Notrigg aus zwei Spinnakerbäumen hinkt VAGANT nach der Kenterung in Richtung Küste.

30 Scharf halten wir Ausguck, verpackt in die feuchte Lauwärme der Überlebensanzüge.

31 VAGANT im Hafen von Masset, mit dem zweimal geknickten Mast an Deck.

29

30

31

28

2

33

32 Unser Mastbauer, ein „weißer
Indianer".

33 Der Sprucestamm ist gefällt und
grob zugehauen.

34 Ausgerüstet mit den geretteten Beschlägen, wird der neue Holzmast zum ersten Mal gesetzt.

35 Wiedererstanden trägt uns VAGANT zuverlässig wie eh und je zu neuen Zielen, hier zum Gletscherabbruch in der Glacier Bay, Alaska.

34

35

Lange, viel zu lange dümpeln wir mit schlaffen Segeln mitten im Fahrwasser des Gegenverkehrs. Uns klingeln die Ohren, denn wir ahnen die Kommentare in vielen Sprachen auf all den Schiffsbrücken ringsum. Sicher würde gern jemand mit faulen Eiern schmeißen oder mal die Reichweite seiner Feuerlöschkanone an uns ausprobieren. Wir sind richtig fröhlich, als wir endlich aus dem Gewühl heraus und an der Küste gegenüber entlang segeln – mitten hinein in einen Pulk Fischerboote. Endlos lange, wiegende Schlangen von Netzbojen, Gruppen wippender, nickender Stangen...

Mühsames Flautensegeln mit allen Tricks wie daheim auf der Möhnetalsperre, die eine erstklassige Schule dafür war. Bald ahnen wir in einem Landvorsprung gewisse Ähnlichkeiten mit der Kopie einer Kopie eines Hafenplanes ohne Maßstab, Text in Japanisch. Vorsichtig kreuzen wir näher, ständig lotend und alle paar Meter undefinierbaren Schwimmkörpern ausweichend: Plastikkanister, grob zusammengebundene Styroporstücke, manchmal sogar richtige Netzschwimmer, alle irgendwo verankert, doch ohne die Zier von Stangen, Flaggen oder gar Toppzeichen. Ideale Propellerfallen, aber wenigstens diese Sorge haben wir jetzt nicht. Wir schleichen vorsichtig näher – und siehe da, der graue Lattenzaun im Dunst ist doch tatsächlich ein Mastenwald! Mutig segeln wir darauf zu, und mit einem Mal stimmt alles. Ortskundig wie wir ja sind, biegen wir gleich in der Einfahrt links ab in den Seitenarm, das Fischerhäfchen an Steuerbord und die riesige Marina voraus liegen lassend, die mit Schwimmbalken bezeichnete Austernzucht meidend. Wir wissen nämlich richtig Bescheid! Einhandsegler Chris hat irgendwo einen ebenso einhand segelnden Japaner kennengelernt, der hat ihm diesen Hafen beschrieben, und Chris hat uns das alles in Guam erzählt.

Seht, Freunde und führerscheingeprüfte Könner zu Hause, so navigieren Yachties. Manchmal. Navigation ist für uns tägliche Notwendigkeit und weder locker geübtes Hobby noch feierlich zelebriertes Mysterium. Wenn's geht, sind wir wahre Säulen der Sorgfalt und Genauigkeit. Wenn die Unterlagen, Messungen und Informationen aber dünner werden, dann kommt es darauf an, was wir daraus machen. Mal doppelt und dreifach geprüft, mal geschätzt, aber immer skeptisch bewertet, weil wir absolute Genauigkeit mit unseren Mitteln nicht erreichen können, immer zum Ungünstigen, vielleicht Gefährlichen hin spekulierend. Solange das Ungefähre bei handigem Wetter im Rahmen der Sichtweiten und lotbaren Tiefen bleibt, geht alles. Sonst bleiben wir eben draußen.

Hier nicht. Noch einmal um die Ecke, mühsam mit dem letzten Hauch, dann taucht voraus ein neuer Mastenwald auf und an Backbord Häuschen, Slip und Steg von „A.B.S.", dem Aburatsubo Boat Service in lesbarem Englisch! Drei Bootsleute sprinten herbei, nehmen unsere Leinen wahr, und der Oberste in weißem Overall verkündet stolz: „Konitschiwa, my president speaken English, my president San, Konitschiwa!" Klar, Fukutome San, der Herr Fukutome, kann das, wir wissen ja Bescheid.

Bald ist er da und poliert sein Englisch, aber wir wollen doch nur schlafen, schlafen. Nach kurzer Gnadenfrist klopft's: die Obrigkeit. Dürfen wir? *Hai?* An Bord kommen? *Hai?* Klar. Nur drei Mann? Keine Sorge, drei weitere kommen gleich. Dann noch zwei. Wieder fragen sie, verhören uns freundlich, welch fürchterliche Dinge wir vielleicht an Bord haben könnten. Frischfleisch? Sprengstoff? Gemüse? Marihuana? Eier? Schußwaffen? Alkohol? Schwerter? Tiere? Heroin? Pflanzen? Wir antworten ernst und höflich.

Tags darauf geht der Wirbel los. Schnell, hilfsbereit und tüchtig wie Japaner sind, registriert und sortiert Fukutome San unsere Probleme. Während wir noch bei Kaffee und Kuchen schwelgen, hat er schon die ersten Lösungen zusammentelefoniert und Abhilfe geplant. An dieser Küste hier, so erfahren wir, ist das Zentrum der japanischen Segelei, und mittendrin wirkt er, Fukutome San, mit Japans ältestem Servicebetrieb für Yachten.

Japan hat mehr als 30 000 km Küste. Wie kaum ein anderes Volk leben die Menschen hier ganz eng mit der See, sind abhängig von ihren Launen und dem, was sie bietet. Nur schwer können sie verstehen, daß jemand mit diesem übermächtigen Freund, Feind, Versorger und Vernichter so leichtfertig spielt, wie es Segler tun.

Fischer verstehen es schon gar nicht. Überall mußte Großkapital ihre gewachsenen Rechte unter Geldlawinen begraben, damit Marinas auf dem knappen Raum ihre kostendeckenden Geschäfte machen können. Klubs in unserem Sinn gibt es noch kaum. Fukutomes Bucht war früher U-Boot-Basis der Kaiserlich Japanischen Marine. Beiläufig erfahren wir, wie bekannt er ist. Die Smeetons waren hier mit ihrer Tzu Hang, Eric Tabarly mit Pen Duick, Klaus Hehner mit seiner Mex. Noch viele andere haben sich in seine Gästekartei eingetragen.

Am Wochenende und mit Familie segeln die Japaner kaum anders als unsere Segler. Nur die Crews sind größer, denn wer schon dem wilden

210

Meere trotzt, der läßt gern die ganze Familie samt Freunden daran teilhaben. Für das Ankern über Nacht in einer anderen Bucht oder gar für Fahrtensegeln reicht die Kühnheit freilich selten. Das ist Individualismus, und der hat in Japan keine Tradition. Und das Revier ist rauh, gefährlich. Ein kleiner Shinto-Schrein am Ufer erinnert an zehn Segler, die ein Sturm samt ihren Booten draußen behielt.

„Die Japaner sind die schlechtesten Segler der Welt", soll mal ein deutscher Spitzensegler gesagt haben. Aus der schnellebigen Sicht der internationalen Rennsegelei mag diese Feststellung durchaus noch zutreffen; ansonsten aber zeugt sie von mangelndem Gedächtnis. Waren nicht auch japanische Kameras, Radios und Uhren zu Anfang billiger Ramsch? Und über die Kühnheit, lackierte Blechkisten als Autos verkaufen zu wollen, lächelten unsere Fachleute einst selbstgefällig.

Ebenso verächtlich heißt es bei uns immer wieder, die Japaner seien Plagiatoren, Nachahmer, unfähig zu eigenen Schöpfungen. Stimmt. Und ist doch falsch. Es entspricht nun mal ältester japanischer Tradition, Fremdes zu übernehmen, in Kultur, Zivilisation und Technik. Notwendiges, Wünschenswertes, Unnützes – sie ahmen alles nach, kopieren es einschließlich der Fehler. Doch dann gehen sie daran zu verbessern, zu verändern, weiterzuentwickeln, etwas ganz Neues daraus zu machen: etwas Japanisches.

So segeln sie durchaus Regatten mit großen Feldern für jedermann und harten Kämpfen zwischen Superrennyachten. Große Rennen werden anderswo kaum schärfer gesegelt. So sieht es jedenfalls von weitem aus, wie sie dahinbrausen, wohlgetrimmt, schnell, die neuesten Rennmaschinen dicht an dicht, unter nagelneuen Segeln von modernstem Schnitt und aus dem allerletzten Supermaterial, ausgerüstet mit allem. Die Decksknechte hocken auf der hohen Kante, die Beine außenbords. Der Taktiker hat scharf die nahe Konkurrenz und ferne Tonnen im Auge und das Video von großen Rennen anderswo im Kopf. Der Navigator lauert aufs äußerste gespannt am Bordcomputer, der Rudergänger kämpft mit dem Riesenrad, den Samuraiblick kühn und entschlossen auf blinzelnde Digitalanzeigen gerichtet. Und der Eigner darf gelegentlich auch mal mitsegeln. Die Damen aber warten zu Hause oder im Marina-Restaurant, die wirklichen und die noch teureren. Genau wie bei den wahren, echten, perfekten Seglern der überlegenen Nationen, nicht wahr?

Aburatsubo ist lang und schmal und liegt so weit draußen, daß wir zum Einkaufen ins Nachbarstädtchen Mikasi fahren. Nicht daß das eine weite Reise über Land wäre, hier geht ein Ort in den anderen über. Doch zum Laufen ist es zu weit, und Busse fahren häufig. In einem leeren geht's los von unserer Endstation: Fahrer in eleganter taubenblauer Uniform mit blütenweißen Handschuhen, jedes Anfahr- und Haltemanöver, jedes Abbiegen untermalt von leisen, wohlklingenden Glockentönen draußen, die geduldigen Fahrgäste drinnen berieselt mit Lautsprecherreklame. Wenige Haltestellen weiter füllt sich das Fahrzeug mit Schülern, alle in einheitlichen Uniformen. Auweia, denken wir, gleich geht's los, so früh am Morgen sind die bestimmt noch munter genug für jeden Unfug. Aber nichts dergleichen. Dicht gedrängt schwankt die Masse Jugend mit den Bewegungen des Fahrzeugs, still und artig, nur ab und zu leise zwitschernd. Unheimlich.

Im Zentrum erwartet uns Ernüchterung. Allein schon die Volksnahrungsmittel Reis, Kartoffeln und Zucker kosten dreimal so viel wie anderswo; eine normal dicke Melone sogar achtmal. Rotwein mäßiger Qualität zum fünffachen Preis und Whisky zum siebenfachen, da vergeht uns der Durst.

Doch die Japaner sind wohlhabend, reich sogar, und können sich das offenbar alles leisten. Wir sehen kein einziges altes Auto, und der Sperrmüll, der eines Morgens auf der Straße steht, reichte ohne weiteres, um mehrere Wohnungen großzügig einzurichten: mit Möbeln, Küchengeräten, Radios und Fernsehen, mit Lampen, Kleidern und Schuhen. Sogar der Hafenabfall bietet einiges, wofür ein Yachtie einfach nicht zu stolz sein darf: viele Meter fast neuer Schläuche, Niroschrauben und -schlauchklemmen und ein paar mehr als halbe Außenbordmotoren; aus großen Platten Sperrholz bauen wir einen neuen Schrank in VAGANTS Kajüte.

Große Städte mögen wir nicht, aber einen Besuch in Japans Mammutzentrum Tokio-Yokohama halten wir doch für unsere Pflicht. Hans-Eberhard Schultz von der Lufthansa will sich um Eingang und Abfertigung unserer Ersatzteilsendung aus Deutschland bemühen und hat uns eingeladen. Mutig stürzen wir uns in das Abenteuer, in der Hand einen Zettel mit der Streckenbeschreibung auf japanisch – wie Klein-Fritzchen, den Mama mit der Bahn zur Oma nach Gladbeck schickt. Anders kommt ein dummer *Gaijin* hier nicht zurecht. Alle Schilder und Hinweise sind in Japanisch, und nur wenige Ausnahmen stehen klein und für uns lesbar darunter. Das sind dann natürlich Vorstädte, die zwar an der

Strecke liegen mögen, aber nicht auf unserem Plan stehen. Und fragen? Wir haben schon gelernt, was dann geschieht: jedermann ist höflich, freundlich, hilfsbereit, spricht japanisch und lächelt. In ihrer überwältigenden Hilfsbereitschaft schleppen sie uns sonstwohin, bringen alles mögliche in Gang, und am Ende stehen wir verlegen und erfolglos da. Lächeln, Verbeugung, *hai? Annoooh, hai.*

Wir schwimmen im ständig anschwellenden Strom der Reisenden. Dichte Menschenströme fließen breite Treppen hinauf und herunter. Supermoderne Züge rollen leise grollend ein und stoppen dezent seufzend. Zärtlich schmeichelnde Mädchenstimmen verkünden Unverständliches über Lautsprecher. Die Massen gehorchen wie große Fischschwärme. Wir auch, ohne zu wissen, warum – und siehe da, wir verfahren uns nur um 20 oder 30 km. Kein Problem. *Hai!*

Leise und rücksichtsvoll geht es zu in den Zügen. Kühle Disziplin hängt still und selbstverständlich in der gefilterten Luft. Japaner rauchen noch viel, aber hier nicht. Viele bilden oder erbauen sich, weltabgewandt in der Masse schwebend, eine Hand in der Halteschlaufe, *tatschi-yomi*, „im Stehen lesend": Klassiker, Lehrbücher oder *manga*, die japanischen Comics. Sie lesen sich von hinten nach vorn durch die handlichen Bände; ihre Qualität ist an der Geschwindigkeit des Blätterns zu erkennen. Die meisten blättern langsam. Zeitungen werden zum Lesen in länglichschmales Format gefaltet. Es ist eben ungehörig, sich breitzumachen.

Irgendwo mitten in Tokio endet unsere Reise. Der prominente Stationsname stimmt. Für unsere Verabredung können wir freilich zwischen dreizehn ebenso prominenten Ausgängen wählen. Wir tun das so gewissenhaft wie möglich und warten. Jogger traben durch den dichten Verkehr, nutzen das Ampelrot zu eifrigen Freiübungen, tief atmend die ganz besondere Atmosphäre Tokios genießend, die uns keuchen macht. Gruppen seriöser Herren in Nadelstreifenanzügen, mit Aktenköfferchen, in schwarzen Lackschuhen und blütenweißen Oberhemden, unterschieden nur durch die dezenten Farben ihrer Krawatten, führen wartend umsatzfördernde Gespräche, eifrig in den Ziehharmonikas ihrer Computerausdrucke blätternd. Bei Grün hetzen alle los im harten Kampf um den nächsten Großauftrag, oder sie joggen zurück ins klimatisierte Hochhausbüro, umwieselt von flinken Radfahrern auf Zehngangrennern mit kardanisch und federnd aufgehängten Lastkörben voller Büromenüs hintendrauf. Dichte Ströme makellos polierter neuer Autos fließen diszipliniert vorbei, alle mit Rechtssteuerung für Japans

Linksverkehr. Aber nicht alle. Importierte Exoten – wie hochklassige Mercedes und rassige Porsche – protzen mit Linkssteuerung, sogar Jaguars aus dem linksfahrenden England: Das ist Individualität und ein bedenklicher Zerfall japanischer Sitten.

Funkelnde Limousinen jagen vorbei, bunte Standarten auf beiden vorderen Kotflügeln. Ein Minister auf Staatsbesuch? Der Tenno gar? Mehr: Reporter der großen Zeitungen! Als Repräsentanten der Neugier aller werden sie traditionell in großem Stil zum Tatort chauffiert, von makellos uniformierten Chauffeuren mit blütenweißen Handschuhen.

Mit dem Dschungelinstinkt des Großstädters findet Herr Schultz uns zwei Nadeln im Heuhaufen und führt uns zu seinem Büro. Zu Fuß, wie sonst? Niemand in Tokio fährt, wenn er nicht muß. Zwar wird der Fahrzeugverkehr so raffiniert gesteuert, daß er weitgehend in Fluß bleibt. Doch einmaliges falsches Einordnen reicht schon für einen Tagesausflug ins Ungewisse. In Kenia hatten die Schultzens zwei Autos, hier fahren sie lieber Taxi, Bus und Bahn oder gehen zu Fuß. Berufsbedingt wohnen sie mitten in der Stadt. Als Monatsmiete zahlen sie für ihre Etagenwohnung etwa soviel wie den Kaufpreis für mittleres Bauland zu Hause.

Da stehen wir nun dem riesigen, hektischen und verwirrend fremden Tokio gegenüber, neugierig, aber mit nichts als der Erkenntnis, daß wir hier unmöglich mehr als einen sehr oberflächlichen Eindruck gewinnen können. Alles ist zu fremd, zu unübersichtlich, zu weitläufig, zu unverständlich und verwirrend. Krieg, hemmungsloser Aufbau und der unvergleichliche Aufstieg Japans haben das Gewachsene, Historische zerstört und die Reste dem alles überwuchernden Fortschritt überlassen. Das Großstadtmonster Tokio empfinden wir als Alptraum; freundliche Erinnerungen an unsere Kleinstädte Hamburg, Frankfurt und Berlin werden wach. Also greifen wir einfach heraus, was uns hier interessieren könnte, und die Schultzens zeigen uns Akihabara, den weltgrößten Basar für Elektronisches.

Ein ganzes quirliges Stadtviertel ist das! In riesigen Supermärkten und Fachläden, in aberhunderten kleiner und kleinster Verkaufsecken, auf einem riesigen Jahrmarkt mit bunt flatternden Bannern, Girlanden und schreienden Reklameschildern voller Sonderangebote wird alles Elektrische und Elektronische angeboten und von wogenden Kundenmassen kritisch gekauft. *Alles:* Haushalts- und Küchengeräte, Videorecorder, Staubsauger, Plattenspieler, Kühlschränke, Radios, Klimaanlagen, Fernsehgeräte, Lauschwanzen, Elektrowerkzeuge, Funkgeräte, Computer, Kassettenrecorder, Meßgeräte, Unbekanntes – und Einzelkomponenten von allem. Bekannte Marken stehen neben unbekannten, die in Japan oft viel weiter verbreitet sind. In größeren Läden gibt es über 200 Arten von Kopfhörern, mindestens 100 verschiedene Farbfernseher, 80 Typen Plattenspieler und nicht weniger als 50 verschiedene Videoanlagen, neben Etagen voller Kleinkram selbstverständlich. Dröhnende Rockmusik und Anreißer suchen Kunden in die Läden zu locken wie anderswo in Striplokale. Und dies ist nur Elektronik. Für andere Warengruppen gibt es ähnliche Straßenblöcke.

Wir ahnen eine Erklärung für die Exporterfolge der Japaner: Der Kampf um den Markt beginnt zu Hause. Niemand kann hier Qualität durch niedrige Preise ersetzen; wir hören Erstaunliches über die Pingeligkeit japanischer Käufer. Wer damit fertig wird, dem fällt der Erfolg im Ausland leicht.

Völlig verwirrt stehen wir quer davor. Hier gibt es nichts, was es nicht gibt, und bestimmt auch alles, was uns interessiert, besonders ein kleines Seefunkgerät. Wir müssen es nur finden. Aber dazu sollten wir Japanisch können, denn die meisten Händler interessieren sich für *Gaijin* überhaupt nicht. Natürlich gibt es unzählige Funkgeräte, ältere, neuere, neueste, Sonderangebote, doch alles für den gigantischen japanischen Binnenmarkt. Das bißchen Export, dieses Nebenhobby der Industrie, findet ganz woanders statt. Und ein kleines Seefunk-Handgerät mit all den international üblichen Kanälen, wie wir es wünschen, soll in Japan sogar illegal sein. Ein Segler besorgt es uns später, Gebrauchsanweisung in Japanisch und um hundert Dollar teurer als in den USA.

Enge und Hektik erzeugen Frust und Aggressionen, meinen wir. Doch japanische Kultur und Tradition werden damit fertig. Zum Dampfablassen haben sie ihren Sport, modernen und traditionellen, und für die Jugend sperrt die Stadtverwaltung jeden Sonntag eine große, mehrspurige Autobahn zum Austoben. Da dröhnen Rockgruppen lautstark gegeneinander, bizarre Typen spielen bizarres Theater, Sekten predigen zu milder, einlullender Musik, Rollschuhläufer rasen daher, tanzen und drehen wirbelnde Pirouetten, wilde Skateboarder üben sausenden Weitsprung. Kleine Gruppen tanzen, singen oder johlen einfach vor sich hin. In einer stillen grünen Ecke stülpt ein hagerer, ehrwürdiger Aristokrat eine traditionelle eckige Bambusmaske über und spielt auf seiner Bambusflöte schwermütige japanische Weisen.

Erschöpft schenken wir uns die Ginza, Tokios weltberühmtes Pracht-viertel des göttlichen Konsums. Wir hören glaubhaft, daß die Miniatur-ausgaben in unseren Großstädtchen ganz ähnlich sind, von den giganti-schen Preisen mal abgesehen.

Die Heimreise wird zum neuen Abenteuer. Wir lernen, daß Klein-Fritzchens malerischer Zettel nun ein Hindernis ist. Bei jedem Umstei-gen geben sich liebe nette Leute alle Mühe, uns nach Tokio zu schicken, wie der Zettel es möchte. Oder wenigstens nach Yokohama? *Hai?* *Annoooh...* Lächeln, Verbeugung, Lächeln, *Hai!*

Aburatsubo feiert Kasagaké, eine Art japanisches Schüt-zenfest mit religiöser Bedeutung, im Ursprung unserem sehr ähnlich. In Japans Geschichte tobten viele Bürger-kriege. Städte mußten sich verteidigen, Samurai brauch-ten Gefolgschaft, und auch die Shogun, die das Land befriedeten, forderten Wehrdienst von ihren Untertanen. Also üben sich seit altersher junge Männer in kriegeri-schen Künsten, sportlich, spielerisch, ernsthaft, meditie-rend und aggressiv. Immer am letzten Tag im Mai messen sie sich im Bogenschießen vom galoppierenden Pferd aus. Fukutome San lädt uns ein, und wir strömen mit den Bürgern Aburatsubos zum traditionellen Wettkampfplatz am Strand.

Kasagaké

Eine feierliche Shinto-Zeremonie leitet den Wettkampf ein. Tische voller Blumen sind aufgebaut. Kleine Wimpel und Papierstreifen leiten schriftliche Anträge an die milde Obrigkeit im Shinto-Himmel weiter. Der Priester im steifen braunen Gewand betet und segnet die knienden Kämpfer mit langem, feierlichem Gesang. Für uns klingt das bei allem Respekt wie Hund bei Vollmond rückwärts, etwas dunkler im Ton vielleicht. Sehr fremd, feierlich, ernst und eindringlich beschwörend.

Wir sind die einzigen *Gaijin*. Der Leiter des Festkomitees kompliment-iert uns vom rauhen dunklen Sand auf die überdachte Stuhlreihe für die Prominenz. Aus *Toi-tsu-no*, aus Deutschland? *Konitschiwa*, willkom-men! Vorstellung, Verbeugung, Bürgermeister San, *konitschiwa*, Ver-beugung, Lächeln. Doktor San... Präsident San... *Keisatsu San*... Klee San, *konitschiwa*, Lächeln, Verbeugung, Lächeln. *Hai!*

Dann galoppieren die Jungs in traditioneller Samurai-Kampfkleidung den Strand entlang, daß der dunkle Sand stiebt, spannen ihre Oberkör-per und die übermannslangen Bogen und lassen die Pfeile zischen. Wir

216

ahnen, wie wild und entschlossen sie früher in großen Heeren so aufein-
ander losgingen oder ihre Städte und Dörfer gegen die Mongolen verteidigten. Die Pfeile sausen. Die Ziele, kleine Bretter in unterschiedlicher
Höhe und Entfernung, splittern oder auch nicht. Aburatsubo seufzt
enttäuscht oder jubelt dezent, trinkt Sapporo-Bier, schleckt Eis, diskutiert Favoriten und Versager, fotografiert und „videot", denn mindestens
eines dieser Geräte hat der Japaner bei solchen Anlässen immer vor dem
Gesicht und meistens ein zweites von der Schulter baumeln. Hinterher
nimmt jeder ein Stück Zielbrett mit nach Hause, auch wir, gezeichnet
mit schwungvoller Schrift und dem großen Stempelsiegel des Kasagaké
am „62. 5. 31.", dem 31. 5. im 62. Regierungsjahr des Tenno.

Als besonders ehrwürdiges Denkmal unruhiger Zeiten besuchen wir
die Tempelstadt Kamakura. Zweimal griffen die Mongolen vor etwa 700
Jahren das Inselreich an. Das sehen die Japaner als schwerste Krise ihrer
Geschichte; die kleine Meinungsverschiedenheit mit den Amerikanern
im Zweiten Weltkrieg ist wohl nicht weiter wichtig. Ungeachtet innerer
Streitigkeiten stellten sie sich entschlossen dem Mongolenangriff entgegen und schlugen ihn zurück. Als Dank für den Sieg, zum Gedenken an
die gefallenen Kämpfer beider Seiten und als Respektbezeugung gegenüber seinem Herrn Bukko ließ General Tokimune Hoju hier Engaku
bauen, den ersten großen Tempel. Weitere folgten, große Meister des
Zen begannen zu lehren, Priester und Mönche auszubilden, Stätten der
Erbauung, des Trostes und Rates zu schaffen.

Wir erleben die weiten Anlagen als betriebsame Stätten äußerlicher
Religion, aber auch als stille Oasen der Meditation. Steil gewölbte Brük-
ken, zierliche Gebäude und große Hallen, gebaut aus uraltem, eisenhar-
tem Holz, die geschwungenen Dächer gedeckt mit meist grün lasierten
Ziegeln; hier und da Reetdächer fast wie bei uns. Wundervolle Schnitzereien, vergoldete Abdeckungen und Beschläge, blutrote, mattschwarze
und goldene Schriftzeichen, winzige Bonsaibäumchen, exotische Blumen, stille Teiche und kunstvoll gesetzte Steine, alles in strenger Harmonie. Abseits warten uralte Bronzeglocken, fest verankert in wuchtigen
Balkengestellen, zu läuten mit dicken Balken als Ramme.

Vor jedem Schrein steht die breite Kiste aus Edelholz mit dem
geldheischenden Schlitz. Menschen kommen und gehen, viele Paare sind
darunter. Münzen klappern und klirren, und wer den Göttern etwas zu
sagen hat, klatscht in die Hände, damit sie auch merken, wer das ist.
Viele Schreine gibt es, große, kleine, prächtige, unscheinbare, allgemeine

für alles, besondere für bestimmte Sorgen, für jeden Wunsch. Kioske verkaufen Souvenirs. Gleich neben dem Hauptschrein ragt ein hoher Stapel traditionell bunt bemalter Trommeln voller Sake, dem milden japanischen Reisschnaps, zum Verkauf empor. Am hohen Hang ruhen zahlungskräftige Gönner unter Bonsaibäumchen in ihren Gräbern. Die Kasse muß schließlich stimmen.

Wir nutzen jede Gelegenheit, japanisch zu speisen, die berühmte frische, rohe, unverschmorte Küche des Landes zu erleben. Zu Hause und im Teehaus geht's tatsächlich so zu, wie wir gelesen haben: draußen Schuhe ausziehen. Drinnen auf Tatami-Matten an niedrigen Tischen hocken, mit Stäbchen tapfer und mühevoll wohlschmeckendes Unbekanntes essen. Sake trinken. Höflich schlürfen, schmatzen und rülpsen, wie es sich gehört.

Das schaffen wir zur Not noch, verwildert wie wir sind. Aber an andere Ungehörigkeiten müssen wir uns immer wieder erinnern. Welcher höfliche Mensch wird sich zum Beispiel je herausnehmen, einem anderen direkt in die Augen zu schauen, und das vielleicht sogar immer wieder während eines längeren Gesprächs? Warum tun wir Westler das eigentlich bei jeder Gelegenheit „offen und ehrlich", wie es heißt? Oder versuchen wir nur aus den Augen zu lesen, was der andere wohl im Schilde führt? Japaner brauchen das nicht.

Wir verpassen die Kirschblüte und noch eine wichtige japanische Institution, die berühmten Badestuben. Irgendwie versäumen wir immer wieder die Gelegenheit dazu. Und dabei sind wir doch willens, uns sieden zu lassen, und theoretisch auch gut vorbereitet. Ein *Gaijin* kann nämlich zwei Verbrechen begehen, die ihm trotz seiner natürlichen Dummheit niemals verziehen werden: Seife mit in die Badewanne zu nehmen und vor dem Betreten einer Wohnung mit Tatami-Matten nicht die Schuhe auszuziehen. Zu Hause trägt man besondere Sandalen, und selbst die wechselt der manierliche Mensch vor der Toilette gegen andere aus.

Und wieder treffen wir Freunde, ein paar versprengte Deutsche, andere Nationalitäten und wenige sprachkundige Japaner. Harold und Jean beispielsweise sind von ihren heimatlichen Großbanken in die japanische Finanzwelt entsandt. Nils aus Ostfriesland, glücklich japanisch verheiratet, verkauft erfolgreich echte deutsche Bierzapfanlagen mit viel Holz, Messing, Chrom und Kupfer. Und Watanabe San, der lange, zähe alte Lausebengel, hat sich gerade zur segelnden Ruhe gesetzt.

Auf japanisch natürlich, denn seine jahrzehntelange erfolgreiche Erfahrung mit Konstruktion und Bau von Supertankern und weltweit arbeitenden Bohrinseln verpflichtet ihn selbstverständlich zur Beratung des Nachwuchses und zur Lehrtätigkeit als Professor an der renommierten Technischen Universität Tokio: Japaner kennen eben ihre Pflichten.

Fukutome San spricht mit Ehrfurcht von ihm. Mitten durch die achtungsvollen Verbeugungen aller Umstehenden kommt er öfter zum Klönen an Bord, immer ganz Gentleman, Bonvivant und Samurai, immer in großem Stil voll ausgerüstet mit Regenschirm, Sake-Flasche, charmanter Freundin, Videokamera und Oxfordakzent.

Dongame 18 – in der Tat seine 18. nebenbei selbst entworfene und in eigener Regie gebaute Yacht – segelte erfolgreich die Regatta Melbourne – Osaka mit, mogelnd ein paar Tricks benutzend, von denen nur ein langer Bambusstock als nicht vermessener Spinnakerbaum ganz harmlos sichtbar war, gesteht er listig. Dongame, der Name ist eine Erinnerung an den Zweiten Weltkrieg, nicht näher erläutert, denn im Grunde mögen es Japaner nicht sehr, wenn *Gaijin* sie allzu wißbegierig zu verstehen suchen. Damals betreute er U-Boote im japanisch besetzten Singapur. Auch Deutsche kamen ab und zu. Schneller, tiefer und leiser tauchen als seine konnten sie, und ihre Crews waren bei den Mädchen an Land so erfolgreich wie unter der See. Wo mögen die Jungs geblieben sein?

Vagant erholt sich. Wir zerlegen Gustaves verbogene Glieder in ihre Einzelteile und restaurieren alles sorgfältig. Wir bauen Solarzellen ein, die bei Sonnenschein bis zu 35 Watt laden können. Damit wird sparsames Kühlen möglich. Unser guter alter Außenbordmotor hat im nun schon fernen Kosrae das Zeitliche gesegnet; wir kaufen einen neuen. Der ist hundert Dollar teurer als in Guam, wo wir noch zu geizig dafür waren, und wird begleitet von einer Betriebsanleitung in Japanisch. Zum Einfahren gönnen wir uns ein paar Ausflüge in Buchten der näheren Umgebung, zu wilden Felseninselchen und einen engen, gewundenen Fluß hoch, bis wir im tiefhängenden Gebüsch steckenbleiben.

Eine weiße Yacht läuft ein. Die Stars & Stripes am Heck, japanische Gastlandflagge an Steuerbord, britische an Backbord, darunter ein riesiges buntes Tuch: „Melbourne-Osaka-Race" entziffern wir. Am Heck steht Melusine. Die kennen wir doch aus Tonga! George-Ann ist das mit ihrem... Jaa, mit wem denn nur? Damals flog sie kurz nach Hause, worauf ihr Len sich von einer hübschen Tonganerin verwöhnen ließ.

Über HAM hörte George-Ann sofort davon, und schon gab's Krach. Amerikanisch kurzentschlossen zahlte George-Anne ihren Len in Fidschi aus, ließ sich in aller Freundschaft scheiden, speckte zur Bewunderung der Yachties ein paar kaum störende Pfunde ab und segelte davon, neues Glück auf See suchend. Wo sonst? Schließlich hatte sie ja schon als Kind auf dem Fischkutter eines Onkels in Alaska geholfen.

Bis dahin kannten wir die Geschichte schon aus Neuseeland und Tonga, denn so weit, daß den Yachties etwas verborgen bliebe, kann niemand segeln. Aber mit wem segelt sie denn nun? „Good morning", klingt's herüber in allerfeinstem Oxford-Englisch. „Ich bin Charly", strahlt ein rosiger blonder Junge. Aha! Aber da ist noch einer. „John", knurrt der, „aus Auckland." Was ist da los? Wir und alle Yachties im Pazifik müssen das doch wissen!

George-Anns Freiheit kostete Geld. Woher nehmen? Gut bezahlte Arbeit ist rar im Südpazifik. Dafür war in Australien etwas los. Die aufstrebende Seglernation Japan wünschte sich spektakuläre Ereignisse, eine 6000-Meilen-Regatta von Melbourne nach Osaka war ausgeschrieben, und die japanische Industrie griff tief in die wohlgefüllten Taschen, um Teilnehmer anzulocken. Umgerechnet gut 12 000 Mark gab es für jede Yacht, die in Japan über die Ziellinie kam. Eilig segelte George-Ann nach Melbourne, heuerte Charly als Crew an – und ließ sich beim Start von einer Wegerechtyacht ein Loch ins Schiff rammen. Unerschüttert segelte sie weiter Regatta nach Osaka und kassierte in der Tat die Prämie, als 18. von den 64 der 120 gemeldeten Yachten, die es schafften. Unterwegs mußte sie allerdings immer wieder ein bißchen pumpen, denn das provisorisch geflickte Leck klaffte wohl doch etwas. In Osaka starteten die geschickten Veranstalter ein neues Rennen an der Küste entlang. Weitere Crew mußte her, John kam an Bord, und nun sind die drei sich nicht einig, wer denn nun mit wem auf welchem Schiff weitersegelt.

Eines müden grauen Sommertages sind wir wieder seetüchtig. Die halbwegs taifunsichere Saison ist fast vorbei. Wir werden ungeduldig. Die Quallen vor der Küste sind weniger geworden, einsame Tausende genießen die kurzen Badestrände alltags, diszipliniert drängelnde Zigtausende an den Wochenenden, behütet von wachsamen Rettern und hohen Gittergestellen, wohlgeordnet, geteilt in Blöcke durch Schneisen für Rettungsboote an Land, mit Bojenketten sortiert in Schwimmer, Nichtschwimmer und planschende Kinder, alle sauber getrennt von Sperrzonen für kühnes Surfen.

George-Ann hat sich vorerst für Charly entschieden. John fliegt resignierend irgendwohin. MELUSINE läuft aus mit Charly an der Pinne, George-Ann liebevoll im Arm. Wir lösen die letzten ruinösen Schecks ein, füllen pflichtbewußt Proviant auf und nehmen Abschied: vielgängiges Festmahl, Geschenke, Gästebücher, zwischendurch nur fünf freundliche, händeschüttelnde Beamte mit wenigen Formularen. Foto, Video, Verbeugungen, *hai!* Lebwohl, *Sayonara!*

Wir laufen aus und gleich in einen Pulk Fischerboote, an Gruppen wippender, nickender Stangen entlang... Auf ruhiger dunkler See segeln wir schließlich nach Nordosten, gemütlich der felsigen Küste Honshus folgend. Von hier draußen sieht sie weniger fremd aus. Bald schluckt dichter Dunst die Berge Japans. *Sayonara.* Wir genießen die Ruhe. Dann dreht der Wind heimlich auf Ostsüdost. Hoch am Wind stampft VAGANT auf einem Kurs, der langsam zurück zur Küste führt. Lange dürfen wir den nicht segeln, denn er zwingt uns genau in die Hauptzugbahn der regelmäßig tobenden Taifune. Vier waren es erst in diesem Jahr, hatte Fukutome San beiläufig erzählt, nur 60 bis 80 Knoten, und anderswo. Mit dieser Drohung im Nacken versuchen wir, unser Funkgerät zu nutzen. Fachgerecht und formvollendet ruft the German sailing yacht VAGANT the container ship in one-zero-five degrees auf Kanal 16. Nach einiger Zeit schüttet eine verschlafene Stimme ein Lehrbuch voll kaum verständlicher Wortgeräusche aus dem winzigen Lautsprecher. Wir treffen uns wieder auf Kanal 6 und fragen nach dem Wetterbericht. „Heute ist es schön." Aus.

Mit zunehmender Breite nehmen auch Wind und Seegang zu. Bald wird Reffen, Segelwechsel, Ausreffen und wieder Reffen tägliche und nächtliche Routine. Die Sonne spielt neckisches Verstecken hinter grauen Wolken, und die Navigation besteht bald nur noch aus Koppeln mit dem Log, das wir hier ausnahmsweise über offene See schleppen, und aus gelegentlichen Sonnenhöhen alle paar Tage. Für Satnav sind wir ja immer noch zu geizig. Andere haben es vor uns schließlich auch geschafft. Sind wir etwa schlechter?

Zwölf Tage lang segeln wir, so hoch es nur geht, am Wind gegen immer ruppiger, nasser und kälter werdenden Ost. Gar nicht so weit an Backbord liegt die Inselkette der Kurilen, im Norden Kamchatka und im Westen dahinter Sibirien. Unser Bogen nach Norden ist nicht so verrückt, wie er aussieht. Wir wollen ja nach Alaska, und da verläuft der Großkreiskurs, die kürzeste Strecke über unsere runde Welt, nun mal

„da oben" vorbei. Ein paar Wochen Kühle werden uns nach all den Tropen sicher gut tun. Es ist nur oft so schrecklich naß, nebelig und windig, ganz wie in einem guten Ostseesommer.

In einer düsteren Nacht, etwas nördlich von 44° Nord, zieht drohend ein Gewitter gegen den Wind auf. Seine schwarze Wand, noch schwärzer als die Nacht, wächst mit furchterregenden Blitzen genau auf uns zu, hüllt uns ein. Wir fühlen uns hilflos und fürchten uns. Doch den Donner, das sonst so nervenzerfetzende Krachen gleich nach dem Blitz, hören wir nur als leises Rumpeln unendlich hoch über uns. Wahrscheinlich dämpfen getrennt übereinanderliegende Luftschichten das Toben. Unheimlich. Wir haben noch nicht ganz ausgestaunt, da dreht der Wind binnen weniger Minuten um 180°, weht, braust, jault und pfeift los gegen den alten Seegang und peitscht ihn zu kochendem Aufruhr hoch.

Endlich können wir frei segeln. Kurs auf Attu und Agattu, die beiden wilden Inseln am westlichen Ende des Schwanzes der Aleuten, 53° rechtweisend. Mißweisung 4° West, 58° am Kompaß, und das Log beginnt sich eifrig zu drehen. Dann aber fängt die große Deckwaschmaschine an. VAGANT schlingert, taumelt, stürzt krachend von einem tiefen, düsteren Graben in den nächsten. Die Barographenkurve fällt steil. Bald kreischt voller Sturm. Gischt peitscht. Wir nehmen die Segel ganz weg und bremsen mit nachgeschleppten Leinen.

Morgens ist unser schönes, geschnitztes Namenschild mit den Bronzebuchstaben VAGANT und BREMEN weg, die heftig ruckenden Leinen haben es abgerissen. Kälte und Nässe dringen sättigend in alles: in Kleidung und Kajüte, in jedes Stück Papier. Ins schwache Gemüt. Das ist hartes Segeln nach gußeiserner Hochseeseglerart. „Wir lieben die Stürme, die brausenden Wogen, der eiskalten Winde rauhes Gesicht" – welch ein Quatsch. Wir frieren.

Der Sturm weht sich ein, drückt die alte See flach und baut neue, weißfleckig schäumende Hügel auf. Bald surft VAGANT unter 4 m² Sturmfock. Ab und zu können wir sogar die 7 m² des zweimal gerefften Großsegels setzen. Aber nur wenn unser Schiff es will. Unsere Segelführung wird längst von höchstmöglicher Ruhe und Gemütlichkeit bestimmt und nicht mehr von großen Etmalen, dafür segeln wir viel zu lange Strecken. Unsere Einstellung pflegen wir gern so zu erklären, daß wir eigentlich gar nicht weit segeln, nur raus aus einem Hafen, am anderen Ufer rein in den nächsten, und dazwischen leben wir gemütlich in unserem schwimmenden Gartenhäuschen, Veranda mit Seeblick hintendran. Wir sind ja keine „wahren" Blauwassersegler, die, Strapazen genießend, sportliche Großtaten begehen und dafür preisgekrönt werden. Lange, langsame Reisen können uns deshalb nicht enttäuschen; wir genießen sie eher. Die Meilen vergessen wir bald, sie stehen ja im Logbuch; in all den Jahrzehnten mögen es knapp 100 000 geworden sein.

Hier aber locken weder Veranda noch Seeblick, und das Segeln ist Kampf. Es weht heulend, es nieselt, nebelt und ist kalt. In dieser Gegend machen Nebel und Starkwind allzu oft gemeinsame böse Sache.

Endlich tobt sich das Wetter aus, hält wie erschöpft inne – bis zur Flaute. Der peitschende Seegang schmilzt zur hohen, müden, langen Dünung. Vagant rollt, schlingert und taumelt ohne Kurs im bleiernen, grauen Nichts. Wir bergen die wild schlagenden, knallenden Segel. Wo wir sind, ist kaum noch zu ahnen. Erschöpft verkriechen wir uns in die Kojen.

Irgendwann scheuchen uns springende Schatten hoch. Die Sonne! Blaß und verschmiert schwebt sie kaum meßbar hinter grauen Wolkenschleiern. Nur wenige ungenaue Standlinien rückt sie heraus, doch die reichen für die ärgerliche Erkenntnis, daß uns der Sturm weit nach Süden verschlagen hat. Die westlichen Aleuten können wir nicht mehr erreichen. Schade. Aber das Wetter tröstet uns, die sonnigen Löcher in der Wolkendecke werden größer und häufiger. Vagant dampft Nässe aus allen Poren. Wir faulenzen.

Neuer Wind kommt auf, Ostnordost. Gegenan und weiter nach Alaska? Oder voll nach Norden, doch zu den Aleuten? So weit weg liegen sie ja noch nicht. – Viel zu nahe liegen sie, denn wenig später schluckt Dunst die Kimm. Bald braust Vagant wieder durch naßkalt triefenden Nebel ins graue Nichts. Diesmal auf lauernde Riffküsten zu, die nur haargenaue Navigation entschärfen kann. Wir ziehen hoch. Doch gegenan.

Dann, nach 30 rauhen und ruhigen, nebeligen und sonnigen, bitterkalten und freundlich warmen, bis ins Mark erschöpfenden oder faulen, aber niemals langweiligen Tagen zeigen einige der Wolken weit voraus ein Muster, das nicht mehr wandert: hohe Berge.

Land!

Und dazu scheint sogar die Sonne. Wir können ihre Höhe messen und bald einen fernen Gipfel peilen, den 2109 m hohen Mount Vsevidof auf der Insel Umnak, 53°05′ Nord, 168°40′ West, im östlichen Teil der

Aleuten. Der Wind dreht auf Nord und bringt noch mehr Kälte mit aus der arktischen Beringsee gleich hinter den Bergen, dazu absolut klare Luft und extrem weite Sicht. Immerhin hat die See hier nur noch 50 bis 60 Meilen Anlauf, um sich aufzuregen. Wir segeln mit dichten Schoten und peilen bald einen stolzen schnee- und eisgekrönten Gipfel nach dem anderen: den 2036 m hohen Makushin-Vulkan auf Unalaska, den Shinshaldin-Vulkan, 2856 m hoch auf Unimak, der letzten Insel der Aleuten. Später den 2518 m hohen Pavlok-Vulkan, den ersten hohen Berg der Alaska-Halbinsel, und viele kaum niedrigere Gipfel dazwischen. Wir üben die ungewohnten Namen, sibirisch-aleutisch im Westen, *inuit* (Eskimo) auf dem Festland im Nordosten, und begegnen überall denen der russischen Entdecker.

Bei Sonnenaufgang gegen zwei Uhr stehen weit voraus die scharfen dunklen Umrisse der gezackten Grate des Shumagin-Archipels auf 55° Nord und 160° West unheimlich klar in den grau-roten Streifen des frühen Lichts. Wir segeln noch viele Stunden, bis unser Anker in einer ruhigen, namenlosen Bucht der Insel Unga fällt. Erinnerungen an Feuerland und Patagonien werden wach. Auch hier warnt Kelp vor Untiefen und Felsen, wabert vor allen Ufern. Doch dieser ist gnädiger, kakerlakenbraun und seifenglitschig wie im rauhen Süden, aber weniger lang und nicht so zäh.

Wir beginnen uns zu erholen von diesen 3000 Meilen „Grauwassersegeln". Dankbar genießen wir strahlenden Sonnenschein aus wolkenlosem Himmel. Leichte Brandung rasselt leise mit dem grauen Kies der Ufer, auf denen sich wilde Verhaue bleich verwitterten, blank geschliffenen Treibholzes türmen. Ganze Bäume liegen da, ihre starken Aststümpfe und gewundenen Wurzeln wie im Kampf mit anderen verschlungen, darunter abgewetzte Baumleichen wie riesige Knochen und glatte, sauber bearbeitete Stämme. All dies trieb hier als *deadheads*, „Totenköpfe", vor den rauhen Küsten herum, oft jahrelang, vollgesogen aufrecht im Wasser stehend, drohend im Seegang auf und nieder tanzend, brutal nach allem stoßend, was es wagt, des Wegs zu kommen.

Auf einem dicken Klotz sitzt ein riesiger Adler in klassischer Pose: den weißen Hals gereckt, die dunklen Schwingen halb gefaltet, ganz der kühne US-Wappenvogel, der *Bald Eagle*. Ein Symbol selbstbewußt wartender, ungeduldiger Macht. Zwei Adler segeln mühelos kreisend, souverän hoch oben um kühn gezackte Gipfel, die wie scharfe Zähne aus steilen grünen Hängen aufsteigen. Weit in der klaren Ferne ragen blaugraue Gebirge mit weißen Flecken auf: Sommerschnee und Gletscher, geädert vom braungrauen Geröll vieler Jahrtausende.

Nach ein paar faulen Tagen dreht der Wind. Wir segeln zur Nachbarinsel Nagai, einer schmalen Hügel- und Felsenkette im Meer, die nur aus Buchten besteht. Auf dem kurzen Törn kreuzen wir brotbackend wieder an einem Kap Hoorn vorbei, einer Felseninsel ähnlich der anderen, an die wir uns so gut erinnern, nur kleiner. Dahinter schlüpfen wir in einen langen schmalen Fjord.

Weit voraus ein weißer Fleck, der sich langsam voranbewegt, irgendwie rollend. Ein Boot? Kein Boot. Eine kleine, blendend weiße Wolke fließt da über die stille Fläche, schwellend und schrumpfend, kurz aufwallend, wieder sinkend und auseinanderfließend. Es ist ein Schwarm kleiner, schneller Möwen beim Speisen, so versunken in eifrige Völlerei, daß wir mittreiben und staunen können. Wir fühlen ihre wilde Gier, den Jubel über sättigenden Überfluß – und straffe Ordnung, die jedem das Seine läßt: den mächtigen Trieb der Arterhaltung. Dicht unter der Oberfläche schwebt wabernd eine mächtige Wolke winziger Fische, hier und da silbern aufleuchtend und wieder versinkend. Die Möwen ziehen in geschlossener Front eifrig fressend mit. Nicht eine wagt sich vor. Nach kurzem Schwelgen fällt die vordere Linie wie auf Kommando zurück, und die nächste zieht durch die Lücken vor. Die übrigen warten aufgeregt flatternd, drängen und naschen, wagen aber nicht ernsthaft zu stören.

Einmal reicht natürlich nicht. Die Halbsatten ordnen sich im Rücken des Schwarms sofort neu und rücken mit steigendem Eifer brav nach, bis sie wieder dran sind. Daneben schwimmen ratlos suchend ein paar andere Seevögel. Die sind erst dran, wenn die Möwen fast platzen, diese frechen, schlauen, eleganten Ratten der Meere und der Lüfte.

In der Sanborn Bay, einer der vielen Traumbuchten dieses spröden Juwels, setzen wir unsere Ferien fort. Scharen voller Seevögel schützen uns vor jeder Laune der See draußen. Drinnen umkränzen rollende grüne Hügel mit stumpfen Felszähnen obendrauf unseren stillen Ankerplatz. Am Hang vor uns funkelt ein Wasserfall in bunten Regenbögen. Um Ecken sprüht er, über Kanten und Felsspitzen springt er seine in zigtausend Jahren wellig glatt gewaschene Bahn herunter bis zur leise murmelnden Mündung im flachen Schilfufer. Vögel kreisen, schweben und schwingen, viele schwimmen und tauchen. Fische springen glitzernd, Seelöwen bummeln leise schnaufend vorbei. Ohne Neugier. Wir lauschen der Stille, möchten hierbleiben und müssen doch so schnell wie möglich weitersegeln, denn diese herrliche Zeit kann nicht lange dauern.

Nieselregen eines Abends. In der hellen Nacht fließen Nebelschleier mit dem schmalen Wasserfall in unsere Bucht. Am Morgen sind die Berge verschwunden, bald auch die nahen Ufer. Neuer Wind beginnt zu wehen. Erst stöhnt und pfeift er, dann kreischt er: Williwaws, die bösen, durch Berge verstärkten Böen, die wir in Feuerland und Patagonien fürchten lernten. VAGANT springt unruhig an ihren Ankern hin und her. Dichte Wolken rollen grau tief über das Wasser, hüllen alles in triefende Nässe. – Plötzlich beruhigt sich das Wetter. Wir laufen aus.

Falsch. Der Klabautermann warnt uns: Feuer in der Elektrik durch Kurzschluß in einer Solarzelle füllt die Kajüte mit beißendem Qualm. Der Motor besäuft sich erneut mit Wasser. Und der Wind dreht gegenan, nimmt zu und wird hart. Wieder hüllt dichter Nebel alles ein, die Sicht reicht kaum über das Vorstag hinaus. Gar nicht so weit in Lee droht unsichtbar eine böse Felsenküste. Wir stampfen koppelnd ins Ungewisse.

Im grauen Dunst einer trüben Abenddämmerung schwebt zwischen der formlos grauen Wolkendecke und den gleichmäßig rollenden grauen Hügeln der See der Hauch eines grauen Schattens. Wir peilen ihn in ungefähr 340°, so ungefähr, daß die 20° Ostmißweisung fast nebensächlich wird. Na ja, nehmen wir mal an, das sei rechtweisend Nord, dann kreuzen wir es mit dem Logstand, schätzen 1,5 kn Südweststrom oder auch nicht, denn weiter draußen soll der Strom nordöstlich setzen, und schon ist das nebelgraue Ungefähre Chirikof auf 55°50′ N und 155°35′ W. Eine 150 m hohe, verlassene kleine Insel mit ein paar Hütten auf tiefgrünen Hängen, sagt das Seehandbuch. Der am weitesten vorgelagerte Brocken Land, umgeben von unvermessenen Klippen und Untiefen, so fährt es fort und warnt dringend vor Annäherung ohne ganz klare Sicht. Magnetische Störungen wurden beobachtet, und die Tidenströme sind unberechenbar. Selbst mit Radar sind dort Schiffe gestrandet. – Wir schlagen fix einen Extrahaken.

Und dann stirbt der Wind wieder, das Wetter bleibt stehen. Müde rollt die graue See ohne Kimm, mit grauem Nebel verschmiert. VAGANT schlingert ohne Fahrt im trüben Licht; Brandungsrauschen in Nordwest.

Brandung!

Nah? Fern? Wie weit? Weit genug, glauben wir. Die Dünung ist hoch, also muß ihre Brandung laut sein, lauter als hier, noch so weit draußen. Meinen wir. – Aber nach weniger als einer halben Meile taumelt VAGANT im Rückprall der schäumenden Brandungskette, die im Nebel ihre Zähne fletscht. Nichts sonst können wir sehen, keinen Strand dahinter, kein Land darüber, nur den böse tosenden, fahlweißen Streifen. Mit äußerster Vorsicht folgen wir diesem einzigen zweifelhaften Faden nach irgendwo in der Hoffnung, den geschützten Sund hinter der Insel Sitkalidak zu erreichen. Mit ständigem Loten, Lauschen und Stieren ins graue Nichts, bis uns die Augen tränen, finden wir die Ecke. Dahinter bleibt der Nebel einfach zurück. Unsere geahnte, geratene Navigation war richtig. Erleichtert suchen wir einen Ankerplatz.

Der nächste Tag bestätigt zwei neue Erfahrungen. Der Nebel wartet in der Tat draußen vor den Buchten, und wir müssen uns damit abfinden, daß die großartigen neuen internationalen Karten ungenau sind. Die schönen alten der britischen Admiralität dagegen zeigen kleine Riffe und einzelne Steine wenigstens mit einem Pünktchen. Die neuen schenken sich das öfter, wissen es vielleicht auch nicht besser. Das gewaltige Erdbeben 1964 hob und senkte ganze Teile Alaskas und seiner Küsten um mehrere Meter.

Wir lernen. Wir loten, schätzen, peilen, lauschen, stieren, hoffen und fühlen uns die unsichtbare Küste entlang, im fischigen Jodgeruch warnender Kelpfelder Böses ahnend, unter jedem leichten Wasserwirbel drohende Steine vermutend, jede Nuance im nassen Grau peilend und voll kritischer Phantasie mit der Karte vergleichend. Und jeden Abend, wenn wir in irgendeiner herrlich geschützten Bucht voll klarer Sicht ankern, wartet der Nebel draußen. Irgendwann droht, düster im nassen Grau, die markante Kette einzelner Felsklötze vor Kap Chiniak auf 58°05′ N und 152°03′ W. Wenige Kabellängen dahinter segeln wir bei strahlendem Sonnenschein in die weite Felsenbucht vor der Siedlung der Böreninsel Kodiak und bald durch Riffe und an verstreuten Klötzen vorbei in den alten Fischerhafen St. Paul: rote Tonnen an Steuerbord, schwarze an Backbord, wie es die USA nun mal so machen.

In Kodiaks „Small Boat Harbour" drängen sich derbe, abgewetzte Trawler, Fischkutter und Boote dicht an dicht. Zur Schonung unserer Finanzen ankern wir an einer lauschigen Stelle draußen, verständnisvoll vom Hafenmeister eingewiesen, denn das Liegegeld ist hoch. Hier ist es traumhaft schön. Wieder mal möchten wir gern das Weitersegeln vergessen. Dabei können wir hier nicht einmal einklarieren. Doch die paar Bürokraten sehen das ganz locker.

Kodiak ist seit fast 6000 Jahren Heimat schweifender Fischer, Sammler und Jäger. Ruheloses Kommen und Gehen gehört seit je zu dieser wilden, harten Landschaft. Letzte leibhaftige „Ur"-Einwohner sind die Koniaks, die sich selbst *Sugpiaq* nannten, „wirkliche Menschen". Diese wetterharten Eskimos lebten von allem, was im Meer, in den vielen Seen und Flüssen schwamm, was über die Berge und Tundren flog und in den Wäldern wuchs oder schweifte, die riesigen Kodiak-Braunbären mit allem Respekt eingeschlossen. Die Jagd-, Fang- und Verarbeitungsmethoden der Koniaks waren hoch entwickelt. Sie machten feine Werkzeuge und Waffen, konnten Felle gerben und produzierten als Nahrung für die langen harten Winter große Mengen *Ukala*, getrockneten Lachs. Den stapelten sie in dicken Schichten auf dem Grund ihrer *Barabara*, ihrer halb in den Boden versenkten Fellhütten. Wenn draußen eiskalte Winterstürme rasten, aßen sie drinnen gemütlich ihren Fußboden auf. So lebten sie, bis die ersten Weißen kamen, abenteuernde russische Pelzhändler aus Sibirien.

Schon 1741 segelte eine russische Expedition unter Führung des holländischen Kapitäns Vitus Bering hier vorbei, aber erst 1763 versuchte ein Stefan Glotow das Neuland zu nutzen. Damit begann wieder mal eine der unzähligen Entdeckungstragödien. Die Russen, ein wilder Haufen sibirischer Raubhändler, wollten edle Pelze, und den Koniaks stachen ein paar kümmerliche Verlockungen der Zivilisation in die scharfen Augen. Beide wollten tauschen und den anderen dabei übers Ohr hauen. Jeder hielt sich für stärker und klüger. Russische Musketen gegen Koniaklist, Kolonisatorenarroganz gegen Freiheitsdrang, und am Ende ein paar Pelze gegen Ramsch. Diesen Zaren irgendwo da hinten, weit weg, zum Freund zu haben, konnte ja nicht schaden, auch wenn's ein paar Pelze kostete. Aber regelmäßig Tribut abliefern? Und dazu noch Geiseln stellen, damit das pünktlich geschah? Tribut, Geiseln, pünktlich, was war das überhaupt? Diese stinkenden fremden Teufel, die Feuer in den Mund nahmen und giftigen Höllenrauch ausstießen, konnten sich ja nicht einmal selbst ernähren! Ohne immer wieder *Ukala* zu stehlen, wären sie glatt verhungert. Die überlebenden Russen segelten enttäuscht weg. Die dezimierten Koniaks lebten weiter wie bisher. Vorerst.

Aber irgendwann mußten sich auch hier die Segnungen von Christentum und Moral, Handel und Wandel, Fortschritt, Zivilisation, Seßhaftigkeit und Ordnung durchsetzen. 1784 richtete der sibirische Kaufmann Grigori Iwanowitsch Schelikoff an der Dreiheiligenbucht im Süden

228

Kodiaks die erste Handelsstation ein. Die Koniaks duldeten ihn, weil er meist hielt, was er versprach. Er gab sich mit wenigen hundert Prozent Verdienst zufrieden und trieb den Fortschritt nur behutsam voran. 1791 kehrte er nach Rußland zurück, um bei Hofe gewaltige Pläne zur Ausbeutung seines neuen „großen Landes Aleyeska" voranzutreiben, und schickte Alexander Andrejewitsch Baranoff zum Weitermachen. Der reduzierte binnen weniger Jahre die freien, stolzen Koniaks zu braven, christlichen Untertanen des Herrschers aller Russen, die importierte Schuhe trugen, Wodka tranken und sich in teure Parkas aus dünnem, billigem Segeltuch kleideten. Wertvolle Felle für sich zu verwenden, mußte den primitiven Wilden natürlich verboten werden.

Als Rußland sein verkanntes Kronjuwel 1867 an die USA verkaufte, erinnerten sich nur noch ein paar alte Leute an ihre verlorene Kultur. Danach verging auch alles Russische bis auf wenige nostalgisch gepflegte Reste. Auf den Karten blieben viele russische Namen, kyrillische Inschriften auf bemoosten Grabsteinen kleiner Friedhöfe, blankpolierte Messingsamoware im Museum und ein paar Familien, die beharrlich ihr russisches Erbe erhielten, samt ihrer mehrfach wieder auferstandenen kleinen Holzkirche mit klassischen, blaugemalten Zwiebeltürmen. Eine Parade zersprungener, angeschmolzener, zerschmetterter Glocken ziert den Vorgarten.

Derweil brachten tüchtige Trader aus Kalifornien auf hemdsärmelige Yankee-Art neuen Schwung in den kalten Laden. Sie gründeten eine robuste Fischindustrie, die bis heute alles überstand: die wildesten Schwankungen des Marktes, des arktischen Wetters und der unerforschlichen Launen der Fischschwärme, die Vernichtung ihrer roh gebauten „Canneries" durch Vulkanausbrüche, Erdbeben und Tsunamis.

Archäologen erbuddelten viele übereinanderliegende Schichten Asche, Meeresboden, Bergvegetation, herrliche Badestrände und wieder Asche. Inuitsagen raunen von Weltuntergängen und giftigen schwarzen Wolken, von heißem, graubraunem Schnee, der nicht taute, und vom erzürnten Meer, das sich wütend zurückholte, was die Sugpiaq ihm zuviel geraubt hatten. 1792, ein Jahr nach der Übernahme der Geschäfte durch Baranoff, zerstörte ein schweres Erdbeben seine kleine russische Siedlung an der Dreiheiligenbucht. Eine Tsunami folgte, eine riesige Gezeitenwelle, und wusch die Reste in die See. Baranoff gab die Trümmer auf und baute den neuen Hafen Pawlowsk, den heutigen St. Paul Harbour mit der Siedlung Kodiak.

Die war 1912 dran. Ein Ausbruch des Vulkans Katmai, 100 Meilen entfernt auf dem Festland, deckte Kodiak mit meterdicken Schichten feinster Asche so zu, daß die Menschen auf Schiffe flüchten mußten. 1964 erschütterte das bisher schwerste Erdbeben ganz Alaska. Auf Kodiak verschwanden mehrere Seen, gewaltige Tidenwellen schwemmten den Hafen weg, warfen Schiffe weit in die Trümmer der Baracken des Geschäftsbezirks und verschlangen 20 Menschen. An das nächste Mal denkt niemand. Es wird schon kommen, aber jetzt noch nicht.

Der kleine Hafen ist voll, dreckig, teuer und laut – meinen wir. Er ist billig und bequem, bietet reichlich Platz und alles, was Schiffe und Fischer brauchen – meinen die Fischer. Er kostet Geld und bringt nie genug ein, meinen die Bürokraten. Er gehört uns, meint Spot, der allbekannte große Seelöwe mit seiner zahlreichen Familie. Satt und fett leben sie von den erlesenen Resten, die ihnen die Fischer zuwerfen. Wenn das nicht schnell genug geschieht, klettern sie empört schimpfend auf Schwimmstege und in Beiboote. Fischer Travis Murphy zögerte, da biß Spot zu und zog ihn am Arm ins Wasser. Empörung auf beiden Seiten und Beschwerde beim Hafenmeister! Hilfloser Rat: Fischer, haltet die Burschen kurz, wenn ihr den Hafen behalten wollt.

Vor der Hafenmeisterbaracke steht verlegen ein kleiner einfacher Obelisk voller Metallschilder mit Namen und Daten. Er ist voll bis in die letzte Ecke, denn seefremde Stifter haben hier falsch geschätzt, wie viele Menschen die See behielt. Deshalb stehen daneben zwei nüchterne, große Tafeln als Fortsetzung. Eine ist auch schon voll, die andere wartet mit tückisch-drohender Leerfläche.

Alaska, „the last frontier", ist wirklich noch Wilder Westen, die letzte Grenze und Hoffnung vieler, denen es anderswo zu eng wird. Hier hat jeder seine Chance, wie hart, lockend, erfolgversprechend, mäßig oder sinnlos sie auch sein mag. Jeder kann mit Schwung tun, wovon er am wenigsten versteht. Mancher wird hier wohlhabend, vielleicht sogar reich, geht pleite, wird wieder reich. Viele kommen voller Erwartung und ziehen nach wenigen Jahren davon, glücklich und zufrieden, erleichtert oder enttäuscht. Viele bleiben trotz allem, gepackt vom rauhen, freien Leben, um so stolzer auf „die da unten" hinabschauend, je „höher" sie in das wilde Land vorgedrungen sind. Die harten, von Mücken zerstochenen Nordländer ganz hoch oben, die „Blaunasen" in der Arktis, lächeln in ihrer dicken Pelzvermummung geringschätzig über dic *Cheechako*, diese Weichlinge an der „milden" Südküste Alaskas von den Aleuten bis Vancouver. Alle gemeinsam aber verachten tapfer frierend das Ameisentreiben in den „lower 48". Das ist irgendeine Gegend im Süden der kanadischen Grenze, wo echte Alaskaner den kümmerlichen Rest der USA vermuten. Etwas besser kennen manche den „lower 49", Hawaii, denn in den 49. Staat der USA fliegen sie schon mal zum Aufwärmen.

13 000 Menschen leben auf Kodiak, 6000 davon in Kodiak, dem Hafenort, der Rest in weitverstreuten kleinen Siedlungen oder allein in den Bergen. Die Wildnis im Inneren gehört 2500 riesigen Braunbären, den einzigartigen „Kodiaks" aus der Familie der Grizzly, dazu kaum zählbaren Elchen, Karibus und Rentieren, Scharen von Rot- und Silberfüchsen, Ottern und Bibern, Bergziegen und Kaninchen. Millionen Lachse wimmeln in der See und in den Flüssen, Forellen in den klaren Bergseen. Es gibt Heilbutt, Heringe und viele andere Fischarten im Überfluß, riesige Königskrabben, Seehunde und Seelöwen. Sogar Gold wurde hier gefunden, und manche hoffen, daß noch etwas für sie übrig ist. Arktische Tiere liefern Fleisch und wertvolle Felle. Wer sich auf hartes Leben versteht, kann herrlich und frei hier leben. Es ist ein Paradies für Fischer, Angler und Jäger, aber für solche, die es ernst meinen, denn die Wildnis ist wirklich wild.

Die Bären sind seit altersher hochrespektierte Nachbarn der Inuit, eine ihrer nie versiegenden Quellen von Nahrung, Kleidung und Heldengeschichten. Die Beziehung der Weißen zu Meister Petz war dagegen von Anfang an von Mißverständnissen geprägt. Die großen zottigen Braunen schauen so treuherzig drein, sehen so putzig und harmlos aus, sind es aber nicht. Immer wieder machen Geschichten über angebliche oder tatsächliche Untaten tückischer, blutrünstiger Bestien die Runde. Dabei ist doch jedes menschliche Charakterurteil völlig verfehlt.

Bären kennen keine ebenbürtigen Feinde. Sie respektieren nur ihresgleichen, souverän ihre weiten Reviere beherrschend. Dafür hat die Natur sie ausgerüstet. Sie lernen schnell, denn sie sind so intelligent wie Hunde oder Pferde. Sehen können sie schlecht, dafür aber sehr gut riechen und hören. Sie sind stark genug, armdicke Äste abzureißen, und geschickt genug, flinke Lachse aus reißenden Flüssen zu fischen und Beeren von zarten Zweigen abzustreifen.

Nur Menschen mögen sie nicht. Wenn ein Bär unsereins bemerkt, läuft er davon – oder er greift an, falls er sich gestört fühlt. Niemand darf seiner Beute und seinem Familienleben zu nahe kommen. Was er haben will, das gehört ihm. Wehe dem Jäger oder Fischer, der ihm nicht sofort alles Freßbare ohne Widerstand preisgibt! Nicht einmal weglaufen darf er, denn das reizt den Bär zur Verfolgung. Bis zu 50 kmh schnell kann er dann traben.

Ganz Kodiak ist das Land der Bären und nur das Hafenstädtchen eine Enklave, die sie meiden. Wer sie verläßt, muß damit rechnen, ihnen zu begegnen, warnen die Verantwortlichen. Laut soll man sich bewegen, nicht in dichten Gebüschen und Höhlen herumstöbern, Trillerpfeifen und Bärenglöckchen mitführen und als letztes Argument ein starkes Gewehr mit schwerem Kaliber, denn der erste Schuß muß tödlich treffen. Warnschüsse nützen nichts. Sie locken Bären eher an, denn manche haben durch Erfahrung gelernt, daß hartes Knallen frisch erlegtes Wild bedeutet.

Der Metropole Kodiak ist ihre wilde Umgebung anzusehen: viel wildwestliche Bretterbudenarchitektur und unter den urigen Typen mancher, dem man nicht im Dunklen begegnen möchte. Doch da kann man sich täuschen. In der Wildnis und auf den Kuttern gilt die Konvention der Städte nichts. Wenn also einer ruppig, struppig und vielleicht auch ein bißchen schlingernd daherkommt, hat er sicher einen Anlaß und die Dollars dafür; wabbelige Gammlertypen halten sich hier nicht lange.

Zum rauhen Leben gehört unerschütterliche Geduld, vor allem mit dem Wetter. Es ist Teil jedes freundlichen Grußes. Derbe Kleidung und dichtes Regenzeug sind ewige Mode, Angeln und Gewehre normale Haushaltsgeräte, Boote und Flugzeuge alltägliche Verkehrsmittel. Dazu gibt es alles, was wir brauchen, und das sogar billig im Vergleich mit Japan. Die Kassiererin der Bank of Alaska staunt über unsere restlichen 126 000 Yen, verrechnet sich vor Schreck erheblich, rückt am Ende aber doch nur die richtigen 730 Dollar dafür raus. Die Geschäfte der Bank gehen gut. Hier werden viele Dollars verdient, viele Dollars ausgegeben, aber nicht genug angelegt. Werbeaktionen versprechen deshalb jedem, der mindestens 10 000 Dollar fest anlegt, ein Geschenk: Kühlschränke und Radios, Außenborder und Motorräder. Diesmal ist es ein Revolver Marke Smith & Wesson, Kaliber 44 Magnum.

Soviel Geld haben wir gerade nicht dabei. Dafür schwelgen wir in rauchfrischem Lachs, prassen handtellergroße Steaks aus Texas, genießen Salami, zarten Camembert und „französischen" Rotwein aus Kalifornien. Den bekommen wir sogar umsonst, denn der Coca-Cola-Agent ist froh, die verstaubten Pullen loszuwerden. Drei bis fünf Jahre alt und wohlgereift. Kartonweise. Mit Kleinigkeiten gibt sich hier niemand ab.

Wir ergänzen genüßlich unsere Verpflegung und kaufen, beeindruckt von einigen recht wilden Geschichten, am Ende sogar Überlebensanzüge. Keine eleganten, teuren Dinger für warme Gewässer sondern solche, wie sie hier schon manchem Fischer das Leben gerettet haben. Wir bekommen sie günstig, weil leicht gebraucht. Wichtige Einrichtung aller vielbesuchten Plätze ist nämlich das „Bulletin Board", das weiße Schwarze Brett mit all den interessanten Dingen, die Rückwanderer nicht in die lower 48 mitnehmen wollen oder Erfolgreiche nicht mehr brauchen. Auch sonst wird hier allerhand angeboten oder gesucht: Boote. Auskunft über Verschwundene. Hütten in der Wildnis. Religiöse Erleuchtung. Gewehre und Revolver. Kinoprogramme. Bürgerproteste. Flugtickets. Partner für wildes oder friedliches Tun aller Art. Fischgeräte. Haustiere. Luft- und Wassertaxis. Wohnungen. Funkgeräte. Motorräder und Geländewagen. Rechtsbeistand. Schiffsausrüstung. Jagdtips, Jobs...

So verkünden auch Betty und Judy auf einfachen Zetteln in sauberer Handschrift: „Need help to overhaul your gear? Call Betty and Judy!" Das zielt auf die Fischer, das Rückgrat der wilden Wirtschaft Kodiaks. Deren „Gerät zu überholen" sind die beiden in der Tat entschlossen, tags und nachts und zwischendurch. Sie sind nicht billig, die stramme Blondine Betty und ihre mollige, brünette Partnerin Judy, weder in Dollars noch sonst. Aber sie flicken Netze, spleißen harte Taue und stachelige Drahtseile. Sie klopfen und kratzen Rost, schleifen, malen, polieren und putzen. Sie kaufen ein, bringen Schwung in die Kombüsen, Gemütlichkeit in die Kajüten, immer wieder fröhliche Lust in die engen Kojen und Dollars auf die Bank.

Die zierliche blonde Sally trampte nach erfolgreichem Studium der Anglistik ein bißchen durch die Gegend, kam in Kodiak vorbei und traf den rothaarigen Hünen Red mit etwas unklarer Vergangenheit. Sofort mochten sie einander, das Land, die Leute, die See und die Chancen, die sich boten. Also kauften sie ein Schiff, ein Wrack. Ein Fischer hatte Pech gehabt: Fanggeschirr verloren, Maschinenschaden, sanft gestrandet, Fang verdorben, unterversichert. Aus. Er war's leid und verschwand; das Schiff vergammelte, bis Sally und Red zur freudigen Erleichterung aller 5000 Dollar zusammenkratzten und zu arbeiten begannen.

Sie schufteten 30 Stunden am Tag, zehn Tage in der Woche und sonntags auch noch, lebten von nebenbei geangelten Fischen und heuerten zwischendurch auf anderen Kuttern an, um zu lernen, ein paar Extradollars zu machen, verbrauchte Ausrüstung abzustauben und noch mehr zu lernen. Bald wurde WAYWARD WIND wieder zum derben, seetüchtigen Alaskatrawler. Die beiden hatten gleich Glück mit ihren Fängen und sind nun wohlhabende Fischer, die es langsamer anpacken können. In der Fangzeit arbeiten sie höchstens noch 18 Stunden am Tag, Red mit Drei-Mann-Crew auf WAYWARD WIND, Sally als Skipper mit zwei Mann auf der LOBO, ihrem Netzkutter. Dessen Alurumpf haben sie nagelneu von der Werft gekauft und ausgebaut, motorisiert und ausgerüstet.

Nun können sie sich sogar schon etwas Privatleben leisten. Irgendwo auf einer kleinen Insel steht ihre klobige Blockhütte mit riesigem Bruchsteinkamin zum Träumen, mit Fellen zum Kuscheln, Regalen voller Bücher und mit Rex, dem riesigen, verspielten, verfressenen Labradorhund. Ihm gehört die Hütte und die Gegend ringsum, wenn die beiden weg sind. Dann wird er zum wilden Tier, das sich wochenlang selbst aus der Wildnis ernährt.

„An Bord frißt er zuviel", schimpft Peter aus Lübeck, „und immer nur gute Sachen. Und die beiden, Red und Sally, die arbeiten dich glatt über die Reling." Er stöhnt anerkennend. „Besonders die Kleine. Aber sie zahlen fair." Vor zwei Jahren knatterte Peter mit einem Motorrad hier vorbei, brauchte Dollars und heuerte an. Vielleicht wird den beiden die LOBO mal zu klein, hofft er, und seine überaus blonde Freundin Alice macht schon fleißig Dollars in irgend einem Büro. Beim Fischen könnten es allerdings viel mehr sein.

Fischen ist auch hier mehr als nur Beruf. Wer dem Fisch verfällt, dem wird er über die grünen Dollars hinaus zur Besessenheit, zum Teil der Persönlichkeit, unauslöschlich wie Rasse und Nationalität. Fischer leben nach eigenen Begriffen und Maßstäben von Zeit, Raum und Werten. Land liegt höchstens im Wege und ist nur wichtig für den Absatz des Fanges, für die Ausrüstung der Schiffe und die Befriedigung weniger elementarer Bedürfnisse. Ein harter, notwendiger, ertragreicher und oft gefährlicher Beruf, überwacht und behütet so gut es geht von der US Coast Guard, der Küstenwache. Für die finden selbst die härtesten Fischer gute Worte, obwohl sie ihnen oft auf die allzu eifrigen Finger klopfen muß. Etwa 20 Trawler und Kutter gehen jedes Jahr verloren, nicht immer ohne Verlust von Menschenleben, trotz pflichtgemäßer Ausrüstung. Mehrere Arten Funk, meistens zwei Radargeräte, häufig gewartete Rettungsinseln, frische Signalmittel und klobige Überlebensanzüge können daran nichts ändern. Manchmal wird's dramatisch.

Ein schwerer Sturm erwischte die Brüder Lynn und Dave mit ihrem 16 m langen Kutter LAURA in der 40 bis 50 Meilen breiten Schelikoff-Straße zwischen Kodiak und dem Festland. 80 bis 100 kn Wind röhrten gegen 7 bis 8 kn Tidenstrom und bauten Seen bis zu 12 m auf. Bei jedem Versuch, auch nur wenige Grade vom genauen Gegenandampfen abzuweichen, drohte das Schiff zu kentern. Nach drei Stunden vergeblicher Mühe, einen der geschützten Fjorde in der Nähe anzusteuern, mußten die Brüder aufgeben. Erschöpft baten sie die Coast Guard in Kodiak um Hilfe.

Die schickte sofort einen Hubschrauber. Dessen Pilot Walters versuchte, einen Rettungskorb auf die LAURA hinab zu lassen. Doch der Sturm trieb seine Maschine immer wieder ab. Einmal geriet sie beinahe ins Rigg des Kutters. Bei einem anderen Versuch blieb der Korb hängen, und sein Kabel wurde bis zum Zerreißen gespannt.

Die LAURA konnte sich nicht mehr halten, der Motor stotterte. Sie schlug quer. Decks und Aufbauten begannen, beim Rollen nach beiden Seiten einzutauchen. Brecher krachten über das hilflose Schiff. Den Brüdern blieb keine Wahl, sie mußten ins Wasser. Sie krochen in ihre Überlebensanzüge und gingen über die Seite.

Wieder und wieder ließ Pilot Walters seinen Korb herunter. Orkanböen fegten die Maschine jedesmal wieder weg und den Korb aus den Händen der Männer im Wasser. Einmal war Dave halb im Korb, als eine Bö den Hubschrauber hochriß und Dave 10 m weit schleuderte, ihm einen Arm ausrenkend. Irgendwann schafften es die beiden dann doch, in den Korb zu gelangen. Walters zog hoch – da brach das Kabel. Es war beim Hängenbleiben im Rigg der LAURA beschädigt worden. Die Maschine raste davon, aber die Brüder gaben sich nicht verloren. Es waren ja nur fünf Meilen bis zum nächsten Felsen.

Doch plötzlich war der Hubschrauber wieder da, nun aber so knapp an Treibstoff, daß Walters nur noch ein einziges verzweifeltes Manöver riskieren konnte. Er setzte seine Maschine auf eine riesige, 12 m hohe See, beim ersten Versuch geradewegs auf Lynn. Der fand das okay. „Es fühlte sich gut an, auch wenn ich darunter war, wieder was Festes zu spüren." Beim nächsten Versuch konnten sich die beiden am Hubschrauber festhalten. Der zog hoch. Doch die Männer waren zu erschöpft und fielen zurück ins Wasser. Noch einmal ließ Walters seine Maschine einfach auf die See fallen. Drei Männer der Crew zerrten Lynn hoch, so schwer und unhandlich der mit seinem lecken, wassergefüllten Überlebensanzug auch war. Dave hielt sich derweil irgendwo fest. Die Crew ergriff ihn gerade noch rechtzeitig, als der Hubschrauber schon davonraste.

Mit dem Rest des Treibstoffs konnte Walters seine Maschine nur noch wenige Minuten in der Luft halten, gerade bis zu einer winzigen, kahlen Insel, von der ihn der Sturm beinahe zurück in die See blies. Es dauerte noch den ganzen Tag, bis Hilfe kam.

Ohne Coast Guard und Fliegerei wären Seefahrt, Fischerei und Jagd in Alaska nicht mehr möglich, meinen Kenner. Aber auch wer anderswo schon viele Flugstunden Erfahrung hat, muß hier erst „richtig" fliegen lernen, meinen die Alaskaner. Sie fliegen kleine, einmotorige Maschinen mit auswechselbaren und vielseitig verwendbaren Landegeschirren: Räder für die paar Flugpisten und ebenen Wiesen, Schwimmer für das Wasser überall, Schneekufen für Berge und Gletscher. In den engen Cockpits und knappen Kassen ist kein Platz für raffinierte Elektronik. Die Burschen fliegen nach Sicht, oft knapp über den Baumwipfeln, zwischen Bergen hindurch, unter tief hängenden Wolken steilen Tälern folgend, die Küstenlinie hart an den Nebelwänden entlang.

Wilde Geschichten laufen um. Einer merkte gerade noch rechtzeitig vor der Landung auf einem Gletscher, daß seine Schneekufen nach unten geklappt waren: Bolzen verloren. Kann ja mal vorkommen, kein Problem. Ein Passagier übernahm das Steuer, der Pilot kletterte kopfüber nach draußen und band die Dinger hoch. Ganz einfach. – Ein Jäger wollte seine Hütte in der Wildnis gemütlicher machen und flog ein kompliziertes Sprungfeder-Klappbett ein. Das sprang kurz vor der Landung im Schwung der Turbulenzen auf und drückte den Piloten platt auf seine Instrumente. Der öffnete die Tür, soweit er es gegen den Winddruck konnte, schielte mit einem Auge durch den Spalt und setzte die Maschine sanft auf den See. Kein Problem.

Landen und Starten auf dem Wasser erfordert besondere Tricks. Kleine Wellen sind nötig, damit die Schwimmer leicht abheben, ohne „kleben" zu bleiben. Wenn also kein Hauch das stille Wässerchen trübt, jagt der Pilot seine Maschine in Kreisen herum, bis genügend Wellen da sind. Oder er zieht erst einen Schwimmer hoch und dann den anderen, heftig nach beiden Seiten rollend, bis die Flügelspitzen fast eintauchen. Manch kleiner See wird dabei zu knapp, dann geht es schon mal mit den Schwimmern mitten durch die Baumwipfel. Die Passagiere, meist harte, flug- und wildniserprobte Jäger und Fischer, beobachten das gelassen. Manch reicher Sportjäger jedoch läßt seine Rechtsanwälte hinterher böse Briefe schreiben. Die Chefs der Buschpiloten pflegen ihren Artisten nach solch gelungenem Start feierlich die Zweige zu überreichen, die an der Maschine hängen blieben.

Da beschränken wir uns doch lieber aufs Wasser. Denn natürlich wird hier auch gesegelt, nur bei schönem Sommerwetter, aber immerhin. Anne und Bob sind mit ihrer 12 m langen OCEAN VENTURER von Kalifornien hierher gekommen, um Dollars zu machen. Bis die sich häufen, wohnen sie kostensparend auf ihrem Schiff. So auch Carol und Terry. Sie folgten den Dollars im Campingwagen kreuz und quer durch Amerika, ließen sich zwischendurch mal scheiden, fanden wieder zusammen und kamen hierher. Kühles Rechnen ergab, daß Camping zu teuer war, und nun leben sie auf ihrer 9,20 m großen PASSION. Die kauften sie einem Rückkehrer in die lower 48 ab, komplett mit Telefonanschluß. Beide Yachten sind mit Dieselheizung ausgerüstet, die immer brennt, im Sommer nur etwas kleiner gestellt.

Wieder einmal strahlt die Sonne und lädt uns ein zum amerikanischen Nationalkult, dem Barbecue. Hoffentlich geht das gut. Die Leute hier trinken nämlich entweder gar nicht oder soviel, daß ein friedlicher Feierabendgenießer ertrinkt. Die ganze Flotte segelt hinüber zum waldigen Long Island. Dort lockt eine geschützte Lagune. Uns eingeschlossen, ankern da nun drei Segelyachten, Kodiaks gesamte Seglerflotte samt Gästen. Ein Motorboot kommt hinzu, und drei Meilen entfernt, am anderen Ende der Insel, liegt noch ein Fischer: drückende Überfüllung nach den Maßstäben Alaskas.

Wir sammeln knorriges Treibholz am Ufer, dünne Zweige im dichten Busch, handliche Bretter und Balken der von Stürmen zerlegten Holzhäuser einer militärischen Geisterstadt aus dem Zweiten Weltkrieg. Bald prasseln große Lagerfeuer. Frisch gefangener Fisch, riesige Steaks, saftige Hamburger, knusprige Hähnchen und stramme Würstchen brutzeln auf halb verschmorten Eisenrosten. Wir essen bis zum Platzen und trinken Limonade dazu, denn unsere Freunde sind von der trockenen Art. Dabei erzählen wir jeder seine Geschichte – und Geschichten.

Das rote Tuch der Alaskaner ist grün: Naturschutzapostel aus dem Süden. Terry schiebt wütend einen dicken Balken ins prasselnde Feuer, daß die Funken stieben. „Die kommen aus ihren großen Städten hierher, im Sommer natürlich", knurrt er böse, „und behaupten, daß wir alles falsch machen." Als Beispiel erzählt er folgende Geschichte: Viele Gletscher Alaskas münden durch sehr enge Fjorde in die See. Alle paar Jahre oder Jahrzehnte verstopft zuviel Eis schon mal einen solchen Abfluß. Dann staut sich dahinter ein Süßwassersee, bis der Eisdamm nach Monaten bricht. Nicht alle Tiere überleben das. Die an Land müssen gewohnte Reviere aufgeben und sich neu zusammenraufen, und manche Seetiere vertragen schlecht soviel Süßwasser.

So geschah's auch vor ein paar Jahren in der Gegend des Hubbard-Gletschers, einem Teil des größten Gletschergebiets der Welt, das direkt in die See mündet. Dahinter verläuft die St.Elias-Bergkette etwa parallel zur Küste nach Westnordwest. Ihr höchster Gipfel ist der Mount Elias mit 5005 m. Nahebei, schon in Kanada, ragt der Sechstausender Mount Logan empor. Da kommt eine Menge Eis und Schnee zusammen.

Die Gegend ist wild und einsam, wenn da etwas passiert, merken es meist nur die paar Leute, die da leben. „Mein schrulliger Onkel Tim zum Beispiel", berichtet Terry. „Der war früher Ingenieur und machte viel Geld mit Erfindungen. Jetzt hat er ein Häuschen in Yakutat, einem Dörfchen dort irgendwo. Darin schläft und säuft er den Winter über. Im Sommer zieht er mit seinem Freund Allan durch die Wildnis, trocken. Die beiden haben überall ihre Hütten und Höhlen. Sie leben von dem, was sie fischen, jagen und sammeln, schon seit 20 Jahren. Mit Fallenstellen machen sie ein bißchen Geld für Ausrüstung und den Winter. Pelztiere gibt's da reichlich."

Die beiden Waldläufer merkten, daß sich irgendwo etwas staute. Sie pirschten hin, um nachzusehen, und waren entsetzt. Die ganze Gegend wimmelte nur so von Leuten in arktischer Winterausrüstung. Im Sommer! Flugzeuge kreisten, Hubschrauber knatterten, Motorboote brausten hin und her, und aus einem prall gesteppten Kälteschutzanzug in grellem Orange beschimpfte sie ein kalifornischer Knilch als „Naturschänder" und „Tiermörder".

„Ausgerechnet die beiden Alten!" empört sich Terry. „Die sind so vorsichtig mit ihren Abfällen, daß sie noch nie einen Wolf oder gar einen Bären schießen mußten. Aus erlegtem Wild schneiden sie immer die Bleikugeln raus, klopfen sie zurecht und stopfen sie wieder in ihre uralten Donnerbüchsen. Nun konnten sie nur noch ihre grauen Häupter schütteln und abhauen."

„Was war los?"

„Eine große Umweltschutzorganisation hatte zufällig von der Möglichkeit einer Naturtragödie irgendwo ‚da oben' erfahren. Die Obermakker in Washington oder New York witterten Publicity, starteten eine gewaltige Rettungsaktion für die bedrohte Tierwelt und schickten sofort eine tatkräftige Truppe mit Flugzeugen und Hubschraubern los."

„Und? Was konnte die ausrichten?"

„Also, diese paar Leute mit ihren paar Flugzeugen und eingeflogenen Booten konnten doch nicht gleich zu retten beginnen, o nein! Zuerst kam das Wichtigste: Profis mußten prüfen, ob und wie sich die Aktion werbewirksam verwerten ließ. Und die vielen Leute, die zum Retten kommen würden, brauchten angemessene Quartiere. Bald waren alle Hütten der Gegend und die paar Häuser des Dorfes zu soliden Preisen angemietet; die einzige Kneipe wurde zum Hauptquartier ausgebaut. Spesen und Getränke flossen großzügig, bis die Show-Profis nickten. Die US-Luftwaffe stellte Transportflugzeuge, die schwebten in Scharen ein, samt Booten mit schweren Außenbordern, Funk-, Fang- und Meßgeräten, Treibstoff, Verpflegung, Survivalausrüstung... Alles auf amerikanische Art doppelt und dreifach."

„Und dann ging's los?"

„Nein, noch nicht. Erst mußten doch alle Fernsehteams da sein. Die wurden angemessen untergebracht, ihr Transport und Einsatz gründlich vorbereitet."

„Ging's dann ans Retten?"

„Nein, noch nicht. Erst mußte das Wetter gut sein. Für die Fernsehleute, für die Piloten und, na ja, auch für die Aktion selbst, obwohl ein paar Übereifrige auf voreiligen Ausflügen kaum etwas zu retten ausgemacht hatten."

Dann war es endlich soweit. Die Sonne schien, Fernsehteams, Presseleute, professionelle und freiwillige Naturschützer flogen zum See und brausten mit ihrer stattlichen Flotte los. Und fanden – nichts.

„Nichts?"

„Na ja, ein paar Seehunde, die blitzschnell verschwanden. Später einige Delphine, die lässig flüchteten."

Fernseh- und Presseleute wurden ungeduldig. Endlich, nach tagelangem Suchen, Diskutieren, Spähen, Fliegen, Fischen, Loten, nach dröhnendem Umherbrausen und viel Geschrei ließen sich ein paar verwirrte Seehunde in die Enge treiben. Triumph! Hubschrauber schnatterten herbei. Erst die falschen, die für den Tiertransport. Dann endlich die richtigen, die mit den Kamerateams und Reportern. Sie allein konnten die ergreifende Rettung schließlich konsumgerecht verarbeiten.

Nun konnten die Retter endlich ihr selbstloses Werk vollenden. Vor den Objektiven und Mikrophonen der Öffentlichkeit flogen sie die Seehunde auf die andere Seite der Eismauer und entließen sie in ihr salziges Element. Doch das schien den Geretteten nicht geheuer. Sie tauchten ein sicheres Stück weg, hopsten wieder auf das Eis und machten sich auf den schwierigen Weg zurück zu ihrer Herde, ins gewohnte Revier.

Damit endete die große Aktion. „Ein paar Wochen später brach der natürliche Damm, und bis zum nächsten Stau ist nun wieder alles so, wie es war", schließt Terry. „Jedenfalls so, wie die Fachleute da unten im Süden, in den großen Städten, es sich vorstellen. Die wissen über so was natürlich besser Bescheid als wir einfältigen Fischer und Waldläufer, die hier leben."

„Sag mal", sinniert Carol, „wer bezahlt das eigentlich?"

Tja, wer wohl? Wir schnacken darüber bis spät in die Nacht, uns immer wieder wendend, weil wir auf einer Seite frieren, auf der anderen schmoren und dem würzig beißenden Rauch ausweichen. Alle gebrauchten Pappteller, Bestecke, Becher, Papiertücher und Verpackungen, alle Speisereste wandern sofort ins Feuer.

Tags darauf streifen wir durch die Insel, die garantiert bärenfrei sein soll. Wir wandern hoch mit Gras überwachsene alte Militärstraßen entlang, stöbern in modrigen Bunkern und Geschützstellungen, sammeln Hüte voll wilder Himbeeren. Dichtes Moos kleidet Bäume, zerfallene Holzstege über modrigem Grund und zusammengesackte uralte Blockhütten in pastellgrünen Pelz. Tief im Busch träumt ein stiller Süßwassersee. Nahe am Ufer schweben große Forellen kaum sichtbar über dem dunkelbraunen Grund. Wer will, kann hier angeln. Aber wozu? Schon wieder Fisch?

Nur Baden fällt aus. Gern sähen die Freunde uns in den Überlebensanzügen planschen, doch dazu sind wir zu faul. Immerhin, so erzählt Carol stolz, hat sie nach einem Sonnenbad in der persenninggeschützten Plicht die Beine bis zum Knie ins Wasser gesteckt. Das reicht ihr nun bis zum nächsten Aufwärmen in Hawaii.

240

Kenterung und Neubeginn

Nordlicht über dem Golf von Alaska – Russische Spuren in Sitka – Die Wiege der Eisberge – Slalom durch die Schären – Kopfstand vor der Dixon Entrance – VAGANTS Überlebenskampf – Warmherziges Masset: Ein Nothafen wird zur Heimat – Der Preis der Freiheit

Eines sonnigen Sommertags loten wir uns vorsichtig nach draußen. Riffe überall, Gischttürme über Steinen, hellbraun wabernder Kelp in glatten Wirbeln über unreinem Grund. Erst meilenweit draußen flimmert das Echolot leer ins tiefe Nichts. Die Bugwelle plätschert, murmelt und verstummt. Wir genießen faul die Ruhe.

Träge treibt VAGANT dahin, meist nach Osten. Noch haben wir Zeit, einige hundert Meilen freie See vor uns, und die Navigation drängt nicht. Hinter der mattsilbern glänzenden See leuchtet pastell ein schmaler Streifen weiß-blau-gelber Ferne, plattgedrückt vom schnurgeraden Unterrand stahlgrauer Wolken. Der Barograph kriecht in flacher Kurve zu nie erlebten Höhen hinauf. Das Wetter schläft, sechs Tage lang. Uns graust bei dem Gedanken, daß Stürme hier genauso lange toben können.

Müde Brisen schieben uns weiter. VAGANT tut so, als liefe sie, läßt Bug- und Heckwelle gurgeln. Das Log dreht sich träge. Ein kühner Vorstoß die Badeleiter hinunter enthüllt die unangenehme Wahrheit: Was da so eifrig plätschert, ist nichts als der bremsende Lärm im dichten Würmerpelz fingerlanger Barnacles, die sich in der langsamen Strömung genüßlich biegen und strecken, zusammenziehen und entfalten. VAGANT folgt dem Ruder zusehends träger, gehorcht im leichten Wind Gustaves knarrenden Befehlen nur widerwillig. Und wir können nichts dagegen tun. In den Tropen würden wir uns mit Wut und Kratzern auf den bremsenden Bewuchs stürzen – aber hier?

Dafür genießen wir den seltenen Überfluß langer, sonniger Tage, herrlich frischer Wärme ohne die Schwüle und den glühenden Druck der Tropen. Die immer noch kurzen Nächte sind klar und kühl. Im Norden spannen sich fahlhelle Lichtbogen von Kimm zu Kimm quer durch den Sternenhimmel, für Minuten überstrahlt von wabernden Lichtschleiern: Nordlicht. Die Venus leuchtet kalt, ohne warmes Funkeln. Mit dem Nordstern hoch über dem Großen Wagen und vielen anderen lädt sie uns zur Navigation ein. Aber wir sind immer noch zu faul.

Bis sich plötzlich zwischen einem üppigen Frühstück und der Überlegung, ob wir die Sonne gleich jetzt oder erst mittags schießen wollen, der Himmel bezieht. Wind kommt auf. VAGANT beginnt eifrig schnaufend vor sich hinzutorkeln, die müde drehende Logleine im allzu breiten Kielwasser. Das ergibt immerhin 60 Meilen an diesem Tag, am nächsten sogar 80. Und dann brausen wir eines trüben Abends mit dem rauschenden Getöse unserer Höchstfahrt von 4 kn in eine finstere, nasse Nacht. Landfall. Wann sonst? Unbehaglich drehen wir bei. Im grauen Morgen liegen tatsächlich ein paar Steine da. Nahe, niedrige Brocken oder ferne, hohe Hügel? Wir segeln heran, bis die Brandung deutlich schäumt, bis sich die grauen Schemen in braune Felsen und grüne Hänge auflösen. Vorsichtig tasten wir uns daran entlang. Regenschauer prasseln über uns hinweg, verschlucken alles, geben Unbekanntes frei. Einen klaren Augenblick lang steht da ein riesig hoher, ebenmäßiger Kegel, der Vulkan Mount Edgecumbe auf der Insel Kruzof, mit fast 1000 Metern der höchste Berg der Gegend.

Aufgehängt an dieser kurzen Peilung, fällt bald alles ins Lot: niedrige Inseln im Dunst, tosende Brandung über Klippen voraus, gurgelnder Strom, drohend treibender Kelp, daneben Steine und dann, endlich, die hohen, schneebedeckten Berge der großen Insel Baranof dahinter. Im Slalom zwischen Schären voll zottiger dunkler Tannen segeln wir in den schmalen Kanal zwischen Baranof und Japonski Island, der den Hafen von Sitka bildet. Das waren 546 Meilen in elf Tagen. Wir sind müde.

Hinter der ersten Ecke ankert ein prächtiges Kreuzfahrtschiff, mit dem Land verbunden durch eifrig hin- und hereilende Barkassen. Voraus spannt sich eine moderne Brücke über den Sund. Summend wie eine aufgeregte Wespe wippt ein kleines Wasserflugzeug unter ihr hindurch, genau auf uns zu, einen Schweif Wasserstaub nachziehend. Dann steigt es dröhnend höher und zieht knapp über uns hinweg. Von der großen Insel an Backbord röhrt eine riesige Verkehrsmaschine in den grauen Himmel.

Ein hagerer Mann in wildem Räuberzivil winkt uns an eine hölzerne Pier. „Ich bin Richard", dröhnt es aus dem gewaltigen Bart. „Richard, der Hafenmeister! Schon wieder 'ne Yacht! Und so spät im Jahr! Festmachen in Thompsen Harbour, klar? Hier herrscht nämlich Ordnung." Auweia, und wenn nun noch der Zoll von unserem illegalen Eindringen in amerikanische Hoheitsgewässer hört und vom noch illegaleren Besuch in Kodiak, dann, wahrlich, dann müssen unsere Ausreden wirklich gut sein!

„Hello", singt leise und freundlich ein älterer Herr, „ich bin der Zoll. Und die Einreisebehörde. Und der Quarantänedoktor. Und der Landwirtschaftsinspektor. Von Japan? Alles klar!" Unser stotterndes Kodiakgeständnis, schal gewürzt mit kleinen Notlagen, überhört er lächelnd. „Alles klar. Ihr wollt doch sicher in die Stadt. Ich fahre euch hin."

Sitka ist eine abgelegene Kleinstadt auf der kaum bewohnten Insel Baranoff, nur per Schiff oder Flugzeug zu erreichen. Hier war die Hauptstadt des russischen Alaska, hier wurde das Land an die USA verkauft. Als erster mit festen Absichten war der Ehrenwerte Baranoff von Kodiak hier aufgetaucht. Die „Wilden" dort waren gezähmt, die Geschäfte liefen. Auch hier ließen sie sich gut an. Nur die Indianer, diese unzivilisierten Tlingit, glaubten noch, daß ihnen die Gegend gehörte und daß sie machen konnten, was sie wollten. Dabei trug der gammelige Haufen Bretterbuden doch schon den stolzen Namen Nowi Archangelsk, und die honorigen Diener des Zaren boten den „Wilden" billige, bunte Zivilisation und russischen Fortschritt für stinkende Felle und nutzloses Land, den Schutz des Herrschers aller Reußen und die Gnade des einzig wahren Glaubens.

Die Tlingit wollten das nicht einsehen. Also gab es Streit. Krieg! Die Tlingit zogen sich in ihre Festung Kiksádi auf der Halbinsel zurück. Held Baranoff griff sie mit seinen Russen und Hilfstruppen von den Aleuten an, immerhin einige hundert Mann auf über hundert Booten. Pulverqualm, Blei, Steine und Gebrüll füllten die kalte Luft. Die Aleutenleute stürmten. Die Tlingit schlugen wacker zurück, an der Spitze ihren Häuptling. Mit seinem schweren Eisenhammer wütete er fürchterlich. Es gab Tote und Verwundete. Als sogar Held Baranoff etwas abbekam, ließ er die Schlacht abblasen. Unentschieden.

Das war schlau, denn so wahrten die Tlingit ihr Gesicht. Und im anschließenden tagelangen geduldigen Palaver siegte Baranoff, ohne daß die Indianer es merkten.

Nun stand dem russischen Fortschritt nichts mehr im Wege. Die Tlingit lernten saufen und faulenzen. Höchstens daß sie nach jedem Feuer oder Sturm ihre Wohnkisten wieder zusammennagelten. Alte Schiffe – aber auch fremde, die nicht schnell genug verschwanden – wurden an Land gezogen und dienten als Lagerhäuser, Werkstätten und Festung. Muschiks wachten, damit alles seine russische Ordnung hatte. Trotzdem verging das alles. Nur die prächtige russisch-orthodoxe Holzkirche mit ihren Zwiebeltürmen steht bis heute, nach jedem Brand neu aufgebaut.

Am Ende hatten Obrigkeit und Handelshäuser in Moskau und St. Petersburg so wenig Freude an ihrer amerikanischen Kolonie, daß sie 1867 zugriffen, als Außenminister Seward 7 200 000 Dollar dafür bot, 200 000 davon für eine primitive Eisgewinnungsanlage bei Kodiak. Das lange Gerangel im Kongreß über so schrecklich viel Geld war schlimmer und komplizierter als das Verhandeln mit den Russen. Lange noch hieß die kalte Gegend, die niemand so recht haben wollte, Seward's Folly – „Sewards Blödsinn".

Das stimmt natürlich nicht mehr. Im windigen, naßkalten Wetter blühen Holzgewinnung, Fischerei und Tourismus. „Logging" wütet versteckt in den Wäldern, Fischfabriken dampfen, Kutter tuckern, Regen rauscht, Stürme heulen, Dollars rascheln, aber Sitkas Verarbeitung des Massentourismus überdröhnt alles. Täglich ankern hier Kreuzfahrtschiffe, große Jetliner starten und landen röhrend. Schnelle Außenborder sägen, kleine Wasserflugzeuge schwärmen aus.

Die Geschäfte sind voller Wunderdinge: buntgemalte Schnitzereien, Totempfähle und Masken, Walroßzähne mit klassischem Shrimshaw. Alle mit Gebrauchsspuren, mit Holz- und Knochenmaserung, kleinen Schnitzfehlern und natürlichen Unregelmäßigkeiten. Bis zum letzten Kratzer und der Signatur des Künstlers so einheitlich und perfekt, wie es nur in Hongkong oder Taiwan aus Kunststoff hergestellt werden kann. Und alles so teuer wie, na ja, wie eben in Sitka. Kühne Alaska-Kreuzfahrer bummeln in eleganter Regenkleidung durch die nassen Straßen, vergleichen die Preise all der Herrlichkeiten mit denen für genau das Gleiche auf ihren Schiffen, fotografieren fleißig die Repliken der wenigen Sehenswürdigkeiten mitsamt echtem Regen und fühlen sich ganz in der Wildnis.

Wir ankern, wo man meinen könnte, daß sie wirklich beginnt, weit draußen im Kranz einer Schärengruppe, und sehen uns Sitka von seiner stilleren Seite an. Das historische Schlachtfeld ist zugewachsen. Wir finden Kiksádi, die Rampe der alten Tlingit-Festung, und füllen die Landschaft mit unserer Phantasie; wir wandern durch den Wald daneben und staunen über eine geschickt verteilte Sammlung reich geschnitzter Totempfähle. Echt? Nachgemacht? Alte Überlieferung? Moderne Phantasie? – Alles.

Die allgegenwärtigen Missionare hielten Totempfähle für Götzenbilder, die angebetet wurden, für Teufelswerk, das zerstört werden mußte. Die Indianer staunten über soviel Dummheit der sonst so klugen Fremden und taten ihnen den Gefallen. Sie ließen ihre Pfähle verrotten, wie es alter Brauch war – und schnitzten neue. Sie schnitzen bis heute. Immer in Anlehnung an alte Sagen, Geschichte und Geschichten: Gedenk- und Begräbnispfähle für große Häuptlinge, Hauspfähle mit der Familiengeschichte, immer wieder stolze Adler und kluge Raben als Zeichen der Familiengruppe, Lachse, Biber, Krabben, Seehunde und Frösche als Darstellung guter oder schlechter Eigenschaften und Taten. Schandpfähle als Verhöhnung böser Nachbarn, als Klage über betrügerische Händler. Alle sind Werke hoher Kunst und Kultur, nach strengen, überlieferten Regeln erschaffen, in fröhlichen Feiern errichtet, am täglichen Leben teilnehmend und natürlich alternd und vergehend. Und immer wieder erneuert.

Eine lebendige Tradition. Was bedeutet da alt oder neu, Replika oder Original? Ein stolzer alter Pfahl weiß sogar, woher die Moskitos in Alaska stammen, diese lästigen, dumm-sturen Quälgeister. Groß sind sie, hatten uns Freunde gewarnt, riesengroß! Wie Wespen. Wie Spatzen. Wie Möwen! Wie Adler!! Wie Flugzeuge!!! *Ha!* Schießt sie gleich zwischen die Augen, hatten sie ernst geraten, denn sie greifen an, wenn sie nur verwundet sind!

So etwa hätte es auch ein Totempfahl dargestellt. Aber die übertreiben nicht so. *Die nicht!* Dafür sorgt schon der Wächter, der immer oben drauf sitzt, unter seinem Hut in die Ferne schaut und darüber wacht, daß alles sicher, wahr und richtig ist. Manche Totempfähle tragen sogar zwei oder drei solcher Wächter. Aber das ist Sache der mißtrauischen Haida im Süden, die Moskito-Legende braucht das nicht. Saanaheit, Ranger im

Nationalpark und Raben-Tlingit aus der Gegend des alten Kasaan auf der Insel, die Weiße „Prince of Wales" nennen, übersetzt uns vom Totempfahl, wie das kam mit den Mücken.

Es war einmal eine Häuptlingstochter. Ob sie schön war oder nicht, ist leider nicht überliefert. Wahrscheinlich aber schön, denn sie genas eines Jungen, der unübersehbar ein Besonderer war, anders als alle anderen. Scharfe Pfeilspitzen wuchsen dem Bengel aus dem Kopf, man stelle sich vor! Das konnte nicht gutgehen. Und richtig, eines Tages, als Mama ihren Sohnemann ausschimpfte, wurde der böse. Er jagte ihr seine Pfeilspitzen in den Busen, bis ihr Geist zu den Ahnen flog. Das fanden die Tlingit gar nicht gut. Der mißratene Knabe verschwand im Wald und brachte jeden um, der ihm nahekam. Erst nach langer Zeit und schwieriger Jagd konnte ein Onkel den bösen Buben erlegen. Wütend verbrannten ihn die Leute, nicht ahnend, was sie damit sich und der ganzen Menschheit antaten. Übrig blieb nämlich nichts als feine, dunkle, federleichte Asche, die der Wind in alle Winde blies. Ahnt ihr was? Daraus wurden die hinterhältigen, blutrünstigen, zudringlichen Mücken.

Nur 180 Meilen weiter um ein paar felsige Ecken lockt Glacier Bay, das großartige Naturwunder, „National Monument" und Attraktion für Touristen, Traumziel unzähliger Segler und Motorbootfahrer im Süden. Einige fahren sogar hin. Immerhin so viele, daß der Park Service numerierte Lizenzen für genau befristetes Befahren ausgibt, gewürzt mit Regeln für eigentlich selbstverständliches Verhalten: ein weiterer Schritt in die Zukunft geordneten Fahrtensegelns. Noch geht es dabei locker zu. Die paar Boote verlieren sich in dem weiten, vielarmigen Fjord.

Als Captain George Vancouver diese Gegend 1794 erforschte, gab es Glacier Bay noch nicht. Die ganze Küste lag unter einem gewaltigen, 100 Meilen breiten Gletscherdelta, das mit seiner 100 bis 150 m hohen Eiswand in die See floß. 1879 konnten Forscher schon 48 Meilen tief in den Fjord vordringen, 1916 waren es 65 Meilen, und wo wir heute staunen, lag sogar in den 70er Jahren noch Eis. Wie das kommt, wissen die Wissenschaftler nicht. Fest scheint bisher nur zu stehen, daß kein menschlicher Einfluß die Ursache ist; noch sind nicht einmal die Segler in Verdacht geraten. Überall im Aufgetauten fanden Forscher nämlich Holz sehr verschiedenen Alters, woraus sie schlossen, daß diese Gletscher alle paar 10 000 Jahre voreilen und sich wieder zurückziehen. *Die schnellsten Gletscher der Welt!* Schließlich sind wir in Amerika.

Starker Tidenstrom spült uns hinein. Die einzige rote Steuerbordtonne braust flachliegend mit mächtiger Bugwelle an uns vorbei. Niedriger Hochnebel schneidet die stolzen Gipfel platt und die Landschaft in kaum unterscheidbare graue Stücke. Bald werden daraus kleine Inseln und steile Landzungen unter struppigem Wald. Karge, steinige Täler öffnen sich. Eis treibt vorbei.

Erst sind es einzelne, zartgläserne Restgebilde, aber bald bizarre Brokken, große Schollen, kleine Berge, marmoriert mit den grau-weiß-braunen Staub- und Schneeschichten tausender Sommer, Winter und der Vulkanausbrüche dazwischen. Zunächst weichen wir aus, suchen hakenschlagend freie Rinnen. Dann schließt sich das Eis so, daß wir VAGANT nur noch vorsichtig durch das Kleineis schieben können, bis der Propeller mürrisch rasselt. Stopp. Warten. Leichter Strom muß den Brei bald wieder zerteilen. Weiter. Rasseln. Stopp. Weiter, bis der dichte Dunst zu kantig zerrissenen Formen erstarrt: der erste Gletscher. Stopp. Maschine aus.

Wir treiben. Das verschwommen Unheimliche vor uns knistert, rumpelt, scharrt und rasselt. Unten sprudelt ein felsgrauer Wildbach heraus. Mit einem einzigen eisigen Hauch fließt die graue Suppe, in der wir schweben, einfach davon, zerfaserte Schleier nachziehend. Nun ragt vor uns die Gletscherwand in ihrer ganzen drohenden Pracht empor. Zerrissene Wände, eisige Nadeln und Türme strahlen weiß-braun marmoriert, hier und da, bald überall, funkeln blendende Sonnenreflexe. Tiefe Risse und schartige Klüfte leuchten türkis, ganz unten schimmert blaues Ureis, blank wie Glas.

Wir sind zu nahe. VAGANT dreht sich in leichter Strömung, als wolle sie weg. Dicke Brocken schleichen lautlos drohend auf uns zu, knapp vorbei, getrieben von anderem Strom in der Tiefe. Bald müssen wir unsere Eierschale mit Fendern und Bootshaken verteidigen. Wir kurbeln den Motor an und stehlen uns davon. Sein selbstzufriedenes Blubbern stört die Stille.

In der Ferne zieht ein Kreuzfahrtschiff vorbei, lautlos bis auf eine blecherne Lautsprecherstimme. Die bejubelt die Landschaft und empfiehlt Cocktails mit Gletschereis.

Was wir hier erleben dürfen, berührt uns tief. Wir bummeln von Fjord zu Fjord, von Gletscher zu Gletscher und vergessen die Zeit. Die dämmrigen Spätsommernächte dazwischen vergehen im Schutz unwirklicher Ankerplätze schnell. Nebel wallt, einzelne Sterne funkeln wie Diamanten in Watte. Hinter gezackten Felsgraten und den spitzen Schirmen der Bäume hängt breit der Vollmond. Draußen zieht lautlos Eis vorbei, flackernd im wechselnden Licht.

So erleben wir den düsteren Grand Pacific mit seinen Schründen voll dunkelgrauer Vulkanasche, den leuchtenden Margerie daneben, Rendu und Queen. John Hopkins will uns nicht. Eine Meile vor seiner Gletscherwand bleibt VAGANT im Eis stecken. Erst nach Stunden dürfen wir durch raschelnden Eisschotter langsam davonkriechen. Mit blitzblank gescheuertem Unterwasserschiff schleichen wir uns tags darauf zum Reid-Gletscher.

Stopp im Eis. Sonnenschein, Mittag mit Gletscherblick und Müsli. Richtig warm ist es. Plötzlich ein Knall wie ein Schuß – und noch einer. Dann berstendes Knirschen. Wir starren auf die wunderschöne Eiswand allzu dicht vor uns. Sie sackt einfach weg, löst sich auf in rollende blaue Eisbrocken, weiß fließende, staubende Schneebänder, taumelnde Erker, Zinnen und Türme und verschwindet unter grauen Eiswasserwolken. Sekundenbruchteile später dröhnt uns donnerndes Krachen in die Ohren.

Schreck verschlägt uns den Atem. Aus der immer noch tanzenden Wasserwolke rollt nämlich eine richtig dicke Walze in die träge Fläche und in breiter Front auf uns zu. Kleineis raschelt voll hämischer Erwartung. Brocken poltern und knirschen drohend. Der Roller kommt unerbittlich näher – und flacht ab in all dem Eis, das er bewegen muß. Wir atmen auf. Doch dann ist er da. VAGANT springt hoch. Viel zu steil. Eis klopft, rasselt und kracht gegen den Rumpf. Viel zu hart. VAGANT fällt zurück, steigt und sackt noch einige Male ab. Wir fühlen schmerzhaft mit.

Als wir zum Abmelden in Bartlett Cove ankern, sehen wir zum ersten Mal Bären in freier Wildbahn; an einem stillen trüben Abend trotten sie am Ufer entlang: eine schwarz-zottige, menschengroße Bärin, gefolgt von ihrem artigen Nachkömmling. Nichts stört die beiden. Sie schnüffeln hier und da, traben lässig weiter und verschwinden zwischen den Pfählen des Anlegers. Oben steht ein klassischer Tourist in greller Schutzkleidung, bewaffnet mit Kameras, und sieht nichts.

Die golden sinkende Sonne blendet. Die scharfen Schlagschatten des Riggs hüpfen über Deck und Aufbauten. VAGANT murmelt gemütlich Meilen hinter sich. Plötzlich macht's *PFFSSssschschfffff...* Gar nicht weit weg. Auf dem Wasser neben uns liegt ein glatter Wirbelfleck, darüber hängt ein grauer Nebelturm und schwebt stinkend davon. Ein riesiger Wal! Wieder steigt sein grauschwarzer, massiger Kopf hoch: *PFFSSsssschschffff*... Nebelwolke, fischiger Mief. Ein kleines Auge. Der dunkle Rücken mit dem Keil einer stumpfen Flosse wälzt sich fast ohne Wirbel durchs Wasser – lange, wird schmaler. Dann plötzlich, breiter und triefend, folgt die riesige Schwanzflosse. Leicht gebogen schwingt sie hoch und versinkt lautlos. Weg ist er. Wollte wohl mal sehen, warum dieser komische kleine Fisch da oben so lahm auf seinem roten Bauch dahintreibt.

Erst jetzt geht uns auf, daß wir in Glacier Bay keinen einzigen der unzähligen Wale gesehen haben, die enthusiastische Beschreibungen versprachen. Die fressen sich dort für ein Jahr voll, so heißt es, bevor sie nach Süden ziehen. Aber außerhalb der befahrenen Strecken schnaufen nun ganze Schulen dicht an den steilen Felsufern entlang. Überall sehen wir ihre Fontänen, hohe wie Geysire in Neuseeland und viele kleine kurze Puffs. Wir halten uns abseits. Mahlzeiten und Familienleben stört man nicht.

Der Herbst ist nicht mehr weit, wir müssen schnell nach Süden. Schnell? So weit scheint uns das ja gar nicht zu sein. Die paar hundert Meilen... Um vor bösem Wetter einigermaßen sicher zu sein, segeln wir in Tagestörns durch die Inside Passage, dieses Netz gewundener Wasserwege durch das herrliche Schärengebiet vor den Küsten Alaskas und Kanadas. Auf den Seekarten zeigt es sich als ornamentales Tapetenmuster, ein dichtes, eng verschlungenes Gewirr von Inseln, Buchten, Landzungen, Kanälen und langen, tiefen Fjorden, alles durchspült von eiliger Tide.

Wegen der Bedeutung als Transportweg nach und in Alaska hat die US-Regierung einige Hauptrouten zu Marine Highways erklärt, zu „See-Fernstraßen". Auf ihnen läuft in der Tat einiger Verkehr durch die etwas besser vermessene Wildnis mit ein paar Leuchtfeuern; mehr ist da nicht. Die weite Wasserlandschaft ringsum bleibt Indianern, Fischern, wenigen harten Siedlern, Jägern, Trappern und Seewanderern wie uns.

Wir erleben Ungewohntes. Lange, sehr schmale und gerade Kanäle etwa, in die starker Flutstrom von beiden Seiten hinein und Ebbe genauso wieder herausläuft. Wer richtig rechnet, pünktlich antritt und genügend Fahrt macht, kann mit vielen freien Extraknoten Strom bergauf hinein reiten und zum anderen Ende bergab wieder hinaus. Kleinere und Schwächere wie wir aber müssen zwischendurch ankern, sich an Schnittpunkten von wilden Kabbelungen beuteln lassen oder weite Umwege segeln.

Wir finden das alles sehr spannend und segeln unbeschwert unsere anfangs noch wenig zielbewußten Kurse, bis wir zwischen den Inseln Kuiu und Kupreanof kapitulieren. Schiebender Strom und Wind. Steine überall. Das Fahrwasser flach und gewunden. Ringsum hügeliger Urwald mit nur wenigen Lücken und Ecken, die alle gleich aussehen, frei von jeder Navigationshilfe – ein Traum für Liebhaber ungezähmter Natur, aber ein Alptraum für Seewanderer, die an Karten glauben möchten. Im gewundenen Devil's Elbow, „Teufels Ellenbogen", sind wir sicher nicht die ersten, die sich nicht weitertrauen. Überall brauner Kelp, der mit flatternden Blättern höhnisch winkt. Viel zu schnelle Steine mit schäumenden Bugwellen. Das Echo flackert hektisch zwischen 20 m und der Bumsgrenze hin und her – raus hier! Zum ersten Mal fahren wir zurück seit... Seit? Wir können uns nicht erinnern. Doch: Sände in der Elbmündung bei Nebel.

Auch der ist hier von besonderer Qualität. Es gibt scharfe Schichten, Blöcke und ziehende Gespensterschleier. Dazwischen plötzlich Löcher voller Sonne und Land, die uns mögliche Peilungen und markante Punkte vorgaukeln. Wattiger, silbern glühender, blendender Dunst mit unsichtbarer Sonne hängt darüber. Aber meistens ist die nasse graue Watte, in der schon Bug und Masttopp verschwimmen, zum Greifen dick. Oft kommt reichlich Wind dazu – oben. Unten treibt eiliger Tidenstrom sein eigenes Spielchen mit allem.

Wieder loten, peilen, raten, loggen, mogeln wir unser tropfend nasses Schiffchen durch etliche solcher Suppen und kommen nicht nur davon, sondern auch noch richtig an; ohne eine einzige Grundberührung. Die alten Seefahrer haben das schließlich auch geschafft, oft mit Tricks, die wir kaum nutzen können. Radar ist natürlich viel besser; wo wir es doch heutzutage immer so eilig haben müssen...

Müssen wir? Sind wir „Meilenfresser"? Eigentlich nicht. Wir „essen" unsere Meilen in aller Ruhe, eher wie das tägliche Brot. Selten widerwillig, manchmal gleichgültig, meist gern. Und oft lutschen wir sie genüßlich herunter; bis hierher sind es schon mehr Meilen als während unserer gesamten ersten Weltumsegelung. Auch jetzt genießen wir sie, doch manche Meilen in Alaska sind zäh wie Schuhleder. Allzu oft müssen wir jede einzelne lange kauen.

Als Trost finden wir überall versteckte, geschützte Ankerbuchten und traumhafte Schöpfungen unberührter Urnatur. Oft stille Teiche im Urwald, wunderbare Felsengärten zwischen versunkenen Gipfeln oder sogar Süßwasserlagunen, in die wir nur bei Hochwasser gelangen. Da faulenzen wir uns durch erste Stürme, Weltuntergänge mit peitschendem Regen, tief jagenden Wolken und heulendem Zerren im Rigg.

In viele solcher Verstecke münden murmelnde Bäche. Wasserfälle rauschen. Da liegen knorrige Bäume mitsamt ihren starken Wurzeln, Reiher stelzen fischend durchs flache Wasser. Verspätete Wildgänse schweben rufend ein, schwimmen neugierig um VAGANT und knabbern ohne Scheu am grünen Bart der Wasserlinie. Enten paddeln. Fische springen. Tauchvögel flutschen hoch, schwenken eifrig suchend ihre spitzen Köpfe, flutschen blitzschnell wieder weg. Glänzend schwarze Krähen hüpfen, flattern, picken. Möwen lachen und keifen. Kormorane recken dünne Hälse und magere Flügel wie der Bundesadler auf unseren Fünfmarkstücken. Das dunkle Wasser um uns perlt. Ortsansässige Seehunde recken lange Hälse mit naßglänzenden Kugelköpfen und beäugen uns erstaunt. Eilende Wolkenlöcher schenken uns kurze Blicke auf stolze, schneebedeckte Gipfel in der hohen Ferne.

Im dunklen Uferwald hocken Adler. Wir lernen bald, sie zu erkennen: Kleine weiße Flecke sehen wir, fast immer zwei in gebührendem Abstand voneinander. Das sind ihre weißen Hälse. Den mächtigen dunklen Rest schluckt der Hintergrund. Wenn sie losfliegen, lassen sie sich fallen, entfalten ihre mächtigen Schwingen und streben mit gelassenen Schlägen in die Höhe, bis sie segeln können. Eine Weile erkennen wir noch ihre suchend gereckten weißen Hälse, die kalten Augen und geschwungenen gelben Schnäbel, die leise zitternden, kleinen Federn an den Spitzen ihrer dunklen Flügel. Aber bald kreisen sie höher und höher, werden kleiner und kleiner, schweben dahin ohne Flügelschlag.

Ein stolzes, königliches Bild. Und lustig anzuschauen, wie respektlos kleine muntere Krähen mit „des Sturmes gewaltigem Aar" umgehen, wenn er sich auf ihre Höhe herabläßt. Einzeln greifen sie an, kreisen unverschämt eng um den großartig Dahinschwebenden, flattern frech in seinen Kurs, lassen sich von oben auf ihn fallen, stoßen von unten ohne Respekt vor den furchtbaren Krallen hoch, bis der Gewaltige unwillig davonschwingt.

Immer wieder möchten wir bleiben. Doch bald dürfen wir nirgendwo mehr träumen. Die Tage werden deutlich kürzer. Das Wetter ändert sich immer schneller und heftiger. Unser letztes Versteck ist eine ententeich-große Bucht im wilden Wald eines winzigen Inselchens in der Nichols Bay hinter Kap Chacon, 54°50′ N, 132°00′ W, einem langen Fjord an der Südküste der Prince-of-Wales-Insel. Hier beschließen wir, nun in einem Schwung nach Süden zu segeln. In Seattle wollen wir aufstocken, dann nach Kalifornien und Mexiko zum Aufwärmen, und im nächsten Sommer durch die Inselwelt vor der kanadischen Küste in diese herrliche Wildnis zurückkehren.

Wir warten, bis wieder mal eines der schnellen Schlechtwettersysteme durchgejault ist und unser Barograph für ein paar Tage weniger Schlimmes zu versprechen scheint. Seine Kurve steigt steil an und flacht danach so ab, wie wir es als Zeichen einer Beruhigung schätzen; Wetterberichte können wir hier nicht mehr empfangen.

Eines sonnigen Morgens segeln wir am ewigen Südostwind entlang nach Südwesten hinaus in die Dixon Entrance, die 30 bis 40 Meilen breite Wasserstraße zwischen den Inseln Alaskas und Kanadas. Der Barograph fällt weiter ganz langsam. Regen, Niesel, ruhiger Abend. Über Nacht läuft sich VAGANT gut frei von der Küste. Da zeigt die Kurve des Barographen mit einem Mal steil nach unten, immer steiler werdend. Nanu? Der Wind nimmt zu, läßt uns nicht mehr in Ruhe frühstücken. Wir müssen reffen und bald das Großsegel ganz bergen, Fock durch Sturmfock ersetzen. Dann muß auch die weg. VAGANT treibt ruhig wie gewohnt, der Griff des Sturms am leeren Mast ist stark genug, um unziemliches Rollen zu dämpfen. Die weißgetigerte See stürmt brechend lang und hoch daher. Die Kuppen ihrer rollenden Hügel leuchten in verirrten Sonnenstrahlen wie grün fließendes venezianisches Glas. Untergepeitschte Luft brodelt in funkelnden Blasen hoch. Gischt prasselt waagrecht als harter salziger Regen. Alle Luken zu. Die Mägen knurren. Frühstück!

Kräftiger Haferbrei ist bald angerührt, der Petroleumkocher aufgepumpt. Ein Brecher kracht an Backbord über Deck. VAGANT legt sich hart über. Ein paar Sachen poltern. Kaum eine Sekunde später folgt krachend ein zweiter schwerer Schlag – ein Kaventsmann aus Wellen zweier Systeme, die sich mal eben hier überlagerten. VAGANT rollt ohne das gewohnte zähe Widerstreben des Kiels nach Steuerbord weiter. Um uns kollert, kracht und prasselt Hartes. Einen Augenblick dämmert es grün-weiß im wirbelnden Brecherschaum vor allen Fenstern. Wir taumeln hilflos im Haltlosen, bis der böse Schwung weich endet. VAGANT liegt stabil kieloben.

Betäubt kauern wir innen auf unserem Kajütdach und starren in grüne Wirbel. Wir begreifen nichts. Unter uns wird es heller, über uns dämmert dunkles Chaos. Die oberen Steckschotts, die Schiebeluke und ihre Garage sind aus starkem Plexiglas. Darauf hocken wir nun und starren nach unten und achtern in hellgrüne, freundliche, stille, tödliche Tiefe. VAGANT hängt achtern tiefer als vorn. Wir sehen die leere Plicht, schlängelnde Leinen, den Heckkorb mit dem falsch herum baumelnden Log. Den fest verschraubten Außenborder kopfüber. Den leeren Schaft der Selbststeueranlage; ihre Windfahne schwingt irgendwo an der Sicherungsleine. Wasser gurgelt böse durch den Lüftungsschlitz der Steckschotts und auch sonstwo, weiter weg, leckt eiskalt um unsere Beine. Was nun?

Was nun?

Wir sind so betäubt, daß wir ohne Panik, noch ganz ruhig und beiläufig, ein paar Worte wechseln. Ist dies das Ende? Unser gemeinsames Leben war herrlich und schlimm und alles dazwischen, aber nie langweilig. Bis heute und hierher haben wir jeden Tag, jede Stunde und Minute bewußt zu erleben versucht, die schlimmen als Erfahrung, die schönen als Geschenk. Einmal muß Schluß sein. Schade. Warum nicht jetzt? Wie wird das geschehen? Wie werden wir es durchstehen?

Warum schon jetzt? Unser Schiff *muß* wieder hochkommen! Wir bäumen uns auf.

Gebannt stieren wir in den grünen Abgrund. Bis auf das teuflische Gurgeln ist es ganz still; fast feierlich still. Kein Sturm mehr. Die wilde Welt draußen geht uns nichts mehr an. Wir warten, verwirrt, ratlos, traurig. Eine ganze grausame Ewigkeit lang. Haben wir Angst? Wann geschieht endlich was? VAGANT wiegt sich kaum merklich nach, nach – ja, nach wo? Zur Pantryseite hin. Steigendes Wasser rauscht hinterher. Wiegt sich zurück, zur anderen Seite hin. Ohne zu wissen, was wir tun, taumeln wir mit. In einer weichen müden Bewegung ohne Schwung rollt das Schiff weiter. Grüne Dämmerung. Wasser wäscht laut durch die Kajüte, es ist ein scharfes Rauschen, vermischt mit dem Poltern, Krachen und Prasseln mitgerissener Dinge. Dann Helle. VAGANT taumelt auf ebenen Kiel.

Wir leben!

Und stehen bis über die Knie in eiskaltem Wasser. VAGANT rollt heftig, irgend etwas poltert und kracht. Draußen rast wieder der Sturm, aber anders als vorher: unheimlich harfend, pfeifend und jaulend durch Trümmer und Fetzen. Der Mast ist weg. Zweimal geknickt hängt er da, das untere Stück bis kurz unter die Saling schräg nach links vorn an Deck, das Mittelstück quer vor dem Bug und 3 m oberer Rest rechts nach achtern zeigend, heftig gegen den Rumpf polternd. Also alles kappen, wie es sich gehört? Wir sind keine kaltblütigen Helden, wohl aber noch fähig zu ein paar sturen Gedanken. Die Trümmer liegen günstig. Jetzt und später brauchen wir jeden Beschlag, jedes Drahtseil und jede Leine.

Der zerrissene Mastfuß hämmert auf das Kajütdach ein. Wanten sägen am Deck, das krachende Poltern vorn an unseren Nerven. Wir kriechen hin. Das obere Maststück schwingt hin und her und hackt mit dem Toppbeschlag an Steuerbord auf den Rumpf ein. Wir versuchen es zu sichern und das Mittelstück auf die Bugspitze zu heben. Es will nicht hoch. Irgend etwas hängt unter dem Rumpf fest. Doch kappen? Erst nachdenken. Anders versuchen. Geht nicht. Doch: das Toppende schwingen lassen und warten, bis der zerquetschte Knick zum Mittelstück bricht. Oder zersägen? Das kann blutig enden. Wir lassen das Ende schwingen und hacken. Grausam. Wenn das nicht schnell geht, haben wir bald ein gefährliches Leck. Warten. Endlich poltert die sperrige Röhre nach unten weg – befreit, um noch wilder zu hacken. Auch das Mittelstück schlägt nun lose und härter gegen den Bug, aber wir können es auf die Bugspitze wuchten. Das Holz der Verkleidung und der Relingleiste splittert. Mit verzweifelter Sturheit zerren wir irgendwelche Leinen dicht, Fockfall, Großfall, Dirk, Reservefallen, Flaggleinen, Spinnakerbaum-Topnant und -Niederholer, Smeerreep, Vorliekreffleine, all die vorher so geordneten und nun plötzlich überflüssig gewordenen Leinen. Mit jedem harten Rollen setzen wir wütend nach. Holz ächzt, Gelcoat knirscht, Aluminium quietscht. Ölzeug reißt. Blut tropft. Brecher krachen. Der Sturm jault und pfeift, zerrt und drückt. Weißgrüner Schaum peitscht hoch als stechende Gischt. Mit einem Rest verzweifelter Wut zurren wir die Trümmer irgendwie fest.

Was nun?

Wir pützen. Bei dem wilden Rollen kommen nur wenige Eimer voll oben an. Bald fließt Brühe zurück, die Lenzrohre sind verstopft. Wir pumpen, stundenlang. Unsere Pumpen sind geduldig. Sie schlucken viel von all dem Aufgeweichten, dem Papier, den Bücherfetzen, Verpackungen, Briefen und Belegen und dem Schlamm der Trockennahrung. Viel, aber nicht alles. Immer wieder müssen wir reinigen, wischen, spülen, zerlegen, Teile und Werkzeug an der Flucht hindern und alles wieder zusammenbauen. Es ist eine böse, oft blinde und hilflose Fummelei in eiskalter Nässe. Langsam sinkt der hin und her waschende Wasserspiegel. Viel zu langsam. Erst spät in der finsteren Nacht wagen wir aufzuhören. Der Sturm heult nur noch. Völlig erschöpft kriechen wir eng zusammen in eine quietschnasse Koje, voll in nasses, lauwarmes Zeug gekleidet, kaltnasse Bettdecken über die nassen Köpfe gezogen, hungrig von dem bißchen Schokolade, das wir zwischendurch hinunterschlingen konnten.

Aus dem Batteriekasten stinkt es erstickend nach Chlor: Salzwasser in der Schwefelsäure. Wie gut, daß der schwere Bleiklotz stramm festgeschraubt ist! Auch sonst haben wir Glück gehabt. Was wäre geschehen, wenn wir zufällig draußen zu tun gehabt hätten? Wenn der Niedergang nicht ganz geschlossen gewesen wäre? Wenn der Kocher schon gebrannt hätte? Wenn...

Gegen Morgen nimmt der Sturm ab. Im grauen Dämmern gelingt eine heiße Bouillon. Mit den Resten unserer Sturheit schuften wir weiter. Wieder pumpen wir trübes Wasser, das aus entfernten Ecken nachlief, und Schlamm voller Kleinzeug. Wir bergen treibende Trümmer von allem, was wir schätzen.

Und dann bauen wir ein Notrigg. Theoretisch sind wir dafür gerüstet. Theoretisch. Doch was wir da mit tückischer Phantasie immer mal so nebenbei vorbereitet haben, wird zum ersten Erfolg. Wir picken unsere beiden Spinnakerbäume in Augen zu beiden Seiten an Deck ein und verbinden ihre anderen Enden zu einem Bock. Den stellen wir mit Taljen vorn und achtern auf. Nach mühsamer Schufterei steht das Prachtstück breitbeinig da, unsere erste trotzige Antwort an die See, die sich langsam weiter beruhigt. Trotz? Stolz? Wir sind todmüde und erschöpft. Wenn jetzt ein Schiff vorbeikäme...

Es kommt keins. Aber die Sonne scheint ab und zu. Erst viel später wird uns bewußt, daß wir vielleicht nur deshalb ganz vorsichtig zu hoffen beginnen. Darauf, daß wir nicht entscheiden müssen, ob wir bereit sind, VAGANT aufzugeben oder nicht. Unser EPIRB-Notsender ist keine Versuchung. Noch sind wir nicht verzweifelt genug, um andere mit unserer Not zu behelligen. Wir werkeln, pumpen, suchen, fummeln und bergen wie in Trance stur vor uns hin, bis am Ende eine Fock im abnehmenden Wind zu ziehen beginnt: Vorliek längs Deck, Hals am Bug, Schothorn als Kopfstück am Notmast gesetzt, durch den Heckkorb dichtgeholt. Drei bis vier Knoten läuft VAGANT damit und sogar ein paar Grad Höhe am Wind.

Das Schlimmste muß jetzt vorbei sein. Das Land in der Nähe ist Wildnis. Also weiter nach Seattle? Das sind etwas mehr als 500 Meilen, gegenan mehr, aber es wäre nur eine Woche, vielleicht zwei. Es kann aber auch viel länger dauern, und dann haben wir ein Problem: unseren Proviant. Alaska fanden wir am Ende doch so teuer, daß wir nur knapp aufgestockt haben.

Wir brauchen dringend eine Pause. Ruhe. Etwas Sonne zum Trocknen und ein wenig Reserveverpflegung. Vernunft siegt über Sturheit: Wir segeln zurück zur Dixon Entrance. Und die Navigation? Alle Uhren stehen, Radios und Handfunkpeiler schweigen. Keines der beiden Echolote flimmert noch. Die klatschnassen Karten zerfallen uns in den Händen. Die Kursdreiecke sind zerbrochen, die Zirkel verschwunden, alle Rechentafeln naß. Wir koppeln. Auf 53°55′ N, 135°50′ W müßten wir nach Norden treiben, etwa 30 Meilen weit draußen, westlich der Nordecke der großen Insel Graham in der Gruppe der Queen-Charlotte-Inseln. Und in der Tat, abends blinkt das große Leuchtfeuer Langara vor Cape Knox durch die kalte Nässe. Wir nehmen Kurs auf Kap Chacon im Nordosten, um weiter durch die Nichols-Passage nach Ketchikan zu segeln. Das ist nicht weit und kein Problem bei den ewigen Winden um Süd, denken wir.

Aber während der schier endlosen, finsteren, eiskalten Nacht dreht der Wind auf Nord bis Nordost. Also gegenan. Na ja, wenigstens klare Sicht werden wir nun haben, trösten wir uns. Aber diesmal nicht. Wir müssen Ostnordost segeln, koppelnd ins graue Nichts, weit verstreute Steine voraus, eine niedrige Sandküste in Lee; in der feuchten Lauwärme unserer klobigen Überlebensanzüge gehen wir schärfsten Ausguck. Voller Sorge überlegen wir, wie wir die kommende Nacht mit sicherem, halbwegs verlustarmem Gegenkurs überstehen können.

Und dann geschieht plötzlich eines dieser modernen Wunder, auf die wir uns auch in Zukunft nie verlassen wollen. Ein Flugzeug dröhnt vorbei, viel niedriger als üblich. Unser kleines Handfunkgerät knackt, rauscht und zeigt zwischen vernichtenden Salzwasserperlen hinter nebligem

Glas unverrückbar digital „16", den Anrufkanal, und wir rufen: „German sailing yacht VAGANT calling airplane!" Wie ein Hund, den man in vollem Lauf am Schwanz packt, reißt der Pilot seine Maschine herum, und der Funker vergißt vor Überraschung seine wohltrainierte Gelassenheit: „Wer seid ihr? Wo?" Dann haben sie uns. Schluchzend vor Erleichterung fragen wir so ruhig wie möglich nach unserer Position und bitten um Rat, wo wir in der unbekannten Nähe einen geschützten Ankerplatz für ein wenig Ruhe finden können. Die Antwort kommt sofort in Graden, Minuten, Sekunden und ihren Bruchteilen auf den Meter genau, denn was da so aufgeregt wie eine Henne in immer engeren Kreisen über uns dahinrast, ist eine Maschine der kanadischen Luftwaffe auf einem Routineflug zur Küstenüberwachung.

Es ist ein Stich ins rettende Wespennest. Erst hören wir mit, wie unser freundlicher Funker Schimpfe kriegt wegen übermäßigen Gebrauchs des heiligen Kanals 16. Doch einen anderen können wir im Augenblick nicht bieten. Dann erklärt uns die kanadische Coast Guard offiziell zum Notfall. Ein PAN-PAN-Ruf an alle geht hinaus, und wir bekommen eine Kursempfehlung, die uns zum Masset Sound führen soll, genau vor dem wieder zunehmenden Wind auf ein kleines Loch in der niedrigen Küste zu, für das wir keinen Plan haben. Gläubig gehorchen wir. Unser luftiger Freund rast davon, und wenige Stunden später wird ein Hauch im grauen Dunst zur waldigen Küste. Mit sehr gemischten Gefühlen bolzen wir auf Legerwall durch wirren Seegang über flachem Grund darauf zu, ahnen eine Öffnung und wagen noch einen Ruf auf Kanal 16. Kaum ausgesprochen, fällt auch schon ein knallroter Hubschrauber der Coast Guard auf uns herab und kündet einen Krabbenkutter an, der uns hineinlotsen wird.

Nach heftigem Drehen mit der Handkurbel springt unser Motor qualmend an. Hoffentlich hält er durch! Wenige Minuten später stampft der Kutter aus dem Dunst, ein stäbiges kleines Schiff, das komplizierte Fanggeschirr sauber festgezurrt, fünf Mann Crew in piekfeiner bunter Kleidung wie Sportfischer. „Follow me!" brüllt der Skipper herüber und versucht, die kräftigen Arbeits-PS seiner DUNGENESS auf die unseres mühsam trabenden Flautenschiebers zu zügeln. Peilmarken in eins, im Gegenstrom schnell ablaufender Tide mühsam auswandernde Landmarken, eine 90°-Wende und dann, mit Anlauf und Vollgas zwischen zwei sehr engstehenden, undefinierbaren Pfählen hindurch. Danach rauschen wir mit viel zuviel Fahrt in die Ruhe eines kleinen schlammigen Beckens voller Fischerboote an engen Stegen und machen längsseits an unserem Lotsen fest. Was wird der fordern?

Das dürfen wir nicht einmal denken. Ein Stew, heiß, kräftig und voller Fleisch wie eine sehr gute Erbsensuppe, steht schon auf dem abgewetzten Tisch der Messe, und Skipper Noel lädt uns in sein Haus ein. Doch Sohn Monte übertrifft ihn noch mit seiner Bude, einem aufgegebenen Holzhaus, das er völlig vergammelt gekauft hat. Renoviert sei das Wrack erst ein bißchen, entschuldigt er sich, viel könnten wir nicht erwarten.

In der Tat, da steht die Bude, gleich neben dem Hafen. Halbfertig, verstaubt, voll Müll und Sägespänen, versperrt von Baumaterial und herausgerissenen morschen Teilen. Noch nichts drin, meint Monte. Na ja, elektrische Küche, Kühlschrank, Bad und Schlafzimmer, Waschmaschine, Trockner, Werkstatt und ein großartiger offener Kamin. Mehr nicht? *Ein Schloß!*

Wir ziehen sofort ein und gönnen uns ein sehr heißes Bad. 2000 nasse US-Dollars breiten wir in der ganzen Wohnung zum Trocknen aus und waschen sofort den ersten Haufen feucht-muffiger, versalzener Kleidung.

Todmüde und völlig erschöpft hocken wir lange vor dem flackernden, knisternden Feuer. Wir weinen vor Erleichterung, Dankbarkeit und Glück.

Unsere Freunde fragen, ob und wie es denn nun weitergeht. Klar geht's weiter! Wir sind glücklich, so gut davongekommen zu sein, und den Schock haben wir schnell überwunden. War da überhaupt einer? Wir versuchen, uns jeder Einzelheit zu erinnern, jedes Wortes, jeder Sekunde und Minute. Unmöglich. Aber Schock? Panik? Solch schlimmste Seelennot blieb uns erspart. Schreck, Ratlosigkeit und Sorge, gewiß; ein Hauch von Angst, Trauer und Unsicherheit. Aber mehr noch ein wichtiges bißchen Ärger, Auflehnung, Trotz, stures Besinnen auf Erfahrungen, Vorbereitetes, Erinnerungen, Gehörtes und Gelesenes. Halten wir uns nun doch, hinterher, für mutgekühlte Helden? Keine Sorge. Wir segeln so lange, Freunde, daß wir zwar viel von dem verlernt, ja fast vergessen haben, was der Kampf ums tägliche Wohlsein in der Konkurrenzgesellschaft an Land fordert. Aber auf See, da kennen wir uns doch schon ein wenig aus.

Auf Position 53°55′ N, 133°50′ W hat uns die See in Grenzen verwiesen, die wir bisher nur ahnten. Wir wollen daraus lernen. Warum sind wir gekentert? Haben wir etwas falsch gemacht? Was? Das bewegt uns so sehr, daß wir uns bemühen, unsere Scheu gegenüber grauer Papiertheorie und ihrer edelblauen Computervollendung zu überwinden.

Belehrt und am Ende auch etwas erleichtert tauchen wir danach aus einem Berg von Berichten, Analysen, Theorien, Graphiken, Versuchen und Formeln wieder auf, grausam getröstet durch die offenbar ganz neue Erkenntnis, daß die See jedes Schiff überwältigen kann und eine Yacht schon gar. Absolute Kentersicherheit ist nicht erreichbar, überhaupt keine der vielen Sicherheiten, an die wir so gerne glauben möchten.

Aber warum sind wir denn nun gekentert? Brutal einfach: Wir segelten zur falschen Zeit durch eine besonders gefährliche Gegend. Ein Sommer reicht nicht für das, was wir uns vorgenommen hatten. Wir waren spät dran und wollten schnell nach Süden, um im nächsten Jahr wiederzukommen. Trotz dieser verspäteten Eile gerieten wir in die Zeit der Äquinoktialstürme. Dann wird diese gefährliche Gegend noch gefährlicher. Sie liegt so weit nördlich wie Deutschland, und der kühle Kuroshistrom aus Japan sorgt auf See für mäßige Temperaturen. Doch gleich nebenan macht die riesige Landmasse Nordkanadas und Alaskas ihr eigenes extremes Landwetter, und genau hier wabern die ewig kämpfenden Fronten. Dazu kommen hohe Ozeandünungen und starke Tidenströme. Wenn die gegen Wind und See setzen, herrschen bald „Fastnet-Verhältnisse" und Schlimmeres.

Das kann selbst Fischern mit all ihrer Erfahrung und ihren seetüchtigen Kuttern zum Verhängnis werden. Der SANTA CRUZ etwa, einem modernen 18-m-Trawler, aus starkem Aluminium hervorragend gebaut, mit modernster Technik und sorgfältig gewarteten Rettungsmitteln ausgerüstet, bemannt mit acht erfahrenen Fischern. Während eines Sturms hatte ein anderer Fischer eben noch über UKW mit dem Skipper der SANTA CRUZ gesprochen; nichts besonderes – dann Schweigen. Kein Notruf. Nichts. Drei Tage danach fand ein Suchflugzeug das kieloben treibende Schiff, später einen Toten. Trotz schwerer Kopfverletzung hatte es dieser Seemann noch geschafft, seinen Überlebensanzug anzulegen, nur für den Reißverschluß reichte seine Kraft nicht mehr. Die übrigen blieben verschollen.

Von Oktober bis März bleiben die Trawler meist im Hafen. Müssen dann ausgerechnet wir da draußen herumsegeln? Die Fischer, diese zähen, erfahrenen Seeleute, verstehen nur schwer, wie jemand mit ihrer See so spielen kann. Ganz leise fragen sie, seemännisch genau, wie das war mit unserer Kenterung, bedrückt von brutalen Erinnerungen. Sie staunen, daß VAGANT überhaupt wieder hochgekommen ist. Sie wissen nur, daß ihre Kutter das nicht schaffen, ohne tiefliegenden Außenballast, hoch oben all das schwere Geschirr und den Rumpf ständig halb voll Wasser und Fisch. Sie müssen draußen arbeiten – wir aber brauchen nur zu überleben. Wir erklären, und sie nicken ernst. Sie verstehen.

Wir beginnen sofort, unsere Erfahrungen und Meinungen kritisch zu überdenken, erprobtes Verhalten in Frage zu stellen und ganz neu zu planen. Wir wissen, daß all unsere Vorbereitungen und die beste Ausrüstung in einer extremen Situation nie mehr als eine Chance bieten können. Die See ist stärker. Zweimal legte sie die große Ketsch TZU HANG der zähen Smeetons auf dem Weg nach Kap Hoorn um. Jörgen Meyer blieb im Südmeer verschollen. Patrick van God und Alain Colas verschwanden spurlos. Die See fegte das Fastnet Race 1979 hinweg. Sie überrollte die GHOST der Sommerfelds vor Australien, Theo Biesemanns JÖNATHE'N hinter Kap Hoorn, sie vernichtete mehrere Schiffe Bernard Moitessiers und schluckte beinahe die CHRISTINE der Suhrs. Sie behielt die Verlorenen, von denen niemand etwas erfuhr, sie schreckte die Vergessenen, die froh waren, irgendwie davonzukommen. Keine schlechte Gesellschaft.

Uns bedeutet dieses großartige, einfache, vogelfreie Leben soviel, daß wir die Havarie bald nur noch als einen Preis dafür sehen, mit der Gabe neuer wertvoller Erfahrungen dazu.

Wo sind wir überhaupt? Die Gruppe der Queen-Charlotte-Inseln, hier „the Tschorlets" genannt, das sind die großen Inseln Graham und Moresby mit unzähligen gewundenen Fjorden, kleinen Inseln, Schären und verstreuten Felsen, mit weit ins Land reichenden Buchten voller Erinnerungen an indianisch-kanadische Geschichte. Masset liegt an seinem eigenen Fjord nahe der Nordküste Grahams. Gegenüber, in 30 Meilen Entfernung, beginnt Alaska, und dazwischen lauert die oft wilde Dixon Entrance. Zum Festland sind es 50 bis 80 Meilen über die Hecate Strait, ein berüchtigt tückisches Stück Wasser. Land ist hier felsige Wildnis ohne Landwirtschaft und Zäune, ist weiter Urwald voller Rotwild, Karibu und Elchen. Die ruhig wandernden Flüsse und wild sprudelnden Bäche wimmeln von Lachsen und Forellen. Die wenigen schwarzen Bären sind sehr scheu. Große Schwärme stolzer Graugänse ziehen rufend dahin, und über allem kreisen lauernd mächtige Adler.

Die Menschen hier sind ein uriger Haufen von Fischern, Holzfällern, Jägern, Haida-Indianern, standfesten Bibelzitierern, friedlichen Trunkenbolden und ein paar toll verwilderten Typen, alle ganz lieb, sehr hilfsbereit und ungefähr. Wir können kaum fassen, wie herzlich sie uns aufnehmen. Wir fühlen uns sofort zu Hause, willkommen. Skipper Noel Stewart-Burton, der uns in den Hafen lotste, und sein Sohn Monte sind recht wohlhabend, wenn nicht gar reich. Trotzdem empfinden wir die Überlassung des Blockhauses als ein Lächeln, als ein geradezu ausgelassenes Augenzwinkern des Schicksals, gern gegeben von Menschen, die einfach gut sind. Ohne Hintergedanken. Freie, großartige Menschen der See und der Wildnis.

Während der ersten Wochen räumen wir VAGANT Stück für Stück leer. Wir bergen und reinigen, was wir können, und werfen fort, was nicht zu retten ist: alle Radios und Uhren, schlammige Trockennahrung, die beiden eingebauten Echolote samt Ersatzgeräten. Viele Rollen Film und Packen von Dias, dazu den Handfunkpeiler. Akten, Taschenlampen, allzu rostige Konserven. Mehrere Kameras und Kassettengeräte. Haufen von Büchern. Alle Lampen. Mappen voller Briefe. Elektrische Rasierer. Stapel von Kassetten. Rost- und säurezerfressene Kleidung. Den Kühlschrank. Dann füllen wir VAGANT wieder mit Wasser, diesmal mit süßem aus dem Schlauch, und waschen sie gründlich. Zweimal. Das Auspumpen ist wieder harte Arbeit, aber schon viel erfreulicher.

Wir versuchen, unsere dicke Batterie zu retten, vergeblich. Einiges können wir zur Reparatur schicken: die verdorbenen Sextantenspiegel, den Barographen und unser nebliges Fernglas. Rostiges Werkzeug wird gereinigt, gemalt und geölt. Unsere stabile alte Schreibmaschine waschen wir in kochendem Seifenwasser, trocknen sie sofort mit einem Heizgebläse und ertränken sie in Öl – hoffnungslos; die Tastatur klemmt, immer mehr rostige Federn rieseln heraus.

Starke Heizlüfter trocknen VAGANT aus, und eines Tages können wir beginnen, wieder an Bord zu ziehen. Nicht daß wir das Leben in „unserem" Knusperhäuschen leid wären, doch das Wetter wird kühler, und die kleine Kajüte können wir mit billigem Hafenstrom molliger heizen als das doch recht große Haus mit seinem romantischen Kamin. Eines eisigen Tages kündigt sich der Gutachter von Lloyd's an, um VAGANT im Auftrag unserer Versicherung zu untersuchen. Doch in Kanada sind auch kurze Wege weit, und schon auf dem Festland läßt Glatteis sein Auto schleudern, dann im Graben kentern. Danach können weder Captain Hopkinson noch sein Fahrzeug die Reise fortsetzen. Später schafft er es, wühlt sich durch VAGANTS fernste, vergessenste Ecken, und als Zustand herrscht, erklärt er unser Schiffchen für gesund. Stark und seetüchtig sei es, ohne schwerwiegende Schäden; nun ja, bis auf den Mast und die paar anderen Kleinigkeiten. Kein Problem, nur Arbeit.

VAGANT ist nun 14 Jahre alt und hart gebraucht. Verstärkt, um- und umgebaut. Sorgfältig seetüchtig gehalten. Äußere Verkaufsschönheit kaum vorhanden, seit Skip in Neuseeland vom Boot gefallen ist, aber angestrebt, so gut es geht. Kurzum: Sie ist kein „versicherungswürdiges Wertobjekt" mehr im üblichen Sinne einer Yacht. Finanziell für uns abgeschrieben. *Aber:* Wir kennen all ihre Macken, Lecks und kleinen Schwächen und kämpfen tapfer dagegen an. Wir kennen aber auch ihre Stärken. Sie hat uns so weit und nun schon so lange, so sicher und gemütlich überall hingetragen, daß wir nicht planen, uns von ihr zu trennen. Eine Versicherung sehen wir deshalb nur als Vorsorge für den schlimmsten Fall. Wenn wir jemals hilflos auf Legerwall treiben sollten, könnte sie uns die Entscheidung für oder gegen Aussteigen vielleicht doch etwas erleichtern. Gedeckt ist deshalb nur Totalschaden, und die Versicherung muß nur zahlen, wenn einer von uns überlebt. „Dangers of the sea accepted", schrieb Joshua Slocum.

Captain Hopkinson schätzt den Schaden samt der notwendigen Schönheitsüberholung auf etwa 25 000 Mark; zu wenig für das Kleingedruckte der Versicherung. Sie kann uns also nicht helfen. Darüber sind wir nicht allzu traurig, denn die schreckliche Gründlichkeit des Gutachters hat unser Vertrauen in VAGANT, unseren tüchtigen stummen Kumpel, unser kleines schwimmendes Heim, doch sehr gestärkt.

25 000 Mark, das ist ein hohes Ziel, eine Herausforderung, so viele Arbeiten selber zu machen, daß wir wesentlich günstiger davonkommen. Wir gehen sofort ran. Mitten in der staubigen, schmierigen und kaltnassen Wühlerei erreichen uns Nachrichten aus Deutschland. Wir erfahren, daß viele Freunde an uns denken und uns großzügig helfen. Dieter sorgt erfindungsreich für schnellen Nachschub. Heinz Dehler (Compass) schickt sofort ein dickes Paket molliger Winterkleidung und organisiert unter Freunden eine finanzielle Wiederaufrichtungsaktion, ebenso Rudi Hubrich am Bodensee. VARTA sorgt über den kanadischen Importeur für eine dicke Batterie zu Sonderbedingungen, Faryman hilft mit Motorteilen, Cassens & Plath mit einer gnädigen Rechnung für Sextantenteile,

und Steiner tauscht unser Fernglas kostenlos aus. Die größte Hilfe aber gibt uns Wilfried Erdmann, der uns den gesamten beträchtlichen Erlös eines seiner Vorträge zur Verfügung stellt.

Geld ist nicht alles auf der Welt, aber in dieser Lage können wir es natürlich sehr gut gebrauchen. Wir sind tief bewegt und wissen gar nicht, wie wir uns angemessen bedanken können. Verdienen wir das überhaupt? Eigentlich haben wir doch nur einen Unfall erlitten wie andere auch, wie er auf der Straße viel schlimmer ausgehen kann – ohne die Chance, sich zu wehren, die wir immerhin hatten. Die Anteilnahme hilft uns weit über das Geld hinaus. Wir nehmen sie dankbar an, als Verpflichtung, ähnlich zu handeln.

VAGANTs Wiederherstellung geht bald erstaunlich gut voran, besser als wir hier je erwartet hätten. Nun kommt uns ihre Einfachheit zugute. Nur für äußere Schönheit können wir hier nichts tun. Dafür paßt sie immer besser in diese rauhe Gegend.

So wird unser Aufenthalt in Masset alles andere als eine ruhige oder gar langweilige Überwinterung im Tiefschlaf. Wir leben unter fröhlichen Slumbedingungen mit Staub, Dreck und Unordnung. Wir arbeiten hart in Kälte, Nässe und Durcheinander, je nach Wetter blitzschnell zwischen drinnen und draußen wechselnd. Es ist ein harter Kampf gegen all die Teufelchen im Detail, allzu oft unterbrochen von Einladungen und Radtouren in die Wälder, so weit die holprigen Pfade reichen. Bald kennen wir fast all die lieben Leute hier, ihre Kinder, Hunde, Katzen und kleinen Probleme, über die sich jeder ab und zu gern mal aufregt.

Das Wetter gehört nicht dazu. Es ist das eiligste, das wir je erlebt haben, und meist kühl, naß und windig. Wenn aber im Winter die Eiseskälte des Landes mit der gemäßigten Temperatur der See zusammenprallt, beginnt das Wetter zu toben. Es ändert sich von einer Minute zur nächsten: krustiger Rauhreif am Morgen, wolkenloser Himmel. Ein paar zerzauste Federwolken – dann löscht prasselnder Hagel die Sonne aus. Eiskalter Regen wäscht jeden Hauch Wärme hinweg. Lauer Sturm zerrt heulend an jedem frechen Widerstand, läßt VAGANTs Leinen knirschen, die Kutter sich verneigen und fegt verwirrend durchs zaghafte Gemüt. Dann wieder kalter Sonnenschein, flackernd zwischen Wolkenfetzen. Und Ruhe. Nieselregen... Kälte... Schnee...

30 bis 40 Knoten Wind sind häufig, und alle paar Wochen toben Orkane. Der erste, mit etwa 70 Knoten (über Windstärke 12) der bisher schwächste dieser Saison, hat uns draußen erwischt. Ein paar Wochen

später melden die Instrumente des Leuchtfeuers Langara an der Nord-westecke Grahams Böen von 100 kn, ein andermal sogar 110 kn. Dann kreischt der Sturm durch die Riggs der schlafenden Kutter im Hafen, und die Leute begrüßen einander mit: „Hammwa nich'n schönen Wind heute?" Die gelegentlichen Warnungen vor einer neuen Tsunami, jener Folge gewaltiger Wellen durch Seebeben, sehen sie nur als Anlaß, mal wieder nach Tow Hill zu fahren, den höchsten Hügel der Gegend; ist ja noch nie was passiert.

Zu Halloween ziehen die Kinder mit ihren Kürbislampions durch das Dorf und schließen „unser" Knusperhäuschen ganz selbstverständlich in ihre süße Runde mit ein. Zur Wintersonnenwende tanzen wir nachts mit einer wilden Horde grotesk Verkleideter auf einem uralten Versamm-lungsplatz der Haida-Indianer tief im Wald und singen lauthals zu dumpfen Trommeln am prasselnden Feuer. Die Heiden sind hier sehr lebendig. So geht das Leben seinen alten, wilden, gemütlichen Gang. Wir leben uns immer tiefer in die kleine Gemeinschaft ein – ein wenig wehmütig, denn eines Tages werden wir weitersegeln und viele gute Freunde zurücklassen müssen.

Weihnachten feiern wir an Bord ganz wie zu Hause mit Tannenzweigen aus den Wäldern, Kerzen, einem großartigen Satz Werkzeug für VAGANT, Lebkuchen, Spekulatius und Marzipan aus Deutschland. Aus unserem neuen kleinen Kassettenspieler erklingt dazu das „Soester Glo-ria", jener einzigartige Choral, den Schüler seit Jahrhunderten traditio-nell vom tausendjährigen Turm der Soester Petrikirche in alle Himmels-richtungen singen, begleitet von mächtigen Posaunen.

Unser Hauptproblem ist natürlich der Mast. Zu Anfang haben wir uns um ein neues Aluminiumprofil bemüht, doch dabei gab es Probleme. Für die Hersteller kann ein gebrochener Mast offenbar nur Totalverlust sein. Niemand versteht, daß wir nicht mehr brauchen als ein nacktes Profil und überhaupt keine Beschläge. Kein lohnendes Geschäft, also kein Angebot; was heißt da schon „Notlage"? Ratlos wenden wir uns sogar an VAGANTS Bauwerft in Deutschland. Aber auch dort haben sie Besseres zu tun. Keine Antwort.

Wir merken, daß wir den Umgang mit Herstellern und Lieferanten neu lernen müssen. Sie arbeiten mit Computern. Was die gespeichert haben, läuft schnell und präzise – anderes geht überhaupt nicht. Warum also antworten, wenn jemand mehr oder anderes fragt, als gespeichert ist? Es reicht doch, als Kunde das zu kaufen, was Fachleute für uns erdacht, entworfen und hergestellt haben, oder? Wird es nicht höchste Zeit, daß auch die See sich danach richtet?

Auch das ist ein Preis für unser vogelfreies Leben. Wer sind wir schon? Jedenfalls als typische, profitbringende Konsumenten nicht programmierbar. Also gelöscht. Das ist uns auch etwas wert.

Doch als Trans-Ocean-Mitglieder haben wir in Vancouver, knapp 600 Meilen im Süden, einen Stützpunkt: Gerd Müller, der sehr viel über Bau und Reparatur von Booten weiß und Verbindungen hat. Er quetscht ein paar lustlose Reaktionen heraus. Doch keines der angebotenen Profile paßt wirklich, und es ist auch sehr schwierig, sehr teuer und voller Risiken, solch eine lange, empfindliche Röhre ausgerechnet nach Masset transportieren zu lassen. Alle Verbindungen hierher sind vom Wetter und von den Launen der See abhängig.

Also tun wir einen mutigen Schritt vorwärts in die Vergangenheit und gehen daran, VAGANT mit einem Holzmast auszurüsten. Zwei Waldschrats mit langen Bärten, „weiße Indianer" sozusagen, paddeln mit ihren reichgeschnitzten Einbaumkanus nach Haida-Art weit in den Massetfjord hinein, fällen einen Baum und hauen ihn grob zu; mit der Hand natürlich, ohne lärmendes Motorwerkzeug. Derweil leben sie draußen in der Wildnis, ganz nach Indianerart von selbstgefangenem Fisch und Wild, das sie, mit übergezogenen Tierfellen getarnt, beschleichen und mit dem Messer erlegen. Wir knattern mit unserem Dingi hin und besuchen sie am Lagerfeuer. Dabei erleben wir, wie sie dieses Unternehmen genießen, und kommen uns mit unserem bißchen moderner Kleidung und Technik lächerlich dekadent vor.

Als das Prachtstück endlich achtkantig vor ihnen liegt, finden sie, daß diese etwa 60jährige Spruce innen vielleicht nicht gerade genug gewachsen sein könnte. Also ziehen sie noch einmal los und finden bald einen „besseren" Stamm, über 100 Jahre alt und mit sehr engen Jahresringen so gerade gewachsen, wie eine Spruce eben nur auf Graham wachsen kann. Solches Holz von hier diente früher zum Bau von Flugzeugen. Wieder leben sie draußen und hacken die neue Stange auf gemächliche alte Art erst achtkantig, dann oval. Mit dem Schwung der schnellen Tide paddeln sie, das Ungetüm im Schlepp ihrer Kanus, in den Hafen. Über Holzwalzen schaffen sie es an Land, zerren es mit Taljen aus museumsreifen Blöcken und faserigen Bändlein hoch und laschen es senkrecht an die Außenwand von Jims gewaltigem Schuppen.

Drinnen jagen wilde Katzen Ratten und Mäuse, starker nasser Wind heult, rauscht und faucht dazu gar schaurig durch alle Ritzen, und die Riesenkiste schwankt ächzend, stöhnend und knarrend. Zwischen zwei Böen erklimmt Oberunternehmer Chris eine wackelig zusammengenagelte Bretterleiter bis zur Spitze des Stamms. Dort schraubt er eine große Plastikflasche ohne Boden fest auf und füllt sie mit einer geheimnisvollen Mischung aus abgekochtem Leinöl, Terpentin und Tannenteer. Nach altem Fischerrezept soll dieses Elixier nach unten durchsickern und das Holz imprägnieren. Wenn's unten schmierig wird, ist das große Werk gelungen – in drei oder vier Jahren vielleicht. Selbst unsere drängend forschenden Blicke senken den Ölpegel nicht.

Wir haben lange genug Holzmasten gesegelt. Und in einer ganz neuen amerikanischen Untersuchung lesen wir gewichtige Argumente für ein schwereres Rigg, das nach Möglichkeit auch noch etwas Auftrieb bietet. Das soll die Rollträgheit erhöhen, die eine entscheidende Rolle beim Kenterverhalten spielt. Wenn VAGANT mit diesem Urgroßvater aller Masten einigermaßen segelt, werden wir ihn deshalb so lange behalten, wie er seinen Dienst tut – wahrscheinlich länger als wir. Dennoch können sich unsere beiden Waldschrats einen Anflug von Trauer nicht verkneifen, weil wir ihr wunderschönes Werk mit Aluminium und Nirosta verschandeln wollen.

Wir trauern ein bißchen mit und schauen dem unveränderten Pegel der Holzmedizin hoch oben zu, bis wir es leid sind. Dann fangen wir ein paar Helfer ein und wuchten den gewaltigen Stamm in die Riesenscheune. Chris mißt, hackt, hobelt, glättet und mißt wieder, bis die klobige Stange zu unverkennbarer Mastähnlichkeit geschrumpft ist, alles mit der Hand natürlich. Wir schrauben, reißen, sägen und hacken derweil die geretteten Masttrümmer auseinander. Bald häuft sich das Material zum scharfkantigen, scheppernden Schrotthaufen, der überall im Wege liegt, aber auch langsam, viel zu langsam zu ganz Neuem wird. Woher sollten wir hier etwa eine Mastschiene bekommen? Mühsam sägen wir die Keep aus den verzogenen, zerrissenen Resten heraus, dazu Platten als Unterlagen für wichtige Beschläge, und finden sogar ein kurzes, gerades Stück für den Masttopp. Dann trösten wir unsere Waldschrats ein wenig mit dem Gleichnis vom edlen hölzernen Ritter in metallener Rüstung und verpassen ihm dieselbe mit hunderten und aberhunderten von Schrauben.

Ganz plötzlich geht der kalte, ruhige Restwinter in wild tobenden

Frühling über, ab und zu angenehm unterbrochen von milden Frühsommerstunden. Der nächtliche Rauhreif wird seltener, immer häufiger regnet es *nicht*, und selbst die Pausen zwischen Schauern werden länger. Bald ereignen sich sogar ganze Sonnentage, ein paar Mal mehrere hintereinander. Da sehen wir mit freudigem Erstaunen, welch ansehnliche Menschenkinder hier den ganzen Winter über festverpackt vor sich hingeschlummert haben. Skip hatte sich schon fast damit abgefunden, daß alle Damen hier sehr umfangreich sind. Aber das stimmt gar nicht, abgesehen von den Squaws der Haida, die in ihrem Stamm wahrlich das Übergewicht haben.

Ja, die Haida, die alten Herren dieses Landes. Es reichte einst vom Südosten Alaskas bis zum Süden der Queen-Charlotte-Inseln. Europäerkrankheiten und Alkohol, das Handelsmonopol der Hudson Bay Company, die Rettung ihrer Seelen durch uneinige Heilsbringer, dazu die Schand- und Wohltaten der Bürokraten haben das Volk samt seiner Kultur und Lebensform fast vernichtet. Aber nur fast. Jetzt beginnen sie wieder zu erwachen. Die Regierung hilft, wie Regierungen und Verwaltungen das eben machen, wenn der Druck groß genug wird. Säuerlich wohlmeinend, fiskalisch stöhnend, einheitlich planend und bürokratisch durchführend. Zuviel. Zuwenig. Zu spät. Zu früh. Häuser gibt's umsonst, auch Wohlfahrtsunterstützung und Gesundheitsdienst. Da lassen die Haida die modernen Einheitsbuden eben verkommen und fordern neue. Die Unterstützung fließt durch ihre Kehlen als saftige Alkoholsteuer wieder zurück. Nur wenige Ärzte und Schwestern der kleinen, modernen Kliniken halten hier längere Zeit durch. Es ist nicht klar, wem das Land gehört, wer über Bodenschätze, Wald, Jagd und Fischerei verfügt. Politiker tönen mit großen Worten, Bürokraten rascheln vorschriftsmäßig mit Papier, und die Haida kämpfen um das, was sie für ihre Rechte halten; nicht immer nur defensiv. Hier müßte selbst der weise alte Salomon ratlos seinen ehrwürdigen Bart raufen.

Wir erleben davon nur die friedliche Seite. Hier und da stehen noch Totempfähle, neue werden geschnitzt und mit ausgelassenem Feiern aufgestellt. An traditionellen Stellen bauen sie in den Wäldern ihre „Langhäuser" als Unterkunft für Jäger und Fischer. Die alten Tänze, Gesänge und Zeremonien leben wieder auf. Sogar ein „Potlach" feiern sie alle paar Jahre, das traditionelle Fest hemmungslosen gegenseitigen Beschenkens.

Das erleben wir nicht, wohl aber die große Lachszeremonie am

Yakoun-Fluß. Dumpfes und helles Trommeln, eintönig wilder, rauher und oft klagender Gesang. Malerische Trachten, kalter Regen, rauchende Feuer, verhalten wilde Tänze und frisch geräucherten Lachs gibt es im Überfluß. Die Haida nudeln uns, bis wir nicht mehr schlucken können, und dann gibt's erst richtig was zu essen; mitleidig lächelnd verzeihen sie unser mangelndes Fassungsvermögen.

Hat diese Kultur eine Zukunft? Die größte Gefahr ist das Erlöschen ihrer eigenen schwierigen Sprache. Sie ist mit keiner anderen verwandt, nicht einmal mit der Sprache ihrer Nachbarn, der Tlingit. Nur wenige beherrschen sie noch. Aber zeremonieller Gesang auf englisch? Wie könnte das gehen?

Eines sonnigen Morgens nähert sich VAGANTs Wiederherstellung ihrem ersten spannenden Höhepunkt. Der Mast muß transportiert werden. Im Hafen trommeln wir ein paar Helfer zusammen: zwei stämmige, stachelbärtige Fischer und einen Waldläufer, der sieben Jahre lang allein und unabhängig in den Wäldern lebte. Dazu Ex-Leuchtturmwärter Phil, Dean von der R.C.M.P., der „Königlich Kanadischen Berittenen Polizei", und Gordon, den zarten, verträumten Elektriker, der Gewichtheben als Hobby betreibt. Alles Typen dieser Landschaft, jeder auf seine Art ein knorriger Mensch der Wildnis und der See. Unter lässigem Flachsen wuchten sie den Urbaum hoch und schätzen: 300 Pfund? 200 Pfund? Nein, 250 Pfund, etwa 120 kg. Dann tragen sie das Ungetüm durch die viel zu enge Tür nach draußen, quer durchs Gebüsch eine steile Böschung hoch auf den Schotterweg und in langsamer Prozession die Dorfstraße entlang zum Hafen. So ist es alter Brauch der Haida, einen neuen Totempfahl zu transportieren. Fenster und Türen öffnen sich, und alle Leute am Wege sind ein bißchen stolz, daß wir einen starken Baum aus ihren Wäldern einer blechernen Aluminiumröhre vorzogen.

Dann sind wir dran. Wir schrauben die letzten Beschläge an, scheren Leinen ein und denken nach. So weit nördlich und bald wieder seetüchtig, wie wir nun sind, könnten wir doch eigentlich...

Ja, eigentlich könnten wir doch von hier aus gleich weiter nach Norden segeln, nach Alaska, und die unabwendbare Arbeit auf den Herbst verschieben. Aber nebelig ist es da oben sehr oft, sehr plötzlich und sehr lange. Unsere Erinnerungen sind schlimm, und Wiederholungen möchten wir unbedingt angenehmer gestalten. Also reift mit einem Ruck der

Entschluß, nun einen Schritt in die Neuzeit zu tun und VAGANT für den grauen, geisterhaften Schrecken besser auszurüsten. Wir kaufen uns Radar. Ganz recht, Freunde, *wir kaufen uns Radar!*

Ein kleines, einfaches. Preis für „Fischer Klee" – na ja, streng vertraulich: unter der Schmerzgrenze. Denn Nick aus Chemnitz, Boß der kleinen Fischpackerei, sächselt so lange auf angelsächsisch durch sein Telefon, bis „Trawler VAGANT" mit Mengen-, Muster- und Freundschaftsrabatt, dazu fracht-, steuer- und zollfrei, das wichtige Gerät erhält. Begleitet von einem ausführlichen Handbuch in japanischem Elektronikamerikanisch natürlich, voll orientalischer Druckfehler und asiatisch unergründlicher, mehrdeutiger Begriffe. „Lest ihr das überhaupt?" staunt Fischer Jim. „Wir drücken einfach Knöpfe und freuen uns, wenn wir was sehen, ohne daß die Sicherungen durchbrennen!" Das wagen wir, stecken das Wunderding schnell mal eben provisorisch zusammen – und siehe da: Auf dem kleinen Schirm sehen wir doch tatsächlich ein getreues Kartenabbild unserer Umgebung! Wir sind ganz platt.

Dann scheint die Sonne einen ganzen Tag lang. Und noch einen. Dazu weht eine milde Brise. Auf knappem Hochwasser motoren wir unter den kleinen Kran. Fischer lassen ihre Arbeit liegen, und fast beiläufig, ganz ohne kerniges Hauruck, steigt unser neuer Mast hoch. Wir staunen: *alles paßt!* Das ist nicht selbstverständlich. Wir hatten keine Zeichnung und konnten nur schwer um all die zerrissenen und verbeulten Knickstellen herum messen. Flugs tuckern wir der Tide davon, und über uns schwankt drohend die ungewohnte Riesenstange, noch locker im Ungetrimmten hängend.

Mit steigender Ungeduld pfuschen wir in den halbwegs trockenen Pausen des nächsten Sturms alles zusammen. Sogar das Großsegel können wir anschlagen – und müssen es sofort mit abgesenktem Baum wieder festlaschen: „beigedreht" am Steg...

Nicht lange. Beim ersten Abflauen nehmen wir Abschied. Noch nie ist uns das so schwergefallen. Hier haben wir Freunde gefunden, kernige Menschen der Wildnis, rauhe Fischer, die harten stillen Seeleute, die unsereins im Dutzend gebündelt in die Tasche stecken könnten. Drei der großen Schweiger stehen auf dem Steg und sind sich wieder mal einig, daß die Fischereipolitik *un-mög-lich* ist. Dann sehen sie uns ernst und augenzwinkernd an, eine Prüfungskommission mit der Erfahrung von zusammen fast 150 Jahren an dieser rauhen Küste.

„So. Ihr seid also fertig und wollt weiter", stellt Robin fest.

„Um die Charlottes. Ihr schafft das", meint Phil.

„Und dann nach Alaska. Paßt auf, daß euch die Amis dort nicht übers Ohr hauen", rät Dave.

„Sagt mal, warum macht ihr das?"

„Wir mögen dieses Leben, die Seefahrt, die Länder und Menschen, die wir kennenlernen. Masset... euch..."

„Auch wenn euch so was passiert?"

„Auch dann. Es ist ein Preis dafür. Autofahren ist gefährlicher."

„Auch wenn es noch schlimmer kommt? Na ja, ähem, na ja, *ganz* schlimm?"

„Wer kann das wissen? Ihr fischt ja auch weiter. Ben fährt sogar wieder die SANTA CRUZ, mit der acht von euch untergegangen sind. Könntet ihr je ganz an Land bleiben?"

„'ne Weile sicher. Gern sogar. Aber immer? – Nein."

„Wollt ihr nicht hierbleiben und fischen? Ihr würdet das schaffen."

Wir werden ganz verlegen.

Hafenmeister Bruce studiert beim Abrechnen mit gefurchter Stirn lange unsere Schiffspapiere, bis er in all dem unverständlichen Deutsch VAGANTs allerkürzeste Maße findet, und versteht plötzlich kein Englisch mehr, als wir meinen, da hätten wir doch noch was zu bezahlen.

Bei Morgensonne und sanfter Brise ziehen wir Vollzeug hoch und laufen aus. Mit leise murmelnder Bugwelle steckt VAGANT ihre zerschrammte Nase zwischen den beiden undefinierbaren Pfählen hinaus in den glitzernden Massetsund. Wir fühlen uns wie Genesende, die nach langer Krankheit zum ersten Mal ins Freie dürfen. Doch bald gewinnen wir Vertrauen zu gewohnter Handhabung. Wir fühlen staunend, daß VAGANT wieder ganz die alte ist, und beginnen mutig zu kreuzen, erst einmal hinaus, weit hinaus in die herrliche Einsamkeit dieser Inselwelt. Und dann...

Viele Reisen wurden schon in kleinen Booten gemacht, mit kleiner Besatzung oder allein, halb oder ganz um die Welt, rund um den Nordatlantik, nonstop oder mit vielen Aufenthalten – und so verschieden, wie die Segler sind, so unterschiedlich haben sie auch ihre Reisen erlebt und aufgezeichnet. Dieses sind solche Berichte:

Bobby Schenk

80 000 Meilen und Kap Hoorn

Ein Seglerleben

Der bekannte Autor erzählt von seinen großen Reisen um die Welt und rund Kap Hoorn und gewährt zugleich Einblick in die bunte Szene der Yachties und die Freuden und Sorgen des Langstreckensegelns.

400 Seiten mit 50 Farbfotos und 2 Routenkarten

Ernst-Jürgen Koch

Paradies im Stundenglas

Unsere letzte Reise mit der „Kairos"

Ein letztes Mal segeln Ernst-Jürgen und Elga von der Ostküste der USA südwärts in die Karibik und müssen erkennen, daß die Paradiese unter tropischer Sonne weniger geworden sind – zerronnen wie der Sand im Stundenglas.

408 Seiten mit 41 Farbfotos, 35 Zeichnungen und 1 Routenkarte

Bernard Moitessier

Der verschenkte Sieg

Das tiefempfundene Bekenntnis eines Menschen, den das Segeln und die ihn umgebende Natur von Grund auf prägten und veränderten.

272 Seiten mit 31 Farbfotos, 52 Zeichnungen und 1 Routenkarte

Burghard Pieske

Karibisches Eis – arktisches Feuer

Die neue große Reise des bekannten Seglers und Autors von „Shangri-La -- mit dem Wind um die Welt" von Brasilien durch die Karibik nach Grönland.

288 Seiten mit 40 Farbfotots, 25 Zeichnungen, 4 Kartenskizzen und 2 Routenkarten

Wolfgang Hausner

Taboo III

Leben auf sieben Meeren

In lockerer Form berichtet Hausner, wie es nach seinem Schiffbruch (erzählt in „Taboo") weiterging und was er seitdem erlebte.

232 Seiten mit 42 Farbfotos, 6 Kartenskizzen und 1 Routenkarte

Heide Wilts

Wo Berge segeln

Mit der „Freydis" in die Arktis

Der faszinierende Bericht über die zweite abenteuerliche Reise des Ehepaars Wilts in besonders risikoreiche Eisgewässer.

270 Seiten mit 44 Farbfotos, 7 Kartenskizzen und 1 Routenkarte

Rudolf Wagner

Kokosnüsse satt

Ein Seglerleben in der Karibik

Sehr persönlich berichtet: zwanzig Jahre Segeln in einem Revier, von dem man träumen kann.

344 Seiten mit 42 Farbfotots und 2 Routenkarten

 DELIUS-KLASING VERLAG

Sitka
KapKnox
Kodiak
Unga
Umnak
Aleuten
Kurilen
Tokio
Houshu
Bonin-Ins.
Maug
Agrihan
Philippinen
Guam
Ebon
Marshall-Ins.
Butaritari
PAZIFISCHER
OZEAN
Marquesas-Ins.
Funafuti
Fidschi
Samoa
Pago Pago
Tahiti
Nuku'alofa
Minerva-Riff
Gambier-Ins.
Henderson
Tubuai
Raevavae
Pitcairn
Osterinsel
Raoul
Kermadecs
Mangonui
Opua
Whangarei
Neuseeland